La Grande Histoire de

La Seconde Guerre Mondiale

6 JUIN 1944 : LE JOUR J
ET LA GUERRE DANS LE MONDE
Octobre 1943/Juillet 1944

DU MÊME AUTEUR

CHEZ LE MÊME ÉDITEUR

Dans la même collection rouge et blanche

LA GRANDE HISTOIRE DE
LA SECONDE GUERRE MONDIALE

Tome 1 : Septembre 1938-Juin 1940
de Munich à Dunkerque

Tome 2 : Juin 1940-Juin 1941
de l'Armistice à la Guerre du désert

Tome 3 : Juin 1941-Décembre 1941
de l'invasion de l'URSS à Pearl Harbor

Tome 4 : Décembre 1941-Novembre 1942
des premières victoires du Japon
à Stalingrad et El-Alamein

Tome 5 : Novembre 1942-Octobre 1943 :
du débarquement Allié en A.F.N.
à l'invasion de l'Italie

LA GUERRE D'ALGÉRIE
Ouvrage couronné par l'Académie française

LA CONQUÊTE DE L'ALGÉRIE

LA FRANCE COLONIALE
1. La gloire de l'Empire
2. Retour à l'Hexagone

L'AFFAIRE SI SALAH

PAS MÊME UN CAILLOU

PIERRE MONTAGNON

La Grande Histoire de

La Seconde Guerre Mondiale

6 JUIN 1944 : LE JOUR J ET LA GUERRE DANS LE MONDE

Octobre 1943/Juillet 1944

Pygmalion
Gérard Watelet
Paris

Sur simple demande adressée aux
Éditions Pygmalion/Gérard Watelet, 70, avenue de Breteuil, 75007 Paris
vous recevrez gratuitement notre catalogue
qui vous tiendra au courant de nos dernières publications.

ISBN 2-85704-422-4

À mon père
qui a appris le débarquement
dans les prisons de la Gestapo

Abréviations

AB	Armée Blindée
AEF	Afrique Equatoriale Française
AFN	Afrique Française du Nord
AMGOT	Allied Military Government Occupied Territory
AOF	Afrique Occidentale Française
AS	Armée Secrète
BBC	British Broadcasting Corporation
BCRA	Bureau Central de Renseignement et Action
BFL	Brigade Française Libre
CA	Corps d'Armée
CB	Corps Blindé
CC	Combat Command
CFLN	Comité Français de Libération Nationale
CNR	Conseil National de la Résistance
COSSAC	Chief of Staff to the Supreme Allied Commander
DB	Division Blindée
DBLE	Demi-Brigade de la Légion Étrangère
DCA	Défense Contre Avions
DD	Duplex Drive
DFL	Division Française Libre
DIM	Division d'Infanterie Marocaine
DMI	Division Motorisée d'Infanterie
DMM	Division Marocaine de Montagne
DZ	Dropping Zone
FEFEO	Forces Expéditionnaires Françaises en Extrême-Orient
FFI	Forces Françaises de l'Intérieur
FFL	Forces Françaises Libres
FLAK	Fliegerabwehrkanon (artillerie antiaérienne allemande)
FM	Fusil Mitrailleur
FTP	Francs-Tireurs et Partisans
GAC	Groupe d'Armées Centre
GAN	Groupe d'Armées Nord
GAS	Groupe d'Armées Sud
GB	Groupe Blindé
GPRF	Gouvernement Provisoire de la République Française
GTM	Groupement de Tabors Marocains
JCS	Joint Chiefs of Staff
LCA	Landing Craft Assault
LCI	Landing Craft Infantry
LCVP	Landing Craft Véhicle and Personal
LSI	Landing Ship Infantry
LST	Landing Ship Tank
LVF	Légion des Volontaires Français
MG	Maschinengewehr (mitrailleuse)
NKVD	Commissariat pour les Affaires intérieures
OKH	Oberkommando des Heeres (commandement en chef de l'armée de terre)
OKW	Oberkommando der Wehrmacht (commandement en chef des forces armées)
ORA	Organisation de Résistance de l'Armée
PC	Poste de Commandement
PC	Parti Communiste
PD	Panzerdivision (division blindée)
PLUTO	Pipe Line Under The Ocean
PM	Pistolet Mitrailleur
Pz Gr D	Panzer Grenadiere Division
QG	Quartier Général
RA	Régiment d'Artillerie
RAF	Royal Air Force
RAN	Royal Australian Navy
REC	Régiment Étranger de Cavalerie
REI	Régiment Étranger d'Infanterie
RIB	Régiment d'Infanterie Blindée
RICM	Régiment d'Infanterie Coloniale du Maroc
RMLE	Régiment de Marche de la Légion Étrangère
RTA	Régiment de Tirailleurs Algériens
RTM	Régiment de Tirailleurs Marocains
RTT	Régiment de Tirailleurs Tunisiens
SAS	Special Air Service
SD	Sicherheitsdienst (Service de Sûreté et de Renseignement)
SEAC	South Eastern Asia Command
SHAEF	Supreme Headquarter Allied Expeditionary Force
SOL	Service d'Ordre Légionnaire
SS	Schutzstaffel (Echelon de Protection)
TD	Tank Destroyer
TF	Task Force
URSS	Union des Républiques Socialistes Soviétiques

Octobre 1943

La Seconde Guerre mondiale a quatre ans d'âge. Pour les trois grands alliés, Britanniques, Américains, Soviétiques, ligués depuis la fin de 1941 contre les puissances de l'Axe, Allemagne, Italie, Japon, l'heure des grands revers n'est plus. Invasion de la Pologne, effondrement français, occupation des Balkans et d'une grande partie de l'URSS, désastre de Pearl Harbor, raz de marée nippon dans le Pacifique et en Extrême-Orient semblent appartenir au passé.

La fin de 1942, le début de 1943 avec El Alamein, le débarquement en AFN, Stalingrad, le retrait japonais de Guadalcanal ont marqué le grand tournant du conflit. L'année 1943 en a accentué l'évolution, avec les défaites allemandes en Tunisie et à Koursk, l'armistice italien et les succès américains dans les Salomon. L'Axe – amputé de l'Italie – se retrouve sur la stricte défensive. Sans relâche, blocus naval, bombardements aériens, résistances intérieures dans les pays occupés en Europe contribuent à l'affaiblir.

La victoire des Alliés s'annonce inéluctable. Mais quand et comment l'obtenir ?

A l'est, l'armée Rouge use la Wehrmacht. A l'ouest, les Anglo-Américains ont entamé la remontée de la péninsule italienne tandis que les bombes s'abattent de plus en plus régulièrement sur les cités et les usines allemandes. Dans le Pacifique, la puissance américaine s'affirme chaque jour. 50 porte-avions sont en service. Ils seront le double dans un an. Ils n'étaient que trois, douze mois plus tôt...

La question revient. Comment finir d'abattre le nazisme, premier objectif que se sont assignés Roosevelt et Churchill, avant de venir à bout de l'impérialisme japonais ? Churchill l'a prédit dès 1940 : il faudra aller le détruire chez lui. Roosevelt en est convaincu. La victoire définitive s'obtiendra sur le sol allemand en y portant le fer. Staline, qui de son côté réclame – ou exige – l'ouverture d'un second front pour soulager son armée, ne dit pas autre chose.

Pour les Anglo-Saxons, porter ce fer chez l'ennemi implique de prendre pied quelque part en Europe. La route italienne paraît longue aux Américains devenus les premiers maîtres d'œuvre, même si les Britanniques ne partagent pas cette opinion. La voie la plus courte pour accéder au cœur de l'Allemagne passe par l'Europe occidentale du nord-ouest, bordée par la mer. Cette Europe que Hitler a ordonné de transformer en forteresse protégée par le Mur de l'Atlantique. C'est donc par la mer qu'il sera nécessaire de frapper, ce qui n'interdira pas aux audacieux de descendre du ciel pour désorganiser les arrières.

Ce débarquement en Europe, événement, à l'origine, flou et lointain, commence en octobre 1943 à prendre silhouette. Churchill et Roosevelt se sont mis d'accord sur son principe et son exécution. Ils ont fixé une date : mai 1944. A Téhéran, en novembre, Staline leur apportera son appui.

Voici donc que débute l'ultime cheminement tandis que, partout, la bataille se poursuit et s'intensifie. Les états-majors mettent la dernière main à leurs plans. Les généraux et les amiraux rassemblent leurs troupes, leurs avions, leurs bateaux. Les soldats fourbissent leurs armes. Tout doit être prêt pour ce jour qui sonnera le début de la phase finale de la guerre, ce jour où une gigantesque armada conduira à pied d'œuvre sur le continent l'armée de la victoire, ce jour qui restera à jamais dans l'Histoire, le jour J.

Chapitre premier

ÉCHEC À CHURCHILL

Le 3 octobre 1943, à l'aube, une brigade de 1 200 soldats allemands débarque au centre de l'île de Kôs dans la mer Égée, appuyée peu après par une compagnie de parachutistes larguée en renfort.

L'île est occupée par 5 000 Italiens et un bataillon britannique débarqué depuis peu. Seul un faible pourcentage d'Italiens sont présents dans les combats où les Stuka, à 20 minutes de vol depuis Rhodes, ne cessent d'intervenir pour soutenir les leurs. Les pertes sont sévères des deux côtés. En fin de journée les Britanniques sont débordés. Ordre leur est donné de se disperser et de poursuivre la guérilla dans les collines.

Pendant quelques jours, ils le tentent courageusement, aidés par quelques détachements italiens plus résolus et les bergers grecs [1].

Fatigue, manque de vivres finissent par en avoir raison. Une centaine d'hommes réussit à gagner de nuit la côte turque distante de quelques kilomètres. Les autres sont capturés. Au total 900 Britanniques, 3 000 Italiens sont faits prisonniers. De rage,

1. Le 13 octobre, le gouvernement Badoglio déclare la guerre à l'Allemagne.

les Allemands fusillent 80 officiers italiens pour avoir osé reprendre les armes contre leur ancien allié. Kôs n'aura été libérée qu'une vingtaine de jours.

Cette bataille pour Kôs, comme d'autres pour Leros ou Rhodes, s'inscrit dans l'option stratégique bien affirmée de Churchill. Le 9 septembre, alors que la capitulation italienne a été rendue publique la veille au soir, Wilson, le commandant en chef britannique au Moyen-Orient, a reçu un message de son Premier ministre :

> « Voici le moment de jouer le grand jeu. Improvisez et osez ! »

Churchill se serait senti à l'aise chez les parachutistes. « Qui ose gagne » y est à l'honneur. Dans le cas présent, le Premier ministre veut oser et gagner dans les îles du Dodécanèse.

Ces îles, au large de la Turquie, de peuplement grec mais possession italienne depuis 1912, commandent l'accès méridional de la mer Égée. Rhodes, la plus importante, possède deux terrains d'aviation et un bon port ; Kôs, Scarpanto, chacune un terrain et Leros une base d'hydravions. Les Italiens y tiennent partout garnison mais les Allemands se sont également installés en force à Rhodes où ils alignent quelque 7 000 hommes, les Italiens 30 000. Cette présence proche de la Syrie et du Liban a contraint la Grande-Bretagne à maintenir deux divisions au Levant.

Churchill aurait-il une revanche à prendre en mer Égée ? Les Dardanelles, en 1915, lui ont coûté l'Amirauté. Que ce souvenir ne soit pas indifférent à ses décisions n'est pas impossible. Il aime avoir raison. Pourquoi 1943 ne prouverait-il pas sa perspicacité 28 ans plus tôt ?

Ce point très personnel mis à part, Rhodes et les îles avoisinantes présentent, de longue date, pour lui, un enjeu stratégique majeur. Leur prise apporterait beaucoup aux Alliés : influencer la Turquie voisine avec espoir d'arriver, enfin, à l'entraîner ; ouvrir la route de la mer Noire et par là même en finir avec les coûteux convois de l'Arctique et le long cheminement par le transiranien ; s'approcher à meilleure distance de bombardement des installations pétrolifères roumaines ; mieux assurer la défense du Moyen-Orient ; surtout fournir une entrée sur les Balkans. Les Balkans ! L'idée de toujours de Churchill.

Par la vallée du Danube, il serait possible de frapper le « ventre mou » de l'Europe et de gagner Vienne. Et là, même si Churchill se garde bien de le dire, devancer les Soviétiques. Il voit loin, Winston Churchill, beaucoup plus loin que son compère Roosevelt, retombé dans les rêves du président Wilson, et qui ne perçoit pas le danger qui se lève du côté de Moscou.

A Québec, en août, avec l'effondrement prochain de l'Italie, Churchill avait relancé le débat sur le Dodécanèse. Ses interlocuteurs américains ont fait la sourde oreille. Ils estiment avoir suffisamment donné en Méditerranée avec la Sicile et bientôt l'Italie. Conformément aux instructions de son Premier ministre, Wilson a cependant préparé une force d'intervention. La 8e division indienne a été entraînée spécialement pour un assaut sur Rhodes. Le LRDG, la guerre du désert achevée, a été transformé en unité amphibie. Par la bande, les Américains contrent néanmoins les tentatives envisagées. Ils ont expédié les navires de débarquement vers la Birmanie et donné ordre à la division indienne de rallier la Méditerranée centrale [1].

Wilson n'a guère plus que le LRDG et une brigade, la 234e basée à Malte, où elle a subi les rigueurs du siège. C'est peu. Il n'est pas mieux pourvu sur mer. Pour débarquer, il dispose essentiellement de barcasses de pêche grecques réquisitionnées. Churchill, néanmoins, son message du 9 septembre l'atteste, compte sur la confusion créée par l'armistice italien pour s'approprier les îles.

Dans la nuit du 8 au 9 septembre, le major Jellicoe est parachuté sur Rhodes pour engager des négociations avec l'amiral Campioni, gouverneur de l'île. L'Italien n'est pas un va-t-en-guerre. Il veut bien s'opposer aux Allemands à condition d'être soutenu. Jellicoe, à cet égard, est bien incapable de trop s'avancer. Prudent, Campioni gagne du temps mais les Allemands le prennent de vitesse. Le général Klemann lui adresse un ultimatum (assorti d'un bombardement) qu'il préfère accepter. L'Allemagne est maître de Rhodes. Jellicoe doit s'éclipser, emportant du moins les plans des champs de mines de la mer Égée et des défenses de Rhodes.

---

1. Cette interférence est rendue possible par l'organisation du commandement octroyant à Eisenhower l'autorité générale en Méditerranée et toutes les ressources du Moyen-Orient.

Pour s'emparer de l'ancien fief des Chevaliers de Saint-Jean (ultérieurement Chevaliers de Malte), la Grande-Bretagne devra se battre. Pour ce faire, Wilson a besoin de navires pour ses débarquements, d'avions pour ses parachutages. Et, par-dessus tout, d'une bonne couverture aérienne. Churchill s'empresse de s'adresser à Eisenhower.

Le Commandant en chef raisonne en Américain et en responsable de l'offensive engagée à Salerne [1]. Pas question pour lui de se laisser entraîner dans les projets du Premier ministre britannique. L'Italie accapare tous ses moyens. Il est là pour exécuter le plan fixé dans la péninsule italienne, en gardant les yeux rivés sur « Overlord ». C'est là qu'il voit la clé du succès futur. Questionné par Churchill, Roosevelt a la même attitude. « A mon avis, l'exécution d'"Overlord", tel qu'il est actuellement prévu, ne doit être entravée par aucune dispersion de troupes ou de matériel. »

Churchill a beau insister, il n'obtient rien. Les Américains se retranchent derrière les derniers renseignements. Hitler a donné ordre de renforcer le sud de l'Italie et de défendre Rome. La sécurité des unités devant Naples ou Salerne est prioritaire. Roosevelt refuse même l'éventualité d'une réunion des chefs d'état-major pour étudier le cas du Dodécanèse.

Churchill et Wilson ne peuvent que se plier. Il n'y aura pas de bataille de Rhodes, faute de moyens. L'île restera encore de longs mois aux mains des Allemands. Quasiment jusqu'à la capitulation finale.

*
* *

A défaut de pouvoir s'emparer de Rhodes, Wilson s'est efforcé de prendre pied dans les autres îles occupées seulement par les Italiens. Il les a saupoudrées au mieux. Un bataillon à Kôs, un autre à Leros, un troisième à Samos, de petits détachements de-ci de-là. Les garnisons italiennes ont généralement bien accueilli les nouveaux venus. Ceux-ci, en principe, devraient les protéger des Allemands puisque leur pays a rompu avec le IIIe Reich. A ce titre, elles se sont vu confier des missions : les 5 000 Italiens de Kôs, plus exposée du fait de sa proximité avec Rhodes, ont reçu pour mission de défendre le terrain

1. Voir *La Grande Histoire de la Seconde Guerre mondiale, Novembre 1942-Octobre 1943*, chap. 16.

d'aviation. Mais le terrain rocheux se prête mal à des travaux de défense, notamment contre des attaques aériennes.

Hitler, une fois encore en désaccord avec ses généraux, a décidé de défendre Rhodes et de tenir le Dodécanèse. Comme Churchill, il a conscience de leur poids face à la Turquie et dans les Balkans. Il fait considérablement renforcer le potentiel aérien en prélevant sur le sud de la France, l'Italie et même le front de l'Est. Au 1er octobre, la Luftwaffe, avec 350 appareils basés en Grèce, Crète et Rhodes, possède la maîtrise aérienne. La RAF n'aligne qu'une dizaine de Spitfire au départ de Kôs. Les bases de Libye sont trop éloignées pour être à même d'intervenir utilement. Quant à la Royal Navy, elle n'est pas plus riche dans le secteur. Ses bâtiments ont été expédiés ailleurs. Toujours la volonté américaine.

Malgré la perte de Kôs, Wilson décide de tenir Leros. Un bataillon est déjà sur place. Les anciens du LRDG viennent le soutenir. Les Italiens sont bien pourvus en artillerie, mais, réservistes assez âgés, ils paraissent dans l'ensemble peu enclins à se battre. Le handicap principal provient toujours du ciel. Décollant de Gambut, près de Benghazi, les Lightning ne restent que quelques minutes sur zone. Comme à Kôs, les Stuka sont chez eux. En s'efforçant de ravitailler l'île, la Navy subit des pertes. Quatre destroyers sont coulés, deux croiseurs et un autre destroyer endommagés. Les Allemands perdent de leur côté 400 hommes au large de l'île de Sampatria.

L'assaut débute le 12 novembre. Un premier débarquement sur les côtes septentrionales est en partie repoussé. En milieu d'après-midi, 500 parachutistes sont largués dans un terrain difficile de collines rocheuses. Accidents de saut, tirs meurtriers des armes automatiques du LRDG, 60 % de l'effectif sont mis hors de combat en quelques minutes. Les paras parviennent cependant à occuper la crête de Rachi (103 mètres de haut), scindant la défense anglaise.

Durant quelque temps, l'issue des combats est incertaine. Le soutien sans faille de la Luftwaffe, l'arrivée de renforts assurent l'avantage des assaillants. Un nouveau parachutage a lieu le 13 au matin. Les contre-attaques sont bloquées par les Stuka. Le colonel French [1] est tué en menant l'une d'elles.

Au fil des journées, la situation s'aggrave pour les défenseurs. Les liaisons internes sont mauvaises, l'appui aérien

1. Commandant le Royal Irish Fusiliers.

inexistant, l'armement lourd italien défaillant. Près de 4 500 Allemands sont dans l'île face à une garnison qui ne reçoit pas d'aide extérieure. Le 16, à 17 h 30, le colonel Tilney capitule, imité une heure après par l'amiral italien Mascherpa. Profitant de l'obscurité, la Navy s'efforcera d'évacuer les rescapés depuis le petit port de Portolago.

Kôs et Leros perdues, les autres îles sont condamnées. Samos est évacuée dans la nuit du 19 au 20 novembre, et Castelrosso le 28. Dans les deux cas, sans intervention allemande. La tentative britannique pour s'emparer du Dodécanèse a échoué.

Les Britanniques ont perdu 4 800 hommes, en grande partie faits prisonniers, et 115 avions. Les marines grecque et anglaise, 6 destroyers, 2 sous-marins et 10 petits navires de débarquement. 4 croiseurs, 4 destroyers ont été endommagés. Les Allemands, pour leur part, ont perdu environ 4 000 hommes (dont beaucoup par noyade).

C'est incontestablement un grave échec militaire pour les Britanniques. Le courage des combattants n'est pas en cause. L'absence d'une couverture aérienne, la pénurie de moyens, sont les raisons premières de leur défaite.

L'affaire du Dodécanèse est surtout instructive au plan politique. Ces combats, localisés et relativement peu importants par rapport à l'intégralité de la Seconde Guerre mondiale, marquent un grand tournant dans les relations anglo-américaines.

Churchill, l'artisan de la Grande Alliance, a été battu sur son terrain. Celui de la fidélité. Ses partenaires ne l'ont pas suivi. Les chefs militaires américains, toujours déconcertés par ses propositions, ont pris l'avantage. Ils ont imposé leurs vues sur le débarquement de 1944 en Europe. Roosevelt n'a pas soutenu son ami, l'« ex-personnalité navale ». Il a approuvé ses lieutenants.

Pourquoi ce revirement, cette amorce de divorce, après deux années d'idylle presque parfaite entre les deux partenaires ? Les réponses se trouvent à Washington.

Les Américains prennent de plus en plus conscience de leur force et de leur importance. Leur argent, leur matériel, leurs soldats alimentent la bataille et l'alimenteront de plus en plus. Comment ne pas être incité à prendre les rênes de l'attelage ?

En outre, se pose le cas de Roosevelt. Les premiers mois de

la guerre l'ont vu à la traîne d'un Churchill autrement plus imaginatif, plus accrocheur, mieux au fait des dossiers. Cette phase d'apprentissage est terminée. Roosevelt se sent adulte. Il entend s'affirmer le maître à bord. Comme l'y convie son état-major, les Leahy, Marshall, King qui, par leur présence régulière, influent lourdement sur ses décisions.

Churchill aurait-il fini par lasser, par agacer ? Ce n'est pas impossible. N'est-il pas trop brillant face au fade Roosevelt, toujours à l'écoute de son opinion publique ? N'en a-t-il pas trop fait dans ses coups d'encensoir vers la Maison Blanche ?

> « Monsieur le Président, il m'est impossible de ne pas croire qu'une Providence omnisciente, en ce moment critique de l'Histoire du monde, a ordonné ces grands événements autour de votre personne et de vos hautes fonctions ! »

Et Stilwell qui rapporte ce propos, à l'occasion d'un dîner d'adieu à Washington en mai 1943, d'ajouter : « Et Frank a bu cela comme du petit-lait. » [1]

*
* *

A la longue, la ficelle n'a-t-elle pas paru trop grosse ? Roosevelt, dans son béat narcissisme, a-t-il fini par ne plus être dupe ?

Roosevelt dissimule soigneusement que son ambition nationale a changé de visage. Il a découvert que la bannière étoilée représentait la première puissance économique et bientôt militaire du monde. Son choix est évident. L'Amérique ne saurait lutter pour rétablir, outre-mer ou en Europe, l'hégémonie de l'Empire britannique, l'un des buts pour lesquels travaille Churchill. Le monde de l'après-guerre sera dominé par les États-Unis et non par la Grande-Bretagne. D'ailleurs, au nom d'un anticolonialisme que cette fois il proclame ouvertement, le Président est bien décidé à affaiblir les grands empires coloniaux.

Étrange Roosevelt, qui finit par être obsédé par le problème du colonialisme européen et ne prend pas conscience du colonialisme des Soviétiques ! Il a toujours en référence la guerre d'Indépendance et le rejet de la tutelle anglaise par son illustre prédé-

1. *L'Aventure chinoise, op. cit.*, p. 190.

cesseur George Washington. Il en oublie un passé récent où il n'était « de bon Indien qu'un Indien mort ». Il en omet de balayer devant sa porte, la ségrégation raciale persistant vis-à-vis des gens de couleur [1]. Il dissimule l'impérialisme, économique, militaire, ou politique de son pays. Tout à sa phobie, il veut détruire les grands empires coloniaux : britannique, français, hollandais, dût-il, sans s'en rendre compte, les confier à des mains communistes, ce qui se produira par exemple en Indochine. Comme il n'ose pas le faire directement, ses attaques contre les possessions coloniales françaises visent indirectement celles du Royaume-Uni.

Dans cet immense débat, une pomme de discorde peut paraître mineure, elle n'en est pas moins réelle. Elle se nomme de Gaulle. Roosevelt est foncièrement hostile à l'homme du 18 Juin pour des mobiles plus passionnels que rationnels. Churchill, envers et contre tout, sait dominer ses agacements. Il reconnaît la stature du partenaire qui a, en 1940, lié son sort au sien. Il estime que dans l'Europe de l'après-guerre, une France rétablie dans sa grandeur doit servir de contrepoids. Roosevelt ne va pas si loin. Pour sa part, il est prêt à traiter les Français comme les autres, en sujets régentés par l'administration américaine. De Gaulle, un autre grain de sable entre Roosevelt et Churchill, surtout à l'heure où le premier s'est imposé comme seul chef à Alger.

Heureusement la machine ne grippera pas, mais Keros, Leros,

---

1. Les photographies militaires d'époque sont très instructives à cet égard. Les Noirs qui représentent 10 % de la population des États-Unis apparaissent rarement sur des clichés. On ne les voit pas dans les états-majors ; on les cherche dans les troupes d'élite, parachutistes, Marine Corps. Ils ne sont pas davantage dans la Marine hormis quelques stewards. Partout les Noirs sont regardés comme faisant de médiocres soldats. Aussi sont-ils cantonnés dans des emplois mineurs et subalternes : chauffeurs de camions, ordonnances, cuisiniers, grooms. Dans certains États, la conscription aurait tendance à les éviter.

A partir de la fin de 1942, vu le besoin croissant d'effectifs, un plus grand nombre sont appelés sous les drapeaux, mais la ségrégation continue, en dehors de rares cas d'espèce. Au total, un million de Noirs porteront l'uniforme durant la guerre mais presque toujours dans des unités de service.

On ne trouve pas traces d'intervention de Roosevelt pour remédier à cette situation qui ne commencera à évoluer qu'avec son successeur et à partir des années cinquante. D'aucuns ne manqueront pas de comparer cette ségrégation américaine avec la fraternité d'armes des unités françaises où les cadres d'origine indigène ne manquent pas. Faut-il rappeler que le gouverneur général Éboué était un homme de couleur ?

Samos, petites îles oubliées du Dodécanèse, à l'automne 1943, marquent un grand tournant. Roosevelt n'écoute pas Churchill. Bientôt, il en écoutera un autre, Joseph Staline. Téhéran sera la première étape de la route menant à Yalta. L'Europe et le monde de l'après 1945 en paieront le prix durant des décennies.

Chapitre II

TÉHÉRAN
28 novembre-1er décembre 1943

Les trois Grands mènent théoriquement une guerre de coalition. Théoriquement. Si Roosevelt et Churchill se rencontrent et se concertent régulièrement, Staline fait bande à part. Pour repousser les entretiens à trois, il a toujours trouvé le bon prétexte : la conduite des opérations qui impose sa présence constante à Moscou. L'argument n'est pas sans fondement. Le maître du Kremlin, depuis juillet 1941, suit les opérations militaires de très près. Ses maréchaux et généraux, tenus de lui rendre compte de tout, n'entreprennent rien sans son accord. Cette omniprésence est à double tranchant. Elle interdit le laxisme à tous les niveaux. Elle engendre bien des mécomptes. Plus d'une armée s'est retrouvée prise au piège, suite aux oukases staliniens interdisant un mouvement de repli. Mais Hitler ne se comporte-t-il pas de même ? Ses généraux ne peuvent reculer une division sans son autorisation.

A l'automne 1943, les impératifs opérationnels s'estompent. La Wehrmacht faiblit. L'armée Rouge va de succès en succès. Sans incidence pour le front, Staline a latitude de s'absenter. Sa présence peut être plus utile ailleurs. N'a-t-il pas, entre autres, à réclamer de ses partenaires la reprise des convois de l'Arctique et l'ouverture du second front ?

Fin août, il s'est prononcé pour une réunion des trois ministres des Affaires étrangères à Moscou. Début septembre, faisant un pas de plus, il accepte le principe d'une rencontre des trois chefs d'État et avance un lieu de rendez-vous : Téhéran.

Il n'est ni simple ni aisé de rassembler des personnalités telles que Roosevelt, Staline, Churchill. Disponibilité, préséance, sécurité, constitution même (dans le cas du président américain) multiplient les discussions. Finalement, le point d'entente est trouvé. La conférence « Eurêka », première rencontre des trois Grands, se tiendra, à partir du 28 novembre, à Téhéran, comme le souhaitait Staline. Britanniques et Soviétiques occupent l'Iran et sa capitale. Leur présence doit permettre de protéger les participants. Qui ne le noterait ? Staline a marquéle premier point. Il n'a pas grand chemin à faire. Un chemin qui, toutefois, lui coûte. Il n'a jamais pris l'avion. Il a peur... [1]

*
* *

Roosevelt et Churchill sont convenus de faire, au préalable, escale au Caire. L'étape égyptienne leur permettra de débattre de leurs problèmes communs et d'étudier la question chinoise avec Tchang Kaï-chek que des raisons de haute diplomatie empêchent de se rendre à Téhéran en même temps que Staline. L'URSS n'est pas en guerre avec le Japon.

Roosevelt a choisi la voie maritime – cuirassé *Iowa* – pour gagner Oran avant de prendre l'avion pour Le Caire ; Churchill l'a précédé de quarante-huit heures comme le couple Tchang Kaï-chek. Les responsables asiatiques, Mountbatten et Stilwell, ont également été convoqués.

Le contentieux du Dodécanèse n'est qu'en partie soldé et Churchill le relance, via l'Italie. Il voudrait pousser jusqu'à la vallée du Pô. De là, les Alliés seraient en mesure de menacer le sud-est de la France et l'Autriche. Par une voie détournée, c'est retrouver le chemin de Vienne, idée chère au Premier ministre. Une telle stratégie suppose des moyens au détriment, peut-être, d'« Overlord ». Et là, pour les Américains, existe un tabou. Il est hors de question d'affaiblir « Overlord ». La campagne d'Italie se poursuivra avec les

1. Il se rendra en train jusqu'à Bakou et de là s'envolera pour Téhéran.

effectifs en place [1]. Les ponctions destinées à préparer le débarquement s'effectueront comme prévu. (7 divisions sont en cours de transfert de l'Italie vers le Royaume-Uni.)

Autre sujet de discorde, le commandement suprême proposé par les Américains pour coiffer « Overlord » et Méditerranée. Les Britanniques ne sauraient l'admettre. Ils se doutent de quelle nationalité serait le titulaire du poste. *Fifty-fifty !* S'ils ont accepté qu'un Yankee dirige « Overlord », ils estiment avoir droit – au moins – à la Méditerranée. On discute, mais on ne tranche pas, semblant toutefois écarter le principe de ce commandement. Manifestement l'époque de la belle unité où Roosevelt et Churchill se déclaraient d'accord à au moins 90 %, a vécu.

Le plus épineux est encore à débattre : la Chine. Le fait est patent depuis la retraite de Birmanie. Les « Rosbifs », comme les appelle Stilwell, n'ont aucune confiance dans les Chinois, qu'ils soient civils ou militaires. Churchill qualifie le théâtre d'opérations chinois de « compliqué, secondaire, interminable ». Par contre, les Américains relèvent que les masses de Tchang Kaï-chek, si indisciplinées et sous-équipées soient-elles, retiennent sur le continent des forces japonaises considérables. Ce sont autant qu'ils n'ont pas contre eux. Pragmatiques, ils préfèrent voir les Asiatiques s'entre-tuer, épargnant ainsi le sang de leurs compatriotes. Stilwell, au contact des réalités, ne dit pas autre chose. Il est même persuadé que le soldat chinois, bien instruit, bien armé, peut faire un excellent combattant, rude et courageux. Washington le suit parfaitement. Une conclusion s'impose donc outre-Atlantique : il faut renforcer les Chinois. C'est la politique de Roosevelt qui veut faire de Tchang Kaï-chek un quatrième « Grand ». C'est la politique de Stilwell qui veut créer une armée chinoise digne de ce nom. « Vinegar Joe » [2] s'insurge seulement parce que ses conceptions sont mal appliquées et que la corruption chinoise, à tous les niveaux, annihile ses efforts.

Dans l'immédiat, le raisonnement américain aboutit à une déduction pratique. Renforcer Tchang Kaï-chek oblige à rouvrir la route de Chine coupée de Mandalay à Lashio. La voie

1. Les seuls apports notables proviendront du 2e CA polonais du général Anders et surtout du CEF du général Juin dont la présence assurera le succès vers Rome.

2. Surnom attribué à Stilwell devant son caractère irascible.

aérienne par-dessus la « bosse » de l'Himalaya n'assure que des tonnages limités. Cette réouverture impose à son tour de reprendre l'offensive en Birmanie, perspective qui n'est pas pour plaire à Churchill. Les offensives anglaises en Arakan et dans le nord de la Birmanie en 42-43 se sont mal terminées [1].

Le nouveau commandant en chef [2] dans le Sud-Est asiatique est arrivé avec des plans bien propres à satisfaire les Américains. Depuis Ledo en Assam, Stilwell marcherait vers l'est avec trois divisions. Les nationalistes chinois, au départ de Koung-Ming, se porteraient à sa rencontre. Un débarquement dans les îles Andaman, opération « Buccaneer », viserait à couper la route maritime en direction de Rangoon.

C'est compter sans Churchill ni Tchang Kaï-chek.

Les généraux britanniques, dûment chapitrés par leur Premier ministre, récusent vigoureusement ces plans. Les navires de débarquement employés pour « Buccaneer » seraient plus utiles à Rhodes. Le ton s'envenime. Les Américains sont persuadés que les Britanniques veulent torpiller « Overlord ». Pour un peu, Brooke et King, l'Anglais et l'Américain, en viendraient aux mains.

Quant à Tchang Kaï-chek, il joue les prima donna exigeant avions, fournitures, voulant tout connaître et tout fixer. Il finit par exaspérer ses interlocuteurs militaires qui ignorent que le Chinois a obtenu de Roosevelt une promesse formelle de l'aider.

Au passage, du reste, le Président, qui commence à régenter le monde à sa guise, a évoqué l'Indochine française. Plus question de pavillon tricolore sur Hanoi et Saigon. Trois hauts-commissaires – américain, britannique, chinois – et ce pour 25 ans ! Le démocrate Roosevelt gomme allégrement le droit des peuples à disposer de leur propre avenir...

*
* *

Le Caire n'était qu'une entrée en matière, un galop d'échauffement. Le morceau de résistance attend les intervenants à Téhéran.

---

1. Voir *La Grande Histoire de la Seconde Guerre mondiale, Novembre 1942-Octobre 1943*, chap. 14.
2. Mountbatten s'est vu confier ses nouvelles fonctions en août 1943.

La capitale iranienne est en état de siège. Des rumeurs circulent [1]. Des commandos auraient été largués pour assassiner les trois Grands. Par mesure de sécurité, il est décidé au dernier moment de loger Roosevelt à l'ambassade soviétique mieux protégée. Le NKVD n'a pas ménagé les gardes et les vigiles pour veiller sur le maître du Kremlin [2].

Churchill et Staline se sont déjà affrontés, en août 1942, à Moscou. A l'époque, la fortune hésitait. La Wehrmacht marchait sur Alexandrie, Stalingrad et le Caucase. Le Britannique avait croisé le fer avec le Soviétique qui réclamait à tout prix l'ouverture d'un second front pour le soulager. Quinze mois ont passé. Stalingrad, El Alamein et Tunis ont donné un autre visage à la guerre. L'armée Rouge atteint le Dniepr, les Anglo-Américains se sont emparés de Naples.

Les trois Grands se présentent avec des projets et des arrière-pensées plus ou moins dissimulés. Mer Égée, Balkans, Turquie, intégrité de la puissance britannique pour Churchill. « Overlord », Chine, anticolonialisme, gouvernement mondial pour Roosevelt. Pologne, États baltes, Finlande, ports sur des mers libres, extension du communisme, version moderne de l'impérialisme moscovite, pour Staline.

Roosevelt est le plus fort. Il a l'argent, le matériel, les

---

1. Une menace contre la vie des trois Grands paraît effectivement avoir existé. Dès le début de l'été 1943, alors que rien de définitif n'est encore décidé, les Allemands ont écho d'une réunion probable de la « Troïka ». (En novembre, la presse mondiale y fera largement allusion.) Himmler, Schellenberg, Kaltenbrunner, Canaris unissent leurs efforts pour essayer de savoir où et comment. A la mi-septembre, Canaris annonce que Téhéran a été retenue. Une opération dite « Long Saut » est préparée. Skorzeny, pressenti, regarde son exécution comme impossible. Des commandos sont cependant parachutés en Iran où l'Allemagne entretient de nombreux agents. Certains sont assez vite interceptés par Soviétiques et Britanniques informés de ce qui se trame. Six hommes bien armés resteront longtemps en liberté avant d'être trahis et arrêtés. (Tout n'est pas clair dans cette opération « Long Saut ». Certains y voient une intoxication des Soviétiques pour décider Roosevelt à loger dans leur ambassade, d'où des valets-espions, des écoutes secrètes, etc. Où la fiction dépasse-t-elle la réalité ?)

Kaltenbrunner dirige le RSHA, l'office supérieur de sécurité du Reich ; Schellenberg, sous ses ordres, le service dit AMtV.

2. Hormis sa pléthore de gardes du corps, Staline n'a fait venir que peu de conseillers, Molotov, Vorochilov. Par contre, Roosevelt et Churchill sont largement accompagnés. L'amiral Leahy, le général Marshall, l'amiral King, le général Arnold, Harry Hopkins escortent le Président ; Anthony Eden, le général Brooke, le maréchal Portal et bien d'autres, le Premier ministre.

hommes. Staline le talonne de près avec ses gros bataillons qui déferlent à l'Est. Churchill, son pays appauvri et endetté, peine à les suivre. Roosevelt se veut tout sourire envers « Oncle Joe ». Il est venu avec l'intention d'enlever sa confiance et son amitié, se refusant à admettre la nocivité du communisme et de son chef. Aussi soutient-il toutes les propositions soviétiques. Il tient également à pouvoir annoncer à son opinion publique l'entrée prochaine de l'URSS dans la guerre contre le Japon. Le citoyen Roosevelt est en perpétuelle campagne électorale [1].

De ces journées de conférences et de débats émergent quelques temps forts que les journalistes se plaisent à rapporter. Dîners protocolaires ponctués de force toasts. Les Soviétiques sont rois en matière de vodka. Soixante-neuvième anniversaire de Churchill, le 30 novembre, célébré comme il se doit. Remise à Staline de l'épée d'honneur offerte par le roi George VI aux habitants de Stalingrad [2]. Algarade Churchill-Staline, le Soviétique déclarant vouloir faire fusiller 50 000 officiers allemands, regardés, selon lui, comme criminels de guerre...

Le communiqué final résume certaines conclusions :

> « La conférence
>
> 1. est d'accord pour que les partisans de Yougoslavie [3] soient aidés par des fournitures de matériel et de ravitaillement aussi importantes que possible et par des opérations de commandos ;
>
> 2. est d'accord pour juger extrêmement souhaitable, au point de vue militaire, que la Turquie entre dans la guerre aux côtés des Alliés avant la fin de l'année ;
>
> 3. prend acte de la déclaration du maréchal Staline selon laquelle l'Union soviétique ouvrirait

---

1. L'élection présidentielle est dans moins d'un an.

2. La lame porte l'inscription suivante : « Aux habitants de Stalingrad, au cœur d'acier, don du roi George VI, en témoignage d'estime du peuple anglais. »

3. Une grande hypocrisie règne dans ce soutien aux partisans du communiste Tito. En bonne logique, Staline devrait l'appuyer. Bien au contraire, il ne le fait pas, conteste leur importance et reste en contact avec le monarchiste Mihailovic, par crainte d'ouvrir les Balkans aux Alliés. Churchill, pour des mobiles inverses, apporte son aide aux partisans (ceux-ci sont environ 200 000 à la fin de 1943), et rompt avec Mihailovic. Voir *La Grande Histoire de la Seconde Guerre mondiale, Novembre 1942-Octobre 1943*, chap. 12.

immédiatement les hostilités contre la Bulgarie, si la Bulgarie attaquait la Turquie comme conséquence de la déclaration de guerre de la Turquie à l'Allemagne. La conférence note également qu'il peut être fait état de cet engagement dans les négociations qui auront lieu sous peu avec la Turquie pour la faire entrer dans la guerre ;

4. prend acte que l'opération « Overlord » devra être déclenchée au cours du mois de mai 1944, en liaison avec une action dans le sud de la France. Cette dernière prendra toute l'ampleur permise par les possibilités en bâtiments de débarquement. La conférence prend également acte de la déclaration du maréchal Staline selon laquelle les forces soviétiques lanceront une offensive vers la même époque, afin d'empêcher les Allemands de transférer des effectifs de l'est à l'ouest ;

5. est d'accord pour que les états-majors militaires des trois puissances restent désormais en contact étroit au sujet des opérations futures en Europe. Il est entendu, en particulier, qu'un plan de camouflage, destiné à tromper l'ennemi au sujet de ces opérations, sera concerté entre les états-majors intéressés. »

Tout n'est pas rapporté dans ce communiqué, car tout n'est pas avouable quant au sort réservé à la Pologne, la Finlande, l'Allemagne de l'après-guerre et autres sujets délicats.

Malgré les réserves de Churchill, Staline a quasiment obtenu gain de cause. Le futur État polonais ripera d'est en ouest, au détriment de l'Allemagne et au profit de l'URSS. La ligne Curzon devrait devenir sa frontière orientale et la ligne Oder-Neisse l'occidentale [1]. Roosevelt a entériné...

La Finlande retrouvera ses frontières de 1940 et perdra en outre Petsamo. Roosevelt a encore entériné. Quant aux États baltes, leur sort est réglé depuis longtemps à Moscou. Ils seront, comme en 1940, annexés. Roosevelt a une fois de plus accepté.

L'Allemagne vaincue devrait être, suivant l'idée de Staline, scindée en sept régions (cinq autonomes, deux sous contrôle

---

1. Le choix entre les deux Neisse (orientale et occidentale) n'est pas encore intervenu. La seconde sera finalement retenue.

des Nations unies). Churchill aurait préféré une Prusse isolée et une confédération danubienne, mais Roosevelt et Staline ont fait cause commune. Les zones d'occupation apporteront, par la suite, une autre réponse lourde d'hypothèques.

Roosevelt a fait approuver son principe d'un Conseil chargé d'assurer la police du globe. États-Unis, Grande-Bretagne, URSS, Chine [1] y seraient seuls représentés. Churchill a avancé le nom de la France dans la conversation. Roosevelt qui n'aime pas de Gaulle a fait rejaillir sur elle son antipathie. Staline a remarqué sèchement qu'elle n'était plus une grande puissance et qu'elle était pétainiste.

Militairement, le point le plus notable est la confirmation sans équivoque d'« Overlord » devant intervenir en mai 1944 [2]. Staline a de quoi être satisfait. Il tient son second front et même davantage. Un troisième, le débarquement dans le sud de la France ayant été décidé par les Américains (opération « Anvil ») [3].

A priori, les trois Grands se sont mis d'accord. Plus exactement, deux d'entre eux ont imposé leurs propres intentions au troisième. L'Américain et le Soviétique ont fait front commun pour repousser les projets du Britannique. Rien en Méditerranée orientale. Rien en Italie du Nord. En revanche, priorité au débarquement en Europe occidentale. Abandon de la Pologne, de la Finlande, des États baltes aux visées moscovites. En contrepartie de sa constante bonne volonté, Roosevelt a obtenu une promesse : l'URSS entrera en guerre contre le Japon. Mais seulement une fois terminé le conflit en Europe. Pour moissonner ! Téhéran, avec Roosevelt dans le rôle du liftier, a ouvert toute grande la porte à l'expansionnisme soviétique. Et ce n'est là qu'un début.

*
* *

Le 3 décembre, de retour au Caire, Churchill, en tête à tête avec Roosevelt, tente un ultime effort. La conquête de Rhodes serait susceptible de décider la Turquie à rallier les Alliés. Mais le Président tient ferme. Il a promis à Tchang Kaï-chek de lancer

1. Contre l'avis de Churchill doutant de sa solidité réelle. L'avenir, là aussi, prouvera qu'il avait raison.

2. Avec 35 divisions en premier échelon, 19 britanniques, 16 américaines.

3. Cf. ci-après.

une attaque sur les îles Andaman dans le golfe du Bengale. Cette offensive exige tout le tonnage disponible. Un facteur imprévu renverra les deux partenaires dos à dos. Mountbatten réclame 50 000 hommes pour enlever les îles Andaman. Où les trouver ? « Overlord », « Anvil » sont prioritaires. Roosevelt doit renoncer à « Buccaneer » mais Churchill ne l'a pas, pour autant, emporté à Rhodes.

Toujours obstiné dans sa recherche d'une solution balkanique, le Premier ministre essaye de trouver un biais du côté de la Turquie. Il a convié le président Inonu, successeur de Mustapha Kemal, à rejoindre Roosevelt et lui-même au Caire. Mais le Turc se montre prudent. Il redoute la puissance de la Wehrmacht. Plus d'une année sera nécessaire avant qu'Ankara prenne parti, le 23 février 1945, et déclare la guerre à l'Allemagne – pour le principe.

Demeure un point d'importance : qui sera le commandant en chef d'« Overlord » ? Chacun était persuadé que Marshall serait nommé à ce poste. Son ancienneté, ses services passés, ses qualités personnelles le désignaient pour ce poste aux perspectives délicates mais glorieuses en cas de succès. (Eisenhower retournant alors à Washington, éventualité qui était loin de réjouir l'intéressé.) De par la Constitution américaine, la décision incombe à Roosevelt[1]. Le 5 décembre, avant de regagner la Maison Blanche, il la fait enfin connaître. Ce sera Eisenhower. Marshall lui est trop précieux pour qu'il s'en prive.

> « J'ai l'impression que je ne pourrais pas dormir la nuit si vous quittiez le pays »,

avoue-t-il à son fidèle lieutenant comme pour s'excuser. C'est certainement vrai.

Rentrant à Washington, le Président fait une courte escale à Tunis. Eisenhower est venu le saluer. Une courte phrase le ravit :

« Eh bien, Ike, vous allez partir diriger "Overlord" ! »

Le Britannique Wilson le remplacera en Méditerranée avec Alexander comme commandant en chef en Italie. Pour un général américain de 53 ans, hier encore inconnu, la véritable « Croisade en Europe » commence.

---

1. Il est commandant en chef de l'armée américaine.

Chapitre III

DOUBLE OFFENSIVE DANS LE PACIFIQUE

A Québec, au Caire, à Téhéran, les responsables politiques sont à peu près tombés d'accord sur la stratégie à adopter en Europe. Au Caire, Roosevelt et Churchill ont plus ou moins convenu de leur action en Birmanie. Pour le Pacifique, le sujet n'a été qu'ébauché. Il concerne, il est vrai, principalement les Américains. Leurs chefs d'état-major (car le dossier est resté à leur niveau) ne se sont pas prononcés quant à la manière de marcher sur Tokyo. Par le Pacifique central ou par le Pacifique sud-ouest ? Opposition de stratégie. Opposition de personnes. MacArthur fait d'une avance sur l'axe « Nouvelle-Guinée - Indes néerlandaises - Philippines » une affaire personnelle. N'a-t-il pas promis aux Philippins et à ses soldats : « Je reviendrai ! » ? Nimitz, soutenu par King, défend la voie directe – Marshall, Mariannes. Ces dernières occupées, les B/29 seraient à portée de Tokyo.

Nul n'a osé trancher. Si King demeure fidèle à ses intentions premières, Marshall semble à l'écoute de MacArthur. Conclusion de cette indécision : la victoire sur le terrain décidera qui a raison.

Se profilent ainsi deux campagnes distinctes en 1943-1944. Celle de Nimitz dans les Gilbert, les Marshall et les Mariannes. Celle de MacArthur par la Nouvelle-Bretagne, la Nouvelle-Guinée, les îles de l'Amirauté après en avoir terminé dans les

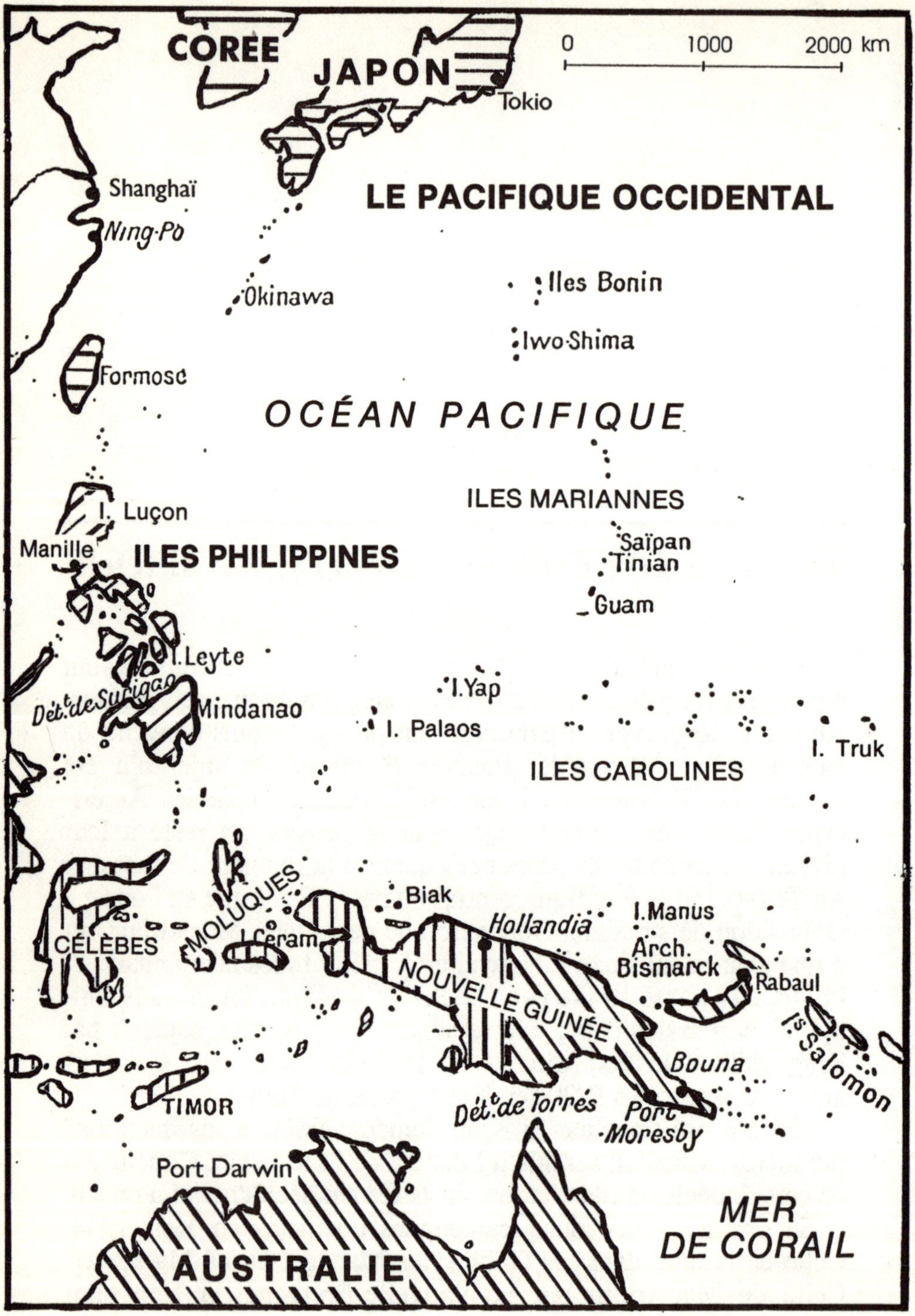
LE PACIFIQUE OCCIDENTAL
0
1000
2000 km
COREE
JAPON
Tokio
Shanghaï
Ning-Po
Okinawa
Iles Bonin
Iwo-Shima
Formose
OCÉAN PACIFIQUE
ILES MARIANNES
I. Luçon
Manille
ILES PHILIPPINES
Saïpan
Tinian
Guam
I. Leyte
I. Yap
Dét.t de Surigao
Mindanao
I. Palaos
I. Truk
ILES CAROLINES
MOLUQUES
Biak
I. Manus
Hollandia
CÉLÈBES
I. Ceram
Arch. Bismarck
Rabaul
NOUVELLE GUINÉE
I.s Salomon
Bouna
TIMOR
Dét.t de Torrès
Port Moresby
Port Darwin
MER DE CORAIL
AUSTRALIE

Salomon. L'enjeu est de se situer en bonne position pour atteindre le Japon, se doublant d'une joute entre l'amiral et le général. Qui aura l'honneur de porter l'estocade finale ?

Ce dualisme n'est pas sans danger. Ne divise-t-il pas les efforts ? Heureusement pour eux, la puissance des États-Unis ne cesse de s'accroître tandis que le potentiel japonais se lamine. Au sommet, le commandement nippon ne prendra pas conscience de la dispersion de l'adversaire. En concentrant ses moyens, il pourrait lui assener à tour de rôle des coups redoutables.

Avec MacArthur dans le Pacifique sud-ouest

Au début de l'automne 1943, MacArthur et Halsey ont réalisé la majeure partie de l'opération « Cartwheel » [1]. Après Guadalcanal, la Nouvelle-Géorgie, Vella Lavella leur appartiennent. L'objectif lointain demeure Rabaul, la redoutable base japonaise implantée à la corne orientale de la Nouvelle-Bretagne. Pour l'aborder, encore faut-il s'emparer de Bougainville, la plus grande des Salomon [2]. C'est sur ses côtes en se rendant en inspection à Buin et Balelle que Yamamoto est tombé dans l'embuscade fatale où l'attendaient les Lightning de Mitchell.

Le « violon » de Bougainville [3] s'annonce de conquête difficile. Le général Makatame Sanka, commandant de la 17e armée, y dispose de près de 40 000 hommes. 450 avions, dont 160 Zéro, y sont basés sur six terrains d'aviation. La Marine à Buka [4] compte 2 croiseurs, 10 destroyers, 10 transports et 12 sous-marins. Les Américains ne sont pas mieux pourvus mais bénéficient de l'initiative.

Pour la bataille des Salomon, Halsey relève de l'autorité de MacArthur. Le 1er octobre, il lui présente « Cherryblossom » [5], son plan d'action sur Bougainville. Les extrémités de l'île étant trop bien gardées, il débarquera dans l'anse méridionale, proche du cap Torokina, à l'ouest d'Empress Augusta Bay. Il compte organiser un puissant périmètre défensif et construire un aérodrome afin de briser les réactions adverses et se situer à distance d'intervention contre Rabaul. Au préalable, des opérations de

1. Voir *La Grande Histoire de la Seconde Guerre mondiale, Novembre 1942-Octobre 1943*, chap. 14.

2. 10 000 km^2.

3. Bougainville affecte sensiblement la forme d'un violon.

4. Ile au nord-est de Bougainville.

5. Fleur de cerisier.

diversion dans les îles du Trésor et Choiseul s'efforceront de détourner l'attention adverse. Vandegrift, le héros de Guadalcanal, conduira l'action initiale avec la 3e division des Marines, la 37e division et le 2e régiment de Raiders, le 1er régiment de parachutistes des Marines restant en réserve. La TF/39 de l'amiral Merrill [1], les deux porte-avions *Saratoga* et *Princeton* [2] de l'amiral Sherman assureront la couverture aéronavale.

Le 27 octobre, 7 000 Néo-Zélandais [3] débarquent dans les îles du Trésor et s'en rendent maîtres en quatre jours au prix de 40 tués et 145 blessés. Les Japonais se battent avec leur opiniâtreté habituelle. Les assaillants dénombreront 200 cadavres et ne feront que 8 prisonniers. Dans le même temps, pour « faire du volume », le 2e bataillon de parachutistes des Marines débarque à Choiseul, qu'il évacuera le 3 novembre.

Ces diversions portent fruit. Makatame Sanka se persuade que les Américains attaqueront en force à Buin depuis les îles du Trésor. Le 1er novembre au matin, les Marines trouvent les plages de Bougainville à peu près désertes, sauf dans la partie orientale du cap Torokina [4]. Le principal obstacle est la houle. Des petits bâtiments chavirent ou sont drossés au rivage. La mise à terre prend du retard. Au soir, cependant, 14 000 hommes, 6 000 tonnes de matériel auront été débarqués.

A Rabaul, l'amiral Koga n'a pas l'intention de laisser les Américains s'installer sur Bougainville. Dans la journée, il a lancé sans grand succès des raids aériens. 26 Zéro ou chasseurs bombardiers ont été abattus contre 4 appareils alliés. Koga, à défaut, compte sur la flotte. L'amiral Omori quitte Rabaul avec 2 croiseurs lourds, 2 croiseurs légers et 12 destroyers. Objectif : la destruction des navires de débarquement et de transport de Torokina.

Pour s'interposer, il n'est que la TF/39 de Merrill. Sherman est trop loin. Omori, qui aligne des pièces de 203, a intérêt à combattre à distance contre les bâtiments plus légers de l'Américain. Mais Merrill, de nuit, a des radars et manœuvre bien. La bataille de la Baie de l'Impératrice Augusta tourne à son avantage. A l'aube, les Japonais rejoignent Rabaul avec des éclopés, laissant derrière eux un croiseur léger.

---

1. 4 croiseurs légers, *Montpelier, Cleveland, Columbia, Denver* et 8 destroyers.

2. Ce dernier n'est qu'un porte-avions léger.

3. Australiens, Néo-Zélandais participent à la lutte. Les Australiens auront 516 tués à Bougainville.

4. Où 25 blockhaus seront âprement défendus.

Furieux de l'échec, Koga relève Omori de son commandement et lance un autre groupe plus puissant sous les ordres du vice-amiral Kurita. Halsey est contraint de prendre des risques pour faire face. Il pousse dans la mer des Salomon les deux porte-avions de Sherman tenus jusqu'alors en retrait. Le 5 novembre au matin, une centaine d'appareils, décollés des porte-avions ou de Vella Lavella, s'abattent sur l'armada japonaise. 6 croiseurs, 2 destroyers sont mis hors de combat.

Le 11, encouragé par son succès, Halsey relance ses porte-avions. Il en a « emprunté » trois à la Ve flotte. 185 avions attaquent Rabaul. Les Zéro de la défense sont balayés, 2 destroyers coulés, un croiseur léger, des cargos et navires de transport endommagés. Mais le gros de l'escadre était loin. Koga, prudent, l'avait évacuée sur Truk, la grande base japonaise des Carolines.

Essayant de riposter avec leur aviation, les Japonais se heurtent à une DCA qu'ils n'arrivent pas à percer. Il devient évident que le Japon n'a plus ses pilotes d'antan. Ses jeunes recrues manquent d'expérience face aux Wildcat. Partout aussi, les Américains parviennent à dresser des barrières de feu difficilement franchissables [1].

Le commandant nippon, cependant, s'obstine. S'attendant à une attaque sur Buka, il envoie un « Orient Express » renforcer la garnison. Les 5 destroyers, dont 3 transportant des troupes, tombent sur ceux du capitaine de vaisseau Burke, le célèbre Burke dit « 31 nœuds » [2]. La bataille du cap Saint Georges, dans la nuit du 24 au 25 novembre, se solde par la destruction de 3 destroyers japonais. Les Américains ont désormais la maîtrise du ciel et de la mer dans les Salomon. Reste la bataille sur terre à Bougainville.

Elle n'est pas la moins pénible ni la moins sanglante au milieu des marais pestilentiels, des plantes grimpantes, des chauves-souris, des serpents, des lézards, des insectes de toute nature. Dans l'épaisseur de la jungle, le chemin doit se frayer à la machette. Des trombes d'eau tropicales s'abattent de midi à la tombée de la nuit. Le moindre emplacement pour dormir se transforme en trou d'eau.

---

1. Ils commencent à utiliser des obus à fusée de proximité. (Il n'est plus nécessaire d'avoir un impact. L'explosion se produit à une dizaine de mètres de l'objectif.)

2. Allusion à la vitesse qu'il annonce faire avec des navires n'excédant pas en principe 30 nœuds.

33 000 Américains sont désormais sur l'île. La 37e division a rejoint les Marines (qui seront relevés mi-janvier 1944 après avoir perdu 2 000 des leurs). La tête de pont atteint 55 km². Les assauts japonais se brisent sur ses défenses. La lutte sera farouche pour conserver « Cibik Ridge », la crête où le lieutenant Cibik, s'infiltrant dans les lignes adverses avec sa patrouille, a installé un observatoire dominant la zone des combats. Son emplacement, ses abords deviennent célèbres. Une colline sera baptisée la « colline aux grenades ».

A l'intérieur du secteur tenu, les Seabees [1], les sapeurs américains, aidés par leurs camarades néo-zélandais, construisent deux pistes, l'une pour les chasseurs, l'autre pour les bombardiers. Le 9 janvier, elles sont opérationnelles. Les appareils américains ne sont plus qu'à 350 km de Rabaul.

Les Japonais s'obstineront à vouloir s'emparer de ces bases d'Augusta Bay. Ils y laisseront la moitié de leurs meilleurs soldats. Certes, ils se maintiendront sur Bougainville jusqu'à la fin des hostilités mais, le 30 mars 1944, l'opération « Cartwheel », « la reconquête des Salomon », peut être considérée comme achevée.

*
* *

De Bougainville, MacArthur est donc à portée de Rabaul, le plus beau port naturel de la région, avec une garnison de quelque 100 000 hommes. King a, de longue date, formulé une question : « Est-il bien nécessaire de perdre du temps et des vies humaines pour s'emparer de Rabaul ? »

Autrement dit, n'est-il pas plus judicieux de « court-circuiter » la place purement et simplement, en se contentant de la réduire à l'impuissance par des bombardements ? On peut trouver ailleurs des facilités pour construire des aérodromes. A Québec, les chefs d'état-major ont approuvé l'idée de King. A la mi-décembre, elle est acceptée et complétée.

Les succès de MacArthur dans la péninsule de Huon l'ont placé à bonne distance du cap Gloucester [2]. Tenir celui-ci per-

1. Abeilles de mer.

2. A la corne occidentale de la Nouvelle-Bretagne dont, à la fin de 1943, MacArthur contrôle, outre la péninsule de Huon, les vallées intérieures du Ramu et du Markham et, sur la côte, Finschhafen, Wareo, Sio, ainsi que Saidor – saisi le 2 novembre grâce à un débarquement. Wewack n'en est plus distant que d'environ 500 km. Voir la carte parue dans *La Grande Histoire de la Seconde Guerre mondiale, Novembre 1942-Octobre 1943*.

mettrait de verrouiller les détroits de Vitiaz et Dampiez, points de passage obligés entre mers de Bismarck et de Corail. MacArthur estime en outre qu'il importe de cerner Rabaul au plus près. (Les distances paraissent courtes sur une carte : le croissant de la Nouvelle-Bretagne s'étale sur plus de 500 km.)

L'encerclement, et donc la mise hors course de Rabaul, sera effectué par un double mouvement en tenaille. A l'est depuis les Salomon en direction des îles Saint-Matthieu, à l'ouest depuis la Nouvelle-Guinée via la Nouvelle-Bretagne (Kavieng, autre base importante à la pointe septentrionale de la Nouvelle-Irlande, sera neutralisée par la même occasion).

Le 26 décembre, les premiers éléments des 1re et 7e divisions de Marines débarquent dans la baie de Borgen un peu à l'est du cap Gloucester. Ils y découvrent un « enfer vert » encore plus terrible que celui des Salomon. Les cartographes annonçaient en bien des endroits « marais secs ». Les hommes y enfoncent jusqu'aux cuisses, se battent avec les racines des plantes immergées. Des arbres pourris s'abattent dans la vase, occasionnant les premières victimes. Il faut se mettre à plusieurs pour s'extraire un à un de cet univers vaseux pour aborder des sols plus fermes. Les défenseurs se montrent toujours aussi stoïques, mais le combat commence à prendre l'aspect qu'il aura désormais fréquemment. L'entraînement, l'expérience [1], la puissance de feu [2] des Américains paient. L'artillerie ne ménage pas ses obus. Les blindés, chaque fois qu'il est possible, avancent en appui d'infanterie. Ils ajustent presque à bout portant les casemates ennemies. Les Japonais, de leur côté, se sentant perdus, lancent des assauts suicidaires désespérés. Aussi les rapports des pertes oscillent-ils autour de un à dix.

En quatre jours, les Marines se saisissent de l'aérodrome du cap Gloucester qu'il faut d'abord remettre en état et débarrasser de ses épaves. Après quoi la progression reprend régulièrement vers l'est de la Nouvelle-Bretagne. Début mars, la péninsule Willaumez sera atteinte avec un nouveau terrain d'aviation à

1. La 1re division des Marines compte nombre de vétérans de Guadalcanal.

2. Les Marines commencent à employer le Garant MI, fusil semi-automatique à 8 coups, remarquable de fiabilité et de précision, qui deviendra l'arme de prédilection du combattant américain jusqu'à la fin de la guerre. Les cadres adopteront pour leur part la carabine M/1 plus légère à 15 coups (la version M/2 peut tirer en rafales). Avec une crosse pliante, cette carabine sera aussi l'arme des parachutistes.

Talasea. MacArthur décidera alors d'en rester là. Il tient le tiers de l'île. Son objectif est atteint. De Talasea, Rabaul est à moins de 300 km. L'esprit plus libre sur ses arrières, le commandant en chef du Pacifique sud-ouest regarde déjà vers l'avant.

Les pilotes alliés ont signalé l'absence d'activité dans les îles de l'Amirauté [1]. Aucun indice de présence japonaise importante. Piste d'aviation envahie par la végétation. Pour y voir plus clair et, éventuellement, exploiter un vide, MacArthur lance, le 29 février, ce qu'il appelle une « reconnaissance en force ». Le coup est audacieux et même risqué car, contrairement aux apparences, les Japonais sont bel et bien là. Volontairement, ils ont fait le silence radio, n'ont pas riposté aux attaques aériennes et laissé les hautes herbes gagner sur la piste. Mais, heureusement pour les premiers éléments de la 1re division de cavalerie, abordant les plages de l'île de Los Negros, ils défendent la côte opposée [2]. La première résistance rencontrée est faible. En deux heures, l'aéroport de Momoto est occupé.

MacArthur connaît la valeur des gestes spectaculaires. En fin d'après-midi, bravant la pluie, la boue et les tireurs isolés, il vient en personne féliciter ses soldats. Par inadvertance, il bute sur deux cadavres japonais. « Voilà comme j'aime les voir ! », lance-t-il à son entourage ravi.

Les combats se poursuivront jusqu'au 18 mai au prix de 326 Américains tués contre 3 280 Japonais. Le rapport déjà constaté des pertes se confirme. Toujours puissance de feu d'un côté, assauts et défenses suicidaires de l'autre. Les Américains verront leurs adversaires monter à l'assaut en chantant, fonçant droit à travers les champs de mines !

L'audace a payé. Washington approuve. La presse parle d'un « coup de maître ». MacArthur jubile. Il est en train de démontrer que sa route, par la Nouvelle-Guinée, devient possible puisqu'elle est couverte sur son flanc nord.

Entre-temps, le 20 mars, la 4e division des Marines a investi les îles Saint-Matthieu quasi désertes. En quelques semaines, une piste flambant neuf y est aménagée.

Nouvelle-Bretagne occidentale, îles de l'Amirauté, Saint-Matthieu, Bougainville en partie occupées. Quatre solides bastions

---

1. A environ 400 km nord-nord-ouest du cap Gloucester, et à 600 km au nord-ouest de Rabaul.

2. L'île la plus orientale de l'archipel dessine une anse assez accentuée. Les Japonais s'attendaient à un débarquement dans sa partie concave.

enserrent désormais Rabaul et Kavieng. Les deux bases japonaises sont réduites à l'impuissance. Leurs garnisons, condamnées à végéter, y seront immobilisées jusqu'à la fin de la guerre.

Avec Nimitz dans le Pacifique central

« Les forces du Pacifique central avanceront vers l'ouest à partir de Pearl Harbor. »

La concision des chefs d'état-major américains, sans le nommer, désigne l'axe obligatoire : Marshall-Mariannes. Au-delà, il restera à choisir. Iwojima, plein nord, ou Okinawa, au nord-ouest ? De l'option retenue dépendra l'approche finale du Japon. A moins que MacArthur, entre-temps, n'ait déjà atteint Formose.

La situation n'en est pas encore là. Il faut d'abord vaincre les Japonais, toujours solides malgré les coups reçus, et dominer les distances [1] : 5 000 km séparent la Californie de Pearl Harbor, 5 000 Pearl Harbor des Marshall, 3 000 les Marshall des Mariannes [2].

Nimitz, pour son offensive dans le Pacifique central, n'est heureusement pas sans atouts. Il dispose de forces impressionnantes placées, curieusement, sous le signe du chiffre 5. V^e^ flotte de l'amiral Spruance [3], V^e^ force amphibie de l'amiral

---

1. Les distances dans le Pacifique, sans aucune comparaison avec celles rencontrées en Europe, multiplient les problèmes posés à la logistique. En outre, à l'extrémité des routes maritimes, il n'existe pas de grands ports aménagés comparables à ceux de la Grande-Bretagne. Partout, sauf en Australie, Nouvelle-Zélande et Hawaii, les installations portuaires sont rudimentaires. Les quais en eau profonde n'existent pas. Le matériel est à transborder sur des chalands. Les Américains ont donc partout à installer des bases. Aériennes d'abord (celles-ci sont souvent embryonnaires suite à l'occupation japonaise). Navales surtout. Pour résoudre la question des approvisionnements durant sa marche en avant, Nimitz crée des bases flottantes mobiles avec navires-ateliers, remorqueurs, péniches et bâtiments servant d'entrepôts, etc. Ancrées dans un lagon où elles sont à l'abri des sous-marins, ces bases assurent ravitaillement et réparations sommaires. D'autres bases, itinérantes, avec des pétroliers géants, se chargent en haute mer des pleins en carburant des escadres en mouvement.

2. Et plus de 10 000 km entre la Californie et Nouméa où transite une bonne partie des approvisionnements du Pacifique sud-ouest.

3. Soit, à l'automne 1943, 6 grands porte-avions, type *Essex*, de 32 000 tonnes ; 5 porte-avions légers, type *Independence,* de 11 000 tonnes ; 8 porte-avions d'escorte ; 12 cuirassés (5 neufs, 7 anciens) ; 9 croiseurs lourds, 5 légers ; 56 destroyers.

Turner, V[e] corps amphibie du général Holland Smith [1]. Enfin, en complément de l'aviation embarquée, l'aviation terrestre de l'amiral Hoover.

Avant de s'emparer des Marshall, la prudence impose de se garder de l'archipel des Gilbert [2], qui, dans l'axe des Samoa et des Ellice, à 300 km au sud des Mariannes méridionales [3], représente une menace de flanc. Possession britannique avant la guerre, il était alors peu fréquenté. L'occupation japonaise a fini de le couper de l'extérieur. Les Américains sont donc assez mal renseignés sur la nature exacte de ses défenses. Ils n'estiment pas mieux son potentiel naval ou aérien. Ils ignorent le repli sur Truk du gros des navires de guerre ; ils sous-estiment les dommages causés à l'aviation par leurs nombreux raids, notamment sur Rabaul. Dans l'incertitude, ils ont, à juste titre, opté pour un fort bombardement aérien et naval suivi d'une attaque en force. Celle sur Mainkin, l'atoll le plus septentrional, sera menée par le 65e RI de la 27e division, celle sur Tarawa par la 2e division des Marines (Opération « Galvanic ») [4].

*
* *

Les hommes de la 27e DI manquent encore d'expérience. Les 800 Japonais de Mainkin ne sont pas décidés à se rendre. Il ne subsistera qu'un prisonnier ! Engagée le 20 novembre à l'aube,

---

Son chef, intelligence incontestée, n'a pas la réputation d'un amateur ou d'un plaisantin. Son fer de lance est la fameuse Task Force, TF/58, dotée de porte-avions rapides, normalement organisée en 4 task-groups, avec chacun 2 grands porte-avions, 2 porte-avions légers, et une escorte de cuirassés, croiseurs et destroyers. Cette TF/58, sous les ordres de l'amiral Mitscher, s'élèvera, en février 1944, à 15 porte-avions rapides et 7 cuirassés modernes.

1. Constitué de Marines et de troupes de l'armée de terre. Son chef, le général Holland Smith, a mérité le surnom de « Smith le Hurleur ». Il faut rappeler que le corps des Marines, quatrième composante de l'armée américaine, a son autonomie interne avec ses troupes à terre et son aviation. Il comptera 500 000 hommes en 1945 contre moins de 20 000 en 1940.

2. Composé de 16 atolls, il offre la particularité que son barycentre se situe sensiblement sur l'équateur, à égale distance des continents asiatique et américain.

3. Pour les atolls les plus rapprochés.

4. Un commando du Ve corps amphibie doit enlever la petite île d'Apamama. Ce qui sera exécuté le 21 novembre ; la majeure partie des 22 hommes de la garnison se suicide.

l'attaque se prolonge plus longtemps que prévu. Quatre jours sont nécessaires pour conclure [1]. Tout du long, les réactions de l'aviation nippone se révèlent limitées, mais le 24, le sous-marin 1-175 parvient à torpiller le porte-avions d'escorte *Liscome Bay* qui sombre en 23 minutes, avec 650 hommes d'équipage.

Mais c'est à Tarawa que se déroule l'épisode le plus sanglant.

Tarawa, île de sang

L'atoll de Tarawa a sensiblement la forme d'un triangle rectangle de 30 à 40 km de côté. Une barrière de corail, à quelques centaines de mètres des plages, ceinture le lagon, laissant toutefois une large entrée, et limite un plateau corallien à peine recouvert d'eau à marée basse. Une seule île, celle de Betio, à la corne sud-ouest de l'atoll, est tenue. Sur cette langue de terre, en forme de chistera, de 3 km de long sur 600 m de large, 3 000 hommes, dont 2 600 combattants d'élite, se sont avec soin retranchés. Une palissade en troncs de cocotiers barre la grève, constituant un premier obstacle pour les engins amphibies. Derrière ont été multipliés les abris, soit bétonnés, soit confectionnés en utilisant encore des troncs de cocotiers solidement reliés et recouverts de sable. Des réseaux de tranchées les joignent ou les relient aux fortins d'artillerie. L'amiral Maishi Shibasaki, commandant des lieux, proclame qu'un million d'Américains peuvent attaquer son île durant cent ans. Ils ne l'enlèveront pas.

Les assaillants sont aussi confrontés à un problème de marée. Les chalands de débarquement ont besoin d'au moins 4 pieds d'eau pour franchir la barrière de corail. Les auront-ils ? Les renseignements, sur ce point, sont flous. Seuls les LVT [2] peuvent opérer tant sur mer que sur terre. Mais 125 seulement sont disponibles. Quant à l'assaut lui-même, il sera mené depuis l'intérieur du lagon, avec appui feu latéral de la flotte mouillée plus au large.

L'assaut amphibie sur Betio est à proprement parler la première opération de ce type entreprise par les Américains. Auparavant leurs débarquements n'avaient pas eu à se heurter direc-

1. Les Américains déploreront 64 tués et 152 blessés.

2. *Landing Vehicles Tracked,* appelés aussi Buffalos ou Amstracs : chenillettes amphibies légèrement blindées susceptibles de transporter 4 à 5 tonnes de fret ou 40 combattants équipés.

tement à des défenses organisées. La dure expérience de Tarawa apportera bien des enseignements pour d'autres actions du même genre.

Le 20 novembre à 5 h 07, la flotte américaine entame son bombardement. Cuirassés, croiseurs, destroyers s'acharnent sur Betio. 3 000 tonnes d'obus s'abattent sur les défenses. Poussière et fumée s'élèvent partout noyant les objectifs. Prenant le relais, l'aviation embarquée intervient à son tour. Les résultats d'ensemble s'avéreront toutefois décevants. Les ouvrages résistent bien ou ne sont pas touchés. Seuls les réseaux de communications sont détériorés.

Dans le lagon, descendues des transporteurs, les vagues d'assaut s'entassent dans les LVT et les LCVP [1]. Elles ont environ 5 000 mètres à parcourir pour atteindre les rivages, précédées par les dragueurs de mines qui ouvrent les chenaux. Un quart d'heure de navigation en principe.

Inexpérience ? Défaillance des liaisons radio ? Absence de visibilité ? L'indispensable coordination grippe au moment où elle est la plus nécessaire. Les tirs sur Betio se lèvent alors que les LVT et les LCVP commencent seulement à fendre le lagon.

Les Japonais, jusque-là abasourdis, se glissent à nouveau à leurs créneaux. A courtes et moyennes distances, ils ajustent leurs salves de mortiers et leurs rafales de mitrailleuses. Des embarcations sont touchées. Atteignant la barrière de corail, les LVT amphibies parviennent à passer mais les chalands sont stoppés. La marée est trop basse. Les hommes, pour poursuivre, se jettent à l'eau. 500 à 600 mètres leur restent à parcourir, à découvert, avec de l'eau jusqu'à la taille.

A 9 h 10, les LVT indemnes touchent la grève. La palissade de cocotiers représente un mur difficilement franchissable mais offre du moins un écran précaire. Car au-delà, qui ose se redresser devient une cible.

Derrière, entre les plages et la barrière de corail, c'est l'horreur. Des hommes s'abattent dans l'écume rougie de sang. Les valides cherchent désespérément à s'abriter ou protéger leurs camarades blessés. Un peu avant midi, le colonel Shoup, commandant les troupes d'assaut, rejoint les éléments de tête. La confusion est générale. L'encadrement est décimé, les unités disloquées. Des centaines de cadavres ballottent sur les flots.

---

1. *Landing Craft Vehicle and Personal* : engin de débarquement pouvant transporter une cinquantaine d'hommes.

Devant la gravité de la situation, Shoup rend compte : « Issue incertaine. »

Mais, peu à peu, quelques chars débarquent. Un autre bataillon se présente, qui paie à son tour son tribut au feu japonais. Chez tous, arrivés de la matinée ou de l'après-midi, est ancrée une volonté farouche : l'emporter. Progressivement, à la grenade, à l'explosif, avec l'aide des chars tirant presque à bout portant, des mètres sont gagnés. En fin de journée, des têtes de pont de 150 m de profondeur ont été conquises. Sanglant combat de fantassins, car l'aide extérieure demeure illusoire. Les combattants sont trop près les uns des autres.

Avec la nuit, les Japonais ne vont-ils pas contre-attaquer face à des positions encore bien fragiles ? Shibasaki l'envisage, mais son système de communications par trop détérioré ne lui permet pas de regrouper les siens. Seuls des tireurs isolés profitent de l'obscurité pour se glisser sur des récifs ou dans des épaves. Ils ne se dévoileront qu'au jour.

Au matin du 21, les fumées de la veille se sont en partie dissipées. La marine, l'aviation interviennent avec plus d'efficacité contre un adversaire déjà pas mal ébranlé. Deux bataillons de réserve arrivent à la rescousse. Le périmètre occupé s'élargit. Chars, artillerie appuient la progression des Marines dans ce combat qui reste un combat de fantassins. A eux les tâches les plus périlleuses pour réduire les blockhaus au lance-flammes, au lance-fusées, à la grenade ou avec des pains d'explosifs.

Durant la nuit du 22 au 23, 500 Japonais, refoulés dans la partie orientale de l'île, tentent à la baïonnette une charge désespérée. Mitrailleuses, grenades fauchent leurs rangs. Les cadavres s'alignent devant les trous individuels des Marines dont une compagnie est décimée.

Le 23 connaît les derniers nettoyages. Toute résistance organisée cesse dans l'après-midi. L'intégralité de la garnison japonaise a été anéantie. Seuls un officier et 16 soldats ont été faits prisonniers. Les Américains ont eu 3 000 hommes hors de combat, dont un millier de morts.

Cette boucherie bouleverse l'opinion publique. Les journalistes évoquent Alamo, le Bois Belleau. Les plages sanglantes de Tarawa deviennent une référence. Une question revient. Pourquoi une telle tuerie ? Le commandement invoque une résistance acharnée mais se garde bien de révéler que ces pertes sont dues à son inexpérience.

Quelques heures de bombardements ne sont pas suffisantes

pour éliminer des défenses du type de celles de Betio. Des tirs plus précis, des projectiles plus puissants sont nécessaires. Des LVT sont indispensables pour amener les hommes à terre. Les liaisons doivent être mieux assurées. La neutralisation est à mener jusqu'à l'ultime instant précédant l'assaut. Tous ces enseignements et bien d'autres sur la manière de mener un débarquement, si chèrement payés, serviront bientôt pour éviter d'autres Tarawa.

Les Marshall

Les Gilbert occupées ou neutralisées, les Marshall s'ouvrent devant Nimitz. Les Japonais le savent. Ils s'empressent de fortifier les atolls extérieurs de l'archipel : Mille, Jaluit, Wotje, Maloelap. Ils négligent le plus central, pourtant le principal, Kwajalein. C'est là que Nimitz, passant outre aux objections de ses adjoints, décide de surprendre l'adversaire pour se procurer des terrains d'aviation.

L'atoll de Kwajalein, comme celui de Tarawa, présente une barrière de corail et un lagon intérieur pleinement ouvert sur le large. Affectant grossièrement la silhouette d'un chapeau de gendarme, il possède trois îlots importants : Roi et Namur, pavés quasiment accolés au nord, Kwajalein, en forme de croissant de lune, 70 km au sud. 8 000 Japonais les occupent. 2 200 seulement sont de véritables combattants. Les autres, travailleurs ou techniciens, ont été rapidement armés pour défendre chèrement leur vie.

L'expérience cruelle de Tarawa n'est pas oubliée. Les bombardements doivent être massifs et prolongés. A partir du début de janvier 1944, les 750 appareils de la TF/58 se succèdent avant l'entrée en action des gros cuirassés. Certains atolls ou îlots sont visités presque quotidiennement. Les chasseurs japonais qui tentent de prévenir ces raids sont interceptés par les patrouilles d'escorte. Frappée au sol, abattue en l'air, l'aviation de défense des Marshall est réduite à néant à la veille de l'attaque. Les seuls îlots de Roi et Namur ont reçu quatre fois plus de bombes et de projectiles que Betio. Cette fois, les défenses terrestres ont subi de sérieux dégâts.

Le 31 janvier, de petits îlots voisins de Kwajalein sont occupés [1]. Des batteries d'artillerie y sont aussitôt installées. La proximité leur permettra de participer à la bataille.

---

1. Le 30 janvier, l'île de Majoro (la plus méridionale) a été occupée.

Le 1er février, à l'aube, l'ultime préparation débute. B/24 et destroyers mêlent leurs feux. Avant même le début des débarquements, plus de la moitié des défenseurs ont été mis hors de combat.

A 11 h 30, la première vague reçoit l'ordre de départ sur Roi et Namur. Précédés par les LCI lance-fusées, les LVT – en nombre cette fois – foncent aux rivages avec les éléments de tête de la 4e division des Marines. Cuirassés, croiseurs allongent leur tir. Mais les destroyers, jusqu'à l'ultime minute, continuent de frapper les grèves.

Coordination, puissance de feu paient contre un adversaire moins solide qu'à Betio, il est vrai. Roi est enlevé dans la journée. A Namur, tout est terminé dans l'après-midi du lendemain.

Seul incident malencontreux, l'attaque d'un dépôt de torpilles pris pour un PC provoque une gigantesque explosion. Des plaques de béton, des troncs de cocotiers retombent sur les défenseurs comme sur les assaillants. Un nuage de pous-sière recouvre l'île. Les Marines éprouvent là leurs plus fortes pertes. Ils auront au total 196 morts et 550 blessés. Des 3 545 Japonais que comprenait la garnison n'ont survécu que 51 prisonniers...

Si les bombardements ont accompli le début du travail, les Marines l'ont achevé. Face à un adversaire qui a fait le sacrifice de sa vie, la compassion n'est plus possible. Préserver la sienne impose de tuer. Qui reprocherait aux combattants américains de vider leurs chargeurs sur tout ce qui bouge ou de multiplier les jets de grenades dans les embrasures des blockhaus ? Il n'est pas d'autre solution lorsque l'ennemi refuse de lever les bras et, même blessé, demeure dangereux.

Sur Kwajalein, les opérations s'effectuent avec une rigueur encore accentuée. La 7e DI se souvient de son débarquement à Attu [1]. En moins de 12 minutes, 1 200 hommes sont à terre, protégés par des LVT armés de canons de 37, de mitrailleuses lourdes et, parfois, de lance-flammes. Le soir, ils seront 11 000 qui, pendant trois jours, progresseront dans le sens de la longueur de l'île. Là encore, on ne fera que 49 prisonniers, quoique la garnison fût de 5 000 Japonais [2].

Le succès appelle le succès. Nimitz décide de s'en prendre à Eniwetok, l'ultime « gros morceau » des Marshall, à 500 km au

---

1. Voir *La Grande Histoire de la Seconde Guerre mondiale, Novembre 1942-Octobre 1943*, chap. 14.
2. Les Américains ont 177 tués et un millier de blessés.

nord-ouest de Kwajalein. La prudence lui recommande, cependant, au préalable, de se soucier de Truk [1].

Truk, le « Pearl Harbor nippon » ou le « Gibraltar du Pacifique », est regardé comme l'une des plus belles rades du monde. Les Japonais ont fait de l'atoll, ceinturé par ses récifs coralliens, leur base par excellence du Pacifique. Si le gros de leur flotte combinée a été évacué [2] sur les Palaos, 365 avions y demeurent basés à la mi-février.

Le 17 février, la TF/58 passe à l'action contre ce repaire, inviolé depuis le début de la guerre. Croisant au large avec deux cuirassés de 45 000 tonnes, l'*Iowa* et le *New Jersey*, Spruance attend en embuscade les navires qui s'efforcent de quitter l'atoll. Dix de ses sous-marins rôdent à distance. Quittant les lieux vingt-quatre heures plus tard, les Américains laissent derrière eux les épaves de 260 appareils japonais. 2 croiseurs légers, 3 croiseurs auxiliaires, 4 destroyers, 24 navires marchands ont été envoyés par le fond ou gravement endommagés [3]. La TF/58 a perdu, elle, 25 avions et 29 aviateurs. Le porte-avions *Intrepid,* touché par une torpille, pourra néanmoins regagner sa base.

La supériorité matérielle américaine, les attaques de nuit avec l'aide des radars, la faiblesse intrinsèque des fortifications japonaises ont balayé le mythe de Truk.

Sur le chemin du retour, Mitscher s'offre un crochet, un large crochet de 2 000 km par les Mariannes. Le 23 au matin, il surprend 150 bombardiers, arrivés du Japon et basés à Guam, Tinian et Saipan. Après ces raids, le ciel des Marshall est parfaitement dégagé. Il devient possible d'accélérer le programme prévu.

Les Marines du 22ᵉ régiment et les fantassins de la 27ᵉ DI débarquent dans l'archipel d'Eniwetok [4], le 18 février, avec un mois et demi d'avance. Les premiers ont le métier et l'assurance des vétérans. Mieux entraînés, mieux commandés, ils éclipsent leurs camarades de l'armée qui peinent. Ils doivent même venir leur prêter main-forte.

La valeur indéniable des Marines, leur esprit de corps, leur agressivité créent parfois des rivalités et des animosités. Mais,

---

1. A environ 2 000 km au nord de la Nouvelle-Guinée et à peu près autant à l'ouest de Kwajalein.

2. Le 4 février.

3. Soit environ 200 000 tonnes.

4. Dont les îles principales sont Parry et Engebi.

lors des combats menés à terre dans le Pacifique par les États-Unis, les Marines s'affirmeront comme les premiers artisans de la victoire.

En trois jours, toutefois après de sanglants combats [1], la bannière étoilée flotte partout sur Eniwetok. Tenant Kwajalein et Eniwetok, les Américains contrôlent les Marshall. Les autres atolls, puissamment fortifiés, Wotje, Maloelap, Mille, Jaluit [2], sont délaissés. Coupés du monde extérieur, ne pouvant plus être ravitaillés autrement que par sous-marins, ils ne constituent plus une menace. Mieux, ils serviront d'objectifs pour entraîner les jeunes pilotes qui s'acharneront à les neutraliser par des bombardements réguliers.

Ces succès aux Marshall dépassent la simple conquête d'îlots plus ou moins couverts de cocotiers. Ils font craquer la « coquille de défense nippone » dans le Pacifique central. Ils accentuent l'isolement de Rabaul et des autres bases déjà « court-circuitées ». Ils apportent des pistes d'aviation. Ils offrent surtout un remarquable tremplin pour de nouveaux bonds en avant.

*
* *

Revers à Truk, perte des Marshall et de la Nouvelle-Guinée, le Japon sent passer le souffle du boulet. Tokyo s'émeut. Le général Tojo en profite pour essayer d'affermir son autorité et remplace Nagumo par Shimada, plus souple, comme chef d'état-major de la Marine. Il prend de surcroît personnellement la tête de l'état-major de l'armée. Cela n'empêche pas les divergences d'opinions au sein du haut commandement. Les uns voudraient revenir au vieux rêve de Yamamoto – « l'engagement décisif » – qui a pourtant abouti à Midway. D'autres préconisent un repli sur les Philippines et Formose qui permettrait de mieux préparer la bataille terrestre. Tojo désigne Mariannes, Carolines et Palaos comme « dernière ligne de résistance »...

Bientôt, d'autres voix s'élèveront pour que l'on mette fin à une guerre qu'il n'est plus possible de gagner.

Car il n'est pas qu'en Nouvelle-Guinée ou dans les Marshall

---

1. 348 morts et 866 blessés côté américain, les Japonais perdant eux 3 400 hommes. Comme toujours, on ne fait là qu'une poignée de prisonniers, presque tous simples travailleurs.

2. A 300 km à l'est d'Eniwetok existe un atoll qui deviendra célèbre, deux ans plus tard, pour d'autres raisons : Bikini.

que la guerre se perd. En plein Pacifique et dans les mers proches, la situation se dégrade. Après des mois de déboires consécutifs à l'inexpérience de leurs cadres et aux déficiences de leurs torpilles, les sous-marins américains ont pris l'avantage. Leurs équipages ont gagné en agressivité. Leurs torpilles Mark XVII, en service depuis septembre 1943, donnent enfin satisfaction. Alors qu'en 1942 ils n'avaient coulé que 700 000 tonnes de navires marchands, ils en coulent 1,5 million de tonnes en 1943. Utilisant désormais la tactique de Dönitz dans l'Atlantique, parfaitement renseignés par radio, ils attaquent « en meute » les convois japonais. 300 000 tonnes seront envoyées par le fond en janvier 1944 – et 3 millions de tonnes d'ici la fin de cette même année.

Chapitre IV

SECONDE CAMPAGNE EN BIRMANIE

Dans le Pacifique, les données sont relativement claires. A l'interrogation, style Foch : « De quoi s'agit-il ? », les Américains ont répondu sans ambiguïté : « Abattre les Japonais. »

Les divergences rencontrées ne relèvent que de conceptions ou d'ambitions opposées. La route du Japon passe-t-elle par Formose ou par les Philippines ? La palme de la victoire finale reviendra-t-elle à MacArthur ou à Nimitz ?

Sur le continent asiatique, les antagonismes ne sauraient se réduire à de simples rivalités de chefs. Ils dépassent le stade de la gloriole individuelle. Officiellement, trois puissances, États Unis, Grande-Bretagne, Chine, font front commun contre une quatrième, le Japon. Cette unité de façade dissimule mal une lutte sournoise où chacun travaille à son profit pour l'après-guerre.

Certes, les Yankees se battent pour détruire le totalitarisme nippon, mais ils ne manquent pas d'arrière-pensées. Pas question pour eux de revenir aux impérialismes européens d'antan [1]. L'anticolonialisme affiché par Roosevelt a fait école, et le sens

1. Il est très instructif, à ce sujet, de parcourir les *Mémoires* de l'amiral Leahy, ceux de Stilwell ou les propos de Roosevelt rapportés par son fils. *Op. cit.*

du *business* n'est pas loin. Le Sud-Est asiatique représente un si beau marché... !

Les Britanniques ont davantage de mal à dissimuler leurs visées. Ils aspirent à recouvrer leur empire, à régner à nouveau sur ces places qui firent leur fortune et qui se nomment Hong-Kong ou Singapour. Les officiers américains l'ont bien perçu, qui ne se gênent pas pour clamer que le sigle « SEAC » [1] signifie « Save England's Asia Colonies ».

Quant à la Chine de Tchang Kaï-chek, son but secret est de constituer une armée pour liquider les communistes de Mao Tsé-tung retranchés à Yenan (500 km au nord-ouest de Pékin). Accessoirement et, en bien des cas surtout, il ne déplaît pas aux ministres et « seigneurs de la guerre » chinois de faire de l'argent [2]... La guerre avec le Japon ? Tchang Kaï-chek préfère laisser ce soin à Stilwell et à Chennault. Le premier, qui est son chef d'état-major en titre [3], a mené la retraite de Birmanie en 1942. Le second, avec ses Tigres volants (devenus XIVe Air Force), mène des raids aériens contre les implantations japonaises.

Ces finalités politiques discordantes conduisent obligatoirement à des options opérationnelles éloignées. Songeant à Singapour, les Britanniques ont envisagé de débarquer à Sumatra. La faiblesse de leurs moyens amphibies les ayant contraints d'y renoncer, ils envisagent désormais de marcher sur Rangoon en suivant le golfe du Bengale et n'écartent pas l'idée d'une offensive en Birmanie centrale pour mieux couvrir l'Inde. Si les Américains veulent aider les Chinois, c'est parce qu'ils espèrent ainsi disposer de gros bataillons pour la campagne terrestre et installer des bases aériennes susceptibles d'appuyer leurs futures opérations contre Formose ou Luçon. Une telle mise en place implique de rouvrir la route de Chine, soit, pratiquement, de reconquérir la Birmanie septentrionale.

---

1. South Eastern Asia Command (Commandement de l'Asie du sud-est) placé depuis août 1943 sous le commandement de l'amiral Mountbatten.

2. Tchang Kaï-chek a, le premier, le sens des affaires. Roosevelt n'a pas tenu sa promesse de la fameuse opération « Buccaneer ». Le généralissime lui réclame une indemnité : prêt d'un milliard de dollars (qui lui sera refusé par le secrétaire au Trésor), masse de fournitures prêt-bail portée à 10 000 tonnes-mois, avions supplémentaires à Chennault.

3. Stilwell cumule les fonctions : chef d'état-major de Tchang Kaï-chek, adjoint de Mountbatten, commandant en chef des forces américaines en Chine. A ce dernier titre, il représente les États-Unis auprès de Tchang Kaï-chek.

Ces idées sont en l'air. Deux hommes vont en précipiter et en modifier l'exécution. L'Américain Stilwell. Le Japonais Kawabe.

Stilwell, alias « Vinegar Joe », est bien décidé à forcer le cours des événements, n'en déplaise à ceux qu'il surnomme les « Rosbifs » – les Anglais –, « Cacahuète » – Tchang Kaï-chek –, ou « la vedette de cinéma » – l'amiral Mountbatten. Contrairement aux Britanniques, il croit en la valeur du combattant chinois. A cet effet, il entraîne deux divisions près de Ledo [1], la grande base américaine de l'Assam. Il compte avec ses Chinois s'emparer du nord de la Birmanie et frayer une nouvelle route de Ledo à Lashio qui renforcerait d'autant la voie aérienne par-dessus l'Himalaya (la célèbre « bosse »).

Kawabe, le commandant en chef nippon en Birmanie, s'est, pour sa part, inquiété des entreprises menées par Wingate à l'intérieur de la Birmanie au printemps 1943 [2]. Il ne lui déplairait pas d'aller porter la guerre chez les Britanniques en Assam et de contrer ainsi leurs futures offensives. Avec le général Mutaguchi, commandant de la XIVe armée, autre forte personnalité, il prévoit d'attaquer (opération U-60) la région d'Imphal où des concentrations ont été localisées.

Les services de renseignements nippons ont vu juste. Mountbatten est décidé à passer à l'offensive en Birmanie avec la XIVe armée du général Slim : en Arakan, depuis le Bengale, en Birmanie centrale, depuis Imphal, tandis que les Chindits de Wingate opéreraient comme en 1943 sur les arrières.

De retour du Caire, Stilwell n'a pas attendu que la lourde machine du SEAC se mette en marche et s'est engagé de sa propre autorité. En décembre 1943, avec deux divisions chinoises et les Maraudeurs du général Merrill [3], il a quitté Ledo et s'est enfoncé en Birmanie. Objectif : Myitkyina [4], centre de communications et terminus de la voie ferrée Rangoon-Mandalay à 300 km au sud-est. Si l'itinéraire paraît court sur la carte,

---

1. A Ramgarh. Ces troupes constituent les Forces X.

2. Voir *La Grande Histoire de la Seconde Guerre mondiale, Novembre 1942-Octobre 1943*, chap. 14.

3. 5 307e régiment, désigné sous le nom de code de Galahad, constitué de volontaires et entraîné dans le style des Chindits de Wingate. Leur sobriquet leur a été donné par un journaliste.

Stilwell a aussi avec lui les « Kachin rangers », ainsi nommés d'après une tribu guerrière du nord de la Birmanie, qui, connaissant parfaitement le terrain, servent de guides et d'éclaireurs.

4. Dotée surtout du seul aérodrome « en dur » du nord de la Birmanie.

il impose de franchir trois chaînes montagneuses, de traverser fleuves et rivières, de vaincre la nature, le climat et les Japonais. Partout, pluie, chaleur, boue, maladies, serpents et tireurs en embuscade sont les compagnons de voyage. Personne à New Delhi, PC de Mountbatten, ne croit au succès.

Stilwell, lui, n'en doute pas. Bien que général de corps d'armée, il a pris lui-même le commandement de la colonne pour mieux stimuler ses 50 000 Chinois [1] et bien coordonner la marche. En avant, les Maraudeurs de Merrill flanquent l'avance principale. Les parachutages du Xe groupe aérien assurent les ravitaillements. Derrière, le Génie construit la route (future route Stilwell). Si la progression de Stilwell est lente, elle est régulière. L'obstiné général américain est bien résolu à la mener à terme.

Avec un léger décalage sur Stilwell, Slim entame la campagne d'Arakan. Le XVe CA du général Christison commence son avance en direction d'Akyab (Sittwe) et pénètre, assez vite, profondément en Birmanie.

Kawabe réagit habilement. Il infiltre la 55e division dans la jungle et coupe les Anglais de leurs arrières. Slim avait, en partie, prévu cette manœuvre et fait organiser un point d'appui de regroupement pour éviter une retraite précipitée. Bien retranchés, ravitaillés par air, les Britanniques attendent leurs adversaires. Ceux-ci, comme à leur habitude, s'usent dans des assauts massifs. Fin février 1944, à court de ravitaillement, ils doivent se replier. Le début de l'offensive anglaise de Birmanie se solde par une défaite nippone. A la mi-mars, la route des tunnels Maingdaw-Buthidaug est atteinte.

Stilwell qui progresse, Christison qui marque des points, la Birmanie va-t-elle, enfin, se révéler une terre favorable aux Anglo-Américains ?

Soudain, le 8 mars, Mutaguchi attaque en force en Assam. La situation change d'éclairage. Cette offensive était, en fait, attendue. Les écoutes radio, les décryptements avaient percé les concentrations qu'opérait la XVe armée japonaise afin d'attaquer le plateau d'Imphal.

Les batailles d'Imphal et de Kohima

Imphal, cité d'environ 100 000 habitants, commande une large cuvette marécageuse à 60 km de la frontière orientale

1. En face d'eux se trouvent 40 à 50 000 Japonais, notamment la célèbre 18e division.

de l'Assam. Des crêtes susceptibles d'atteindre de 1 500 à 1 800 mètres l'environnent à une distance moyenne de 20 à 30 km. Une route carrossable par Kohima, 100 km au nord, la relie à Dimapur située sur la voie ferrée de Calcutta, et où s'ouvre la vallée du Brahmapoutre, et le large accès au Bengale.

La perte d'Imphal serait catastrophique pour les Alliés, la reconquête de la Birmanie remise en cause, l'Assam, le Bengale menacés. Scoones, qui commande le IVe CA, a donc reçu une mission aussi simple qu'impérative : « Tenir la plaine d'Imphal et détruire tout ennemi qui y pénétrerait. »

Pour ce faire, il ne manque pas de moyens : 3 divisions d'infanterie, une brigade de chars ; il recevra bientôt une division supplémentaire et une brigade parachutiste (la 50e). Sa supériorité en chars, artillerie, aviation est certaine. Le plateau d'Imphal lui offre l'avantage de posséder 6 terrains d'aviation d'où les Spitfire peuvent l'appuyer sans délai.

Mutaguchi n'est pas démuni non plus. Il a sous ses ordres 85 000 hommes, soit trois divisions japonaises et une division dite de l'armée nationale indienne [1]. Il bénéficie de surcroît de l'avantage de l'initiative. Il compte l'emporter en un mois avant la mousson de mai. Conclure vite est du reste un impératif. Les pistes de jungle ne sauraient permettre d'acheminer son ravitaillement. La prise d'Imphal et de ses dépôts doit pourvoir aux besoins de sa logistique.

Les unités du IVe CA tiennent le site et ses approches éloignées (Sangshah, Tamu, Tiddim). Slim et Scoones auraient pu opérer un regroupement préalable sur le plateau dégagé d'Imphal, plus favorable à la défense, mais la décision était difficile à prendre. L'offensive japonaise n'étant pas une certitude absolue, se replier prématurément reviendrait à abandonner des positions intéressantes, certaines âprement conservées jusqu'alors en Birmanie même, dans les régions de Tiddim et Tamu.

L'un de ces points éloignés doit en revanche être à tout prix conservé : Kohima. Cette bourgade d'altitude (1 600 m) éclatée en plusieurs hameaux et cantonnements militaires commande le passage de la route Imphal-Dimapur. Hâtivement constitués, trois bataillons y sont implantés sous les ordres du colonel Hugh Richards. Ils savent qu'ils n'ont pas le droit de lâcher. Le secours destiné à Imphal passe par eux.

---

1. Formée d'Indiens nationalistes recrutés dans les camps de prisonniers en Malaisie.

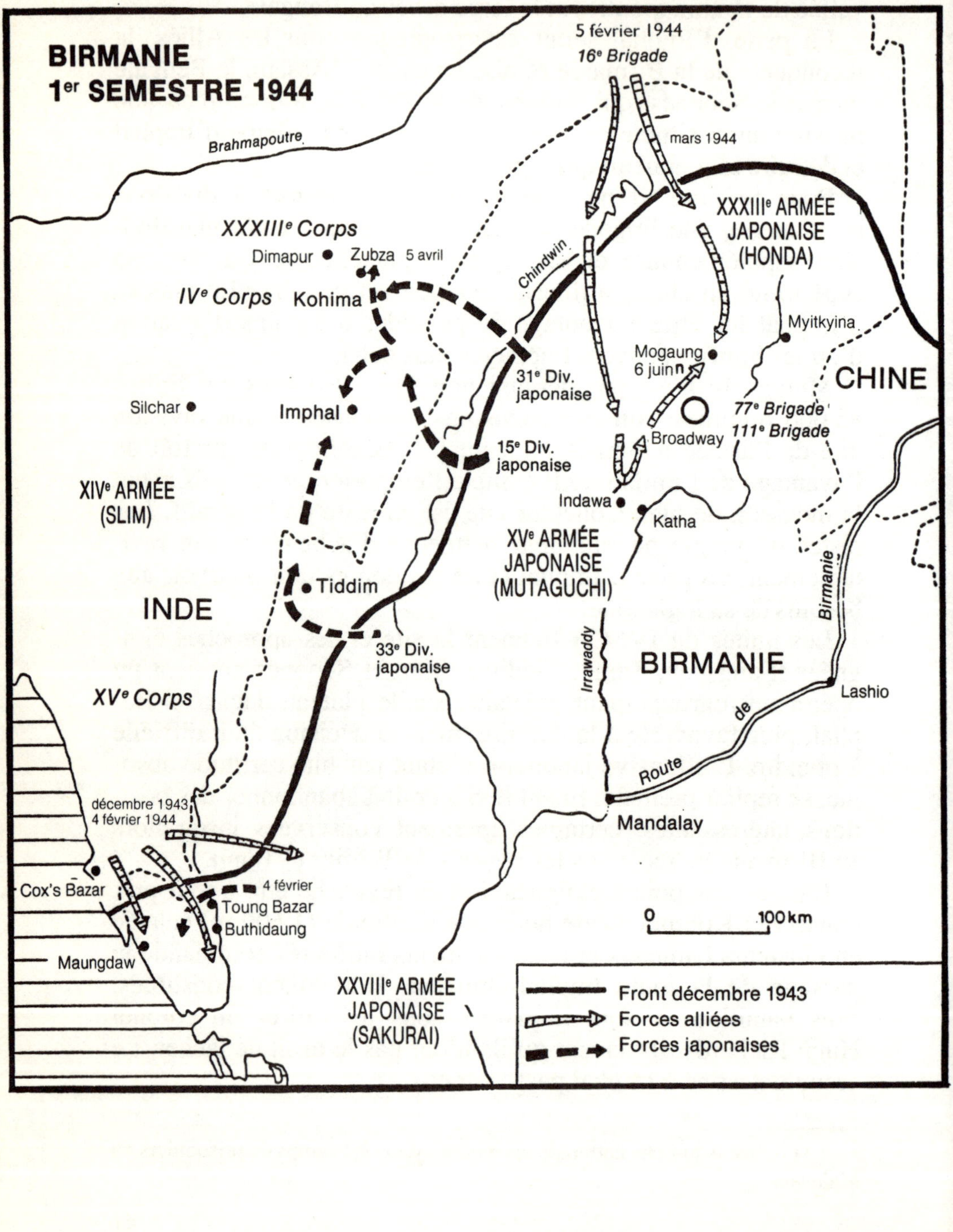
BIRMANIE
1er SEMESTRE 1944
Brahmapoutre
5 février 1944
16e Brigade
mars 1944
XXXIIIe Corps
Dimapur
Zubza
5 avril
IVe Corps
Kohima
Chindwin
XXXIIIe ARMÉE
JAPONAISE
(HONDA)
Myitkyina
Mogaung
6 juin
CHINE
31e Div.
japonaise
Silchar
Imphal
77e Brigade
111e Brigade
Broadway
15e Div.
japonaise
XIVe ARMÉE
(SLIM)
Indawa
Katha
XVe ARMÉE
JAPONAISE
(MUTAGUCHI)
Tiddim
INDE
Birmanie
33e Div.
japonaise
BIRMANIE
Irrawaddy
Lashio
XVe Corps
de
Route
Mandalay
décembre 1943
4 février 1944
4 février
Cox's Bazar
Toung Bazar
Buthidaung
Maungdaw
0
100 km
XXVIIIe ARMÉE
JAPONAISE
(SAKURAI)
Front décembre 1943
Forces alliées
Forces japonaises

La première attaque japonaise est déclenchée dans la nuit du 7 au 8 mars. Tiddim, à 150 km au sud d'Imphal, dans la vallée du Manipur [1], est visée. La 17e division indienne est très vite isolée. Le 13, Scoones lui ordonne de se replier. Pendant 16 jours, 16 000 combattants, 2 500 véhicules, 3 500 mulets effectuent une retraite d'autant plus délicate qu'ils s'imbriquent parfois avec les éléments ennemis qui s'efforcent de leur barrer la route.

Dans la nuit du 15 au 16, le gros de la XVe armée franchit le Chindwin sur plusieurs ponts de fortune préalablement aménagés et soigneusement camouflés. Par petites colonnes, les Japonais débordent Tamu et Sangshah. Par cette dernière localité, ils visent à atteindre la route Imphal-Kohima-Dimapur. L'offensive étant devenue générale, le regroupement sur Imphal s'impose.

L'issue de la bataille s'annonce incertaine. Les Britanniques risquent d'être surpris pendant leur mouvement. Prélevée en Arakan, la 5e division indienne est aérotransportée en toute hâte, à la rescousse, dans la cuvette. Un régiment d'artillerie avec tout son matériel lourd ne met que trois jours pour se retrouver en action. Les unités débarquant des C/47 sont aussitôt engagées.Tout aussi rapidement, la 50e brigade parachutiste est dirigée sur Sangshah, point névralgique.

Sangshah est à mi-distance d'Imphal et de Kohima, à une trentaine de kilomètres à l'est de la route dont elle protège l'accès. Les parachutistes – trois bataillons et demi – occupent une petite colline de 600 mètres de long sur 300 de large. Sur une surface aussi réduite, les bombardements sont meurtriers. Attaques et contre-attaques se succèdent durant plusieurs jours. Il est impossible d'enterrer les morts et d'évacuer les blessés. Le 26 mars, la 50e brigade, à court de vivres et d'eau, reçoit l'ordre de percer jusqu'à Imphal pour sauver ce qui peut l'être. Le matériel doit être détruit, les blessés intransportables abandonnés avant que, par petits groupes, les paras ne gagnent la jungle et la montagne pour essayer de s'esquiver. La plupart y parviendront.

Cette résistance désespérée et coûteuse a contenu quelques jours la poussée nippone et permis de gagner du temps. Les trois divisions du IVe CA qui se sont repliées ont pu s'organiser. Au début d'avril, le périmètre défensif britannique épouse sensiblement la forme d'un fer à cheval de 150 km de long ouvert vers le nord-ouest. S'appuyant sur les hauteurs orientales, il protège bien la plaine d'Imphal avec ses dépôts, ses batteries d'artillerie,

1. Celui-ci draine le plateau d'Imphal.

ses terrains d'aviation. Ces derniers assureront le succès. Ils autoriseront l'arrivée des secours et l'évacuation des blessés et des non-combattants. De ces pistes sommaires décollent les Spitfire qui appuient au plus près les défenseurs.

Les Japonais, sachant qu'ils doivent forcer les retranchements qui s'appellent Mapao Ridge, Nippon Hill, Crete East and West, etc., lancent de furieuses attaques contre ces points d'appui tenus par Britanniques, Indiens ou Gurkhas. Les collines, hier recouvertes par la jungle, se transforment en paysage de Verdun. Les barbelés se couvrent de cadavres.

Mutaguchi ne cesse de harceler ses divisionnaires [1], à commencer par Soto qui a reçu mission d'enlever Kohima avec sa 31e division. Celle-ci, le 1er avril, a fait sauter le verrou de Jessami, à 40 km à l'est de Kohima, et depuis le 5, Richards se retrouve encerclé avec 1 500 hommes sur Garrison Hill et les abords de la route par 12 000 Japonais au moins.

La réplique britannique n'étant pas encore prête, tout est possible, mais le Haut État-Major nippon laisse passer sa chance. A 80 km, dans la vallée, Dimapur, avec ses entrepôts et sa gare bondée de trains de marchandises et de munitions, offre une cible décisive. Sa perte serait susceptible d'entraîner une défaite globale dans le Sud-Est asiatique.

La ville est peu défendue. Pour s'en emparer, il suffirait de délaisser quelque temps Kohima, laquelle tomberait comme un fruit mûr. Mutaguchi l'a compris. Il ordonne à Soto de fondre sur la cité. Mais Kawabe annule son ordre : « Dimapur n'entre nullement dans les objectifs de la XVe armée. »

Ce contrordre, qui sauve Kohima et Imphal, ne diminuera pas l'intensité des combats, mais le temps gagné joue en faveur des Anglais. Une force de secours s'organise. Le général Stopford, qui commande le XXXIIIe CA, pousse ses premiers éléments vers Dimapur d'abord, Kohima ensuite où Richards – ravitaillé par air – s'accroche avec ses braves. Chaque nuit ont lieu des combats au corps à corps. Les lignes de résistance s'effritent et se resserrent. Le 18 avril, les défenseurs épuisés ne paraissent plus pouvoir tenir que quelques heures. Les feux de l'artillerie amie leur apprennent enfin que la relève est proche. Le 20, c'est chose faite. La 2e division, remontant depuis Dimapur, a forcé le passage.

---

1. Il finira par les relever tous les trois, ce qui n'améliorera rien et conduira à sa propre révocation devant son acharnement aussi coûteux que stérile.

Rien n'est gagné. Soto tient toujours la ligne de crête de Kohima mais à front renversé. Il fait face au XXXIIIe CA qui entend secourir Imphal de l'autre côté du versant.

Mutaguchi qui avait l'intention d'aller vite à cause de la mousson est condamné à une bataille d'usure. Fin avril, les premières pluies se manifestent. Les pistes se transforment en fondrières. Les pentes glissantes sont difficiles à gravir. Les hommes, avec l'humidité, souffrent de dysenterie.

Les Japonais espéraient se procurer du ravitaillement sur place. Il n'en est rien faute d'avoir conquis les lieux. Mutaguchi a essayé de pousser du bétail. Les quatre cinquièmes des bêtes ont été décimées. Les généraux nippons, Soto en tête, tempêtent contre leur commandant d'armée qui ne cesse de les harceler pour l'emporter, mais qui n'a rien prévu pour les soutenir.

Les Britanniques, eux, sont tributaires du ravitaillement par air, la liaison routière étant coupée de part et d'autre de Kohima. Tout a bien fonctionné dans les débuts mais l'opération se prolongeant, Churchill est obligé d'intervenir pour que le potentiel aérien au profit d'Imphal soit maintenu. Quitte à le prélever sur la Méditerranée ou sur la « bosse » !

Avec la mousson, les deux adversaires mènent une guerre de tranchées. Mortiers, grenades sont le plus souvent les rois des champs de bataille. Cependant, forts de leurs appuis, de leurs chars, de leur artillerie, de leur aviation, de leurs lance-flammes, de leur courage aussi, les Britanniques grignotent peu à peu les boyaux et les blockhaus ennemis autour d'Imphal et de Kohima.

Les Japonais, mal ravitaillés, s'usent en assauts successifs. Leur moral faiblit mais, en vrais Nippons, ils se battent sans défaillance. Mais Mutaguchi s'énerve. Il veut sa victoire. Il ne fait qu'augmenter le chiffre de ses morts.

Le 31 mai, révolté de n'être ni soutenu ni ravitaillé, Soto prescrit à sa division de se replier et transmet à Mutaguchi un message resté fameux :

> « L'habileté tactique de l'état-major de la XVe armée n'est même pas au niveau d'une école de cadets. »

Puis, fermant son poste radio, il se met en route.

Des Japonais crieront, par la suite, à la trahison. La décision de Soto est sans exemple. Ses supérieurs, à l'examen, ne le condamneront pas. Par son obstination aveugle, Mutaguchi avait détruit sa troupe.

Les hauteurs, autour de Kohima, se vident. Les derniers éléments décrochent dans la nuit du 6 au 7 juin. La bataille de Kohima a duré 64 jours. Son issue : c'est le dégagement d'Imphal.

Le 22 juin au matin, la liaison est effective entre IVe CA débouchant d'Imphal et XXXIIIe CA descendant de Kohima, à hauteur de la borne 107, à l'extrémité septentrionale de la cuvette. Les longues colonnes de camions transportant les approvisionnements ont la voie libre.

Partout la XVe armée japonaise épuisée bat en retraite [1] sans que Slim réussisse toutefois à l'anéantir complètement. Repassant le Chindwin, elle a perdu 55 000 hommes, un peu plus de 55 % de ses effectifs. Elle ne laisse pas en prisonniers la valeur d'une compagnie. Les Britanniques ont perdu 17 000 des leurs, évitant des pertes plus lourdes grâce à un commandement plus prudent et plus soucieux du sang de ses soldats.

Imphal, Kohima sont des batailles oubliées de la Seconde Guerre mondiale. Pourtant, elles ont largement influé sur la campagne dans le Sud-Est asiatique. Les Britanniques en tirent une légitime fierté. Leurs troupes ont pris l'ascendant sur l'adversaire et imposé leur supériorité pour les combats à venir. Les historiens japonais considèrent que leurs compatriotes y ont déployé les plus belles qualités de courage et d'abnégation de toute la campagne de Birmanie. Tout donne à penser qu'ils n'ont pas tort.

*
* *

1. Cette retraite se déroule dans des conditions épouvantables. La mousson bat son plein. Les rivières sont en crue. Les gués ne sont plus franchissables. Radeaux de fortune ou barques indigènes permettent seuls le passage du Yu, du Manipur ou du Chindwin. Les routes et les pistes sont inondées ou recouvertes d'une épaisse couche de boue. Aucun dépôt pour le ravitaillement, aucun abri pour les malades et blessés n'ont été prévus ni constitués. Chevaux et mulets sont les uniques moyens de transport. Officiers et soldats souffrent de maladies de peau. Les vêtements et les chaussures sont déchirés ou en lambeaux. Presque tout l'équipement a été perdu. La longue route du repli est jalonnée de corps sans vie, abandonnés par une troupe démoralisée et ressemblant à une armée de fantômes. Ce n'est qu'à la mi-août que les rescapés de la XVe armée se retrouveront à l'est du Chindwin et, à la mi-septembre, au sud, dans la région de Tiddim.

Une issue malheureuse à Imphal aurait contrecarré l'action de Stilwell en Birmanie septentrionale. Il n'en a rien été. L'Américain a pu poursuivre.

Si l'on peut déplorer l'humeur chagrine de « Vinegar Joe », on ne peut qu'admirer la flamme qui anime ce général aux cheveux blancs ! Il grogne, il peste, mais il a la foi qui déplace les montagnes et sait la communiquer. Ses Chinois ont pris confiance et se battent. Ses Maraudeurs, troupe hétéroclite, ne ménagent ni leur peine ni leur sang.

Il s'est fixé Myitkyina comme objectif. Il y parviendra.

Pour l'atteindre, le dernier obstacle majeur s'appelle les monts Kumaun. Les passages se situent à environ 2 000 mètres d'altitude. Près de trois semaines sont nécessaires pour les franchir.

Le 17 mai, 1 400 Maraudeurs rescapés, accompagnés de 4 000 Chinois, occupent le terrain d'aviation de Myitkyina. A partir de 15 h 30, les premiers avions de transport peuvent s'y poser. Stilwell note sur son carnet de route : « Ça va faire bisquer les Rosbifs ! »

Effectivement, les Rosbifs étaient persuadés de l'échec. Quelques mois plus tôt, le SEAC et son chef stigmatisaient le projet qualifié « d'insensé et ne devant pas être entrepris ».

Sportivement Mountbatten salue le succès : « C'est un exploit qui restera dans les annales militaires. »

« Vinegar Joe » préférerait des renforts à ces bonnes paroles de « la vedette de cinéma », mais Mountbatten, à cette heure, se préoccupe plus d'Imphal que de Myitkyina. Ses compatriotes y sont impliqués, et l'enjeu est d'importance.

Les Britanniques, toutefois, ont apporté leur pierre à Stilwell. Comme en 1943, avec plus d'ampleur encore, les Chindits sont intervenus sur les arrières [1]. Opérant en 5 brigades, ils ont atta-

---

1. Cette seconde campagne de Birmanie est à nouveau, pour les Chindits, une véritable épopée. L'intention de Wingate est d'opérer au sud de Myitkyina dans un haricot d'environ 250 km sur 120. Ainsi placé, il peut travailler au profit de Stilwell et de la XIVe armée de Slim. Ce secteur, traversé par la voie ferrée montant de Mandalay, est défendu par la 53e division japonaise. Le 5 février, la 16e brigade Chindit quitte Ledo et entame la longue marche de 700 km qui doit la mener aux approches d'Indaw (150 km au sud-ouest de Myitkyina). Le 1er mars, elle franchit le Chindwin et arrive à mi-mars sur zone où elle établit la base « Aberdeen ».

Le 5 mars, à la tombée de la nuit, la 77e brigade commence son aérotransport. 61 planeurs Waco, capables de transporter chacun 13 combattants équipés, s'envolent remorqués par des DC/3 (chaque avion tirant en principe deux

qué les voies de communication, détruit des dépôts, harcelé les unités japonaises. Fin juin, ils auront la satisfaction de pénétrer dans Mogaung, autre objectif de Stilwell [1]. Hélas pour eux, ils ont perdu leur chef et animateur. Le 24 mars, Wingate a été victime d'un accident d'avion. Son B/25 s'est écrasé par temps bouché sur le flanc d'une montagne près de Bishenpur (au sud d'Imphal) ne laissant aucun survivant.

Churchill, qui avait été séduit par cette imagination vive, cet enthousiasme novateur, écrira : « Une flamme lumineuse venait de s'éteindre avec Wingate. »

Cependant il ne suffit pas d'occuper le terrain d'aviation de Myitkyina pour être débarrassé des Japonais. 6 à 7 000 d'entre eux se sont retranchés dans Myitkyina-ville et aux abords. Mais ils sont en partie isolés alors que leurs adversaires, par le ciel, reçoivent de l'aide.

---

planeurs) pour aller établir les bases « Broadway » et « Piccadilly ». Les conditions d'atterrissage imposent un regroupement sur « Broadway » où le souci le plus urgent est d'aménager une piste. Dès la nuit suivante, les DC/3 pourront se poser avec le reliquat de la 77e brigade, puis la 111e.

Le 13 mars, Wingate possède dans sa zone d'action 9 000 hommes auxquels il peut annoncer : « Notre première tâche est réglée [...] Toutes nos colonnes sont dans les "tripes" de l'ennemi. Remercions le Seigneur de nous avoir protégés et poussons notre épée dans les reins de l'ennemi pour le chasser hors de notre territoire. »

A cette date, Mutaguchi pourrait extraire cette épine de son talon. Certains de ses adjoints le lui conseillent. Il refuse et maintient son attaque sur Imphal. Wingate est libre d'engager la lutte contre les arrières de la XIVe armée. Il n'en connaîtra pas la suite.

Le 27 mars, le général Lentaigne, commandant la 111e brigade, prend sa succession. Ce même jour, les Japonais lancent un violent assaut difficilement repoussé contre « Aberdeen ».

Se poursuivent alors quatre mois d'attaques et de défenses. Renforcés par la 14e brigade et la 3e brigade de l'Ouest africain, les Chindits enlèvent Indaw et Mogaung mais perdent certaines de leurs bases. Combinant leurs actions, ils incendient 21 dépôts de ravitaillement et coupent la voie ferrée en 16 endroits. Leurs coups répétés affaiblissent les 53e et 18e divisions japonaises, épaulant d'autant la progression de Stilwell. Leur plus bel exploit est, peut-être, la prise de Mogaung menée sans chars ni artillerie. Le tout étant réalisé grâce au ravitaillement acheminé par la voie aérienne, exigeant de durs efforts pour récupérer les colis parachutés souvent sur des DZ de fortune au milieu de la jungle.

Ce sont des hommes épuisés, amaigris, ravagés par les fièvres, ayant perdu le cinquième de leurs effectifs, qui seront ramenés en Inde courant août (la 16e brigade éprouvée par sa longue marche avait été retirée fin avril).

1. A 100 km à l'ouest-sud-ouest de Myitkyina.

Un autre siège débute. Après des semaines de jungle, les Maraudeurs de Stilwell sont à bout, « lessivés », suivant l'expression de leur patron. Celui-ci ne peut les ménager. Chinois, Britanniques seraient en droit de rompre le fer dans cette aventure montée par un Américain. Le calvaire continue avec les pluies torrentielles de la mousson, la boue, les sangsues, les moustiques, les maladies tropicales.

Tchang Kaï-chek, pressé par Roosevelt, se décide enfin à participer plus activement à la lutte. A partir du 10 mai, des divisions venues du Yunnan harcèlent les Japonais de flanc [1].

Myitkyina-ville tombera finalement le 3 août [2]. Stilwell a gagné. Il a démontré que les Chinois, instruits et motivés, étaient capables de se battre correctement. Sa route depuis Ledo s'affirme chaque jour un peu plus une réalité. Le terrain d'aviation de Myitkyina assure un relais aérien précieux. Le tonnage acheminé vers la Chine passe de 13 700 tonnes en mai à 25 000 en juillet.

En juillet, Stilwell a été promu général d'armée à quatre étoiles [3]. Roosevelt, Marshall apprécient son travail, le soutiennent et l'estiment. Pourtant, il vit mal. Il sait que Mountbatten [4] et Tchang Kaï-chek intriguent pour se débarrasser de lui. De son côté, il ne se prive pas pour contrer ses deux « supérieurs » et s'adresser, par-dessus leur tête, directement à Washington. Cet antagonisme entre grands chefs, reflet de rivalités nationales, explique l'ambiance florentine du SEAC. L'harmonie régnant autour de la roulotte d'Eisenhower, quelque part en Europe, y relève d'un autre monde. Cet état d'esprit dans l'entourage de Mountbatten – lequel en porte obligatoirement une part de responsabilité – ne facilite pas la marche vers la victoire.

---

1. Les 72 000 Chinois du général Wei Li Huang – dits force Y – franchissent la Salween et se heurtent, au départ sans résultats probants, aux 15 000 Japonais de la 56e division, mieux équipés et mieux commandés.

2. La garnison comptait environ 3 500 hommes. 600 sont parvenus à s'échapper. Un peu moins de 3 000 ont été tués.

972 Chinois, 272 Américains ont été tués et il y a eu 4 000 blessés.

3. A cette date, il ne partage cette dignité qu'avec Marshall, MacArthur, Eisenhower et Arnold.

4. Des motifs inavoués expliquent l'attitude des Britanniques vis-à-vis de Stilwell. Sa sympathie pour les Chinois, sa volonté affirmée de les équiper et de les utiliser leur déplaisent. Ils suspectent le pays de Tchang Kaï-chek de connivence avec les nationalistes indiens et craignent de voir les vieux problèmes de frontière entre la Chine et l'Inde ressusciter.

Pour preuve, ce qui se déroule en Chine. Sur ce théâtre relevant théoriquement de Mountbatten, chacun en fait à sa guise. Que ce soient Tchang Kaï-chek, les « Seigneurs de la guerre » chinois ou Chennault. Le commandant de la XIVe Air Force se fait fort de venir à bout de l'Empire du Soleil levant avec ses aviateurs. Au début de 1944, il intensifie ses bombardements. Ce que Marshall et Stilwell avaient annoncé se produit. Les Japonais réagissent vigoureusement. Les Chinois sont incapables de contenir leur avance vers l'intérieur de la Chine et les bases de départ des aviateurs américains. Les revers en Chine estompent les succès en Birmanie. Et la situation continuera de se dégrader en Chine en 1944.

Chapitre V

LA FIN D'UN SIÈGE

Quel revirement en une année ! A la fin de 1942, la Wehrmacht verrouillait Leningrad, tenait Demiansk, menaçait Moscou, occupait Smolensk, Koursk, Kiev et Kharkov, s'accrochait à Stalingrad, s'enfonçait jusqu'au Caucase. Dans les derniers jours de 1943, tout est bouleversé. Si, au nord, les positions ont peu évolué, l'immense trouée du sud-est de Smolensk au Caucase par Orel, Voronej et Stalingrad a disparu. Les offensives successives de l'armée Rouge ont conduit à un front qui va sensiblement, nord-sud, du golfe de Finlande à la mer Noire. Depuis les faubourgs de Leningrad, il descend sur Vitebsk, passe à l'ouest du Gomel et de Kiev puis s'incurve légèrement vers l'est, épousant, à distance, la courbe du Dniepr, rejoint le fleuve à Zaporojie et le suit jusqu'à son embouchure. La Crimée est toujours aux mains des Allemands, mais la poussée du 4e Front d'Ukraine l'a si bien isolée que seule reste possible la liaison maritime.

De ce raccourci se dégagent déjà plusieurs conclusions. Les gains soviétiques ont été considérables en 1943 [1]. La guerre à

1. Environ les deux tiers des territoires occupés par les Allemands au cours des deux années précédentes. L'Ukraine orientale, notamment – richesses minières incluses –, a été reconquise.

l'est a changé de visage. Les Allemands se trouvent réduits à la défensive face à une armée Rouge de plus en plus agressive. Les frontières roumaine, polonaise (de 1939) ne sont plus très loin : 400 km en moyenne. En revanche, la Wehrmacht occupe encore la Biélorussie, les États baltes, le sud de Leningrad. Quant au front de l'extrême nord, il s'est stabilisé à l'ouest de Mourmansk qui continue de jouer son rôle de port d'entrée de l'aide alliée.

La situation d'ensemble pourrait donc paraître bonne pour la Stavka si ne demeurait Leningrad. Leningrad toujours assiégée. Leningrad toujours à portée des obusiers allemands. Leningrad toujours affamée.

Certes, les conditions de vie s'y sont sensiblement améliorées par rapport à 1942. L'offensive « Iskra » [1], en janvier 1943, a dégagé un couloir au sud du Ladoga. L'encerclement total a été rompu. La circulation – périlleuse – des trains est possible de nuit sur la voie ferrée longeant la rive méridionale du lac. Le ravitaillement s'est amélioré. Les rations alimentaires ont remonté. Un travailleur de l'industrie lourde reçoit désormais 700 grammes de pain par jour, un ouvrier 600, un employé 500, un enfant 400. Les temps de grande famine et d'hécatombe ne sont plus, mais la misère subsiste, ainsi que les bombardements aveugles de l'artillerie ennemie. La population, de 3 millions avant-guerre, est tombée à 650 000 âmes. La production de cette grande agglomération industrielle en pâtit [2].

La Stavka a donc décidé de donner la priorité à Leningrad. Pour le renom d'une ville qui a vu naître la Révolution. Pour le bon développement de l'effort de guerre et le libre accès à la Baltique. Pour démontrer que l'armée Rouge est capable de l'emporter aussi bien dans les forêts septentrionales que dans les steppes méridionales.

Chaque camp, de fait, se tient depuis des mois sur la défensive. Les Soviétiques pour protéger ce qu'ils ont préservé lors de la grande avance de 1941 : le saillant d'Oranienbaum [3], les faubourgs sud de Leningrad, la ligne de la Néva, le cours du

---

1. Étincelle.

2. Les usines continuent de produire des armes automatiques et des munitions.

3. Le saillant d'Oranienbaum, coupé de Leningrad, constitue un croissant arrimé au golfe de Finlande, ravitaillé par mer et soutenu par la flotte de la Baltique.

Volkhov jusqu'au lac Ilmen. Les Allemands, de leur côté, ont voulu resserrer leur étreinte et se prémunir d'éventuelles contre-attaques. Ils ont édifié de solides retranchements étalés en profondeur. L'OKW regarde même ces défenses comme infranchissables.

Ce front ainsi délimité par l'ultime avance allemande, sorte de large coin enfoncé vers le Ladoga, est favorable à une offensive soviétique. Comme tout saillant, il est vulnérable. Il peut, certes, être attaqué de face devant Leningrad, mais il peut surtout être forcé sur ses ailes. A partir du saillant d'Oranienbaum au nord-ouest, à partir de Novgorod et du lac Ilmen au sud-est.

C'est en septembre que la Stavka, confortée par les succès en Ukraine, a prescrit de préparer l'opération de dégagement de Leningrad. Govorov, commandant le Front de Leningrad et Meretskov, celui du Volkhov, se sont mis à l'ouvrage. La configuration générale du front a guidé leurs intentions de manœuvre : percer aux extrémités tout en poussant fortement au centre. Les ailes marchantes, se rejoignant sur la Louga, encercleront leur adversaire immédiat, la XVIIIe armée [1]. Celle-ci serait alors assaillie de toutes parts. Après quoi, l'ensemble des deux Fronts soviétiques marcherait vers l'ouest pour libérer toute la région orientale du lac Peipous. Au sud dù lac Ilmen, le 2e Front de la Baltique couvrirait l'avance contre la XVIe armée allemande.

Les généraux soviétiques savent qu'ils disposent d'une large supériorité, aussi bien en hommes qu'en matériel. 375 000 combattants contre 168 000, 14 300 bouches à feu contre 4 500, 1 200 chars contre 200. L'aviation l'emporte dans les mêmes proportions [2].

Après les terribles ponctions supportées en 1943 par la Wehrmacht [3], le formidable effort de mobilisation de l'URSS, et avec l'aide alliée, le rapport des forces est définitivement inversé. Les Allemands sont désormais largement dominés. La qualité de leur matériel, la solidité de leurs soldats, la valeur de leur commandement, leur permettent seules d'affronter l'ennemi dans une situation qui n'est pas encore trop désespérée.

---

1. Constituant avec la XIVe armée le GAN, groupe d'armées nord du maréchal Küchler.

2. Ils peuvent aussi compter sur 35 000 partisans rôdant sur les arrières et capables de saboter les voies de communications ou de harceler les convois.

3. Stalingrad, Koursk, et les batailles sur le Don et le Dniepr.

*
* *

Le déclenchement de l'offensive était prévu pour décembre, avec l'hiver, allié traditionnel des Russes et qui leur permet de se déplacer plus facilement grâce à la glace des fleuves et des marécages. Les préparatifs se sont prolongés : acheminement, par la Baltique, de la 2e armée de choc dans le saillant d'Oranienbaum, regroupement de la 59e dans la région de Novgorod. La météo de décembre s'est faite capricieuse. Les glaces de la Néva et du lac Ilmen n'étaient pas suffisamment solides pour supporter le passage des troupes. Les conditions requises ne sont au rendez-vous que début janvier 1944.

Pour l'état-major soviétique, il n'est qu'une inconnue. Après une très longue période de défense statique, leurs combattants auront-ils l'élan nécessaire pour l'attaque ? Figés durant des mois dans leurs tranchées et leurs blockhaus, seront-ils capables de franchir les parapets et de se précipiter contre les MG allemandes ? Les commissaires politiques se sont livrés à un long travail d'endoctrinement et d'explication sur l'importance du dégagement de Leningrad et de sa région. Govorov et Meretskov, pour leur part, comptent beaucoup sur les bombardements préalables par l'artillerie, l'aviation et la marine (sur le front de la Baltique) pour faciliter la tâche de leurs soldats et les encourager.

Le 14 janvier, ces préparations se déclenchent, impressionnantes par leur densité de feu. 125 pièces au kilomètre devant Oranienbaum, 100 au kilomètre sur le Volkhov. Les Soviétiques appliquent là une méthode qui sera une constante de leurs futures offensives : formidable concentration de tir d'intensité encore jamais atteinte. (100 000 obus s'abattent en préalable à l'attaque de la 2e armée de choc d'Oranienbaum.)

Les attaques latérales débutent simultanément. Les Allemands, un moment surpris et assommés par la violence des bombardements, sont d'abord débordés mais se reprennent très vite. La 2e armée de choc parvient à gagner 3 km sur dix de front. La 59e, au nord de Novgorod, est moins heureuse. Le mauvais temps a perturbé les tirs de préparation. Elle ne gagne que 2 km. Par contre, au sud de la ville, ayant franchi le lac Ilmen sur la glace, elle réalise une tête de pont de 4 km.

L'assaut massif devant Leningrad intervient le lendemain. Artillerie et flotte de la Baltique ont lancé 220 000 obus. Les combats sont tout de suite acharnés, surtout sur les hauteurs de Pulkovo qui dominent l'ancienne Saint-Pétersbourg [1]. Les intempéries, l'inexpérience contrarient la bonne coordination des appuis. Les résistances allemandes s'affirment solides. Champs de mines, réseaux de barbelés, fortins en béton bloquent les assaillants.

Les Soviétiques savent mettre le prix. Les cadres entraînent les vagues d'assaut. Des actions héroïques éliminent ici un nid de mitrailleuses, là une position antichar. Après plusieurs jours d'une lutte intense, la Wehrmacht après avoir lancé de vives contre-attaques se voit, le 17, par endroits, menacée d'être tournée. Des mouvements de repli s'amorcent.

Dans l'après-midi du 19 janvier, les éléments de tête de la 2e armée de choc débouchant d'Oranienbaum et ceux de la 42e armée issus de Leningrad opèrent leur jonction au sud-est de Krasnoïé Selo (à une trentaine de kilomètres au sud-est du centre de Leningrad). Le lendemain, Ropsha, encore plus au sud-ouest, est atteinte. Le succès s'accélère : 2 divisions allemandes sont balayées, 5 autres sérieusement éprouvées ; leur artillerie n'est plus en mesure d'atteindre Leningrad.

Dans le secteur sud, sur le Volkhov, la percée est réalisée le 17. Progressant sur un terrain boisé et marécageux, la 59e armée, après avoir encerclé Novgorod – qui sera libérée le 20 [2] –, pousse résolument vers l'ouest.

A la fin de janvier, le cours inférieur de la Louga est atteint. Partout, la progression soviétique dépasse 100 km depuis Leningrad, 80 depuis Novgorod. Le 29, la prise de Chudovo signifie la réouverture de la voie ferrée directe Moscou-Leningrad.

Leningrad est totalement dégagée. Au soir du 27 janvier, 324 pièces d'artillerie célèbrent l'événement. Au-dessus de la flèche de l'Amirauté, de la grande coupole de Saint-Isaac, de la vaste place du Palais, des ruines de l'observatoire de Pulkovo, des ateliers effondrés de l'usine Kirov, des bâtiments immobilisés sur la Néva, les salves zèbrent le ciel embrasé de fusées de toutes couleurs. Dans les rues, le peuple danse et crie sa joie.

Un siège de 900 jours [3], le plus long de l'histoire moderne, a pris fin. Avec lui cesse le terrible holocauste : 900 000 victimes de la famine, du froid, des bombardements. Des palais, des

1. Redevenue aujourd'hui (1994) à nouveau Saint-Pétersbourg avec le drapeau national russe, blanc bleu rouge, flottant sur ses bâtiments officiels.

2. 3 000 hommes sont faits prisonniers dans la ville et ses abords.

3. Très exactement 879 si l'on prend pour début le 1er septembre 1941, date du premier bombardement de l'artillerie allemande sur la ville (mais Leningrad était quasiment en état de siège depuis trois semaines).

églises, des immeubles, des maisons, des usines sont détruits. A Pouchkine, le célèbre palais de la Grande Catherine a été dévasté. A Peterhof [1], le « petit Versailles sur mer » est dans le même état.

La XVIIe armée espère néanmoins tenir sur la Louga [2]. Mais elle n'en a plus les moyens. Fronts de Leningrad et du Volkhov unissent leurs efforts. Le 16 février, le second Front de la Baltique attaque à son tour au sud du lac Ilmen, à partir de la Lovat. Staraya Russa est prise le 18, Porkhov le 26. Le 1er mars, Front de Leningrad et 2e Front de la Baltique [3] s'alignent du nord au sud. Si Narva résiste toujours, les rives orientales des lacs Peipous et de Pskov sont bordées par l'armée Rouge. Le GAN a été repoussé de 200 à 250 km vers l'ouest [4]. Les États baltes (Estonie, Lettonie) s'annoncent comme les futures étapes.

*
* *

La délivrance définitive de Leningrad est un autre grand événement dans le déroulement de ce que les Soviétiques appellent la « grande guerre patriotique ». La résistance de la ville, comme celle de Stalingrad, l'offensive à nouveau victorieuse de l'armée Rouge confortent l'image de l'URSS. Elles sont largement célébrées. Leningrad se voit décerner l'ordre de Lénine. 470 000 citoyens reçoivent la médaille « pour la défense de Leningrad ». Les Alliés ne sont pas en reste : le 17 mai, le président Roosevelt adresse à la cité un message de félicitations analogue à celui dont il avait honoré Stalingrad [5].

Les Finlandais ne sont entrés dans la guerre aux côtés de l'Allemagne que pour récupérer les provinces perdues en

---

1. Actuel Petrodvorets. Plusieurs décennies seront nécessaires pour tout restaurer.

2. Qui coule sensiblement sud-est-nord-ouest depuis les abords du lac Ilmen jusqu'au golfe de Finlande.

3. Suite au rétrécissement de la ligne de front, le Front du Volkhov a été dissous le 15 février et ses unités transférées au Front de Leningrad et au 2e Front de la Baltique.

4. Ses revers ont coûté son poste à son chef. Fin janvier, Küchler a été remplacé par Model qui sera promu maréchal le 1er mars.

5. Nombre des défenseurs de Leningrad connaîtront un sort tragique. Jdanov, secrétaire général du Parti communiste durant le siège, meurt le 31 août 1948 dans des conditions mystérieuses (empoisonnement ou négligence médicale délibérée ?). Tous les grands responsables de l'épopée – dont

1940 [1]. Ils sont depuis des mois singulièrement passifs. Leurs troupes barrent l'isthme de Carélie, mais n'insistent pas [2]. Il en est de même au nord du Ladoga. L'évolution de la situation à Leningrad – comme sur le reste du front – précipite leurs intentions. Courant février, ils amorcent des négociations d'armistice avec Moscou.

Celles-ci se déroulent par l'intermédiaire de la Suède où Paasikivi, le représentant finlandais [3], affronte Mme Kollontaï, le talentueux ministre d'URSS à Stockholm. Aux frontières de 1940, exigences relativement modérées, les Soviétiques ajoutent deux autres préalables :

1/ Les troupes allemandes seront internées ou chassées de Finlande en avril au plus tard.

2/ Une indemnité de 600 millions de dollars payable en marchandises sera versée dans un délai de 5 ans.

La Finlande, malgré l'insistance des États-Unis, n'est pas encore prête à accepter ces dernières clauses. Aussi les entretiens, après une rencontre à Moscou, sont-ils rompus le 1er avril. Ce n'est que partie remise (qui interviendra en septembre). Les Allemands ont eu connaissance de ces pourparlers. Les relations entre les deux pays s'enveniment. L'isolement de la Finlande s'accentue, ne pouvant qu'accélérer sa défection.

Popkov, maire de la ville – sont éliminés. 2 000 personnes environ sont ainsi frappées lors de ce qui sera dénommé l'« affaire de Leningrad » (sans doute une machination complexe montée par Malenkov et Beria, avec l'appui de Staline, pour éliminer en Jdanov un rival possible). Cette purge, contrairement à celles des années 30, est effectuée dans le plus grand secret. Certains historiens accusent également Staline d'avoir volontairement, par hostilité vis-à-vis de Jdanov, laissé le siège se prolonger. Il est certain qu'en 1949 le maître du Kremlin fit fermer le musée consacré à la défense de la ville et parut vouloir effacer jusqu'au souvenir du siège...

1. Voir *La Grande Histoire de la Seconde Guerre mondiale, Juin 1941-Décembre 1941*, chap. 6.

2. L'attitude passive des Finlandais a certainement sauvé Leningrad. Fidèles à leur politique traditionnelle, ils n'ont pas voulu heurter leur ancien suzerain au sujet de Leningrad et risquer de compromettre leur propre existence. Aussi ont-ils refusé de participer à un encerclement définitif. En 1942, l'année terrible, la route du Ladoga est restée libre, l'armée finlandaise n'ayant pas poussé vers le sud pour rejoindre la Wehrmacht.

3. Futur président de la République de Finlande, en 1946, après la démission du maréchal Mannerheim.

Chapitre VI

AVANCE SOVIÉTIQUE EN UKRAINE

En cette portion du front, du sud des marais du Pripet à la mer Noire, l'objectif évident des Soviétiques est l'Ukraine occidentale. La reconquérir leur apporterait le secteur industriel de Krivoï-Rog, les mines de manganèse de Nikopol, de riches terres céréalières et des ports sur la mer Noire, un débouché sur les Balkans, la Pologne et la Roumanie. Le GAC, au nord du Pripet, serait pris de flanc.

Sur la lancée de ses succès de l'automne, la Stavka entend donc bien s'emparer du reste de l'Ukraine. Elle n'a pas, toutefois, l'intention de mener une offensive unique et massive. Elle préfère engager une série d'actions ponctuelles violentes, surprenant l'ennemi et dispersant ses forces. Un tel plan débouche sur une série d'attaques localisées.

À l'OKW, en exécution fidèle de la pensée de Hitler, les esprits sont ancrés sur deux projets. Rejeter l'armée Rouge sur le Dniepr, là où il a été abandonné [1]. Renouer le contact terrestre avec la Crimée à partir de la tête de pont de Nikopol [2]. Pour le reste, la dominante est à la défensive, faute de mieux. De solides

1. En gros, de Kiev à Zaporojie.
2. Préservée, fin 1943, sur la rive gauche du Dniepr.

fortifications s'édifient le long des cours d'eau, Dniestr, Bug, Ingul, Ingulets, Goryn, ainsi qu'en Crimée dans l'isthme de Perekop, le long du Sivach et dans la presqu'île de Kertch.

Cet immense front de 1 500 km de développement appartient, côté allemand, au GAS du maréchal von Manstein [1] et au GAA du maréchal von Kleist, ce dernier regroupant les rescapés du Caucase et du Don (XVIIe armée en Crimée, VIe armée dans la boucle du Dniepr, VIIIe armée roumaine entre Bug et Dniestr). Contre eux s'alignent, du nord au sud, le 2e Front de Biélorussie, les quatre Fronts ukrainiens et, enfin, du côté de la Crimée, la flottille de la mer d'Azov, la flotte de la mer Noire, l'armée côtière indépendante.

A priori, pour la Wehrmacht, le bilan des forces est moins désavantageux qu'au nord. Les Soviétiques y ont toujours la supériorité en hommes, bouches à feu et avions. 2 365 000 hommes contre 1 760 000, 28 000 canons et obusiers contre 16 000, 2 360 appareils de tous types contre 1 460. Mais, dans ces vastes étendues favorables aux blindés, les PD possèdent l'avantage : 2 200 chars contre 2 000 [2].

Ce tableau ne doit pas faire illusion. Le front sud allemand a contre lui, outre l'armée Rouge, deux terribles handicaps : les distances, le Führer.

La longueur du front qui, loin d'être linéaire, zigzague, rend impossible l'établissement d'un rempart continu et étoffé. Les effectifs manquent. Cette défense perméable favorise inévitablement la création de brèches et, par là même, le risque d'encerclement.

Et il y a Hitler. Hitler qui veut se nourrir d'utopies et d'espoirs fous. Hitler qui vit dans la perspective du second front et du débarquement qui se précise. Hitler qui s'enferme dans une seule stratégie : ne pas reculer, ne pas céder de terrain.

---

1. Ire et IVe armées blindées, VIIIe armée.

2. Au début de 1944, l'Allemagne, compte tenu de ses satellites (Finlande, Roumanie, Hongrie) et des unités levées en Europe occupée, dispose, à l'est, d'environ 5 millions d'hommes, 54 000 canons et mortiers, 5 400 chars et 3 000 avions.

Les Soviétiques détiennent une supériorité d'ensemble avec 6 500 000 combattants, 92 000 bouches à feu, 8 000 avions.

Leur matériel est maintenant de bonne qualité. Les troupes aguerries et confortées par les succès possèdent un excellent moral (ce qui n'est pas le cas chez les satellites et certaines unités allemandes). Le commandement que Staline n'a pas ménagé maîtrise mieux manœuvres et coordination interarmes.

Il trouve toujours un motif politique ou économique pour s'opposer à un repli. Lui qui eut parfois des éclairs de génie ne connaît plus que cette obstination maladive et stérile de la résistance sur place. Ses maréchaux et généraux, manœuvriers habiles souvent, ont les mains liées. Hitler leur interdit tout mouvement qui ne ressemble pas à une stricte conservation du terrain. Raccourcir les lignes pour économiser des troupes, déplacer des forces sans son autorisation pour une contre-attaque, ne sont pas possibles. Cette intransigeance précipitera les catastrophes.

*
* *

Coordonnée par Joukov et Vassilievsky [1], l'offensive a débuté, en fait, un peu plus tôt que devant Leningrad.

Le 1er Front d'Ukraine de Vatoutine est passé à l'attaque le 24 décembre. La date était bien choisie. Les Allemands aiment fêter Noël et s'y préparent. Ils sont moins sur leurs gardes. D'entrée, cinq armées font effort en direction de Jitomir et Vinnitsa, ancien PC avancé de Hitler. Le reste du Front (quatre armées) entre en action les jours suivants. La IVe armée blindée contient mal le flot. Elle perd le contact avec la Ire AB sur sa droite. En quelques jours, la percée atteint 100 km de profondeur sur 300 de largeur.

Von Manstein est là. Son coup d'œil de stratège est intact. Immédiatement, il perçoit la menace sur son aile nord. Si Vatoutine n'est pas stoppé, il atteindra le Bug puis le Dniestr. De là, s'infléchissant vers le sud, il sera à même de tourner tout le front méridional. Cette crainte ne cessera de hanter le vainqueur de Sébastopol.

Pour contrer Vatoutine, il dégage une partie de la Ire AB, implantée dans la bouche du Dniepr. La pointe de cette boucle avec Krivoï-Rog et Nikopol le gêne. Elle immobilise des troupes. Hitler, à son sujet, fait la sourde oreille. Il a besoin de Krivoï-Rog et de Nikopol !

Von Manstein fait de son mieux, affaiblissant ici pour renforcer là. Les PD, rameutées à la hâte, stoppent Vatoutine. Celui-ci a tout de même gagné 200 km.

Le 5 janvier, Koniev et le 2e Front d'Ukraine démarrent à leur tour en direction de Kirovograd. Il frappe là, comme ses autres

1. Joukov : 1er et 2e Fronts d'Ukraine (Vatoutine et Koniev) ; Vassilievsky : 3e et 4e Fronts d'Ukraine (Malinovsky et Tolboukhine).

camarades, suivant la tactique définie par la Stavka. Une série de crochets doit marteler sans répit l'adversaire. Kirovograd est libérée le 8, mais von Manstein, à nouveau, brise l'attaque.

La progression vers le sud-ouest des deux Fronts d'Ukraine a accentué un vieux redan devant Kanev [1]. Le front forme désormais un important saillant, de part et d'autre de Korsum-Shevchenkovsky, à l'ouest de Tcherkassy [2]. Les Allemands pourraient l'évacuer pour soulager leur dispositif. Mais ils le jugent intéressant pour contre-attaquer de flanc et, comme toujours, les ordres de Hitler leur interdisent de rien abandonner. Ils y maintiennent donc 6 divisions et demie.

Sur la foi de renseignements de prisonniers, Joukov estime qu'il s'y trouve 9 DI, 1 PD, 1 DM, soit environ 100 000 hommes. Il envisage un « petit Stalingrad ».

L'opération contre ce saillant de Korsum [3] n'est pas encore lancée que les 3e et 4e Fronts d'Ukraine grondent à leur tour. Toujours la méthode des coups répétés, véritable travail de boxeur usant son challenger. Le 10 janvier, Malinovsky et Tolboukhine s'en prennent aux objectifs chers à Hitler : Nikopol et Krivoï-Rog, dans la fameuse boucle du Dniepr que von Manstein voulait raccourcir.

Pendant cinq jours, les Soviétiques tentent de forcer le passage. La VIe armée ne cède pas et leur impose un temps d'arrêt. Les 30 et 31 janvier, Malinovsky et Tolboukhine repartent à l'attaque. Leurs réserves paraissent inépuisables, leurs stocks de munitions illimités devant un adversaire qui n'a pas de renforts disponibles. Les défenses finissent par craquer. Nikopol est enlevée le 8 février. Krivoï-Rog tombe le 22. Toute la rive méridionale du Dniepr est perdue, et avec elle le manganèse et la perspective de tendre la main à la Crimée. La VIe armée qui a su éviter l'encerclement, se retrouve au-delà de l'Ingulets [4].

Tcherkassy

Durant ce temps, le saillant de Korsum vit des heures décisives. Vatoutine et Koniev sont parvenus à en fermer l'issue.

---

1. Sur le Dniepr.
2. Également sur le Dniepr.
3. Les Allemands parlent du « saillant de Tcherkassy ». La terminologie soviétique qui parle de celui de Korsum est plus exacte, la bataille se déroulant à l'ouest de Tcherkassy et autour de Korsum.
4. Affluent de la rive droite du Dniepr, il coule sensiblement nord-sud et rejoint le Dniepr en amont de Kherson.

Joukov a obtenu l'accord de la Stavka pour son « petit Stalingrad ». Koniev, le 25 janvier, a lancé trois armées vers le nord-ouest depuis Kirovograd. Vatoutine, le lendemain, a démarré en sens contraire à 200 km de là. Le 28, la trappe se refermait à mi-route, à hauteur de Zvenigorodka. Un nouveau « kessel » (« chaudron ») voyait le jour. Deux corps d'armée étaient pris dans la nasse [1].

Joukov, qui coordonne l'action, pourrait ordonner à Koniev et Vatoutine de poursuivre vers le sud-ouest. Les Allemands, bousculés, n'auraient, sur-le-champ, guère de moyens pour s'y opposer. La Ire AB est engagée plus au nord, la VIIe armée plus au sud. Toutes deux ont laissé un corps d'armée dans le chaudron. Ce que redoutait von Manstein, la marche sur le Bug et le Dniestr, risquerait alors de se produire.

Mais Joukov ne regarde pas si loin, d'autant qu'il a évoqué un « petit Stalingrad » auprès de la Stavka. Il opte pour un dividende immédiat : détruire les 11 divisions qu'il est persuadé tenir dans ses rets. Koniev et Vatoutine reçoivent l'ordre de renforcer solidement le périmètre autour de Korsum.

Von Manstein a trop en l'esprit le souvenir de Stalingrad pour ne pas vouloir réagir très vite. Il s'efforce aussitôt de rassembler un élément de rupture de l'encerclement. La neige puis la boue freinent le regroupement de deux corps blindés [2] et leur démarrage. Hitler ne facilite rien. Évidemment, il a ordonné de résister sur place, comme à Stalingrad. Il interfère dans les directives de von Manstein, prescrivant le transfert sur Nikopol du 24e CA prévu pour la contre-attaque [3].

A l'intérieur de la poche, ils sont environ 56 000, Allemands, Autrichiens, mais aussi Belges, Hollandais, Scandinaves de la division SS Wiking et de la brigade d'assaut SS Wallonie. Pour les Waffen SS, il est hors de question de tomber aux mains des Russes. La fureur du désespoir les anime. Les combats seront acharnés [4].

---

1. 42e CA de la Ire AB, 11e CA de la VIIIe armée.

2. L'un de trois PD avec le 3e CB de la Ire AB, un autre de trois PD prélevées à la VIIIe armée.

3. Où il arrivera trop tard. Hitler de son lointain PC ne se rend pas compte des difficultés rencontrées sur le terrain.

4. Les historiens non allemands ne s'attardent pas sur ces combats de Tcherkassy où des unités SS firent le gros de l'ouvrage. L'héroïsme des combattants y fut pourtant exemplaire. Les SS, il est vrai, savaient ne devoir attendre aucune clémence de leurs adversaires.

Les Soviétiques pensent avoir partie gagnée. Sous leur pression, la poche s'est rétrécie. Elle ne mesure plus que 45 km sur 15. Le 8 février, le commandement russe offre une capitulation qu'il promet honorable ; elle est rejetée. Les ralliés sont appelés à la rescousse. Seydlitz, fait prisonnier à Stalingrad et devenu vice-président du « Comité national de l'Allemagne libre », s'adresse par radio à ses anciens camarades. Des tracts reproduisant sa déclaration leur sont largués par avion sans trouver écho. Les généraux Stemmermann, Lieb et leurs hommes sont décidés à se battre.

Tenace, von Manstein a regroupé une force d'intervention. Le 3e CB passe à l'attaque à partir du 4 février. Le 8, les éléments de tête de la 16e PD et de la Leibstandarte SS Adolf Hitler bordent la rivière Gniloï Tikitch. La 1re PD occupe dans la nuit le petit village de Lisianka, à 35 km au sud-ouest de Korsum.

Les assaillants ont marqué des points. Von Manstein, dans ses *Mémoires*, mettra à leur actif 700 chars et 150 canons détruits [1]. Ses hommes ne sont plus qu'à 13 km de l'extrémité du chaudron. Mais ils butent sur deux obstacles : la cote 239, puissamment tenue, et la Gniloï Tikitch. La rivière, large d'une vingtaine de mètres et profonde de deux, représente, faute de ponts, une coupure infranchissable pour les Tigre et les Panthère. Il n'est plus possible de poursuivre. Les assiégés doivent terminer l'ouvrage.

Von Manstein prend ses responsabilités. Le 16 février, il passe un ordre laconique mais précis : « Mot de passe : liberté. Objectif : Lisianka. 23 heures. »

Chacun, à l'intérieur du chaudron, sait désormais ce qu'il doit faire.

16 février, 23 heures, la nuit est noire. Pas de lune, pas une étoile. – 4°. Un vent glacial, qui souffle en rafales du nord-est, pousse vers la « sortie » et frappe l'adversaire au visage en entraînant des tourbillons de neige. La boue s'est solidifiée sous une croûte de neige durcie. Les routes et les chemins sont rares. La progression s'effectuera en rase campagne parmi les vallons piquetés de boqueteaux et de marécages. Cap général : plein sud-ouest.

Les deux corps d'armée progressent sur trois files. Papiers,

1. Joukov, dans les siens, écrit : « Au prix de grandes pertes, les divisions blindées ennemies réussirent à progresser jusqu'à Lisianka, mais l'ennemi n'avait plus la force d'aller plus loin, et il adopta une attitude défensive. »

documents ont été détruits avant le départ. Les blessés intransportables ont dû, souvent, être laissés sur place avec les médecins et les infirmiers, à la merci des Rouges. Degrelle, qui a pris le commandement de la division Wallonie, a, pour sa part, refusé d'abandonner le corps de son chef, le lieutenant-colonel Lippert, tué à Novo-Buda. Quatre légionnaires le portent sur une échelle trouvée dans une isba. Le général Stemmermann s'est placé à l'endroit le plus dangereux : à l'arrière, pour mieux contrôler la fin du repli.

A la baïonnette, les sections de tête forcent les premières positions, mais l'alerte est donnée. Le paysage s'embrase. Les fusées éclairantes montent vers le ciel. Les T/34, embossés derrière des monticules ou des touffes buissonneuses, choisissent leurs cibles. Les salves d'artillerie s'abattent au hasard, jetant la mort et la confusion. Par petites colonnes, se fixant aux lueurs des départs, les Allemands s'efforcent de s'infiltrer entre les mailles des défenses adverses. Des groupes y parviennent. D'autres se heurtent au feu des barrages ou à l'opiniâtreté des fantassins de Vatoutine.

Le jour se lève sur un spectacle de mort. Sur une vingtaine de kilomètres, le goulet par lequel les assiégés de Korsum ont essayé de s'échapper porte la trace des mêlées de la nuit. Des cadavres d'hommes et de chevaux gisent épars. Des chariots achèvent de se consumer, soulevant de temps à autre l'explosion d'un lot de munitions. Quelques-uns, transportant des blessés, ont été écrasés par des blindés accentuant l'horreur des drames vécus. Partout, des armes, des équipements abandonnés recouvrent le sol et la neige boueuse.

Pourtant, pour les deux corps d'armée, ce n'est pas un désastre absolu. En plusieurs endroits, le contact a été renoué avec les amis avant la fin de la nuit. On s'est hélé dans des clameurs d'enthousiasme au mot de passe de « liberté ». En d'autres secteurs, il reste la Gniloï Tikitch. Son courant est violent. Les sapeurs du 3e CB travaillent pour lancer des passerelles. A défaut, les hommes tentent la traversée à la nage. Certains se noient. Les rescapés sortent à demi nus des eaux glacées. A la mi-journée, tout semble terminé [1].

---

1. Degrelle avec les derniers carrés de la division Wallonie (632 hommes sur 1 800) ne rejoindra que le 18. Après son odyssée riche d'héroïsme et de sang versé, il sera convoqué par Hitler qui lui remettra la croix de chevalier et lui dira : « Si j'avais eu un fils, j'aurais tant aimé qu'il vous ressemblât. »

Un peu moins de 35 000 hommes se sont esquivés. Les autres sont morts ou prisonniers. Le général Stemmermann a été tué. Chaque camp crie victoire. Les Allemands pour s'être dégagés. Les Soviétiques pour avoir écrasé le chaudron.

Les arguties de la propagande nazie n'enlèveront rien à la véracité des événements. Plusieurs divisions ont disparu [1]. La saignée de Tcherkassy s'ajoute à d'autres, vidant un peu plus la Wehrmacht de sa substance. Et ce au moment où la pénurie d'effectifs se révèle sans remède. Quant à l'armée Rouge, elle a encore augmenté son acquis en Ukraine.

Hitler, placé devant le fait accompli, se tait. Il félicite et décore les rescapés, mais sa rancœur s'accroît contre von Manstein qui a pris tant d'initiatives contraires à ses instructions. Le maréchal en paiera bientôt le prix.

*
* *

Février se termine sur des victoires pour l'armée Rouge. Elle l'a emporté à Nikopol, Krivoï-Rog, Korsum, Jitomir, Sarny. La tactique de la Stavka a payé. Les coups redoublés ont ébranlé et usé la Wehrmacht.

Von Manstein ne sous-estime pas l'état de sa troupe. Mais à cor et à cri, il réclame des renforts et un rétrécissement du front. Pour Hitler il ne saurait en être question. Des renforts, où les trouver ? Le moindre abandon de terrain demeure sacrilège. Le Führer est persuadé, ou se persuade, que les Soviétiques sont à bout de souffle et que la *raspoutitza* [2] mettra fin à leurs opérations. Il se trompe. Les Russes poussent sans trêve de nouveaux bataillons vers l'avant. Leurs chars, grâce à leurs chenilles plus larges, s'accommodent mieux de la neige et de la boue que ceux des Allemands. Ils ont reçu en quantité des camions américains – les fameux GMC [3] – bien adaptés. Leur infanterie portée y gagne en mobilité.

---

1. Les historiens soviétiques annoncent pour la Wehrmacht 55 000 tués et 182 000 blessés ou prisonniers. Les Allemands n'admettent que 20 000 tués et prisonniers, et paraissent plus véridiques. Il y a toujours un parti pris tendancieux dans la présentation soviétique de l'après-guerre. Joukov reconnaît seulement que quelques chars et véhicules blindés avec les généraux, les officiers et les SS, se sont échappés.

2. La période de la débâcle, synonyme de boue et d'inondations.

3. Ou Dodge 6 x 6.

Début mars, malgré le dégel, la Stavka refuse de marquer le pas au sud. Elle entend profiter du déséquilibre adverse. Ordre est donné aux trois premiers Fronts ukrainiens de repartir pour achever de libérer l'Ukaine. Chacun reçoit un objectif précis. Premier Front : dépasser Bug et Dniestr, s'enfoncer vers le sud pour prendre les défenses ennemies à revers. Deuxième Front : marcher sur Ouman et Jassy [1], ville roumaine située au-delà du Prout. Troisième Front : s'emparer d'Odessa. Quant au Quatrième Front, il doit se préparer à envahir la Crimée.

Un chef n'est plus là pour conduire le premier Front ukrainien. Vatoutine, le 29 février, a été grièvement blessé dans une embuscade tendue par des nationalistes ukrainiens. (*La Grande Histoire soviétique de la Seconde Guerre mondiale* parle de « bourgeois » ukrainiens.) Il mourra le 17 avril à l'hôpital de Kiev. Joukov, depuis le 1er mars, assure sa relève. Cette mort privera l'armée Rouge d'un chef de valeur. Elle fait apparaître au grand jour l'existence de forces parallèles, hostiles au communisme moscovite, nées de l'invasion allemande.

L'offensive de mars débute, précédée, comme il est devenu d'usage, par une violente préparation d'artillerie. La bataille est générale depuis le Pripet [2] jusqu'à la mer Noire. Joukov encercle Tarnopol, coupant la voie ferrée Lvov (Lemberg)-Odessa, principal axe de communication du GAS. Le 24, il franchit le Dniestr et, cinq jours après, pénètre dans la vieille cité de Tchernovtsy, en Bessarabie roumaine [3]. Le voici sur les contreforts des Carpates et surtout sur les arrières de la Ire AB qui fait face à l'est.

Koniev, qui descend sud-ouest, dépasse Ouman. La VIIIe armée, dépourvue de blindés, vole en éclats. Ses troupes sont submergées, ses unités dispersées. Franchissant à son tour le Dniestr, en aval de Joukov, Koniev, par son irruption sur le Prout [4], finit d'isoler par le sud la Ire AB dans la région de Kamenets Podolsky. 22 divisions, dont les meilleures PD, se retrouvent dans la situation de l'armée Paulus à Stalingrad, fin novembre 1942.

---

1. De Jassy, Ploesti et son pétrole sont à moins de 300 km.

2. Le deuxième Front de Biélorussie de Kurochkine y participera également à partir du 17 mars. Longeant les flancs méridionaux des marais du Pripet, il marchera sur Kovel (150 km au sud-est de Brest-Litovsk).

3. La Roumanie, en 1920, avait obtenu la Bessarabie et la Bukovine septentrionale. L'URSS en avait exigé la restitution le 28 juin 1940 (voir *La Grande Histoire de la Seconde Guerre mondiale, Juin 1940-Juin 1941*, chap. 6). Les deux provinces avaient été réoccupées par les Roumains en 1941.

4. Qui marque la frontière de 1940 entre Roumanie et URSS.

Ailleurs, ce n'est pas mieux. La IVᵉ AB, coupée du GAS, est refoulée vers l'ouest. La VIᵉ armée, assaillie sur ses ailes par le troisième Front ukrainien, doit précipiter son repli sur le Bug.

Manifestement le front allemand craque sur 800 km. Que la Iʳᵉ AB disparaisse et les portes de l'Europe du sud-est seront ouvertes.

Kamenets Podolsky

Ce nom connaîtra-t-il le renom tragique de celui de Stalingrad ? La Iʳᵉ AB, isolée entre Bug et Dniestr, est encerclée au nord-est de cette localité. En ces derniers jours de mars, des tempêtes de neige continuent de déferler. La Luftwaffe pourvoit mal au ravitaillement. Hube, le commandant de la Iʳᵉ AB, est un chef énergique [1] qui se refuse à connaître le sort de Paulus. Il veut se dégager et économise son essence pour sortir de ce nouveau « chaudron ».

Hitler a fait connaître sa décision : oui à une percée pour rétablir la liaison avec l'arrière, non à un retrait. La Iʳᵉ AB doit résister sur le Bug. Cette dernière exigence est incompatible avec une opération de rupture. Von Manstein, à la lecture de ces directives, fulmine. Le 24 mars, il appelle Zeitzler, le patron de l'OKH :

> « On ne peut à la fois tenir sur place et colmater la large brèche qui sépare les Iʳᵉ et IVᵉ AB. Dites au Führer que, si je n'ai pas à 15 heures l'assurance formelle de recevoir des renforts, je donne à la Iʳᵉ AB l'ordre de percer. »

A 16 heures, un officier communique la réponse du Führer. Elle n'a pas varié. D'accord pour rétablir les communications, mais maintien du front actuel.

A 17 h 35, von Manstein franchit son Rubicon. L'ordre préparatoire 58 683/10 prescrit à la Iʳᵉ AB une percée vers l'ouest. La réaction de Hitler tombe deux heures plus tard. Le maréchal devra se présenter à lui, le lendemain 25, à l'Obersalzberg [2].

L'entrevue ne peut pas ne pas être orageuse. Von Manstein n'a qu'une arme. Il l'utilise. S'il n'approuve son point de vue,

---

1. Une blessure l'a rendu manchot. Ses soldats l'ont surnommé « der Mensch », l'Homme.

2. Le fameux nid d'aigle de Berchtesgaden.

que le Führer confie le commandement du GAS à quelqu'un d'autre.

Dans sa plaidoirie, von Manstein n'est pas aidé par son subordonné, pourtant principal intéressé. Hube veut percer, mais par le sud. Devant lui, à l'ouest, il voit le premier Front d'Ukraine et plusieurs cours d'eau. Le sud lui paraît plus dégagé. Le deuxième Front d'Ukraine n'y est pas encore installé en force.

Les raisons de Hube sont pertinentes, mais se diriger vers le sud serait s'engager dans une souricière. Les Carpates forment un mur surtout pour des unités blindées. Hube, obligé de les longer, finirait par s'enferrer en Roumanie du sud. Von Manstein, plus clairvoyant que jamais, a discerné l'impasse à moyen terme. La solution est à l'ouest. Hube y évitera la dangereuse traversée du Dniestr sous les coups de l'aviation ennemie et échappera à Joukov. Le maréchal soviétique, persuadé que son adversaire descendra vers le sud, s'y porte en embuscade [1].

Mais, avant tout, se dresse l'hypothèque de Hitler. Von Manstein l'a quitté sur une fin de non-recevoir. En fin de journée, il est à nouveau convoqué. Changement de visage. Le Führer se fait tout miel. « Manstein, j'ai réfléchi une fois de plus à la question. Je vous donne mon plein accord. La Ire AB percera vers l'ouest. »

Le commandant du GAS l'a emporté. De plus, Hitler fait venir des renforts de France. A 1 heure du matin, les ordres pour Hube filent par radio : « Solution ouest. »

A la Ire AB, maintenant, de l'emporter sur le terrain. Deux corps blindés à bousculer. Quatre cours d'eau importants à franchir. Dans la poche, Hube finit de mettre au point son action. Comme la météo s'est améliorée, la IVe flotte aérienne assure parfaitement le ravitaillement en carburant, vivres et munitions. Au PC de la IVe AB, le général Raus met sur pied, avec von Manstein, une contre-attaque destinée à soulager Hube. Durant ce temps, Joukov masse de plus en plus de troupes au sud de Kamenets Podolsky.

Le 29 mars, les détachements d'assaut s'élancent vers l'ouest. Les barrages ennemis sont forcés. Joukov constate alors son erreur. Ses blindés stationnent trop loin, trop au sud. Il est

1. Par l'ouest, la Ire AB se retrouve également en Galicie dans une situation stratégique plus intéressante pour l'ensemble du front.

trop tard pour les expédier barrer la route. En revanche, la Iʳᵉ AB entend sur ses ondes un curieux message diffusé en un mauvais allemand :

> « Si vous ne capitulez pas à la fin du 2 avril, un soldat sur trois sera fusillé de tous ceux qui n'acceptent pas l'offre de mettre fin à cette résistance dépourvue de sens. »

Le texte s'annonce signé Joukov. Quelques heures plus tard, une deuxième version, un peu différente :

> « Les commandants d'unités auxquels s'adresse l'ordre du maréchal et qui refuseraient de cesser ce soir une résistance sans objet seraient fusillés. Ils seront fusillés parce que coupables d'avoir versé sans raison le sang des soldats qui leur ont été confiés. »

Ce nouveau texte serait-il signé Joukov ?

Le maréchal est-il vraiment l'instigateur de tels ultimatums ? La colère est parfois mauvaise conseillère...

La neige s'est remise à tomber, contrariant l'aviation soviétique. Par contre, les équipages de la IVᵉ flotte effectuent des prodiges. Le ravitaillement est livré. Il gèle aussi. Sur le sol durci, les déplacements s'effectuent sans accroc. Des coups de main saisissent les ponts. Le 6 avril, la 6ᵉ PD enlève Buchach, ultime verrou soviétique. La liaison devient effective avec l'arrière. Les 200 000 hommes de la Iʳᵉ AB s'échappent [1]. Kamenets Podolsky ne sera pas Stalingrad.

Joukov, le Soviétique qui n'a jamais connu la défaite, vient d'en subir une (relative...). Il a laissé s'éclipser la Iʳᵉ AB et il a perdu du monde dans la bataille. Sans doute avait-il, sur la lancée de ses succès, sous-estimé la puissance rémanente des Allemands et le talent de leurs chefs.

Celui qui a conçu et agencé cette libération n'est plus en fonctions. Le 30 mars, il a entendu Hitler lui annoncer : « J'ai décidé de me séparer de vous et de confier le Groupe d'armées

1. Il y aura cependant des pertes dans les rangs allemands. Ainsi Tarnopol, encerclé et non dégagé, tombera le 14 avril.

à un autre. » Puis d'ajouter : « Le temps des manœuvres est terminé. Je n'ai besoin que d'hommes qui résistent sur place. »

Ces hommes seront Model et Schoerner [1]. Le premier remplace von Manstein, le second von Kleist également congédié. Le GAS devient le GA « Ukraine du Nord », et le GAA, le GA « Ukraine du Sud ».

Ainsi s'éloigne le chef dont un général allemand [2] dira :

> « Il n'était pas seulement le stratège le plus brillant de nos généraux, il était également le plus doué de sens politique. Il était difficile à Hitler de supporter longtemps un homme de cette qualité.
>
> « En conférence, von Manstein contredisait souvent Hitler en public, et il allait même jusqu'à qualifier d'absurdes certaines de ses conceptions. »

La Ire AB a pu rejoindre la IVe à l'ouest d'une ligne Kovel [3]-Torchin-Brody-Tarnopol-Kolomya. Le front entre Pripet et Dniestr se stabilise. Le dégel est là. Chacun a besoin de panser ses plaies. La bataille reprendra à l'été.

Pratiquement, le front méridional a été coupé en deux par l'arrivée de Joukov sur les Carpates. Cet écran naturel nord-ouest-sud-est canalise les poussées. Vers la Pologne au nord, la Roumanie au sud.

L'avancée de Koniev sur le Bug puis sur le Dniestr a placé la VIIIe armée dans une situation impossible. Disloquée par les coups de boutoir, menacée d'être tournée, elle ne peut que reculer. Son repli en déclenche un autre en cascade sur sa

1. Tous les deux soldats courageux qui ont, pour Hitler, le mérite d'être des nazis ardents et disciplinés. Plusieurs fois blessé en 14-18, général en 1938, Model a participé aux campagnes de Pologne et de France. En Russie depuis 1941, il a commandé une PD, un CB puis la IXe armée, été promu maréchal le 1er mars 1944. Dur pour ses hommes et pour lui-même, il sait néanmoins rester dans les limites du possible.

Schoerner a reçu, en 1917, l'Ordre du Mérite dans le même régiment que Rommel. Général en 1939, il a fait campagne en Pologne, en France, dans les Balkans et en Norvège, il a commandé un CB en Russie, et pendant quelque temps la VIIe armée en Crimée. Il est regardé comme un chef impitoyable dont les compétences réelles sont mal cernées.

2. Blumentritt. Ancien chef d'état-major de la IVe armée en Russie, puis chef d'état-major à l'Ouest, avant de commander une armée.

3. Assiégée par le deuxième Front de Biélorussie, à l'aile droite de Joukov.

gauche. La VIe armée, derrière l'Ingulets, est assaillie par le troisième Front de Malinovsky. Par Novy Bug au nord, sur la rive droite du Dniepr au sud. Sous peine d'être enveloppée définitivement, elle accélère son recul, abandonnant son artillerie et une partie de son train. Avec la IIIe armée roumaine, elle s'efforce de faire écran sur le Bug inférieur pour couvrir Odessa, mais son potentiel s'est singulièrement affaibli. Les deux armées ne comptent plus que 21 divisions sur 34.

Après le Dniestr, Koniev a, sur ordre de la Stavka, ripé sur sa gauche en direction de Jassy et Kishinev. L'intention est d'interdire aux Allemands de s'installer sur le fleuve pour protéger la Bessarabie. Cette perspective les contraint à dégarnir les défenses devant Odessa. La pression contre la ville devient irrésistible. Le 9 avril, ses faubourgs sont atteints. Le lendemain, le drapeau rouge flotte sur le « Marseille » de la mer Noire promue capitale de l'éphémère Transnistrie roumaine [1]. Allemands et Roumains se regroupent derrière le Dniestr inférieur où de bonnes positions défensives ont été aménagées.

Mi-avril. En trois mois, l'armée Rouge a encore fait un formidable bond en avant. L'Ukraine est totalement libérée, la Roumanie atteinte, le sud de la Pologne également. Le front a été reporté de 300 km à l'ouest, voire davantage. Depuis le Pripet, il descend vers la mer Noire par Kovel, Tarnopol, Kolomya, puis amorce un large S par le piémont des Carpates, Jassy et le cours inférieur du Dniestr.

Que va décider la Stavka ? Joukov est présentement immobilisé, mais s'il s'oriente nord-ouest, il atteint Lvov, Brest-Litovsk et la Vistule. Si Koniev traverse les Carpates, il pénètre en Transylvanie et regarde vers Budapest ; s'il pique plein sud, il s'avance vers Ploesti et Bucarest. VIe et VIIIe armées allemandes, IIIe armée roumaine seraient alors isolées.

A la hâte, la IVe armée roumaine est envoyée tenir les cols des Carpates et la région de Jassy, mais quelle est sa valeur ?

Heureusement pour les Allemands, des problèmes de ravitaillement se posent à l'armée Rouge. 400 à 500 km ont été parcourus en quelques semaines. Les ponts ont été sabotés, les voies de communication détruites ou endommagées. Le port d'Odessa, en ruine, ne peut encore être utilisé. La Stavka pres-

1. Région entre Bug et Dniestr promise à la Roumanie par les Allemands.

crit donc la défensive. Le front sud se stabilise. Il ne bougera qu'en Crimée.

Sur le fond, la Stavka se réserve. Elle a frappé au nord, à Leningrad, au sud, en Ukraine. Ses prochains coups, elle les portera au centre, en Biélorussie, secteur jusqu'alors délaissé.

La Crimée

Hitler s'était obstiné. Von Manstein et von Kleist s'étaient heurtés au traditionnel mur de refus. La Crimée ne serait pas abandonnée ! Pour ne pas influencer défavorablement Turcs, Roumains et Bulgares. Pour ne pas risquer de voir la péninsule se transformer en porte-avions capable d'attaquer les champs pétrolifères de Ploesti.

Hitler oubliait que les divisions immobilisées seraient les bienvenues en Ukraine, que les bombardiers américains, depuis les terrains italiens, s'en prenaient déjà à Ploesti.

Le général Jaenecke, commandant la XVIIe armée, occupe donc la Crimée avec 13 divisions, soit 180 000 hommes, moitié de roumains, moitié d'allemands [1]. Beaucoup ont été ramenés du Kouban, durant l'été 1943, après le repli du Caucase. A certains égards, cette XVIIe armée représente une menace contre le flanc soviétique qui opère sur le continent.

Depuis la fin du mois d'octobre 1943, elle est isolée. L'avance du quatrième Front d'Ukraine de Tolboukhine l'a coupée du continent et a interrompu ses communications terrestres. Kriegsmarine et Luftwaffe semblent y suppléer. Dönitz, qui a plaidé pour conserver cette position en mer Noire, s'est engagé. Il a promis de fournir 50 000 tonnes par mois à Jaenecke et d'évacuer son armée en quarante jours, si besoin.

Sur ces bases, alors que les combats faisaient rage au nord, l'automne et l'hiver se sont déroulés assez calmement. Odessa et Constanza ont alimenté Sébastopol et Eupatoria sans incidents majeurs. La flotte soviétique, par crainte des Stuka [2], n'ose pas sortir des ports du Caucase.

L'armée Rouge s'est efforcée seulement de prendre pied dans la péninsule. Contre-attaques et défenses de la XVIIe armée ont repoussé les tentatives localisées. Celles-ci n'ont réussi qu'à

---

1. 6 DI allemandes, 7 divisions roumaines, dépourvues de chars mais assez bien munies en canons d'assaut et antichars.

2. 120 à 160 Stuka sont basés en Crimée.

constituer de petites têtes de pont dans la presqu'île de Kertch et sur le Sivach [1], cette dernière obtenue à force d'audace et d'héroïsme. Des centaines de soldats, plongés jusqu'aux épaules dans une eau peu profonde mais glaciale et salée, ont lancé un pont de bateaux à travers le détroit. Un petit réduit s'est ainsi constitué sur la rive méridionale.

Jaenecke a profité du répit pour se fortifier. Une ligne « Gneisenau », en demi-cercle autour de Simféropol et de Sébastopol, port indispensable, a été édifiée. Le commandant de la XVIIe armée a surtout préparé l'évacuation. Avec ses 180 000 hommes, pour moitié non allemands, il ne se croit pas à même de résister à des attaques en force au nord et à l'est ainsi que sur une côte longue de 700 km.

*
* *

A la mi-mars, la chute de Nikopol laisse présager l'imminence de l'offensive. Les Soviétiques sont désormais maîtres du terrain au sud du Dniepr et même au-delà. On sait qu'Odessa tombera le 10 avril. La Stavka a maintenu le quatrième Front d'Ukraine en réserve pour s'occuper de la Crimée.

Les premières escarmouches qui débutent le 7 avril, visent à forcer la Wehrmacht à dévoiler ses batteries. L'offensive s'intensifie le lendemain. 18 divisions, 500 chars attaquent dans l'isthme de Perekop et sur la rive sud du Sivach. Les Roumains, qui reçoivent le choc des blindés, plient. Jaenecke, ses positions septentrionales enfoncées, décide d'appliquer le plan « Aigle » : repli sur la ligne « Gneisenau » dans la perspective d'une évacuation globale à partir de Sébastopol.

Ce plan touche d'abord les défenses orientales où Eremenko, le défenseur de Stalingrad, conduit l'attaque avec l'armée côtière autonome. Les mesures de décrochage sont mal appliquées. La discrétion fait défaut. Eremenko décèle l'opération et talonne son adversaire dont il a découvert le mouvement. La retraite se transforme en une course de vitesse où, comme toujours, des poignées de braves se dévouent pour contenir quelque temps l'ennemi. Les partisans qui surgissent des montagnes et des forêts perturbent encore plus les déplacements. Des

1. A l'est de l'isthme de Perekop, large de 7 km, le Sivach ou « Mer putride » forme un obstacle de lagunes et de marais salés peu franchissable même par des canots d'assaut, faute de profondeur.

ponts, des routes sont coupés. La majeure partie du matériel doit être abandonnée en chemin.

Invasion au nord, invasion à l'est. 470 000 assaillants contre moins de 180 000 défenseurs qui ne sont pas tous des combattants. L'ensemble du dispositif de la XVIIe armée est partout débordé. Le 13 avril, le quatrième Front d'Ukraine pénètre dans Simferopol. Kertch, Feodosia, Yalta passent aux mains d'Eremenko.

Dans l'esprit de chacun, à la XVIIe armée, il n'est plus qu'une issue : l'évacuation. Elle a déjà commencé par mer, le 12 avril, à raison de 7 000 hommes par jour. Les Roumains, peu combatifs, partent les premiers.

La XVIIe armée bénéficie encore de la présence de la Luftwaffe. L'aviation soviétique, maintenue à distance, n'interviendra pas sur mer. Aussi Jaenecke reste-t-il confiant. La ceinture fortifiée autour de Sébastopol contiendra les attaquants le temps nécessaire au réembarquement.

Brusquement, un message tombe : « Défendre Sébastopol. Aucune unité combattante ne sera évacuée. »

Hitler persiste et signe dans son acharnement à ne jamais abandonner un pouce de terre. Jaenecke, Schoerner, Zeitzler [1] s'efforcent vainement de le faire revenir sur sa décision. Il répète indéfiniment ses mêmes arguments : Turquie, Roumanie, Ploesti. Schoerner tente une démarche personnelle. Il se rend au Berghof et s'entend répliquer :

> « J'ai besoin de deux choses primordiales pour cette guerre : du pétrole roumain et du minerai de chrome turc. Si j'évacue la Crimée, je perds les deux. »

Il va perdre aussi sa XVIIe armée.

Les Roumains n'ont pratiquement plus de valeur militaire. Il s'empressent de lever les bras, pressés d'en finir avec cette guerre impopulaire. Les régiments allemands se retrouvent seuls. Jaenecke, pour avoir réclamé sa liberté d'action, est relevé.

Le 5 mai, à 9 h 30, l'ultime bataille commence. La supériorité des Soviétiques est écrasante. Canons lourds, katiouchas tonnent contre Sébastopol. Le long de la côte, Eremenko aligne 200 bouches à feu au kilomètre. A 18 heures, 5 000 Allemands sont tombés sous les salves.

1. Chef d'état-major de l'OKH.

On se bat à nouveau dans les sites historiques de 1854 : ravin des pionniers, cimetière anglais, hauteurs de Sapoun. Une brèche s'ouvre entre Inkermann et Balaklava. Le 8 mai, Schoerner rend compte : « Impossible défendre plus longtemps Sébastopol. »

Hitler, devant l'inévitable, accepte l'évacuation. Les derniers carrés de la XVIIe armée se regroupent sur la presqu'île de Chersonèse, à la pointe sud-ouest de la Crimée. Mais les Stuka s'envolent privés d'infrastructure. Il n'est plus d'appui aérien. Les terrains de Roumanie sont trop éloignés.

La Kriegsmarine prend les plus grands risques pour évacuer les défenseurs, mais le ciel est vide d'avions à svastika. Sur mer, aussi, la partie n'est plus égale. Deux transporteurs sont coulés faisant 8 000 victimes. Durant les trois derniers jours, 39 000 hommes parviendront cependant à embarquer. 31 700 arriveront à bon port. Les autres disparaîtront en mer. Dans la nuit du 9 au 10, des JU/52, se posant sur des pistes de fortune, enlèveront un millier de blessés.

La Chersonèse vit des heures sanglantes. Les Soviétiques, sûrs de l'emporter, multiplient leurs assauts, hurlant leurs « Hurra Pobieda ! » (« Hourra Victoire ! »). Les combattants allemands scrutent les flots pour y découvrir des navires. La tempête s'en mêle, anéantissant leurs espoirs. Les marins, par force 8, ne peuvent aborder les rivages. La fin des combats n'est plus qu'un massacre au pied des falaises. Les fantassins russes, déchaînés, vident leurs chargeurs sans épargner grand monde.

A l'aube du 12 mai, l'agonie de la XVIIe armée s'achève. Les Soviétiques annonceront avoir tué 50 000 Allemands ou Roumains, fait 60 000 prisonniers et envoyé 40 000 hommes au fond de la mer. Chiffres plausibles donnant environ 40 000 évacués, et correspondant à ceux de l'état-major allemand. Les vainqueurs ne manqueront pas de souligner la rapidité de leur succès, tout à l'honneur de la vaillance de leurs soldats. La Crimée enlevée en trente-cinq jours, Sébastopol en cinq. Von Manstein avait mis des mois pour conquérir la presqu'île et des semaines pour s'emparer de la forteresse.

Le rapprochement n'est pas faux. Il doit aussi faire entrer en ligne de compte la supériorité totale des uns, et les exigences de l'ancien caporal autrichien.

C'est une terre souvent ravagée que les Russes retrouvent. Sébastopol est en ruine. Son port est encombré de carcasses de navires. Un immense train a été précipité dans un ravin. Rares sont les immeubles debout. A Yalta, des palais ont été incendiés. Les crêtes, les vallées autour de Sapoun offrent un aspect lunaire sous les impacts de la canonnade. Il en est de même dans la Chersonèse. Dans la campagne, les Tatars se terrent et tremblent. Ils se sont mis au service des Allemands... [1]

L'intrusion soviétique sur le sol national conduit le gouvernement roumain, déjà fluctuant, à amorcer un changement de cap. Comme la Finlande, il s'enquiert des conditions d'un éventuel armistice. Le 12 avril, Moscou fait connaître ses exigences :
- rupture avec l'Allemagne et entrée en guerre aux côtés de l'armée Rouge ;
- frontières de 1940 restaurées ;
- réparations pour dommages de guerre ;
- rapatriement des prisonniers et internés soviétiques ;
- liberté de mouvement et de stationnement pour les forces alliées et soviétiques sur le territoire roumain.

Baume au cœur relatif pour les Roumains, Moscou se déclare favorable à un retour de la Transylvanie [2] à la Roumanie et annonce :

> « L'URSS n'a pas l'intention de s'emparer d'une quelconque partie du territoire roumain ou de modifier le régime social de la Roumanie [3]. L'entrée des troupes soviétiques en Roumanie est exclusivement motivée par des objectifs militaires et la résistance prolongée des troupes ennemies. »

Les Roumains ont peut-être là une porte de sortie. Antonescu, qui pourtant la recherchait, la refuse. Les préalables moscovites sur la Bessarabie et la Bukovine le retiennent. Mais il ne peut oublier que l'ennemi campe à sa porte. Ses compatriotes le savent. Ils ne tarderont pas à lui imputer son imprudent rapprochement avec Hitler.

---

1. 50 000 Tatars seront déportés en Sibérie sur ordre de Staline. La Crimée sera intégrée à la République socialiste soviétique d'Ukraine.

2. L'arbitrage de Vienne rendu le 30 août 1940 par l'Allemagne et l'Italie avait attribué la partie nord de la Transylvanie à la Hongrie.

3. Monarchie constitutionnelle du jeune roi Michel, mais avec dictature de fait du maréchal Antonescu.

Deux autres pays limitrophes sont également en droit de s'inquiéter, la Bulgarie et la Hongrie.

La Bulgarie n'est pas entrée en guerre contre l'URSS (elle ne l'a fait que contre les Anglo-Américains). Elle s'est contentée de complaisances actives – très actives – avec l'Axe. Elle a autorisé une présence allemande sur son sol. Elle a profité, sans vergogne, de l'invasion de la Grèce en 1941 pour accaparer la Macédoine, le port de Cavalla donnant accès à la mer Égée, les îles de Thasos et Samothrace [1]. Toutes ces compromissions risquent de se payer, un jour, au prix fort...

La Hongrie s'est encore plus brûlé les doigts dans l'espoir de recouvrer une partie de sa splendeur passée, après le démembrement du traité de Trianon (1er mars 1920) [2]. Le régent, l'amiral Horthy (« amiral sans flotte, régent sans reine ni roi », dixit Skorzeny), a mené une politique « révisionniste » en se rapprochant de l'Allemagne nazie et de l'Italie fasciste. Bien qu'il soit, personnellement, monarchiste et conservateur... Entraînée dans la guerre contre l'URSS, la Hongrie a vu quelque 120 000 de ses enfants mourir à Stalingrad. Depuis, Horthy ne croit plus à la victoire allemande. Il recherche un biais pour s'extraire du guêpier et a entamé des négociations avec les Alliés. Informé de ces tractations, Hitler fait occuper Budapest le 13 mars 1944. Horthy reste en fonctions, mais sa conviction est faite. Il prépare un armistice avec l'URSS.

Quant à la Turquie, riveraine de la mer Noire, elle s'est tenue soigneusement hors de la mêlée, donnant des gages tantôt d'un côté, tantôt de l'autre. Après Téhéran, Churchill l'a pressée de prendre, enfin, parti [3]. Méfiants, les Turcs attendent l'heure idéale – une heure qui ne sonnera que le 23 février 1945 !

---

1. Elle avait, également, en 1940, réussi à annexer la Dobroudja méridionale, au détriment de la Roumanie.

2. La « petite Hongrie » ne comptait plus que 8 millions d'habitants. 3 millions de Magyars étaient dispersés dans des pays étrangers.

3. Cf. ci-dessus, chap. 2.

Chapitre VII

HIVER DANS LES ABRUZZES

Le 27 septembre 1943, la VIIIe armée de Montgomery est entrée dans Foggia, le 1er octobre, la Ve armée de Clark dans Naples. Le 5 octobre, la libération de la Corse est achevée.

Tous comptes faits, à cette date, le bilan du groupe d'armées Alexander est plus que satisfaisant. Si l'alerte a été chaude devant Salerne, le dénouement a été heureux. L'invasion engagée le 3 septembre en Calabre a permis, en moins d'un mois, une avancée de 500 km. Toute la partie méridionale de l'Italie est occupée. De bons ports, Naples, Tarente, Brindisi, Bari, sont tombés aux mains des Alliés ainsi que d'excellentes bases aériennes comme Foggia.

Au vu de ces résultats, les responsables politiques et militaires sont optimistes. Churchill télégraphie à Alexander qu'ils se verront à Rome fin octobre. Roosevelt annonce à Staline l'entrée prochaine des troupes alliées dans la Ville éternelle. Le 1er octobre, Eisenhower exprime l'espoir d'être au nord de Rome dans un délai de 6 à 8 semaines. Trois jours plus tard, Alexander et lui s'y voient dans le mois. C'est aller vite en besogne et sous-estimer des donnes d'importance : le terrain et les intempéries, la résistance allemande, la prudence de Montgomery [1]…

1. Sujet délicat en Grande-Bretagne, où le vainqueur d'El Alamein a été longtemps un personnage intouchable.

Au nord de Naples, la « botte » italienne se rétrécit favorisant d'autant la défense. 130 km de large en moyenne. Le relief s'élève. Ses sommets dépassent 2 000 mètres. Des cours d'eau forment barrage : Volturno, Garigliano, Rapido, sur le versant de la mer Tyrrhénienne ; Biferno, Trigno, Sangro, sur celui de l'Adriatique. Dans ce terrain escarpé où les routes sont rares et médiocres, les conditions climatiques, à partir d'octobre, accentuent les difficultés de déplacement. Pluie, neige en altitude gonflent les rivières, rendent le sol fangeux ou boueux. Le ciel bouché entrave la navigation aérienne. Une armée motorisée, appuyée par l'aviation, comme celle des Anglo-Américains, ne peut exploiter ses propres atouts.

Hitler a finalement refusé d'abandonner l'Italie centrale [1], quitte à lutter seul. Les soldats de son partenaire de l'Axe ont été désarmés et renvoyés dans leurs foyers à l'exception des fidèles de Mussolini. Les troupes allemandes qui mènent la bataille sont déterminées et aguerries face à des adversaires qui ne le sont pas toujours. Si les vétérans de la VIIIe armée ont fait leurs preuves, Clark et les siens ont encore beaucoup à apprendre. La dualité, Rommel au nord, Kesselring au sud, préjudiciable à la bonne coordination, est sur le point de disparaître. Rommel prépare sa cantine pour la France. Kesselring, le 21 novembre, deviendra l'unique responsable, nommé commandant en chef du théâtre sud-ouest et du groupe d'armées C. On le savait un chef énergique. L'aviateur se montrera un fantassin avisé, exploitant au mieux les possibilités topographiques et maniant habilement la contre-attaque (bien assisté par Vietinghoff, le commandant de la Xe armée).

Et il y a Montgomery. Il possède de grosses qualités, mais il a horreur des risques. Il vit dans la hantise d'un échec qui ternirait sa renommée. Il a besoin d'avancer en rangs serrés et de sentir derrière lui le poids de son artillerie, prête à peser dans la bataille.

---

1. Kesselring l'a emporté sur Rommel. Le Renard du désert préconisait l'abandon de l'Italie méridionale et centrale. Il voulait s'installer dans les Apennins de Pise à Rimini, pour couvrir la plaine du Pô et les accès aux Alpes. Kesselring, au contraire, entendait mener un combat retardateur sur une série de défenses bien organisées. Hitler, initialement acquis aux conceptions de Rommel, lui a donné raison. La bataille de Salerne l'a convaincu qu'il était possible de résister et de porter des coups sévères à l'adversaire. Outre le retentissement qu'aurait la chute de Rome, il évite également d'abandonner aux bombardiers alliés les infrastructures aériennes des environs de la capitale.

Sa VIIIe armée, qui a ripé vers le nord, occupe le flanc droit du dispositif allié. (La Ve armée tient la portion gauche, des monts Matese à la mer.) Il est en force le long de l'Adriatique [1]. Si la Ve armée a été sérieusement éprouvée à Salerne, ses propres troupes n'ont rencontré qu'un adversaire menant un combat retardateur. La bande côtière, enfin, est relativement dégagée et perméable aux blindés (sous réserve des cours d'eau). Si Montgomery atteint Pescara, comme il en a reçu mission, il débouchera sur la « ligne de Rome », la route transversale Pescara-Avezzano-Rome. De Pescara, en piquant vers l'ouest, il débordera la capitale italienne par le nord [2].

Les 2 et 3 octobre, un coup de main heureux de l'un de ses divisionnaires lui donne Termoli. Les commandos (2e Special Service Brigade), débarqués par mer, occupent le port et la ville. Pescara n'est qu'à 70 km. Devant lui, le commandant de la VIIIe armée a relativement peu de monde (éléments des XVIe, XXVIe PD et 1re division parachutiste), mais il pense d'abord regroupement et ravitaillement ; ce dernier point l'inquiète particulièrement, car ses communications s'étirent depuis Tarente et Brindisi. Le 5 octobre, il écrit à Churchill pour lui indiquer qu'il s'arrête afin d'assurer sa logistique et qu'il envisage de repartir avant la fin du mois. Il n'y aura pas de débordement du dispositif Kesselring par le nord-est…

Montgomery plaidera, par la suite, les intempéries. Les ondées d'octobre, particulièrement violentes, le freinent incontestablement. Toutes les rivières et ruisseaux qui descendent vers l'Adriatique inondent leurs vallées. Montgomery peut aussi à bon droit invoquer la priorité accordée à Doolittle, qui installe sa 15e Force stratégique à Foggia. Le potentiel attribué aux bombardiers l'est évidemment au détriment de la VIIIe armée. Ceci ne saurait écarter l'intérêt des raids aériens massifs lancés depuis l'Italie méridionale contre l'Italie du nord, l'Allemagne du sud et de l'est, les pays balkaniques. (Les champs pétrolifères roumains sont les premiers visés. Leur production chutera de 200 000 tonnes mensuelles durant l'été 1943 à 40 000 en juin 1944.)

---

1. La VIIIe armée met en première ligne le Ve CA brit. (gal Allfrey) à 2 divisions et le XIIIe CA brit. (gal Leese) à 4 divisions. La Ve armée comprend le VIe CA US (gal Lucas) et le Xe CA brit. (gal McCreery), en secteur côtier.

2. L'examen de la carte est significatif. L'aile marchante de la VIIIe armée, sur l'Adriatique, se situe plein nord de Naples. Une poussée vers l'ouest l'amène à « coiffer » Rome.

Montgomery qui marque volontairement le pas, Clark qui panse obligatoirement ses plaies après Salerne. De surcroît, le mauvais temps qui surgit. Même si, d'Alger ou de Naples, Eisenhower et Alexander pressent l'action, Kesselring gagne du temps.

La Xe armée de Vietinghoff rassemble deux CB [1] formés de bonnes divisions, en particulier la 1re division parachutiste et la XXVIe PD [2]. Elle contient l'adversaire qui, de lui-même, s'est déjà imposé un temps mort. Kesselring en profite pour activer ses sapeurs. Il fait édifier une ligne de résistance, la « ligne Gustav », sur le Garigliano, le Rapido [3] et légèrement en retrait du Sangro. Face à Clark qu'il sait le plus agressif et le plus susceptible de menacer Rome, il la double par une « ligne Hiver » [4]. Puis, à l'arrière cette fois, le clairvoyant maréchal en prévoit une autre, la « ligne Hitler ». Regardant encore plus loin, il envisage une « ligne Gothique » (ou « verte ») dans les Apennins. Maîtres en travaux défensifs et dans l'art des mines et pièges, les Allemands, utilisant au mieux les obstacles naturels, cours d'eau, escarpements, points hauts, constituent ainsi un solide *limes* qui barre la péninsule.

Courant octobre, les Alliés, qui, malgré leurs reconnaissances aériennes, ignorent l'essentiel de ces retranchements, pensent toujours avoir partie facile.

Clark attaque le premier dans la nuit du 12 au 13 octobre. Le Volturno inférieur est atteint et franchi mais la progression demeure lente. La 15e PzGr D et la division « Hermann Goering » freinent l'avance. Le 20, les éléments les plus en pointe ne sont qu'à 20 km au nord de Capoue, soit à 50 de Cassino. Clark marque un temps d'arrêt avant d'affronter la « ligne Hiver » et le col de Mignano où passe la RN 6 qui mène à Cassino.

Le 31 octobre, la Ve armée reprend l'offensive. Elle grignote progressivement la « ligne Hiver » mais le VIe CA US bute sur les hauteurs du Pantano à l'extrême droite. Avec les intempéries, l'élan faiblit. L'eau et la boue remplissent les fonds de vallées. La neige recouvre les hauts. L'usure se fait aussi sentir.

1. XIVe CB (gal Hube) et LXXVIe CB (gal Herr).

2. Ainsi que les 29e et 90e PzGr D SS, toutes appelées à jouer les « pompiers » du front au sens littéral du terme.

3. A partir de son confluent avec le Cesa Martino, le Rapido porte le nom de Gari, puis, après sa jonction avec le Liri, affluent de sa rive droite, venu de l'ouest, celui de Garigliano.

4. Appelée par les Allemands « ligne Reinhard » (ou « Bernhard »).

Le Xe CA britannique, depuis Salerne, a perdu 40 % de son infanterie. Le 15 novembre, Clark prescrit de passer sur la défensive. La ligne Garigliano-Rapido n'a pas été atteinte.

*
* *

Durant le mois d'octobre, profitant de son temps d'arrêt, Montgomery a pu rassembler ses troupes sur le Bifermo, rivière qui rejoint l'Adriatique à hauteur de Termoli. A la fin du mois, il attaque par sa gauche, au pied des monts Matese, sa limite avec Clark, puis engage l'ensemble de son front. Comme partout, la pluie est au rendez-vous de la Toussaint. Habitués au soleil du désert, les briscards de la VIIIe armée peinent. Les chars, dans la plaine côtière, patinent. A la mi-novembre, les deux CA britanniques aperçoivent devant eux le Sangro, lui aussi en crue. A cause de la bataille qui se déroule au sud, devant Clark, les Allemands n'alignent sur l'autre rive que la 65e DI et la 1re division parachutiste. Mais, devant l'obstacle de la rivière et de la « ligne Gustav », Montgomery cale. Fidèle à ses principes, il exige pour continuer appui de feu et sécurité de ses approvisionnements. Sans s'en rendre compte, il laisse passer une opportunité. Face à une défense assez lâche, il pouvait gagner Pescara. La route de Rome s'ouvrait à lui. Avec elle, un autre sort pour la guerre dans le bassin méditerranéen…

Dans l'Adriatique, la Navy a les eaux libres. Elle offre ses feux. Conforté de ce côté, Montgomery se décide à faire effort le long du rivage. Le 20 novembre, la 78e DI jette une tête de pont au-delà du Sangro. Surmontant la boue des berges et la violence du courant, le Génie, en une semaine, lance un pont. Le 27, une centaine de chars passent sur l'autre rive. La VIIIe armée a l'avantage, alors que la chance lui sourit. Le beau temps revient quelque peu. La RAF est à même d'intervenir en force. La bataille relancée apporte le succès. La 65e DI, jeune unité inexpérimentée, est débordée. Elle laisse un millier de prisonniers. La brèche est ouverte. Mais Montgomery, toujours préoccupé par sa logistique, se contente de pousser des « éléments légers » vers le nord. Kesselring, rapidement, pare à la menace. La 90e PzGr D SS accourt devant Pescara, la 26e PD devant Orsogna ; le 3e régiment de parachutistes se retranche dans Ortona pour barrer la route du littoral et se prépare à un rude combat de rues en accumulant barricades et positions antichars.

En quelques jours, la défense se durcit devant les Britanniques. Orsogna ne peut être occupée. Ortona ne tombera que le 27 décembre, les paras abandonnant la ville par crainte d'encerclement. Pescara est encore à 20 km, distance difficile à franchir. La 90e PzGr D SS monte la garde. Après ces semaines de combats dans le froid et sous la pluie, Canadiens, Néo-Zélandais, Indiens sont épuisés. Montgomery arrête l'offensive. La lutte se fixe sur la diagonale Ortona-Orsogna et la « ligne Gustav » qui n'a été que légèrement entamée.

La VIIIe armée est stoppée sur les pentes au-delà du Sangro. Son chef s'irrite de se voir oublié dans les communiqués, faute d'enlever des cités au nom significatif. Que peuvent évoquer, à Londres ou Washington, Orsogna, Lanciano, ou Mozzogrogna ? Heureusement pour lui, sa future affectation le tirera de la boueuse ornière italienne. Le 31 décembre, il passe son commandement au général Leese pour aller prendre en Angleterre celui du XXIe GA et préparer le débarquement. Des moissons plus glorieuses peuvent y être espérées.

Clark manque peut-être un peu de métier, mais non d'esprit offensif. Il n'a pas renoncé. Après une quinzaine de jours de répit, il repart [1]. Dans la nuit du 2 au 3 décembre, 207 000 obus s'abattent sur le mont Camino qui verrouille, à l'ouest, le col de Mignano. Il s'agit de la plus forte concentration de feu depuis le début de la campagne d'Italie. Les G.I.'s commencent à travailler « à l'américaine », avec un déluge – ou une débauche – de feu. Ils y recourront souvent. Débouchant du sud, les 46e et 56e divisions britanniques se lancent à l'assaut des pentes du Camino que les Rangers et un régiment américain abordent par l'est. Le 6, après une rude mêlée, le verrou du Camino a sauté. Le XIe CA US, nouveau venu, intervient à son tour sur le versant nord, assisté par une brigade italienne [2].

Comme sur le Camino, la résistance allemande est farouche. Les pertes des assaillants sont lourdes. A la longue, ils gagnent du terrain, mais de manière inégale. Si, sur la gauche, près de la mer, le Xe CA britannique jouxte le Garigliano de part et d'autre de la via Appia, si, au centre, le col de Mignano est enlevé, sur la droite, par contre, la « ligne Hiver », à 20 km à l'ouest de Cassino, n'est qu'entamée. Pourtant Cassino reste le grand

1. Il a reçu le XIe CA US en renfort.

2. Badoglio commence à engager des unités aux côtés des Alliés contre son ancien partenaire. N'a-t-il pas déclaré la guerre à l'Allemagne ?

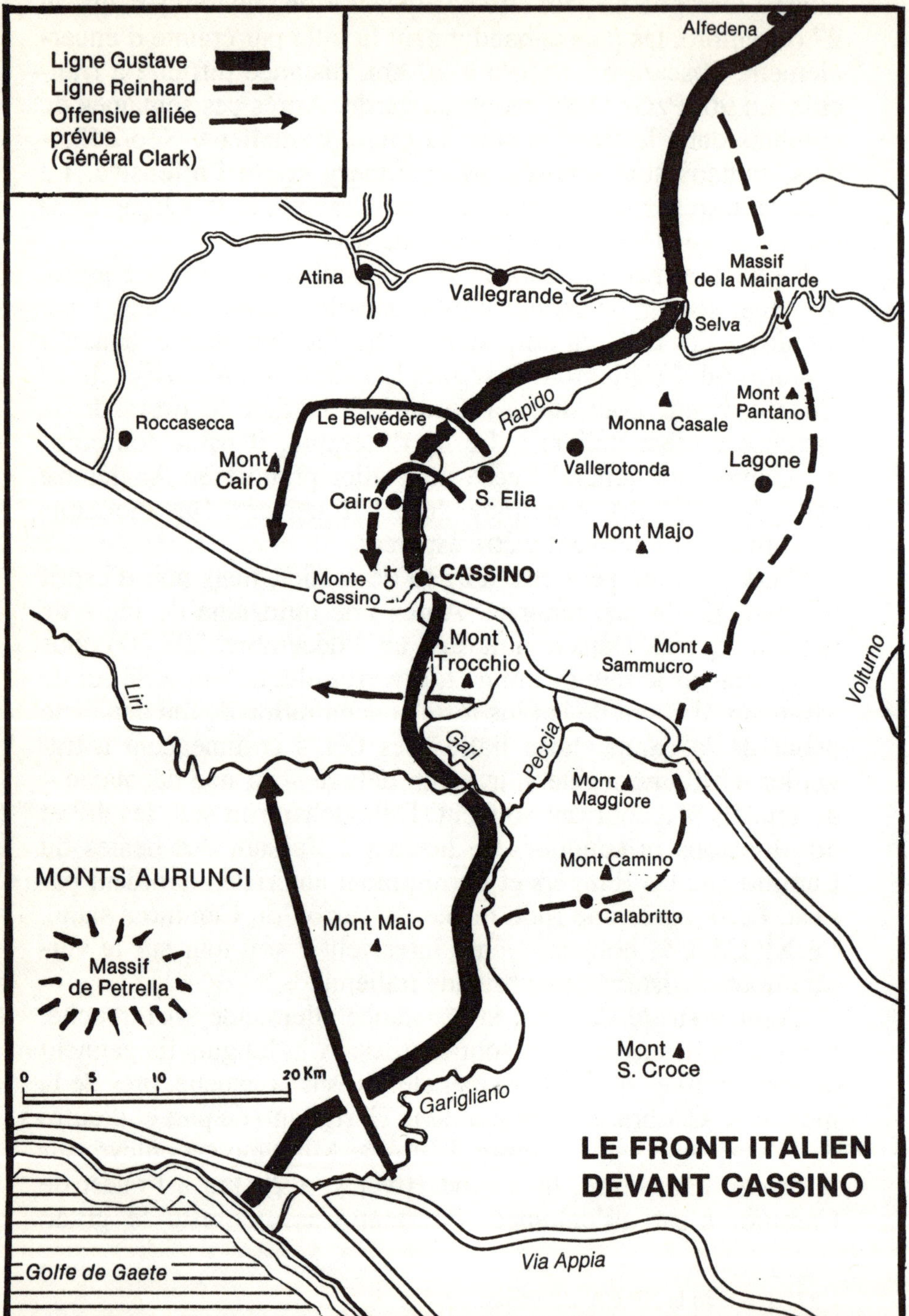

Ligne Gustave
Ligne Reinhard
Offensive alliée prévue (Général Clark)
Alfedena
Massif de la Mainarde
Atina
Vallegrande
Selva
Roccasecca
Le Belvédère
Rapido
Mont Pantano
Monna Casale
Mont Cairo
Vallerotonda
Lagone
Cairo
S. Elia
Mont Majo
Monte Cassino
CASSINO
Mont Trocchio
Mont Sammucro
Volturno
Liri
Gari
Peccia
Mont Maggiore
Mont Camino
MONTS AURUNCI
Calabritto
Mont Maio
Massif de Petrella
Mont S. Croce
0 5 10 20 Km
Garigliano
LE FRONT ITALIEN DEVANT CASSINO
Golfe de Gaete
Via Appia

objectif d'Alexander et Clark. C'est par Cassino et la vallée du Liri qu'ils comptent gagner Rome. Ce alors que les hommes de la Ve armée sont eux aussi à bout de forces comme ceux de Montgomery. Un autre élan est nécessaire.

***

Depuis la fin du mois de juin, le général Juin constitue et entraîne en Oranie son corps de bataille. Giraud [1] a obtenu des armes des Américains. A la population d'Afrique du Nord – européenne et indigène – de fournir les combattants. C'est un effort exceptionnel qui lui est réclamé. 176 500 Européens [2], 233 000 musulmans [3] sont mobilisés. Leur reviendra le redoutable honneur de mener en Italie le combat pour la France avant de se retrouver sur le sol de la mère patrie.

Le 19 novembre, les premiers éléments [4] de ce qui sera appelé le CEF (Corps expéditionnaire français) [5] commencent à embarquer à Bizerte et Oran à destination de Naples, Bagnols et

---

1. Giraud compte mettre sur pied 12 divisions. Par son ordre général du 18 novembre 1943, il prévoit quatre groupements :

1re armée (Juin), 3 DI, 1 brigade de spahis, 2 GTM ; 2e armée (de Lattre de Tassigny), 4 DI, 3 DB ; 1er CA (Martin), 1 DI, 2 GTM, des unités de choc ; 1 détachement d'armée à 1 DB (Leclerc). Le chiffre initial de 12 divisions sera ramené à 8 (y compris la 2e DB de Leclerc et la 1re DFL) pour respecter les normes américaines (2e DB et 1re DFL se regroupent l'une au Maroc, l'autre en Tunisie). Il faut y adjoindre la valeur d'une grande unité de goums marocains et des unités non endivisionnées (bataillons de choc, commandos, parachutistes, etc.), plus, évidemment, la marine et l'aviation.

Cherchell devient la pépinière des jeunes chefs de cette nouvelle armée. Sur 5 105 élèves aspirants qui y sont formés de décembre 1942 à mai 1945, 60 tomberont en Italie, 150 en France et en Allemagne (puis 250 en Indochine et en Afrique du Nord).

2. Soit 16,4 % de la population française totale d'AFN impliquant les classes de 1919 à 1945. Ces hommes sont renforcés par les cadres déjà présents en AFN et les évadés de France (environ 30 000, ils sont en majorité passés par l'Espagne).

3. En Algérie, 134 000 (engagés et appelés) ; en Tunisie, 26 000 (engagés et appelés) ; au Maroc, 73 000, tous engagés volontaires.

4. 65 000 hommes, 2 500 mulets, 12 000 véhicules (2e DIM : gal Dody, 3e DIA : gal de Monsabert)

5. Il aurait dû s'intituler 1re armée française si l'on avait suivi Giraud. Juin, bon psychologue, a préféré le sigle qui lui permettait de mieux s'intégrer à l'armée Clark à laquelle il se trouvait rattaché.

Possuoli. Le 25 novembre, le Dakota transportant Juin et son petit état-major [1] se pose sur l'aérodrome de Naples. Il pleut. Le ciel est gris. Le terrain délabré est envahi par l'eau et la boue. Personne n'est venu accueillir ce général français. Le temps s'est mis à l'unisson de la morosité générale et du peu de cas fait de l'armée française. Même après Bir Hakeim et la Tunisie, elle a encore tout à prouver vis-à-vis de ses alliés. Quant aux intentions de Clark, nouveau patron de Juin, sur les futurs arrivants, elles sont assez évasives. Troupes auxiliaires mises à la disposition des CA en place, peut-être ?

Les ennuis des uns arrangent souvent les affaires des autres. Le VIe CA US est accroché sur les pentes du Pantano (1 117 mètres), incapable de pénétrer dans la « ligne Hiver ». La 2e DIM est mise à sa disposition et se voit confier la mission d'enlever ce terrible Pantano. L'entreprise s'annonce redoutable. Le temps est exécrable, le terrain rébarbatif, la défense de la 305e DI allemande âpre. La 2e DIM tient entre ses mains la réputation de l'engagement des Français. Juin accepte le coup de dés.

En deux jours (15 et 16 décembre), les tirailleurs du 5e RTM enlèvent le Pantano. Succès conforté, quelques jours plus tard, par celui du 8e RTM sur les contreforts de la Mainarde, à la droite de la division. Mais le 5e RTM y a laissé 16 officiers, 46 sous-officiers, 235 tirailleurs tués ou blessés.

Les Américains, Clark le premier, sont ébahis. Juin prend un créneau national. Ses 2e DIM et 3e DIA (général de Monsabert) relèvent le VIe CA US qui part se refaire.

Le succès de la 2e DIM est local. Au 31 décembre, le front est partout stabilisé. D'Ortona, sur l'Adriatique, il descend sensiblement plein sud jusqu'au golfe de Gaète. Intempéries, résistance allemande ont eu raison des armées alliées et les ont laminées. Depuis Salerne, la Ve armée a eu 40 000 hommes hors de combat. Les dernières semaines n'ont connu qu'un grignotage. Rome reste à 120 km.

Churchill n'est pas content. Il l'écrit à ses chefs d'état-major (19 décembre) :

> « Il n'y a pas de doute que la stagnation des opérations sur tout le front d'Italie devient un scandale […] Le fait que l'on a totalement négligé de prévoir

---

1. Gal Carpentier, chef d'état-major, et gal Roosevelt (cousin du Président), chef de la mission américaine de liaison.

des actions amphibies sur la côte de l'Adriatique et que l'on n'en a exécuté aucune sur la côte occidentale est un véritable désastre.

« Aucun des bâtiments de débarquement de la Méditerranée n'a été employé (dans un assaut) depuis trois mois, ni en se rendant en Angleterre pour la préparation d'"Overlord", ni pour les îles de l'Égée, ni dans la bataille d'Italie. Il y a peu d'exemples, même dans cette guerre, que des éléments aussi importants aient été aussi complètement gaspillés. »

Opération amphibie. Churchill a montré le bout de l'oreille. Il reviendra à la charge le 23 décembre. A court terme, ce sera Anzio.

Au 1er janvier 1944, les têtes changent en Méditerranée : Eisenhower, Montgomery partent pour Londres. Wilson devient commandant en chef du théâtre méditerranéen. Alexander, Clark conservent leurs commandements. Leese remplace Montgomery.

Churchill l'a dit et répété. Il faut bouger ! Le Premier ministre ne tolère pas que son théâtre d'opérations préféré débouche sur une impasse. Rome doit être enlevée et conduire à l'exploitation qu'il lorgne depuis longtemps : Italie du nord, Vienne, Balkans. Il ne saurait se satisfaire de la seule immobilisation de divisions allemandes sur le sol italien, dût cette immobilisation diminuer d'autant les effectifs de la Wehrmacht en France.

*
* *

Kesselring, pour sa part, avec la bénédiction du « général Hiver », est maintenant bien installé sur la « ligne Gustav », tout en conservant encore des avancées de la « ligne Hiver ». Avec sa douzaine de divisions, il se sent capable de tenir, pour peu que la météo ne lui soit pas défavorable. La tempête de neige de la nuit de la Saint-Sylvestre arrête toute activité. Car Kesselring sait aussi que ses divisions ne sont pour la plupart que des demi-divisions. Ses régiments ressemblent à des bataillons et ses bataillons à des compagnies. Toujours le problème des effectifs, à l'ouest comme à l'est. Mais, dans la péninsule italienne, le terrain se prête autrement mieux à la défensive avec des distances à garder beaucoup moins importantes. Et le respect de la vie humaine interdit d'ordinaire aux

Occidentaux de lancer les vagues d'assaut meurtrières ordonnées par les généraux et commissaires politiques soviétiques...

Alexander et Clark ont senti passer le souffle du boulet « churchillien ». Le premier est bien placé pour savoir ce que l'échec a coûté à ses glorieux prédécesseurs, Wavell, Auchinleck [1].

Dûment tancés, les deux généraux se hâtent de mettre sur pied un double plan comprenant :

- un débarquement de part et d'autre d'Anzio, à 60 km au sud de Rome, pour prendre à revers la « ligne Gustav » ;
- une attaque préalable axée sur Cassino et la vallée du Liri pour en forcer le passage, tout en attirant des réserves sur la « ligne Gustav ».

L'opération amphibie se présente sous les meilleurs auspices. Les plages sont signalées excellentes. « Overlord » étant encore éloignée, les LST sont toujours en Méditerranée [2]. La supériorité aérienne et navale des Alliés est totale. Anzio se situe à distance convenable de la Ve armée qui doit pouvoir rallier assez vite les unités débarquées. Quant à l'opportunité d'une telle manœuvre, elle semble évidente : menacer Rome, prendre les Allemands entre deux feux, disperser leurs réserves contraintes à se porter sur Cassino et Anzio.

Si le principe d'un débarquement à Anzio paraît ainsi, à première vue, judicieux, il en va autrement de l'opération terrestre. Le premier temps doit bousculer ce qui reste de la « ligne Hiver » et porter la Ve armée sur le Rapido et le Garigliano ; le second, par Cassino, ouvrir la vallée du Liri aux blindés. Cette trouée, avec la RN 6 (via Casilina), s'annonce effectivement comme l'axe de pénétration le plus direct sur Rome. Encore faut-il en forcer l'entrée et faire sauter les verrous : hauteurs du mont Cassin (519 m) au nord [3] et du mont Majo (940 m) au sud.

---

1. Voir *La Grande Histoire de la Seconde Guerre mondiale, Décembre 1941-Novembre 1942*, chap. 18.

2. Churchill se dépense personnellement pour obtenir le tonnage nécessaire et entraîner les adhésions sur le projet Anzio. Il rencontre Eisenhower et les principaux généraux britanniques. Il écrit à Roosevelt, qui donne son accord sous réserve de ne pas aliéner « Overlord ». Le Premier ministre est le grand inspirateur et le principal responsable d'Anzio.

3. Il convient de bien distinguer :
– Cassino, petite ville d'environ 12 000 habitants, sur le Gari, au débouché de la vallée du Liri ;
– le monte Cassino (mont Cassin), hauteur 519 m, dominant Cassino à l'ouest ;
– l'abbaye de Monte Cassino, implantée sur l'oppidum du mont Cassin.

Ceci après avoir, au préalable, traversé les eaux tumultueuses du Rapido et du Garigliano. D'emblée, Juin a relevé les difficultés : enfoncer les barrages, prendre Cassino, les monts Cassin et Majo, s'engager dans un couloir obstrué par les champs de mines et soumis à des tirs de flanc. Il préférerait de loin une manœuvre de débordement pour contourner et neutraliser les obstacles. Mais ce sont Alexander et Clark qui commandent.

Dans cette future bataille, regardée comme décisive pour la prise de Rome, la VIIIe armée reste au second plan. La Ve armée assure l'effort principal. Son VIe CA, relevé par le CEF, débarquera à Anzio ; son Xe CA attaquera le long de la mer Tyrrhénienne ; son IIe CA sur Cassino et la vallée du Liri. Quant au CEF, avec ses deux divisions en place (2e DIM et 3e DIA), il flanquera la manœuvre au nord, conservant la liaison avec la VIIIe armée.

Clark engage le fer le 8 janvier avec le IIe CA, le 12 avec le CEF. Les Français se montrent les plus rapides. Le 15, ils bordent le Rapido, après avoir enlevé l'impressionnant Monna Casale. Les Américains progressent moins vite. Ils ne dominent le mont Trocchio, au sud-ouest de Cassino, que le 15 pour atteindre la rivière le 17. Ces résultats ne sont pas négligeables : la « ligne Hiver » n'est plus.

A gauche, sur le Garigliano, le Xe CA britannique remporte un succès mitigé. Sa 46e division est refoulée immédiatement en aval du confluent du Liri et du Garigliano, mais, plus au sud, s'établissent jusqu'à la mer de bonnes têtes de pont. L'une d'elles surtout intéresse Clark, celle qui doit permettre de poursuivre par la via Appia, en bordure de mer. La trace de la célèbre voie mène pratiquement à Anzio. En revanche, les réactions de la 94e PzGr D n'ont pas permis d'enlever le mont Majo.

Aux yeux de Clark aucune de ces attaques n'était l'essentiel. C'est par le Liri qu'il compte emporter la décision, décision qui lui donnera la possibilité d'aller donner la main à Anzio. Tout a été organisé en vue d'un rapide dénouement. Bombardement aérien, pilonnage de l'artillerie « adoucissent » les défenses entre Cassino et Liri. La 36e division, la division « Texas », se masse pour l'attaque au pied du mont Trocchio. Derrière elle, la 1re DB se tient prête à s'engouffrer dans la brèche ouverte et à exploiter vers le nord-ouest.

Le 20 janvier au soir, les fantassins américains franchissent le Gari de part et d'autre du petit village de Sant'Angelo. La traversée des eaux glacées est déjà un premier exploit, mais le plus dur attend sur la rive, avec le jour. Les observatoires allemands dominent la vallée. Les tirs de mortiers s'abattent sur les attaquants. Les champs de mines obstruent les passages. Les contre-attaques de la 15e PzGr D font le reste. Au terme des trois jours de lutte, la 36e division est rejetée sur sa base de départ. Les « boys du Texas » ont perdu 1 700 de leurs camarades, tués, blessés ou prisonniers. On parlera longtemps à Dallas de l'équipée malheureuse de Clark dans les fonds de la vallée du Liri [1]. L'intéressé plaidera avoir attiré là des réserves ennemies, soulageant d'autant Anzio.

Car la partie n'est pas encore terminée sur la « ligne Gustav » qu'une autre – comme prévu – s'engage à Anzio.

Le « pat » d'Anzio

Tout, au départ, se déroule correctement. Le 22 janvier au matin, la 1re division britannique et des commandos prennent terre sur les plages sablonneuses au nord d'Anzio, la 3e division US et le 504e régiment parachutiste sur celles au sud de Nettuno [2]. 84 LST les ont amenés à pied d'œuvre depuis Naples. Les Américains sont maîtres d'œuvre. Clark tient à entrer le premier dans Rome. Le général Lucas, commandant du VIe CA US, dirige l'opération, baptisée « Shingle » (« Galets »).

Ciel clair. Mer calme. Bonne protection aérienne et navale. Totale surprise allemande [3]. Les débarquements s'effectuent sans difficulté.

Anzio et Nettuno, désertées par leurs habitants, sont occupées [4]. La progression vers l'intérieur, dans la zone des marais Pontins drainés sous Mussolini, établit rapidement une large tête de pont trapézoïdale. La rivière Moletta, le canal Mussolini et celui de Pantano en marquent les limites, tout en procurant un fossé antichar d'envergure. D'Anzio, une route remonte vers Rome et, à hauteur des monts Albains, rejoint la via Appia arrivant de Gaète. Cette même via Appia par où devrait déboucher le Xe CA britannique. Devrait ! On se souvient qu'il est bloqué par la 94e PzGr D.

---

1. Qui, après la guerre, donnera lieu à une enquête de la commission militaire du Congrès.

2. Anzio et Nettuno, petites cités de 7 000 habitants à l'époque, sont distantes de quelques kilomètres.

3. Sur la foi des renseignements de Canaris qui, la veille, jugeait tout débarquement improbable.

4. Elles possèdent chacune un petit port. Il y a 37 tués, presque tous par mine.

Clark n'a pas oublié Salerne où la réaction allemande fut rapide et brutale. Le commandant de la Ve armée recommande à Lucas de se montrer prudent. « Ne sortez pas trop vite votre cou. Je l'ai fait à Salerne et j'ai eu des ennuis. »

Lucas n'y est que trop enclin. Ce général fatigué, malade, doutait déjà du succès. « L'affaire a une forte odeur de Gallipoli », écrivait-il dans son journal. Clark connaissait les réserves de son subordonné. Comme il ne désirait pas prendre de risques, Lucas lui était apparu le « right man » peu susceptible de se lancer dans des entreprises hasardeuses.

A défaut d'un départ de 100 mètres, Lucas met vite et bien ses troupes à terre, 60 000 hommes avec 15 jours de vivres et de munitions. Puis il s'enterre en prévision d'une contre-attaque aussi inévitable qu'à Salerne. Il se sent relativement à l'abri derrière les coupures de la Moletta et des canaux et sous les couverts des bois de Padiglione.

Pourtant, les 22 et 23 janvier, la route de Rome est libre. Dans la capitale italienne, plus d'un est même prêt à faire le coup de feu contre l'Allemand avec les Alliés. Avec un peu d'audace, les rêves de Churchill se réaliseraient. Par là même, l'arrière du front du Garigliano se déverrouillerait.

Ces réflexes de rapidité que Clark et Lucas rejettent, Kesselring les possède. Il avait gardé deux divisions en réserve près de Rome dans l'hypothèse d'un débarquement, mais il les a envoyées à Vietinghoff. Alors, il fait feu de tout bois. Tandis que les 22, 23, 24 janvier Lucas s'installe, il rameute le disponible. Lorsque, le 25, des patrouilles s'aventurent vers Carroceto, Aprilia et Cisterna, elles se heurtent aux embuscades d'éléments hétérogènes (4e division parachutiste, 65e DI, 362e DI, 3e PzGr D). La Luftwaffe ose des raids sur les abords des plages, coulant le destroyer *Janus,* le navire-hôpital *Saint David.*

Au bout d'une semaine, 70 000 hommes s'entassent dans le chaudron d'Anzio. Pourquoi ? Des unités de 8 divisions leur font face. La totalité de la tête de pont est sous le feu ennemi. Depuis les monts Albains, l'artillerie à longue portée canonne régulièrement. Sortant de son tunnel, l'« Anzio express » et ses batteries sur voie ferrée donnent tout aussi régulièrement de la voix. Clark est réduit à le constater. Faute d'agir, Anzio se transformera de plus en plus en cul-de-sac. Avec Alexander, il presse Lucas d'avancer et de s'emparer de Campoleone et Cisterna.

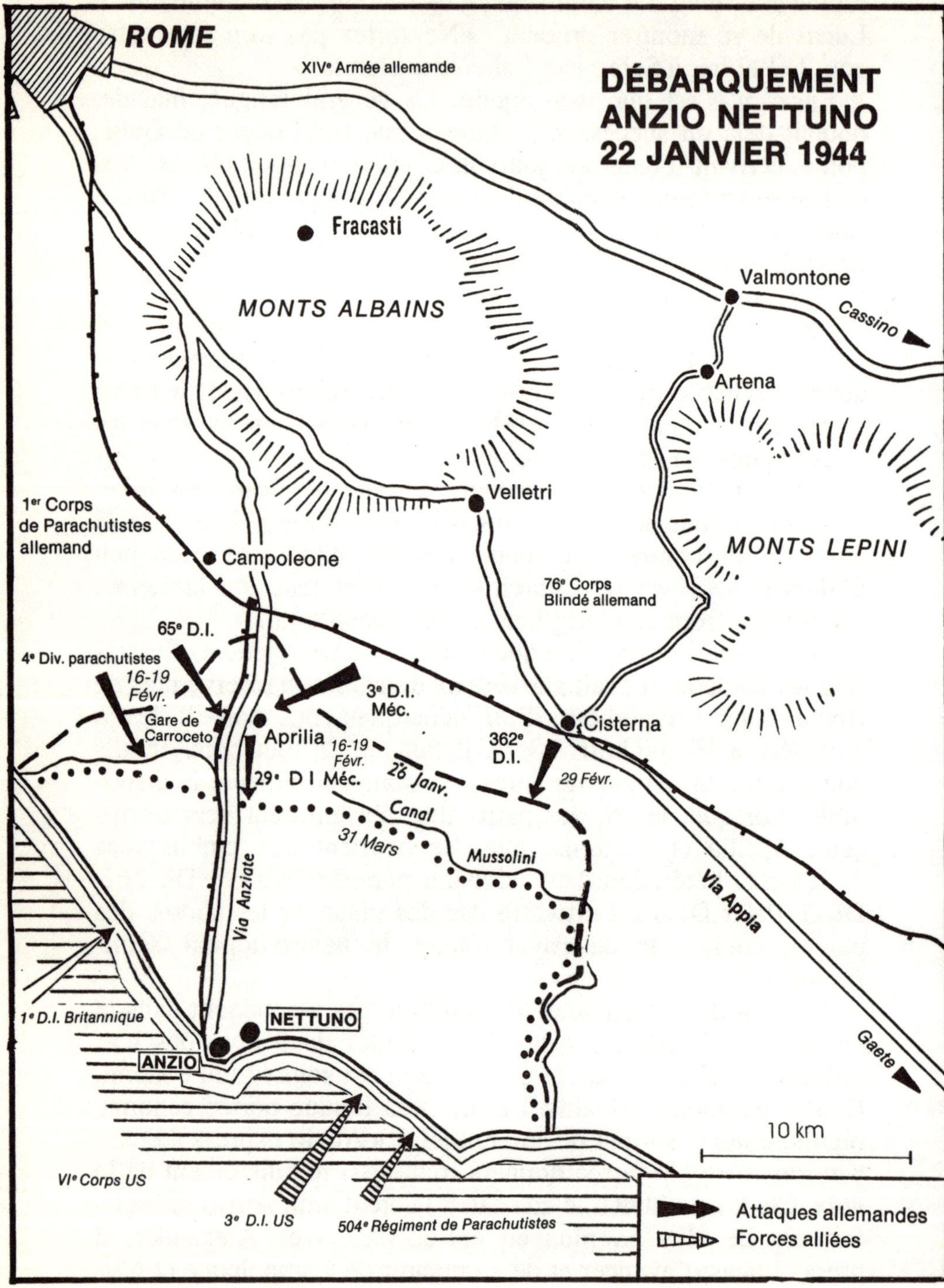

ROME
XIVe Armée allemande
DÉBARQUEMENT
ANZIO NETTUNO
22 JANVIER 1944
Fracasti
MONTS ALBAINS
Valmontone
Cassino
Artena
Velletri
1er Corps
de Parachutistes
allemand
MONTS LEPINI
Campoleone
76e Corps
Blindé allemand
65e D.I.
4e Div. parachutistes
16-19
Févr.
3e D.I.
Méc.
Gare de
Carroceto
Aprilia
16-19
Févr.
362e
D.I.
Cisterna
29e D I Méc.
26 Janv.
29 Févr.
Canal
31 Mars
Mussolini
Via Anziate
Via Appia
1e D.I. Britannique
NETTUNO
ANZIO
Gaete
10 km
VIe Corps US
3e D.I. US
504e Régiment de Parachutistes
Attaques allemandes
Forces alliées

Contraint et forcé, Lucas sort de sa coquille. Le 30 janvier, la sortie de la division américaine vers Cisterna tourne mal. Les Rangers sont pris au piège. Il n'en rentre que 6 sur 767. Le 2 février, au sud de Campoleone [1], les champs de mines et les antichars arrêtent les blindés.

Churchill, courroucé par ce qu'il constate, interroge les généraux. Pourquoi se contentent-ils de *presser* leurs subordonnés d'attaquer au lieu de leur *ordonner* de le faire ? Inquisiteur, il s'étonne du nombre de véhicules accumulés dès le quatorzième jour : 18 000 pour 70 000 hommes, soit un véhicule pour moins de 4 personnes.

Toujours imagé, il écrira : « J'avais escompté que nous lancerions à terre un chat sauvage, nous n'avons fait qu'y échouer une baleine. »

Lucas paie la déconvenue. Il est remplacé par Truscott, l'un de ses divisionnaires.

Hitler n'est pas moins intéressé que Churchill par ce qui se déroule à Anzio. Il pressent la possibilité de rejeter les Anglo-Américains à la mer. Quel succès psychologique ce serait pour lui ! Quelle possibilité de retarder le débarquement en Europe en contraignant l'adversaire à repenser ses méthodes ! Quel gain de temps dès lors pour la réalisation de ses armes secrètes ! Aussi envoie-t-il des troupes de France, d'Allemagne, de Yougoslavie. Aussi expédie-t-il de l'artillerie lourde et 200 chars (dont quelques Tigre).

La bataille d'Anzio change de visage. Le VIe CA US n'est plus là pour engager une opération offensive et couper les communications de la « ligne Gustav ». Il défend un camp retranché. Mackensen, qui commande la XIVe armée, le lui fait bien voir.

Le 7, il attaque à Aprilia et Carroceto, s'empare des deux localités après de sanglants combats. Les panneaux de signalisation indiquent : Anzio, 15 km. Grâce à ses renforts, il prépare une nouvelle offensive – entre Aprilia et Cisterna, cette fois. Son plan a reçu l'aval de Kesselring mais Hitler, de loin, brouille les cartes en faisant resserrer le front d'assaut et placer en tête une unité inexpérimentée, ce qui facilite l'intervention de l'aviation et de l'artillerie alliées. Certes, le VIe CA US est définitivement ramené derrière la ligne des canaux, mais les pertes étant trop lourdes, Kesselring stoppe l'action.

---

1. A mi-chemin entre Rome et Anzio. Cisterna se situe légèrement au nord-est de la poche d'Anzio.

Le 29, les Allemands repartent, comptant sur la pluie qui tombe à seaux, mais la météo s'améliore, et la supériorité aéronavale de leur adversaire peut jouer. L'affaire en reste là. Anzio tourne à la guerre de tranchées [1]. C'est un abcès pour chaque camp, mais qui pèse assurément sur la bataille qui continue et s'intensifie aux abords de Cassino.

Bataille pour Cassino et Monte Cassino

Le débarquement d'Anzio, avec ses désillusions, a accaparé l'attention, mais sur la « ligne Gustav » les combats ne faiblissent pas. Au contraire. Alexander et Clark ont besoin d'intensifier la lutte pour soulager le VIe CA et, si possible même, obtenir la décision. Paradoxalement, ni l'un ni l'autre ne renonce à forcer la vallée du Liri.

À peine le malheureux assaut de la division « Texas » terminé, Clark ordonne de reprendre l'action, toujours en vue d'ouvrir la vallée du Liri, mais cette fois par ses versants nord. La 34e division (IIe CA US) reçoit mission d'enlever Cassino et les hauteurs à l'ouest et au nord-ouest de Cassino pour terminer sur le mont Cassin. Sur son flanc droit, le CEF doit marcher sur le massif du Belvédère [2] et le petit hameau de Terelle à son pied. À ce débordement, « à portée de fusil », Juin aurait préféré une manœuvre d'armée plus large, et il orientait déjà son dispositif sur Attena [3]. Mais, discipliné et solidaire de ses alliés, il marchera sur le Belvédère et ses 921 mètres.

L'ensemble du secteur est défendu par la 44e DI, renforcée par des parachutistes du 3e régiment [4].

Les Américains, partis le 25 janvier, sont stoppés devant Cassino mais parviennent à franchir le Rapido et à s'emparer du

1. À cette occasion apparaît une arme curieuse : le Goliath allemand. Ce petit char (hauteur : 0,6 m ; charge 100 kg ; vitesse moyenne : 10 km/h), télécommandé au moyen d'un fil d'environ 600 m, est destiné à pénétrer les lignes ennemies et à exploser au point désiré. Mais sa faible vitesse le rend éminemment repérable, donc vulnérable aux armes de petit calibre. Son utilisation se révélera décevante.

2. Le massif du Belvédère, 10 km au nord de Cassino, est un ensemble de sommets et de points cotés 771, 915, 875, 862, 681, 721, qui forme un croissant ouvert au sud. 915, 875 constituent le Casale Abate, 862, 681, 721, le Casale Belvédère, « le Belvédère » proprement dit.

3. 20 km au nord-nord-ouest de Cassino.

4. Des éléments de plusieurs grandes unités allemandes seront par la suite lancés dans la bataille.

village de Cairo. De là, ils s'efforcent de peser plein sud, sur Monte Cassino. Les régiments, les bataillons des deux adversaires s'usent dans cette bataille. Un élément du 135e RI US s'approche des pentes du mont Cassin mais la défense tient ferme. Les parachutistes, envoyés à la rescousse aux endroits les plus menacés, repoussent tous les assauts. La 34e division est finalement bloquée sur une ligne est-ouest (entrée nord de Cassino – flancs du mont Cassin, – mont du Calvaire, 593 mètres).

Durant ce temps, une autre lutte non moins farouche se déroule au nord chez les Français. La 3e DIA a démarré dans la nuit du 24 au 25, contre le Belvédère. 3e DIA, la division des trois croissants [1], celle des enfants du pays numide et qui se veut l'héritière de la légendaire IIIe Augusta qui gardait l'Aurès et les Nementchas. À sa tête, un général de 56 ans, pas très haut sous la toise, cheveux blancs, mais visage poupin et âme de feu. Joseph Goislard de Monsabert, « Monsabre » pour ses soldats. Foi d'un croisé, courage d'un centurion. Derrière lui, un solide passé de baroudeur en Europe et en Afrique, avant la révolte du 8 novembre 1942, la création du Corps franc d'Afrique et maintenant la 3e DIA [2].

Des fonds du Rapido, près du village de Sant'Elia, la base de départ, se dressent 800 mètres de dénivellation à gravir. Le 4e RTT ouvre la marche. Falaises, escarpements, champs de mines, barbelés, tranchées, casemates ennemies avec nids de mitrailleuses, rien ne lui est épargné. Pratiquement dans son dos, des hauteurs du Cifalco (947 mètres), les observateurs allemands peuvent régler leur tir. Pourtant les tirailleurs, entraînés par leurs gradés, européens et tunisiens, passent. Ils s'infiltrent par le « ravin Gandoet » [3], réduisent à la grenade les défenses, montent mètre par mètre, de rocher en rocher. Laissant derrière lui une traînée de sang – l'héroïsme existe dans les deux camps – le 4e RTT finit par coiffer le Belvédère. Pendant une longue semaine, les deux adversaires se disputeront ensuite les som-

---

1. À cause de ses trois régiments d'infanterie : 3e RTA, 7e RTA, 4e RTT.

2. Le général de Monsabert sera, avec les généraux Béthouart et Mast, l'un des rares officiers généraux de l'Armée d'Afrique de Vichy faits Compagnons de la Libération. L'homme, par ses qualités morales, inspire le respect. Le chef, par son métier et son rayonnement, galvanise les énergies. (Une promotion de Saint-Cyr, 1985-1988, porte son nom.)

3. Du nom du commandant Gandoet, commandant le 3e bataillon (d'autres ravinements seront également utiles pour escalader la paroi du Belvédère).

mets, les enlevant, les perdant, les reprenant. Le 4e RTT sort vainqueur de l'épreuve, mais à quel prix ! Il a 264 tués, 400 disparus, 800 blessés et a perdu son colonel. Les deux tiers des effectifs engagés sont hors de combat. Le 7e RTA qui vient le relever découvre un régiment exsangue.

Le CEF, au Belvédère, a créé un saillant dans la « ligne Gustav ». S'il se prolonge sur Attena, le dispositif adverse est susceptible d'être enveloppé. Juin n'a pas de réserves. Ses deux divisions sont engagées [1]. Clark n'a pas davantage de disponibilités. D'ailleurs, souhaite-t-il forcer par Attena ? Douteux. La conquête du Belvédère n'est pas exploitée. Succès inutile ? Au plan tactique immédiat, oui [2]. Pour le renouveau de la patrie, non. « Nous, soldats, nous savons que nous devons par notre sang payer les erreurs de notre pays », écrivait Psichari.

Le maréchal Juin écrira dans ses *Mémoires* :

> « Je ne sache pas qu'il y ait dans les annales de l'armée française, au cours de toute son histoire, de fait d'armes plus éclatant, ni plus sillonné d'éclairs d'héroïsme que celui accompli par le 4e Tunisien au Belvédère [...] Il est déjà passé dans la légende comme un autre Sidi-Brahim s'achevant en victoire. »

Oui, Sidi-Brahim, Camerone, ou Bazeilles victorieux, où Français de souche et Tunisiens de sang luttent et tombent étroitement unis au nom de la France.

Le lieutenant El Hadi, mortellement blessé, s'affaisse en murmurant « Vive la France ! ». Le capitaine Tixier, lui aussi mortellement atteint, arrache ses galons pour ne pas risquer d'être secouru avant ses hommes. Le tirailleur Gacem ben Mohammed, les deux cuisses arrachées, tend son paquet de pansements au commandant Gandoet : « Tiens, prends ça, ma commandant ! Tu es blessé. Toi, il faut pas que tu meures ! Moi, ça fait rien... »

---

1. La 2e DIM, sur un front très étendu, est aux prises avec la IIIe PD sur le Santa Croce, au nord du Cifalco. La 3e DIA travaille pour le Belvédère.
« Toute la vie de la 3e DIA s'est concentrée sur ce pic désolé qui fume comme un volcan. » (Général Chambe.)

2. Encore que ! Sur 44 bataillons allemands opposés à la Ve armée, 17 l'étaient contre le CEF.

Les exemples pourraient se multiplier. Du sergent ben Abdelkader qui, son officier tué, entraîne ses tirailleurs à l'assaut, au lieutenant Florentin tirant ses obus de mortier de 81 à la verticale pour se dégager. Du caporal Robert rampant sous le feu avec deux camarades pour jeter ses grenades dans un blockhaus, au commandant Gandoet, payant d'exemple, baïonnette au canon, pour lancer une contre-attaque. Et comment ne pas signaler la fidélité patriotique de ce jeune Alsacien, « malgré nous », tirant de la doublure de sa capote un drapeau tricolore soigneusement dissimulé et se précipitant en le brandissant fièrement vers la ligne française pour rejoindre dans la lutte ses véritables compatriotes ?

*
* *

Le front s'est immobilisé, ce qui ne signifie pas accalmie. Duels d'artillerie, engagements de patrouilles se poursuivent tout en permettant, un peu, à chacun de se refaire. Les offensives des Xe, XIe CA et du CEF ont coûté cher des deux côtés.

Alexander et Clark, malgré les échecs, ne renoncent pas. Au-dessus d'eux, une autorité politique les talonne. Ils doivent prendre Rome ! Mais comment ? Anzio connaît l'impasse. La « ligne Gustav », sauf au Belvédère, ne cède pas.

Curieusement, les deux généraux s'obstinent pour ouvrir la vallée du Liri et, par conséquent, prendre Cassino et le mont Cassin. La petite ville, maintenant plus qu'en ruine, et le mont dominé par la célèbre abbaye, intacte quant à elle, accaparent leurs pensées. Ils sont persuadés qu'ils sont la porte de Rome. Ils n'envisagent ni ne voient de solution ailleurs. Alors, on va se battre et mourir pour Cassino et le mont Cassin, quitte à détruire l'abbaye.

Le célèbre monastère, fondé par saint Benoît au VIe siècle, est devenu, au fil des générations de moines, un temple de la pensée chrétienne et un reliquaire de trésors inestimables : objets d'art et cultuels, imprimés, manuscrits, parchemins, tableaux, sculptures, etc. [1]

En octobre 1943, le père abbé Gregorio Diamare et ses religieux occupaient toujours leur couvent. La bataille n'était pas

1. La bibliothèque renferme plus de 100 000 imprimés et 10 000 manuscrits.

très loin, mais ils se refusaient à croire que les hommes oseraient s'en prendre à leur lieu saint. Les Allemands respectaient le site. Ils avaient interdit à leurs soldats d'y pénétrer.

Peu à peu, la canonnade s'est rapprochée. Le colonel autrichien Schlegel a réussi à convaincre le père Diamare du danger et a fait évacuer sur le Vatican tout ce qui était transportable. Miraculeusement, les précieux chargements ont gagné Rome sans dommage. L'aviation alliée a ignoré ces camions isolés qui éloignaient des richesses, des moines et nombre de malheureux réfugiés dans le monastère. Le colonel Schlegel, par son initiative personnelle [1], a sauvé les biens les plus précieux, mais il ne pourra sauver l'abbaye elle-même.

Le 11 février, le XIe CA US, marqué par ses combats de janvier, est relevé. Le corps néo-zélandais [2] du général Freyberg le remplace sur ses positions entre Français ancrés sur le Belvédère et Britanniques rivés au Garigliano. Il trouve devant lui une troupe d'élite, la 1re division parachutiste venue assurer la défense du mont Cassin et de ses approches.

Freyberg est un rude soldat à la solide carcasse lardée de cicatrices. Vétéran de la Première Guerre mondiale et des campagnes d'AFN, il a la réputation justifiée d'un « battant »... Il est là pour l'emporter, quitte à faire ce qu'il faut pour cela. À noter que ce général aussi courageux [3] qu'impulsif entretient les meilleures relations avec Churchill.

En prenant possession de son nouveau secteur, Freyberg a reçu pour mission d'enlever le mont Cassin et de réaliser une tête de pont au sud de Cassino. Pour lui, aucun doute ! Les Allemands occupent l'abbaye et rendent ainsi la conquête du mont impossible. Il en tire une conclusion formelle : un bombardement préalable du monastère est indispensable à l'assaut mené « dans la foulée ».

Qui a donné l'ordre formel ou toléré ce bombardement réclamé par Freyberg : Clark ? Alexander ? Wilson ? Clark, bien que réticent, en a admis le principe. Alexander et Wilson

---

1. Non sans l'approbation ultérieure de son supérieur, le général Conrath, qui fit ouvrir une enquête lorsque la propagande alliée prétendit que les Allemands pillaient l'abbaye.

2. 4e division indienne, 2e division néo-zélandaise, considérées en Afrique comme les meilleures de la VIIIe armée. Ce corps était tenu en réserve pour une exploitation par la vallée du Liri.

3. Il est titulaire de la Victoria Cross.

de même. Depuis longtemps, les Américains ont fait savoir qu'à leurs yeux les vies humaines priment. L'impétueux Freyberg ne s'est pas gêné pour menacer :

> « Si quelque supérieur haut placé hésitait à donner l'ordre du bombardement, il lui faudrait s'attendre à endosser l'entière responsabilité d'un nouvel échec éventuel de l'attaque du mont Cassin. »

Vu les rapports du Néo-Zélandais avec Churchill, ces propos avaient porté. Freyberg est l'instigateur principal de la destruction de l'un des plus prestigieux sanctuaires de l'humanité chrétienne, mais au-dessus de lui sa hiérarchie a entériné [1].

Le 15 février, 142 B/17, 47 B/25, 40 B/26 se succèdent au-dessus de Monte Cassino. 453 tonnes de bombes explosives et incendiaires s'abattent sur l'abbaye, écrasant sa basilique et ses bâtiments intérieurs. Seules sa façade et sa porte monumentale résistent et restent debout. Des tracts en italien avaient prévenu les moines, mais tous n'étaient pas partis non plus que de nombreux réfugiés. Ceux-ci sont les principales victimes, environ 250 morts [2].

Aucun Allemand ne se trouvait dans l'édifice. Les plus proches étaient sur les pentes, à 400 mètres au moins. Mais dorénavant ils n'ont plus aucun motif pour ne pas pénétrer dans les décombres et s'y retrancher.

L'action des troupes au sol a été mal coordonnée avec celle de l'aviation. La 4e division indienne avait, par sécurité, évacué certains de ses emplacements avancés. Elle les retrouve aux mains de l'ennemi. L'expérience a aussi démontré que des ruines forment d'excellentes positions défensives. Bref, beaucoup d'éléments se conjuguent pour conduire à un échec allié. Les assauts menés les 17 et 18 par les Néo-Zélandais n'aboutissent pas. Le 18, un bataillon qui avait traversé le Rapido est rejeté au-delà de la rive. Alexander se résigne à tout stopper.

Un mois, bien mouillé, s'écoule. Les fonds de vallées se sont

---

1. Le bombardement sera mené, en partie, par la XVe armée aérienne stratégique, actionnée directement de Londres. Car la politique s'en mêle. Pas question de contrarier un général du Commonwealth. On a besoin de ses troupes.

2. Le tombeau de saint Benoît échappera aux ravages du bombardement. Après la guerre, l'abbaye sera intégralement reconstruite. Elle a, aujourd'hui, retrouvé son aspect d'antan.

transformés en marécages. Les patrouilles continuent de se chercher dans le no man's land, les obus de chuinter au-dessus des têtes, les avant-postes de tirailler contre les audacieux. Pourtant la mission, celle du corps néo-zélandais surtout, n'a pas changé : attaquer pour prendre Cassino et Monte Cassino. Mais, météo et préparation d'artillerie allongent les délais. L'état-major de la Ve armée rassemble 600 000 obus...

Le 15 mars, à partir de 8 heures, 775 avions, bombardiers lourds et moyens, chasseurs bombardiers, chasseurs, se présentent par vagues. Toutes les positions allemandes repérées devant les Néo-Zélandais sont bombardées et mitraillées. À 12 h 30, 745 canons prennent le relais jusqu'à 15 h 30 [1]. En certains endroits, les Allemands ont 50 % de pertes, à d'autres, ils ont eu le temps de se terrer.

Ce sont tous ces survivants qui cueillent les Néo-Zélandais partis à l'attaque à la fin des pilonnages. Après un tel déluge de feu, les assaillants escomptaient presque progresser l'arme à la bretelle. Les parachutistes sortis des caves et de leurs abris ajustent à coup sûr les silhouettes qui se profilent. Dans les rues de Cassino, les amas de décombres ou les roquettes de Panzerfaust [2], tirées d'une main qui ne tremble pas, bloquent les chars. Les fantassins progressent quelque peu, mais le centre-ville leur échappe. Sur le mont Cassin, devant la division indienne, la situation paraît meilleure. Les Gurkhas s'emparent de la cote 435, la « colline du pendu », et parviennent jusqu'à 400 mètres des arrières du monastère.

La bataille se poursuit, véritable Stalingrad italien, lutte d'homme à homme au pistolet mitrailleur et à la grenade. Les paras allemands, bien embusqués, sont de redoutables combattants. Dans leurs rangs, des anciens de Hollande, de Crète, de Sicile. L'issue demeure incertaine. Des brèches se créent côté allemand. Des Gurkhas, encerclés sur la cote 435, doivent être ravitaillés par air. La violence des combats est féroce. Rares sont les prisonniers. Chacun se bat sans merci.

Le 21, Alexander, inquiet, songe à suspendre l'offensive, mais Freyberg insiste. Il croit la percée encore possible et relance son corps d'armée. Mais il a trop présumé de ses forces. Le 22 mars au soir, Alexander fait arrêter la tuerie.

---

1. Sur l'abbaye, le tir se prolongera jusqu'au 16 au matin.

2. Arme antichar à charge creuse de combat rapproché, analogue au bazooka (littéralement, « poing antichar »).

L'hiver s'achève sur ces revers des Alliés. A Anzio comme sur la « ligne Gustav », tous leurs efforts pour percer en direction de Rome ont été vains. La propagande nazie exploite l'événement. Des affiches caricaturent l'escargot Alexander se traînant entre Naples et Rome, et butant sur Cassino. En un sens, elles correspondent bien à la réalité. Les Allemands, par leur résistance, font figure de vainqueurs.

L'opinion américaine s'émeut. Clark, insoucieux de ses propres carences, s'emporte contre les Anglais. Quant à Churchill, il bombarde Alexander de missives courroucées. Pourquoi s'obstiner sur les mâchoires de Cassino ? Le général lui réplique que la montagne barre partout la route et qu'un seul axe mène à Rome : le Liri.

Évidemment, le fiasco italien accentue les tensions entre Américains et Anglais concernant le futur débarquement. Les premiers exigent le maximum de moyens pour « Overlord » et « Anvil » (le débarquement dans le sud de la France que l'on commence à évoquer très sérieusement). Les seconds, non sans arrière-pensées, veulent en conserver le plus possible pour l'Italie. Le débat n'est pas clos.

Chapitre VIII

LA FURIA FRANCESE

Alors que se prépare le débarquement qui conduira à la victoire en Europe occidentale, le succès, enfin, commence à sourire aux Alliés en Italie. Grâce, n'en déplaise aux chroniqueurs alliés [1] singulièrement discrets sur ce sujet, à Juin et à ses soldats ! Ce, sans sous-estimer pour autant le courage de leurs compagnons américains, britanniques, canadiens ou polonais.

*
* *

L'hiver s'éloigne. Les pluies diminuent. Les pentes reverdissent. Le soleil sèche les fonds. Ciel plus dégagé pour l'aviation, sol plus ferme pour les blindés, routes et pistes plus accessibles. Ces améliorations permettent d'envisager la reprise de l'offensive sur la « ligne Gustav ».

Le commandement allié en a bien l'intention et il s'y prépare (les admonestations de Churchill y ont contribué !). L'opération « Strangle » (« Étranglement ») en constitue le prologue et vise à paralyser les communications adverses. L'aviation s'acharne sur les axes et les chemins de fer de l'Italie centrale. Les résultats,

1. Qu'ils se nomment Churchill, Liddell Hart ou autres...

toutefois, ne répondront pas aux espérances. Les Allemands circulent de nuit, utilisent la navigation côtière. Si leur ravitaillement immédiat ne se ressent pas de ces bombardements intensifs, ceux-ci ont, néanmoins, le mérite de contrarier le stockage de réserves.

Au surplus, le XVe GA d'Alexander se renforce. Le IIe CA polonais du général Anders est au complet à mi-mars [1]. La 4e DMM, les Tabors de Guillaume rejoignent le CEF, qui avec l'arrivée, en avril, de la 1re DFL [2], atteint 120 000 hommes [3].

Les Américains reçoivent en outre de nouvelles divisions. Un corps canadien rallie la VIIIe armée.

Alexander en profite pour modifier son dispositif et l'orienter résolument vers l'ouest, au détriment du secteur du Sangro. Toujours dans la perspective d'attaquer sur Cassino et la vallée du Liri ! La poche d'Anzio renferme maintenant 6 divisions [4]. Le reste de la VIe armée ripe sur sa gauche. Le IIe CA tient toujours le secteur côtier de la mer Tyrrhénienne avec sur sa droite le CEF qui relève les Britanniques du Xe CA sur le Garigliano. Le Garigliano ! Quel officier français ne s'enflamme à ce nom et n'évoque son illustre prédécesseur qui en défendit l'un des ponts [5] ? À partir du confluent du Liri s'étale la VIIIe armée : XIIIe CA jusqu'à Cassino, corps polonais sur le Rapido et en avant, Xe CA, nouvel affecté, et enfin Ve CA qui garde le front du Sangro. Le Ier CA canadien, quant à lui, se masse en réserve d'exploitation, à l'est de la vallée du Liri [6].

---

1. 3e division de chasseurs des Carpates et 5e division d'infanterie des Confins.

Le IIe CA polonais regroupe environ 50 000 hommes, en majorité anciens des camps soviétiques (voir *La Grande Histoire de la Seconde Guerre mondiale, Juin 1941-Décembre 1941*, chap. 4).

2. Officiellement dénommée désormais 1re DMI (division motorisée d'infanterie) mais qui reste fidèle à son vieux sigle de DFL et à son esprit très « Français libre ».

3. Le CEF, à « pleine puissance », comprend ainsi : la 2e DIM (Gal Dody), arrivée fin novembre 1943 ; la 3e DIA (Gal de Monsabert), arrivée fin décembre 1943 ; la 4e DMM (Gal Sevez), arrivée en février 1944 ; la 1re DFL (Gal Brosset), arrivée en avril 1944 ; plus les trois GTM (1re, 3e et 4e), soit 9 000 goumiers, et les unités de réserve générale, 7e et 8e RCA, 64e RAA, RACL, etc.

4. 90 000 hommes à la mi-mars, et ils seront encore renforcés.

5. En prenant le nom de Garigliano, une promotion de Saint-Cyr (1949-1951) associe la mémoire du preux chevalier de la Renaissance à celle des valeureux combattants du CEF.

6. Ce dispositif présente l'avantage d'apporter plus d'homogénéité. La Ve armée est essentiellement américaine (plus le CEF), la VIIIe armée britan-

Au total, 25 divisions alliées, renforcées de groupements de toute nature (par exemple, les Tabors de Guillaume), se disposent à engager l'offensive de printemps. Contre elles, Kesselring aligne 22 divisions en deux armées : XIVe de Mackensen enserrant Anzio et couvrant Rome, Xe de Vietinghoff, gardant la « ligne Gustav ». Apparemment, le rapport des forces est équilibré. Il n'en est rien. Les DI allemandes ne comptent que 6 bataillons contre 9. Les effectifs théoriques ne sont jamais atteints. La puissance de feu des Alliés est impressionnante, leur supériorité aérienne écrasante.

Avec la fin de la mauvaise saison qui a facilité sa défense, Kesselring s'inquiète et s'interroge. De nouveaux débarquements, type Anzio, ne risquent-ils pas de se produire dans la région de Rome ou plus au nord ? Une opération aéroportée soutiendra-t-elle l'attaque dans la vallée du Liri ? Quand et comment les troupes rassemblées autour d'Anzio interviendront-elles ? Où se situe le CEF ?

Car les Français sont devenus le danger premier des Allemands. « Ils se battent avec furie », « L'armée française est plus forte que jamais », reconnaissent-ils sans fard. Aussi Kesselring, qui connaît de surcroît l'aptitude des troupes nord-africaines à s'infiltrer partout et notamment en montagne, cherche-t-il à les localiser. Où sont passés les Français après leur relève dans le secteur du Belvédère ? [1]

Cette renommée si chèrement acquise des combattants du CEF et de leur chef va servir la cause commune. Elle permettra à Juin de faire adopter sa manœuvre, celle qui apportera la victoire.

Alexander, Clark et Leese [2] ne veulent pas en démordre : la clé du problème passe par la vallée du Liri. La future offensive s'y engouffrera après conquête des deux môles bien connus : mont Cassin au nord, mont Majo au sud, le premier à charge des Polonais, le second des Français.

---

nique (plus les Polonais). Apparaissent également des unités italiennes, le « Corpo italiano di Liberazione », qui, sous les ordres du général Utili, sont affectées au CA polonais après avoir travaillé avec le CEF. Le corps néo-zélandais a été relevé définitivement.

1. Pour brouiller les pistes, les Français, en relevant les Britanniques sur le Garigliano, leur ont emprunté leur fameux casque, le « plat à barbe ». Cette supercherie fera long feu.

2. Successeur, rappelons-le, de Montgomery à la tête de la VIIIe armée.

En reconnaissant ses nouvelles positions sur la tête de pont à l'ouest du Garigliano, Juin, aussi bon tacticien que stratège, a vite discerné les perspectives que lui offrait le terrain s'étageant devant lui : mont Majo et ses 940 mètres, préliminaire indispensable, puis les monts Aurunci avec la pyramide du Petrella (1 535 mètres) en bastion avancé. Les Allemands, eu égard aux difficultés naturelles du site, n'ont pas dû occuper spécialement ce massif dépourvu de routes. Un tel relief offre un parcours privilégié pour les troupes de montagne du CEF, 4e DMM et Tabors. Les rudes Berbères de l'Atlas marocain sont de grands coureurs de djebels. Les crêtes, les rochers, les pentes et les dénivellations ne les effraient pas. S'enfoncer dans ces monts Aurunci est donner une autre envergure à la manœuvre. C'est sortir du cadre étriqué du « remake » d'Alexander à Cassino. C'est renouer avec la percée des Allemands dans les Ardennes : attaquer en secteur peu défendu car jugé impénétrable. Au terme, c'est enfoncer la « ligne Gustav », déborder les défenses du Liri et de la côte et amener leur effondrement par crainte d'un enroulement. C'est au passage empêcher l'ennemi de se rétablir sur sa seconde position, la « ligne Hitler », également forcée par l'avance dans les monts Aurunci.

Le 4 avril, Juin adresse à Clark un « Mémoire sur les futures opérations du CEF dans les monts Aurunci » [1]. Mission, terrain, manœuvre, tout y est exposé [2]. Carpentier, Pédron, adjoints de Juin, ont parfaitement transcrit en langage d'état-major les intuitions et pensées de leur patron. Il faut maintenant convaincre le haut commandement allié du bien-fondé d'une attaque du CEF sur l'axe monts Majo-Petrella-Revole, au cœur des Aurunci, avec pour objectif n° 1 la rocade Itri-Pico-Arce.

Il n'est jamais facile de vouloir paraître plus doué que ses supérieurs. Juin le perçoit bien. Mais Gruenther [3], Clark, Alexander se laissent séduire. Puisque les « Frenchies » assument le risque ! puisqu'ils se font fort de traverser ce massif montagneux, ravitaillés par leurs mulets, la « Royale Brèle Force », pourquoi pas ? S'ils réussissent, ils faciliteront la progression du XIIIe CA dans la vallée du Liri et du IIe CA US sur la côte. Car, évidemment, les coups de poing sur Monte Cassino et Cassino sont maintenus.

1. Voir en annexe.

2. Giraud, lors de sa dernière visite en Italie, avant d'être définitivement écarté, a accepté d'enthousiasme le plan Juin.

3. Chef d'état-major de Clark.

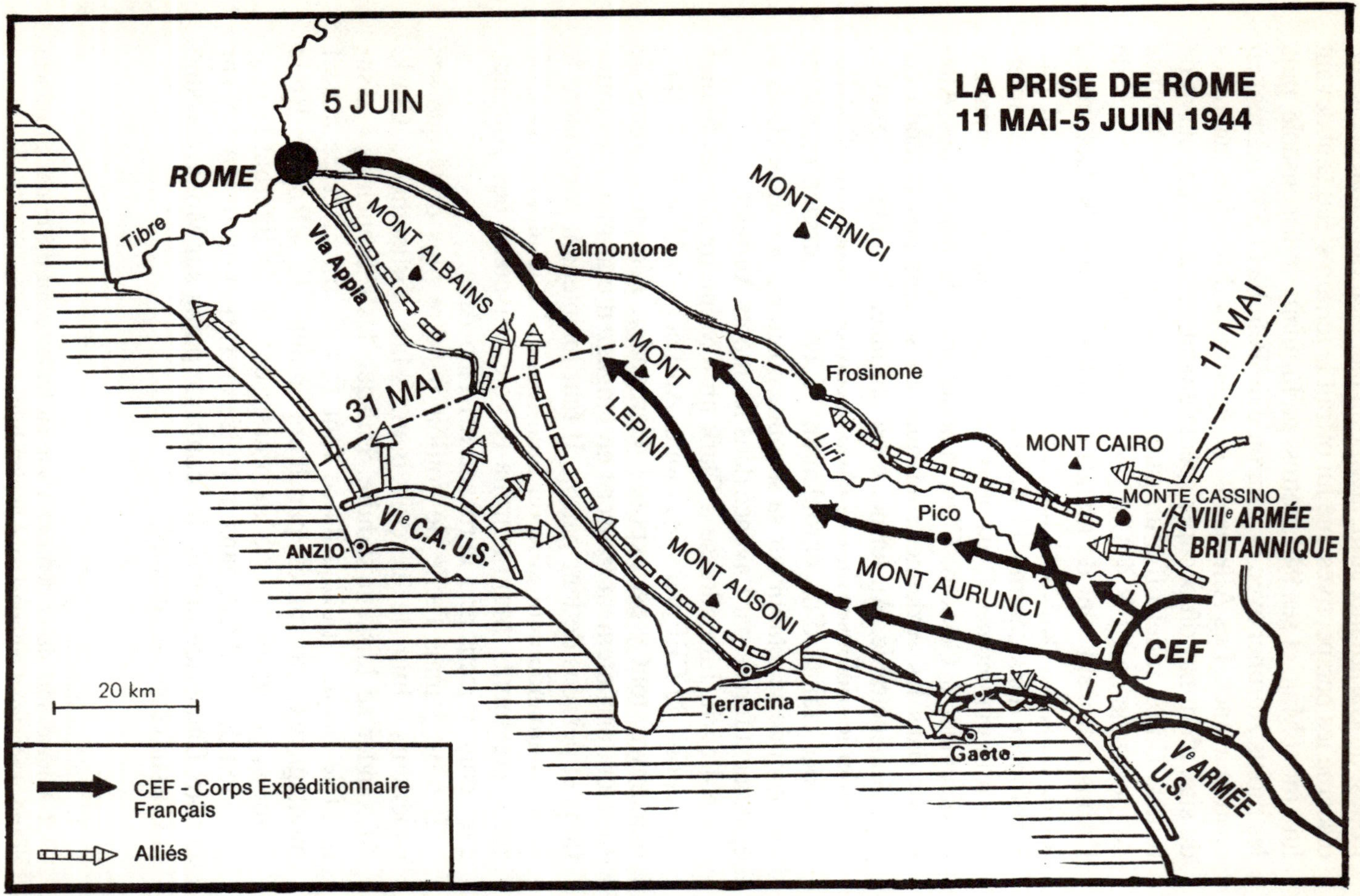
LA PRISE DE ROME
11 MAI-5 JUIN 1944
5 JUIN
ROME
Tibre
Via Appia
MONT ALBAINS
Valmontone
MONT ERNICI
MONT
LEPINI
31 MAI
Frosinone
11 MAI
Liri
MONT CAIRO
MONTE CASSINO
VIIIe ARMÉE
BRITANNIQUE
Pico
VIe C.A. U.S.
ANZIO
MONT AUSONI
MONT AURUNCI
CEF
Terracina
Gaète
Ve ARMÉE
U.S.
20 km
CEF - Corps Expéditionnaire
Français
Alliés

Il est un aspect de ce plan Juin qui chatouille les généraux anglo-américains. Si les Français parviennent à leurs fins, ils apportent certes la victoire à la collectivité, mais ils devancent tout le monde. Ils risquent, alors, de se retrouver en position d'entrer les premiers dans Rome. Quel tintamarre à Londres et Washington ! Attention donc à veiller de ce côté.

*
* *

Le 11 mai, à 23 heures, sur le signal donné directement par la BBC à Londres, 2 000 bouches à feu tonnent du Rapido à la mer Tyrrhénienne. À minuit, les Ve et VIIIe armées s'ébranlent. Seule exception, les Français ont démarré à 23 heures pour créer la surprise.

Surprise, il y en a en effet chez les Allemands. Vietinghoff, von Senger [1] étaient en Allemagne. Leur absence entrave l'exercice du commandement. Les attaques aériennes du 12 au matin sur les PC apporteront une autre perturbation.

Cependant, les premières heures sont décevantes. L'offensive piétine partout. Britanniques, Américains, Polonais marquent le pas. Les Français attaquant dans le noir absolu, sur des pentes rocailleuses, sans préparation d'artillerie, connaissent le même sort. La 2e DIM, chargée au départ de l'effort principal, est sérieusement accrochée sur le Faito [2].

Au jour, Juin, soucieux, se porte aux avant-postes. Sur sa route, il croise trois commandants blessés du 8e RTM [3]. Le colonel Beaufre, chef d'état-major de la 4e DMM, le voit arriver à pied, son béret de contrebandier sur la tête, le visage grave mais résolu. Devant eux, le 8e RTM est bloqué par des contre-attaques. Heureusement, les 400 pièces de l'artillerie française donnent. Les gerbes d'obus de 105 et 155 s'abattent sans relâche dans des geysers de pierraille et de poussière. Il n'est pas bon être dessous. Le commandant du CEF voit et juge :

> « Ça a raté, mais ils sont aussi fatigués que nous. On remet ça demain matin après une préparation de

1. Commandant du XIVe CB.
2. Un peu au sud-est du mont Majo.
3. L'un d'eux, le commandant Delort, mourra peu après.

toute l'artillerie, d'abord devant la 2e DIM, ensuite devant la 4e DMM. Ça collera ! » [1]

Il a raison. L'artillerie poursuit son matraquage. Le 13, à 4 heures, la 2e DIM repart de l'avant escaladant les flancs du Majo. Dans l'après-midi, le succès s'affirme partout devant les divisions françaises. Un immense drapeau tricolore flotte sur le mont Majo.

La 71e DI allemande a été bousculée. La rupture du front est acquise mais, pour l'heure, chez les Français uniquement. La VIIIe armée britannique n'a pas progressé. Sur la côte, le IIe CA US se bat bien mais ses 85e et 88e divisions, inexpérimentées, se heurtent à la solide 94e Pz Gr D.

Au plan Juin de se développer à fond. Le corps de montagne prévu à cet effet – 4e DMM et Tabors [2] – passe à l'action. Le 14 après-midi, il aborde les pentes du Petrella et s'élance pour chevaucher les crêtes. Le Petrella est enlevé le 15, le mont Revole (1 367 mètres) le 16. « Zidou l'gouddam » [3] (En avant !), hurle Guillaume à ses goumiers qui avalent les îlots de résistance et les dénivelées. La « ligne Hitler » est forcée. Une colonne ennemie venue l'occuper dans le secteur du Revole tombe dans une gigantesque embuscade des 1er et 4e GTM tendue par Guillaume lui-même. Un groupe de reconnaissance, un bataillon de Panzergrenadier sont décimés. Sur la droite du corps de montagne qui tient les hauts, la 3e DIA et la 2e DIM forcent les contreforts dominant la vallée du Liri. La 1re DFL peut pousser ses blindés.

Le 17 mai, la rocade Itri-Pico est sous le feu des Français qui se trouvent désormais à 40 km à l'ouest du Garigliano. La « furia francese » a tout balayé. « Ligne Gustav », « ligne Hitler » sont percées. La situation d'ensemble ne va pas tarder à s'en ressentir.

Du côté de la mer Tyrrhénienne, la 94e PzGr D, tournée, est contrainte de céder du terrain. Le 17, le IIe CA US entre dans Formia, sur le golfe de Gaète.

La vallée du Liri s'entrouvre. La 8e division indienne a franchi le Gari. Le Génie a pu lancer deux ponts qui permettent aux

1. Général Beaufre. *Op. cit.*, p. 464.

2. Soit 19 600 hommes à la 4e DMM et 9 000 goumiers aux Tabors, accompagnés par 6 500 mulets.

3. On trouve également l'orthographe « Zidou l'goudem ». Celle retenue est celle du général Guillaume dans ses Souvenirs.

chars canadiens de passer sur l'autre rive et de progresser sur Pontecorvo [1] grâce au déséquilibre créé par l'irruption française sur leur gauche. Moins heureux, Britanniques et Polonais se heurtent toujours à la résistance intraitable des parachutistes à Cassino et Monte Cassino. Pourtant, les Polonais combattent avec rage. Ils ont le sentiment que leur patrie a été trahie à Téhéran. Alors, ils luttent en désespérés. Les pentes du mont Cassin, du mont du Calvaire, rougissent de leur sang [2].

Devant l'évolution de la bataille, Kesselring achemine des renforts : 90e PzGr D SS ramenée de l'arrière, 305e DI prélevée sur l'Adriatique.

Mais le sort en est jeté. L'avance française est trop dangereuse. Le 17, le maréchal allemand donne un ordre de repli du front de Cassino. Dans la nuit, les parachutistes évacuent, la rage au cœur, des positions qu'ils ont vaillamment défendues et où ils n'ont pas cédé. Le champ est libre devant les Britanniques et les Polonais.

Le 18 mai, à 10 h 20, une patrouille du 12e régiment de lanciers plante le drapeau blanc et rouge au sommet des ruines de l'abbaye. Une heure plus tard, à l'arrivée de Leese, Anders fait hisser l'Union Jack à ses côtés. Monte Cassino est conquis. Sa prise éclate comme une formidable victoire alliée au terme de quatre mois de lutte. Cassino, également abandonné, est occupé le même jour par la 4e division anglaise.

À cette heure, le CEF, Guillaume en tête, est loin. « Zidou l'gouddam ! » La montagne répète en écho la clameur. De la voix et du geste, « Auroch » [3] presse ses guerriers. La rocade Itri-Pico est dépassée. Le corps de montagne pénètre dans les monts Ausoni. Pico tombe le 22, après de violents combats menés par la 3e DIA alors que les Canadiens se battent encore pour Pontecorvo.

Plus que jamais, Juin voit clair. Il prescrit à son aile droite, 3e DIA et 1re DFL, de se porter sur San Giovanni au confluent du Liri et du Secco [4]. Il sera alors en mesure de couper la via Casilina (RN 6) et de barrer la retraite de l'ennemi.

---

1. Sur le Liri, à 20 km à l'ouest de Cassino. Sera atteint le 19.
2. Plus de 1 200 Polonais y tomberont.
3. Indicatif de Guillaume.
4. À hauteur de San Giovanni, le Liri s'infléchit vers le nord et le Sacco prolonge sa vallée vers le nord-ouest en direction de Rome.

Mais Alexander veille [1]. La via Casilina est réservée aux Britanniques, pour qu'ils parviennent à Rome même si, présentement, ils n'avancent qu'au pas. Mais Alexander ne le dit pas. Le CEF ne doit pas descendre dans la vallée du Secco. Une belle occasion perdue ! Juin n'apprécie qu'à demi. Du coup, il reporte son effort sur sa gauche, dans les monts Lepini. Au moins, aidera-t-il Clark au moment où le VIe CA s'extrait de sa gangue d'Anzio. Mais la Xe armée a pu continuer sa retraite [2].

Le 23, à 6 h 30, les 6 divisions de la poche d'Anzio, bientôt renforcées par la 36e division, passent à l'offensive. Mackensen se défend avec ténacité. Truscott perd une centaine de chars. Sa 1re division a 950 tués, blessés ou disparus le premier jour. Cisterna, objectif immédiat, n'est pas atteinte mais la via Appia l'est. Le 25, IIe et VIIe CA se donnent la main à Borgo Grappa, à 30 km à l'est d'Anzio. Enfin, le chaudron n'existe plus. Son isolement aura duré 125 jours. La CEF, qui, après les monts Ausoni, a enfilé les monts Lepini dans leur longueur [3], devance

---

1. Pour comprendre l'attitude d'Alexander, voici un exemple des lettres qu'il reçoit de Churchill (23 mai) : « Hier, au Cabinet, quelques questions ont été posées pour savoir si l'on accordait bien l'attention qui lui revient au rôle joué par les troupes britanniques [...] Ne vous serait-il pas possible, par conséquent, de parler un peu plus de vos troupes dans vos communiqués, à condition, bien entendu, que vous jugiez de telles mentions méritées ? »

Alexander, point sot, a bien compris ce que l'on attendait de lui. Il répond dès le lendemain : « Les Britanniques, les Américains, les Français, les Canadiens, les Néo-Zélandais, les Indiens et les Polonais ont tous pris part à la bataille. Les troupes britanniques ont joué un rôle éminent dans des combats très durs, notamment pour établir des passages sur le Rapido et pour tourner Cassino par le sud. Je veillerai à ce qu'elles aient leur part de publicité dans les communiqués. »

Effectivement le communiqué reproduit ses propos.

Objectivement, ce qui est ainsi écrit et diffusé n'est pas faux. Ce n'est pas rendre compte non plus ni de la stricte réalité ni du rôle exact de chacun. La percée réalisée par les Français qui apporte le succès général est soigneusement omise. Des décennies après, les Anglo-Saxons maintiennent cette version.

2. Une occasion identique se présentera peu après. Des hauteurs des monts Lepini, Guillaume domine la plaine et Frosinone, important nœud routier sur la RN 6, à moins de 10 km. Malgré la fatigue de ses goumiers, il est capable de les entraîner pour un autre coup de collier. Des chars sont disponibles. S'il déboule, il occupe Frosinone et barre la RN 6. Mais Juin, échaudé, lui refuse l'autorisation de foncer. Il faut respecter les fiefs d'autrui, l'expérience le lui a – hélas ! – appris...

3. Les trois massifs des Aurunci, Ausoni, Lepini, se succèdent, orientés nord-ouest, parallèlement à la côte et se prolongent jusqu'aux abords de Rome par les monts Albains.

toujours allégrement les uns et les autres, forçant Vietinghoff à hâter son repli par le Liri et le Secco.

De loin, Churchill vit la bataille. Le 28 mai, il demande à Alexander, responsable de l'ensemble :

> « Je suis sûr que vous avez très soigneusement envisagé l'envoi de blindés en plus grand nombre, par la voie Appienne, dans la pointe septentrionale dirigée contre la route Valmontone [1]-Frosinone. Une rafle de l'ennemi a beaucoup plus de valeur que la prise de Rome qui, de toute façon, suivra. Cette rafle est la seule chose qui importe. »

Le civil raisonne en stratège. Détruire l'ennemi est toujours l'objectif premier. Dans le cas présent, une irruption sur ses arrières, sur la via Casilina entre Valmontone et Frosinone, en offre l'opportunité.

Le militaire impliqué va réagir en sous-lieutenant en quête de médailles.

Alexander répercute sur Clark, son subordonné, et lui enjoint de faire effort plein nord-est sur Valmontone où converge la majorité de la Xe armée. Mais Clark a soif d'une gloire qui, jusqu'à présent, se refuse à lui. Il n'a guère à son actif que son équipée de Messelmoun [2]. En Tunisie, en Sicile, il n'y était pas. À Salerne, Alexander lui a sauvé la mise au moment où il parlait de réembarquer. Rome, enfin, peut ceindre son front d'une couronne de lauriers. Pour ce, il n'hésite pas. Il se dérobe et n'exécute pas les prescriptions d'Alexander.

Au lieu de porter tout son effort sur Valmontone, il se scinde. De ses divisions d'Anzio, il n'en expédie qu'une sur Valmontone. (Par la suite, il fera glisser derrière elle le 2e CA, débouchant de la côte.) Les autres – 6 en tout –, il les dirige sur Rome. Directement. Le résultat ne se fait pas attendre.

Les diverses fractions se retrouvent un peu comme les Curiaces devant les Allemands qui se raidissent dans les monts Albains [3], en plein cœur de leur dispositif. Elles sont incapables de déboucher rapidement. En gagnant quelques jours [4], les

1. À 50 km au sud-est de Rome.

2. Voir *La Grande Histoire de la Seconde Guerre mondiale, Décembre 1941-Novembre 1942*, chap. 18.

3. Immédiatement au sud-est de Rome, entre via Appia et via Casilina.

4. Les Américains sont stoppés pendant cinq jours avant d'atteindre Valmontone.

défenses de Kesselring permettent au flot des unités de retraiter en bon ordre.

Du coup, Clark, pour remplir quand même la mission que lui a confiée Alexander, presse Juin de sortir des monts Lepini qu'il était censé ne pas devoir quitter pour laisser la voie libre aux « petits camarades » anglais. Ceux-ci sont encore à Ferentino, 30 km à l'arrière. Le 2 juin, la 3e DIA entre dans Colleferro, à l'est de Calmontone, et à quelques jets de pierre de la RN 6. Mais attention, celle-ci est propriété privée ! Le IIe CA US qui survient, marchant sur Valmontone, entre monts Albains et Lepini, se l'adjuge.

Le CEF n'a pas droit à Rome. Il peut seulement déborder la ville par l'est, atteignant Tivoli puis le Tibre le 4 juin.

Clark voulait Rome à titre personnel [1]. Il va l'avoir. Sa Ve armée est seule devant la ville. Son IIe CA arrivant de Valmontone roule sur la via Casilina, son VIe CA sur la via Appia. Par Ostie s'avance un nouveau IVe CA. Contre eux, il n'y a que les parachutistes de la 4e division chargés de mener un combat retardateur. Kesselring a obtenu de Hitler l'autorisation de se replier et déclaré Rome ville ouverte.

Le 4 juin, à 18 h 15, les G.I.'s de la 88e DI surgissent place de Venise au pied même du balcon d'où jadis Mussolini haranguait les foules.

Clark peut se poser en vainqueur au Capitole, acclamé par une population en liesse. Hier, la foule criait : « Viva il Duce ! » Aujourd'hui, elle applaudit les « Liberatori » et un grand général américain dégingandé, colt à la ceinture, heureux d'avoir enfin un titre de gloire à son actif [2].

*
* *

Après le choc de Monte Cassino, voici celui de Rome. La chute de l'une des capitales de l'ancien Axe est évidemment

---

1. Dans toute autre armée le comportement de Clark eût été sévèrement sanctionné. Mais Clark est américain, ses supérieurs, Wilson, Alexander, sont britanniques, et il paraît bénéficier de solides parrainages (celui d'Eisenhower en particulier qui l'a soutenu et imposé depuis le début).

2. Peut-être pour se faire pardonner, il invitera Juin à monter avec lui au Capitole, le 5 juin, et lui glissera : « Sans vos merveilleux régiments, nous ne serions pas là ! »

célébrée comme il se doit. Churchill en informe Staline qui félicite. Alexander, Clark, ont droit aux grands thuriféraires.

Incontestablement, il y a eu victoire. Mais les pavillons nationaux, les amours-propres personnels ont interdit la grande rafle que souhaitait Churchill. Les Allemands ont perdu 25 000 hommes, mais la majeure partie de leurs forces a réussi à se dérober [1]. La nasse n'a pas été fermée à temps dans les vallées du Liri et du Secco. Les responsables ? Alexander pour avoir voulu privilégier ses compatriotes, Clark pour avoir « joué personnel ». On le sait, mais on se garde bien de le dévoiler [2]. Tout cela se paiera bientôt au prix fort. Kesselring, affaibli mais non K.O., se rétablira sur la « ligne Gothique » qui redeviendra une autre « ligne Gustav », synonyme, comme celle-ci, de temps perdu et de sang versé [3].

*
* *

Rome est tombée. L'opération « Diadème » s'achève en succès. Une autre opération, « Overlord », a tôt fait de l'éclipser. Le débarquement en Normandie lui ravit la primeur.

C'est donc discrètement qu'une page se tourne chez les Italiens. Les griefs ne manquaient pas contre le monarque accusé de trop de complaisance à l'endroit du régime fasciste. Le 12 avril, le roi Victor-Emmanuel III avait dû signer un décret stipulant que l'avenir de la monarchie serait soumis à plébiscite après la guerre. À l'entrée dans Rome, son fils, le prince Umberto, assurerait sa relève.

Le 9 juin, celui-ci en qualité de lieutenant général du royaume s'installe donc au Quirinal. Le vieux roi se retire à Naples. Il est un autre retraité. Badoglio, également contesté pour son passé sous Mussolini, transmet ses pouvoirs. L'anti-

---

1. Soit par la via Casilina, soit (Xe armée) par des routes de montagne par Suviaco jusqu'à Tivoli.

2. Les *Mémoires* restent discrets. Churchill élude le sujet. Juin se montre évasif. Seul Clark reconnaît qu'il voulait s'accaparer la gloire de pénétrer dans Rome. Loyalement, il avoue son ambition et sa dette : « For this performance, which was to be a key... » (« Pour cette action qui devait être la clé du succès de toute la marche sur Rome, je serai toujours un admirateur reconnaissant du général Juin et de son magnifique CEF ») *Calculated Risk, op. cit.*, p. 348.

3. L'offensive de printemps a coûté 30 000 hommes à la Ve armée et 12 000 à la VIIIe.

fasciste Bonomi devient chef du gouvernement [1]. Une nouvelle Italie se façonne, s'efforçant de faire oublier le dictateur déchu.

Ce dernier, auxiliaire inconditionnel de son ami et libérateur le Führer, n'est plus que le maître de la « République de Salo » [2], dans l'Italie du Nord. Le 11 janvier, il a réglé de vieux comptes et laissé fusiller des opposants du Grand Conseil fasciste tombés entre ses mains, dont le vieux maréchal De Bono et son propre gendre Ciano. Il a pu surtout reconstituer un embryon d'armée aux effectifs importants sur le papier, près de 680 000 hommes. Troupe de valeur très inégale mais dont certaines unités se battent et se battront remarquablement : 10e MAS du prince Borghèse, régiment parachutiste « Folgore » [3], division alpine « Monte Rosa », etc. [4] Non sans courage, ces soldats entendent faire oublier aux Allemands la « trahison » de leur pays [5].

*
* *

Les Xe et XIVe armées allemandes se sont échappées, non sans perdre des hommes et du matériel lourd. Que va-t-il se passer ? Les Alliés sauront-ils exploiter leur avantage ou les Allemands se rétablir ?

Entre Américains et Britanniques le vieux débat ressurgit. Churchill relance la conception qui lui tient à cœur : poursuivre en Italie, gagner la Lombardie et de là marcher sur Vienne par le lac de Garde ou la trouée de Ljubljana. Wilson, Alexander font chorus. Wilson propose même une opération amphibie sur la presqu'île d'Istrie, perspective prometteuse pour pénétrer en Autriche et Hongrie. Les positions américaines demeurent figées sur ce qui a déjà été convenu. Marshall, Eisenhower restent farouchement attachés au débarquement dans le midi de la France pour soulager le futur front de Normandie. Ils s'appuient sur ce qui a été décidé à Téhéran et annoncé à Staline.

---

1. Les communistes en font partie depuis avril.
2. Constituée à Salo, sur les bords du lac de Garde, cette république fasciste a aboli la monarchie et condamné le capitalisme.
3. Les parachutistes de la division Folgore sont les derniers défenseurs de Rome.
4. Les Français les trouveront devant eux sur le front des Alpes.
5. Tandis qu'une résistance armée, qui prendra de l'ampleur, se manifeste dans la partie de l'Italie encore occupée par l'Allemagne.

Les Français n'ont guère leur mot à dire dans ce différend anglo-saxon, ce qui ne les empêche pas d'avoir leurs idées. Juin opte résolument pour la solution Churchill dont il mesure tout l'intérêt stratégique à long terme, d'autant que, par la plaine du Pô, il est possible d'atteindre le sud-est de la France. C'est gagner du temps et s'éviter les aléas d'un débarquement. De Gaulle ne partage pas cette vision. Dans ses *Mémoires de guerre*, il notera :

> « ... Pour des raisons qui tenaient à mes responsabilités à l'échelle de la nation française, je n'entrais pas dans cette conception. »

Il songe évidemment, par-là, à l'arrivée prochaine de troupes françaises sur le sol national. Il plaide donc pour le respect du plan établi de longue date. Et puis, murmureront certains, Juin, en Italie, a suffisamment moissonné. À de Lattre qui piaffe d'impatience de prendre le relais. À Juin de rentrer dans l'anonymat. Et, observe-t-on encore, de Gaulle n'aime pas que quelqu'un puisse atteindre une taille susceptible de lui porter ombrage. Le « Libérateur » s'appelle Charles de Gaulle.

Il appartient à Roosevelt de trancher. Sa réponse, dans le droit fil de Téhéran, déçoit le Premier ministre :

> « Mon intérêt et mes espoirs se concentrent sur une défaite des Allemands opposés à Eisenhower et sur une pénétration en Allemagne, plutôt que sur une limitation de cette action en vue de pousser à fond en Italie. »

C'est un non définitif à la marche sur Vienne. Churchill doit s'incliner. Il n'est pas le plus fort. « Anvil » aura lieu le 15 août. Pendant des décennies, les Occidentaux, les pays de l'Europe orientale et la liberté ne paieront-ils pas le prix de l'obstination de Roosevelt [1] ? À chacun de juger.

Conséquence pratique, des forces importantes seront bientôt prélevées sur le XVe GA en vue de participer au débarquement dans le midi de la France : VIe CA US, CEF. À Alexander de faire de son mieux avec ce qui lui reste.

Chez les Allemands, il y a également dilemme. Hitler, comme

1. Certains écrivent : de son aveuglement !...

toujours, ne veut pas céder un pouce de terrain supplémentaire. Kesselring estime qu'il doit échanger de l'espace contre du temps pour refaire ses forces et établir une nouvelle ligne de défense dans les Apennins au nord de Florence. Car il a souffert : 4 de ses divisions sont à reconstituer, 7 autres ont été sévèrement affaiblies. Devant le Führer, le maréchal ne mâche pas ses mots :

> « Il ne s'agit pas ici de la question de savoir si mes troupes combattent ou fichent le camp ; je puis seulement assurer qu'elles combattent et meurent quand je le leur demande. Il s'agit ici d'une tout autre question, beaucoup plus décisive, celle de savoir si vous, mon Führer, après Stalingrad et la Tunisie, vous pouvez vous permettre encore une fois de perdre deux armées ! À mon point de vue, je suis forcé d'en douter, d'autant plus que, si je changeais ma façon de conduire les opérations pour me conformer à vos vues, la route de l'Allemagne serait, tôt ou tard, ouverte aux Alliés, alors que – dans le cas où toute liberté d'action me serait laissée – je garantis que je ralentirai notablement leur avance, que je les arrêterai le plus longtemps possible sur les Apennins, et que je créerai ainsi pour 1945 des conditions de lutte qui pourront s'intégrer dans le cadre général de vos intentions de commandement. »

Le plaidoyer porte. Kesselring a le feu vert. Il obtient même 4 divisions supplémentaires et un régiment de chars. Il se renforce au moment où Alexander est sur le point de s'affaiblir.

*
* *

Kesselring l'espérait et comptait en profiter. Le vainqueur souffle un peu. Rome est une ville accueillante, après les rigueurs de la bataille. Les généraux y établissent leur PC d'un moment. On vient flâner dans ses rues et sur l'esplanade de Saint-Pierre. On se presse aux audiences du Saint-Père. Les G.I.'s, peu regardants sur le cérémonial pontifical, le saluent à leur manière. Ils sifflent, ils applaudissent, ils interpellent, ils grimpent sur les rebords des fenêtres pour prendre des photos.

Les Français se montrent plus respectueux [1]. Ils sont moins réservés à l'extérieur du Vatican...

La guerre continue. Cette « pause » ne saurait se prolonger. Il faut poursuivre l'ennemi qui, sur tout le front, se retrouve au nord de Rome. Son secteur Adriatique a dû, lui aussi, battre en retraite.

Kesselring entend donc se retrancher sur la « ligne Gothique », Pise – Rimini, qu'il a de longue main commencé à organiser. Il prévoit également deux lignes d'arrêt intermédiaires, l'une à hauteur du lac Trasimène, l'autre sur l'Arno. La Xe armée tient son flanc gauche, la XIVe [2] son flanc droit. Pour freiner l'adversaire, il compte sur une vieille complice : la mine, qu'elle soit antichar ou antipersonnel [3]. Il n'a pas tort. Les pièges et mines allemands feront encore beaucoup de mal.

Les Alliés s'efforcent de remonter en rouleau compresseur, alignant de la mer Tyrrhénienne à l'Adriatique : VIe CA US, CEF [4], XIIIe et Xe CA britanniques, IIe CA polonais. Le relief, sur le versant tyrrhénien, est plus perméable aux blindés, surtout dans la région du lac Trasimène. Il permet de porter des pointes contre un ennemi dont l'aviation mitraille les colonnes. Les vainqueurs de Rome trouveront devant eux bien des carcasses de véhicules détruits ou incendiés.

La bataille jusqu'à l'Arno se réduira pour tous les Alliés à une série d'engagements isolés pour éliminer un point d'appui, réduire un obstacle antichar ou contourner un champ de mines. Redoutables mines, meurtrières et perfides ! Au CEF, elles

---

1. Seule la 1re DFL cantonne en ville. Les autres n'y envoient de détachements que pour les cérémonies (et, lorsque c'est possible, des permissionnaires).

2. Mackensen a été relevé, remplacé par le général Lemelsen, sa manœuvre devant Anzio ayant été jugée malheureuse. Il y a effectivement essuyé de lourdes pertes, alors que Vietinghoff retraitait très habilement.

3. Les Allemands, condamnés à la défensive et à la retraite, développent de plus en plus la guerre des mines. Ils s'appuient essentiellement sur deux types d'engins : la Tellermine antichar, sorte de disque contenant une forte charge, actionnée par un dispositif de mise à feu à pression ; la mine « S », bondissante, qui projette un pot explosif retenu par un fil et explose à un mètre du sol, avec des effets meurtriers identiques à un obus de mortier de 60 mm. Elle est mise en œuvre par un dispositif à pression ou, le plus souvent, par un fil piège fonctionnant à traction. La Tellermine est elle-même très souvent piégée d'où l'extrême prudence que requiert sa neutralisation.

4. Sous peu, le CEF comme le VIe CA US iront rejoindre leurs camarades de l'opération « Anvil ». Le second sera relevé par le IVe CA US.

coûteront la vie au capitaine de frégate Amyot d'Inville et au lieutenant-colonel Laurent-Champrosay, tous deux « Français libres » de la première heure [1].

Sur l'Adriatique, le corps polonais, parti de la région de Pescara, occupe Ancône le 18 juillet. Sur la côte tyrrhénienne, le IVe CA US fait tomber Livourne le lendemain. Au centre droit, les Britanniques ont beau être retardés un moment à Arezzo [2], au pied de l'Apennin toscan, leurs yeux sont fixés sur Florence, qui leur a été réservée : petite compensation pour la déconvenue de Rome ! Ils y pénètrent le 4 août, Kesselring l'ayant déclarée ville ouverte.

Juin sait qu'il va devoir passer la main, que les unités qu'il a si glorieusement menées à la victoire vont partir sur un autre théâtre. Bien décidé à se battre jusqu'au bout, il a placé en pointe un corps de poursuite, 3e DIA, 1re DFL, Tabors. Bon prince, il en a confié le commandement à Larminat qui, un an plus tôt, réclamait sa tête. Tous les Français veulent finir cette campagne en beauté. Entre Américains et Britanniques, ils progressent, de part et d'autre du lac de Bolsena, en direction de Sienne [3]. Le 18 juin, la 13e DBLE se distingue à Radicofani, y faisant 115 prisonniers. Le 3 juillet, Monsabert couronne le tout

---

1. Commandant respectivement le régiment de fusiliers marins et l'artillerie divisionnaire de la 1re DFL, ils sont tués les 10 et 19 juin.

2. Enlevée le 18 juillet.

3. Alors que le CEF remonte vers Sienne et la Toscane, le général de Lattre, appelé à commander l'armée B qui débarquera en Provence, se « fait la main » en enlevant l'île d'Elbe à partir de la Corse (il parlera d'un « galop d'essai »). L'éphémère royaume de Napoléon est solidement défendu par plus de 3 000 Allemands. L'opération ne peut donc être un simple coup de commandos, mais une véritable opération amphibie avec de gros moyens : y participeront : la 9e DIC (général Magnan), le 2e GTM (lt.-colonel de La Tour), le bataillon de choc (lt.-colonel Gambiez), les commandos d'Afrique (commandant Bouvet), transportés et appuyés par Britanniques et Américains.

Dans la nuit du 16 au 17 juin, à 1 heure, le bataillon de choc et les commandos d'Afrique prennent pied les premiers pour neutraliser les batteries côtières. À 4 heures, le débarquement se heurte au tir des 88 et des armes de tous calibres. Le bataillon Gilles (13e RTS) se fraie au prix fort un passage dans les mines et barbelés. À partir de 5 h 30, le gros des troupes commence à débarquer. À la fin de la journée, la partie occidentale de l'île est conquise. Le 18, à 14 h, le 13e RTS occupe Portoferraio. Le 19, s'achève le nettoyage du secteur oriental où s'est réfugié l'ennemi. La conquête terminée, le colonel Salan, commandant du 6e RTS, devient gouverneur de l'île.

L'opération « Brassard » a coûté aux Allemands 700 morts et 2 400 prisonniers, aux Français 201 morts, 51 disparus et 635 blessés.

par une manœuvre habile. Sans faire intervenir son artillerie, il entre dans la « cité de Monluc ».

Le 22 juillet, le CEF livre son dernier combat en Italie et achève sa relève par la VIIIe armée. Le 23, à minuit, il passe à l'armée B du général de Lattre. Il laisse derrière lui 7 251 tués, 4 201 disparus, et a eu 20 913 blessés [1].

*
* *

Durant la dernière décade de juillet 1944, au moment où Eisenhower perce le front de Normandie, celui d'Italie tend à s'immobiliser. Les Alliés sont sur l'Arno et n'iront guère plus loin. Dans un mois, après d'ultimes coups de boutoir, ils stopperont sur la « ligne Gothique ». Résistance de Kesselring, diminution des moyens [2], imposent l'arrêt. Le XVe GA subira un autre hiver italien, non plus dans les Abruzzes mais dans les Apennins.

Pourtant, Wilson espérait mieux. Le 2 juillet, il avait ordonné : « Pousser à travers les Apennins jusqu'au Pô, puis franchir le Pô et se porter sur la ligne Venise-Padoue-Vérone. »

Mais la volonté politique était ailleurs. Si 400 km avaient été gagnés en deux mois, si Rome avait été occupée, l'exploitation de ces succès était décevante. La grande marche sur le Danube voulue par Churchill n'aurait pas lieu.

Seule compensation immédiate, les divisions allemandes dans les Apennins ne sont pas en Normandie.

1. Certains mourront dans les hôpitaux.
2. Kesselring a bien organisé sa défense entre Rome et la « ligne Gothique » et reçu au total 8 divisions de renforts. Il aligne sensiblement l'équivalent de 14 divisions à effectifs pleins. Alexander dispose à peu près des mêmes effectifs – 150 000 hommes – mais bénéficie de la supériorité aérienne.

Chapitre IX

LA GENÈSE POLITIQUE D'« OVERLORD »

Au fil des pages relatant le déroulement de la Seconde Guerre mondiale, le projet d'un débarquement en Europe est apparu, s'est intensifié, précisé. Finalement, la décision a été prise d'effectuer ce qui devait s'appeler « Overlord » et se concrétiser le 6 juin 1944. Cette entreprise de portée aussi bien politique que militaire engageait la vie de milliers d'hommes, peut-être l'issue du conflit et, en partie, l'après-guerre. Elle apparaît certainement, aujourd'hui, à l'opinion publique occidentale [1] comme l'événement majeur de la guerre. C'est pourquoi il apparaît nécessaire, avant de relater les faits, de retracer au préalable la genèse politique – le pourquoi et le comment – de ce cheminement qui mènera à l'option « Jour J » sur des plages normandes [2].

*
* *

1. Il en va sans doute différemment dans l'ex-URSS, plus sensible au souvenir de la bataille de Stalingrad par exemple ou du siège de Leningrad.

2. Ce retour en arrière reprend évidemment des événements et des décisions déjà mentionnés. Il se veut un éclairage plus spécifique.

Au matin du 25 juin 1940, la Grande-Bretagne s'est retrouvée seule. Son principal allié, la France, a déposé les armes après avoir connu le sort de la Pologne, de la Hollande et de la Belgique. Que n'a-t-elle dû, ce jour-là, se féliciter une nouvelle fois de son insularité ! La douve du « Channel » lui procure une relative sécurité. Si Hitler veut en terminer avec elle, il doit débarquer dans son île. Il n'ose s'y risquer directement et tente d'abord d'écraser Londres sous les bombes et de briser le moral des Britanniques.

Derrière l'inflexible Churchill, les sujets de Sa Majesté tiennent ferme. Des escouades de braves repoussent les avions de Goering. Le 17 septembre, Hitler renonce à renouveler l'exploit de Guillaume le Conquérant. Le débarquement en Angleterre, l'opération « Seelöwe », est reporté sine die. Et la guerre se poursuit. Faute de pouvoir en découdre sur le sol même de la Grande-Bretagne, on se bat en Méditerranée, en Afrique, dans le ciel et sur mer.

Churchill voit loin. Il sait qu'il faudra un jour revenir sur le continent européen si l'on veut abattre définitivement le IIIe Reich. Avant l'effondrement français, il avait fait organiser des « compagnies d'assaut », les « commandos ». En juillet 1940, il nomme l'amiral Keyes chef des opérations combinées. Avec les « commandos », l'amiral doit porter le fer sur le sol occupé par l'ennemi et étudier tous les problèmes liés à des opérations amphibies. Sur ce sujet, le Premier ministre se souvient de Gallipoli et foisonne d'idées. En octobre, sont effectués des essais de chalands de débarquement pour chars, les LCT. Bientôt sera étudié un modèle plus important capable d'affronter la haute mer, le LST [1].

Le 25 juillet 1941, Churchill écrit à Roosevelt :

> « Mais il s'agit aussi d'organiser une aide aux populations conquises en débarquant des armées de libération quand l'occasion sera mûre. A cette fin, il sera nécessaire de posséder non seulement un grand nombre de chars, mais aussi des navires en état de les transporter et de les débarquer directement sur les plages. »

1. Landing Ship Tank. Sera suivi d'un LSI, Landing Ship Infantry.

« En débarquant des armées de libération quand l'occasion sera mûre… » Le débarquement de Normandie est là, en germe.

1941. Le conflit s'élargit à l'échelle planétaire. Aux Balkans. A l'URSS. Au Pacifique. Au Sud-Est asiatique. Avant même Pearl Harbor, Churchill, en août, a noué à Terre-Neuve les liens de ce qu'il appellera la « Grande Alliance ». Avant que les États-Unis ne soient impliqués directement dans le conflit, il a pleinement compris que le salut proviendrait d'outre-Atlantique.

Le 8 décembre 1941, le sort en est jeté définitivement. Les Japonais, par leur agression sauvage, ouvrent les hostilités contre les Américains. Trois jours plus tard, Hitler croit bon de leur déclarer, à son tour, la guerre.

Pour Churchill, le terrain se dégage. Fin décembre, il se précipite à Washington en vue de battre le fer. Il y arrive avec, entre autres, une note où est envisagée l'invasion de la France en 1943.

Il repartira satisfait. La conférence Arcadie, entre Roosevelt et lui, a défini un principe essentiel. « Europa first. » L'Europe d'abord. La coalition germano-italienne doit être écrasée en priorité. Le tour du Japon viendra ensuite. Le Premier ministre s'éloigne, un autre point acquis : l'irruption des armées anglo-américaines de libération en Europe durant l'année 1943, comme il le préconisait.

L'échéance peut paraître lointaine. Mais, il y a tant de problèmes à résoudre ! A commencer par organiser, de toutes pièces, une armée américaine.

On a également parlé de l'Afrique. Les Britanniques n'y ont pas tous les jours la partie facile. Un effort du côté du Maghreb français ne leur déplairait pas.

Sur le chemin du retour, Churchill s'arrête à Ottawa. Il en profite pour s'exprimer devant la Chambre des Communes canadienne :

> « C'est alors que la seconde phase commencera [1] que l'on pourrait appeler la phase de la libération. Pendant cette période, il nous faudra reprendre les territoires que nous avons déjà perdus ou que nous

1. « Après une première phase de résistance à la poussée de l'ennemi et de réalisation d'un important programme de fabrication d'armement et de constructions navales. »

sommes encore susceptibles de perdre, tout en préparant les pays vaincus à se révolter dès que les armées et les escadres aériennes libératrices paraîtront. »

Pour préparer cette seconde phase, Mountbatten remplace Keyes en octobre 1941 [1]. Le jeune amiral dirige des raids destinés à sonder les défenses allemandes et à mettre au point les opérations amphibies dans le cadre d'une mission très précise :

> « Examiner les possibilités et projeter les grandes lignes d'un plan d'attaque de l'Europe à travers la Manche. »

La Grande-Bretagne peut, historiquement, revendiquer la paternité de l'invasion du continent.

De Moscou, Staline n'a qu'un leitmotiv, depuis que Churchill, au lendemain de « Barbarossa », l'a assuré de son soutien : « Ouvrir un second front » destiné à soulager l'armée Rouge.

Celle-ci, épaulée par l'hiver, a sauvé Moscou mais la situation à l'est demeure précaire. D'autant que les Soviétiques semblent les seuls à tuer des Allemands. Roosevelt le reconnaît loyalement [2] et presse son partenaire anglais pour qu'ils passent conjointement à l'action [3]. Début avril 1942, Hopkins, conseiller du Président, et le général Marshall viennent à Londres en débattre avec les Britanniques. A cette date, les Américains souhaitent opérer un débarquement dans le nord de la France, entre Le Havre et Boulogne, très exactement. A partir des têtes de pont établies, des forces blindées se porteraient sur l'Oise, puis sur Anvers. Évidemment une opération de cette ampleur ne saurait avoir lieu immédiatement.

Encore faut-il, entre-temps, repousser l'adversaire au Moyen-Orient, dans l'océan Indien, en Australie… Néanmoins, le projet d'un débarquement en 1943, appelé alors « Round-up », est adopté et mis à l'étude de manière détaillée.

Ce « Round-up » s'avère donc lointain, 1er avril 1943 au plus tôt. Il est pénible à l'amour-propre américain de sembler

1. Sa nomination officielle interviendra le 18 mars 1942.
2. Lettre à Churchill du 3 avril 1942.
3. Il craint – Churchill également – un effondrement ou un désengagement des Soviétiques, d'où son désir de hâter l'ouverture d'un « second front ».

demeurer l'arme au pied jusque-là. Marshall émet l'idée de s'emparer de Brest ou, mieux, de Cherbourg (opération « Sledgehammer »). La tentative, à l'examen, s'annonce hasardeuse, eu égard aux moyens, essentiellement britanniques, disponibles. Les Américains, tirés brutalement de leur quiétude du temps de paix, ont besoin de délais pour lever leur armée.

Churchill revient sur l'Afrique du Nord française qui présente tant d'avantages (plan « Gymnast »). Il songe également à une opération « Jupiter », libération de la Norvège septentrionale. Ce serait un peu revenir à l'aventure de Narvik, mais cette fois en liaison étroite avec les Soviétiques.

Ces discussions préparatoires prennent un autre tour fin mai. Molotov, envoyé spécial de Staline, se présente dans un but très précis : les Anglo-Américains doivent détourner du front oriental au moins 40 divisions. A Londres, Churchill invoque ses difficultés – très réelles – du moment [1] ; mais Roosevelt, à Washington, se montre conciliant. A la fin du séjour de l'émissaire moscovite, un communiqué commun, le 11 juin, annonce :

> « Au cours des conversations, la nécessité urgente d'ouvrir un second front en Europe au cours de l'année 1942 a été unanimement reconnue. »

Alors, pour complaire aux Soviétiques, un débarquement se produira-t-il réellement en Europe en 1942 ? Mais, dans un aide-mémoire joint, Churchill, prudent, a tenu à préciser :

> « Nous ne pouvons faire aucune promesse à ce sujet. »

Le texte officiel vise simplement à inquiéter les Allemands et à les inciter à maintenir à l'ouest le maximum de troupes.

Le fait en soi n'est pas anodin. Hitler prend conscience qu'un jour ou l'autre l'invasion de l'Europe surviendra. Il a intérêt à se prémunir et à intensifier les défenses de la forteresse Europe. Indirectement, les Anglo-Américains aident Staline, même si celui-ci ne le reconnaît pas.

Moralement, cependant, après les engagements de Roosevelt près de Molotov, ils se doivent de passer aux actes. « Sledgehammer », l'opération dans le Cotentin, apparaît de plus en plus

1. Offensive de Rommel en Libye.

comme un « véritable nid à bombes et à obus » [1] d'où il serait impossible de déboucher. Le projet s'élimine de lui-même. En revanche, Churchill se cramponne à son opération « Jupiter » en Norvège. Il y voit un bon atout pour les convois de l'Arctique et la possibilité « d'enrouler la carte hitlérienne de l'Europe par le nord ». Mais les Américains n'en sont pas partisans. Cette équipée dans le grand Nord leur paraît quelque peu utopique. Churchill a tellement d'idées ! S'il fallait toutes les adopter !...

Rien en Europe avant 1943 ? Churchill estime que, pour réussir, l'invasion doit mettre à terre 400 000 hommes en une semaine. Britanniques et Américains sont loin de réunir semblables effectifs en 1942. Serait-on dans l'impasse malgré les promesses de Roosevelt ?

Afin d'en sortir, Churchill, dans les derniers jours de juin, reprend l'hydravion pour Washington. Il craint également que, faute d'accord, les Américains ne reportent leurs efforts sur le Pacifique. Aussi part-il décidé à relancer « Gymnast », l'opération au Maghreb français.

Roosevelt en comprend l'intérêt [2]. Il écoute son ami Winston. A Londres, durant la seconde quinzaine de juillet, les responsables militaires, avec l'aval du Président et du Premier ministre, tranchent définitivement. « Sledgehammer » est abandonné. « Jupiter » reste en chemin. « Round-up » continue à être programmé pour une date d'exécution encore très imprécise. « Gymnast », rebaptisé « Torch » par Churchill, sera réalisé avant le 30 octobre de l'année en cours.

L'oncle Sam est vraiment résolu à ne pas se contenter d'un modeste rôle de figurant ou d'assistant. Pour preuve, il commence à envoyer ses boys en Grande-Bretagne. Eisenhower, commandant en chef des forces américaines sur le théâtre européen, arrive à Londres en juin, sourire aux lèvres – ce sourire qui vaut une armée, dit-on – avec le général Clark, son adjoint, sur ses talons. Les premiers contingents de G.I.'s débarquent à la mi-juillet. Mais à peine fournissent-ils l'ossature de deux divisions partiellement entraînées. S'il est prévu de regrouper 2 millions de combattants sur le territoire britannique pour

1. Dixit Churchill.

2. Montrer à Staline que les Anglo-Américains se battent. Frapper Rommel sur ses arrières. Dégager la route de Malte. Espérer faire rentrer l'armée française d'Afrique dans la guerre.

envahir l'Europe, que de rotations de navires restent à effectuer dans l'Atlantique Nord [1] !

*
* *

Les uns et les autres préparent « Torch » qui, bientôt, accapare tous les moyens immédiatement disponibles. Du coup, le débarquement en Europe passe au second plan. Sera-t-il possible en 1943 ? De plus en plus douteux. Dans certains milieux américains, murmures et critiques s'élèvent. Churchill n'est-il pas en train d'accaparer à d'autres fins en Méditerranée la jeune armée américaine ?

*
* *

Le débat n'est toujours pas clos fin 1942 et début 1943, lorsque le succès de « Torch », la victoire d'El Alamein, le désastre allemand de Stalingrad désignent les futurs vainqueurs.

Pour exploiter leurs acquis et continuer à préparer l'avenir, Roosevelt et Churchill se retrouvent à Anfa en janvier 1943. Le second parvient encore à imposer ses vues. Il a compris que l'URSS ne s'écroulerait pas et qu'au contraire elle représentait, à l'est, la puissance montante. L'armée Rouge, en plus de l'impérialisme moscovite traditionnel, véhicule dans ses chariots une autre idéologie totalitaire, le communisme. Si l'on n'y prend garde, l'Europe, l'Europe orientale tout au moins, sera submergée par ce nouveau fléau. Les Occidentaux doivent devancer les Soviétiques sur le Danube. La route, pour ce faire, passe par l'Italie ou les Balkans. Churchill en est persuadé. Par petites touches, il obtient le feu vert de Roosevelt : « Torch », une fois la campagne de Tunisie achevée, se prolongera en Sicile. Après quoi, on avisera.

Mais l'Italie, chacun le sait, est proche de la Sicile…

Quant au projet du débarquement en Europe, il est pour l'heure dans un flou artistique. Ce qui ne signifie pas qu'il soit abandonné. Il est prévu d'accélérer l'arrivée des troupes améri-

---

1. En mars 1943, Roosevelt et ses conseillers fixeront la totalité des forces armées américaines (marine et aviation comprises) à 11 160 000 hommes.

caines en Grande-Bretagne. Eisenhower et son état-major étant occupés en Méditerranée, un responsable de la préparation des plans de la future invasion va se mettre au travail. Le COSSAC est né (littéralement : Chief of Staff to the Supreme Allied Commander, soit « chef d'état-major du commandant en chef allié »). Le titre désigne un homme. En mars, ce sera le général anglais Morgan. Dans la pratique, le COSSAC correspondra à l'équipe chargée d'élaborer les modalités du débarquement en Europe.

On avance, certes, mais rien n'est encore véritablement fixé. Curieusement, Churchill, promoteur du retour sur le continent pour libérer les pays occupés, semble traîner les pieds. Il parle surtout Méditerranée, Balkans, Italie. Avec l'arrière-pensée stratégique déjà évoquée mais que les Américains récusent. Pour eux, la route vers l'Allemagne passe par la voie la plus directe. A travers la Manche et non par le détour dans la péninsule italienne.

Deux conférences vont encore être nécessaires pour parvenir, à peu près définitivement, à une décision.

A Washington, en mai (conférence « Trident »), Churchill argumente toujours en faveur de l'Italie. Il regarde un débarquement en Europe, au printemps 1944, comme prématuré. Mais Roosevelt a pris de l'assurance. Il se sait à la tête d'une armée de plus en plus imposante. Il sent la pression de ses généraux et de son opinion publique, qui désirent voir les États-Unis prendre la conduite de la coalition et imposer leurs conceptions. Les G.I.'s n'ont pas pris le bateau pour permettre aux Britanniques d'accaparer la Méditerranée, mais pour renverser le totalitarisme et restaurer la démocratie. Le succès de l'entreprise impose de traverser la Manche. Roosevelt en est le premier convaincu.

Bousculés par la hiérarchie américaine, les chefs d'état-major alliés proposent un plan précis pour l'Europe : l'opération de débarquement se fera à travers la Manche en mai 1944, avec un effectif initial de 29 divisions.

Cette fois, une date a été clairement avancée. Le rapport final de la conférence « Trident » se veut plus circonspect. Au titre des opérations essentielles devant servir de base à la conception stratégique d'ensemble, l'alinéa 6 mentionne simplement :

> « Concentration aussi rapide que possible, dans une région spécialement choisie, du maximum des

moyens en vue de procéder à une invasion décisive de la citadelle de l'Axe. »

Churchill se déclare satisfait. Il se sent en bonne voie après la victoire en Tunisie qui annonce une conquête proche de la Sicile et un pas de plus vers la péninsule italienne. Roosevelt et son brain-trust espéraient mieux de « Trident », mais le débarquement de l'autre côté de la Manche est devenu inéluctable.

Si Churchill donne l'impression de se préoccuper essentiellement de la Méditerranée, son compatriote Morgan travaille, lui, d'arrache-pied au projet d'invasion de la France. Ses ébauches sont bien avancées lorsque Roosevelt et Churchill se retrouvent à Québec en août (conférence « Quadrant »). Le Premier ministre n'arrive pas sans munitions. La déconfiture de Mussolini, les pourparlers d'armistice avec les Italiens le servent. Il peut parler d'abondance mais, côté américain, les jeux sont faits. Quitte à taper du poing sur la table, ce que le fougueux King n'hésitera pas à faire.

Le rapport final présenté par les chefs d'état-major est donc approuvé par les deux responsables politiques :

- le débarquement à travers la Manche sera l'effort terrestre et aérien primordial des États-Unis et de la Grande-Bretagne contre l'Axe en 1944 (l'Italie n'a pas encore capitulé) ;
- l'opération, qui reçoit le nom définitif d'« Overlord », interviendra en principe le 1er mai 1944 ;
- « Overlord » aura la priorité sur le théâtre méditerranéen.

Au plan opérationnel, le COSSAC a retenu la Normandie comme zone de débarquement, sans que personne élève d'objection. Il peut donc poursuivre. Subsiste la question délicate du commandement en chef. Churchill avait laissé espérer ce poste, lourd de responsabilités mais riche d'auréole, au général Brooke. L'afflux des G.I.'s l'amène à faire marche arrière. Le poste revient de droit à un Américain [1]. Qui sera l'élu ? Tout semble devoir désigner Marshall.

A priori, le sort en est jeté, « Overlord » sera la grande affaire de 1944. Churchill aurait-il définitivement perdu la par-

1. En contrepartie, un Britannique prendra le commandement en Méditerranée.

tie en Méditerranée ? Il ne s'appellerait plus Churchill s'il ne menait d'autres barouds...

*
* *

Québec marque une étape. L'attelage Roosevelt-Churchill dont Churchill était, sans l'avouer, le coach, est rompu. Le Britannique n'est plus que le second d'un Président de plus en plus dominateur et grisé par l'encens qui, de toutes parts, monte vers lui.

Lors de la prochaine rencontre entre les deux hommes, les apparences seront sauvées, mais l'esprit des années 1941-1942 n'est plus. La Maison Blanche commande. C'est elle qui imposera les ultimes modalités concernant « Overlord ».

*
* *

Jusqu'à présent, Roosevelt et Churchill débattaient en tête à tête de leurs affaires. A Téhéran, ils se retrouvent en présence d'un tiers, et quel tiers ! L'ours soviétique n'est pas tous les jours d'humeur à faire patte de velours. Une question l'obsède : les Anglo-Américains tiendront-ils leurs engagements ? Débarqueront-ils vraiment en France en mai 1944 comme ils le lui ont annoncé ? La réponse influera sur son offensive d'été et la suite de sa campagne en Europe orientale. Finaud, le Géorgien a perçu le jeu de Churchill : arriver le premier à Vienne.

Pour Roosevelt, point d'ambiguïté. « Overlord » débutera comme fixé le 1er mai 1944, sous réserve de quelques aléas d'horaire. Le Président le confirme, ajoutant à l'adresse du Soviétique que l'opération s'inscrit dans la logique de son programme depuis un an : soulager l'armée Rouge. Au passage, il décoche une flèche à son collègue britannique : aucune opération secondaire en Méditerranée ne retardera « Overlord ».

Pourtant, il est têtu, Monsieur le Premier ministre. Il continue à vanter l'intérêt de faire entrer la Turquie dans la guerre, de soutenir les maquis balkaniques, de prendre Rome afin de s'approprier des aérodromes d'où il serait plus aisé de bombarder le centre de l'Allemagne. Toutes choses qui prennent du temps et risquent évidemment de retarder « Overlord ».

Du coup, Staline s'emporte :

> « Croyez-vous réellement à “Overlord”, ou cherchez-vous à nous berner pour nous faire perdre patience ? »

Churchill plaide la bonne foi, mais Staline veut des gages. Qui commande « Overlord » ? Roosevelt, encore indécis, ne répond pas. Pour être sûr que les Anglo-Américains ne prendront pas la route de Vienne, le Géorgien relance la mise. Il réclame un complément à « Overlord », le meilleur moyen pour détourner une partie des forces alliées de la péninsule italienne. Il demande la réalisation d'un plan dont il a eu écho : « Anvil », un débarquement dans le midi de la France.

Adopter « Anvil », en adjonction d'« Overlord », saboterait complètement les projets de Churchill par l'Italie. Roosevelt s'engouffre dans la brèche. Il veut gagner la confiance du Soviétique et tient à réaliser « Overlord ». Il donne son accord à « Anvil ». Un second débarquement aura donc lieu en France, quelques semaines après le premier. En principe en juillet, sitôt qu'aura été regroupé le tonnage utilisé pour « Overlord ».

Churchill a été définitivement lâché par son partenaire traditionnel. Il s'incline pour ne rien aggraver. Il sait du reste que son pays n'est pas le plus fort. Le Royaume-Uni, même s'il joue des coudes, a du mal à se glisser entre les deux colosses américain et soviétique.

Churchill, le visionnaire, est battu. Au fond de lui-même, il enrage de renverser le nazisme pour le remplacer parfois par le communisme [1]. Mais que peut-il faire pour s'y opposer ? Rien, sans le soutien américain. Ce soutien, Roosevelt ne le lui apporte pas. Il rêve de l'après-guerre dans l'amitié avec l'univers marxiste-léniniste !

*
* *

A Téhéran, Staline déplorait l'absence d'un commandant en chef désigné pour « Overlord ». Il y trouvait presque une marque de la mauvaise foi de ses alliés. Le 5 décembre, Roosevelt lève le voile : Eisenhower est l'élu. Lui parviendra bientôt

1. Ses *Mémoires* le laissent clairement entendre.

la directive lui confirmant sa nomination et lui précisant sa mission :

> « Directive pour le Commandant suprême des forces expéditionnaires alliées.
>
> 1. Vous êtes par les présentes nommé Commandant suprême des forces alliées ayant pour mission de libérer l'Europe du joug allemand. Votre titre sera celui de Commandant suprême des forces expéditionnaires alliées.
>
> 2. Mission : Vous pénétrerez sur le continent européen et, conjointement avec les autres nations unies, vous entreprendrez des opérations visant le cœur de l'Allemagne et ayant pour but la destruction de ses forces armées. Vous pénétrerez sur le continent au mois de mai 1944. Après vous être assuré dans la Manche de ports convenables, vous exploiterez ce résultat en vous emparant d'une zone qui facilitera les opérations terrestres et aériennes dirigées contre l'ennemi. »

*
* *

« Overlord » aura lieu. Sa genèse n'a été ni simple ni rapide. Elle a suscité bien des palabres et des atermoiements. La volonté de Roosevelt et des Américains, ses grands maîtres d'œuvre, lui a donné l'existence, écartant l'autre voie qu'eût préférée Churchill.

En final, n'est-il pas paradoxal de découvrir que la pression de Staline ait contribué à donner à « Overlord », entreprise spécifiquement anglo-américaine, sa physionomie définitive, celle d'un double débarquement en France ?

Chapitre X

LA FORTERESSE EUROPE ET LE MUR DE L'ATLANTIQUE

Il y aura un débarquement en Europe occidentale. Les Allemands, au début de 1944, en sont convaincus. Celui du 8 novembre 1942, en AFN, les a surpris, comme celui du 10 juillet 1943, en Sicile. Cette fois, il n'y a pas d'ambiguïté. Trop d'éléments concordent. La volonté, à peine dissimulée, des responsables alliés de prendre pied en Europe [1]. Les formidables concentrations d'hommes et de matériel (estimées à 75 divisions) localisées en Grande-Bretagne. L'arrivée, toujours sur le sol britannique, des chefs victorieux en Méditerranée : Eisenhower, Montgomery. Partout, les reconnaissances aériennes confirment les renseignements des agents secrets. Même le nom de code de l'invasion du continent a filtré : « Overlord » [2].

*
* *

1. Le 24 décembre 1943, Roosevelt en personne annonce la nomination d'Eisenhower comme commandant suprême des forces alliées, ce qui implique son départ du théâtre méditerranéen pour un nouveau théâtre facile à deviner.

2. Une synthèse de renseignements allemands du 21 février 1944 affirme : « La détermination fréquemment exprimée de mettre fin à la guerre en 1944 est

Pour Hitler et ses généraux (et maréchaux), la grande question n'est donc plus de savoir s'il y aura ou non débarquement. Il s'agit de répondre aux traditionnelles interrogations militaires : où ? quand ? comment ? Avec pour corollaire : comment repousser l'agression ?

L'Allemagne, le 1er janvier 1944, occupe toute l'Europe occidentale, à l'exception de la péninsule ibérique [1]. Elle est ainsi vulnérable en maints endroits. Les rivages de la Manche, de la mer du Nord, de l'Atlantique ou de la Méditerranée sont susceptibles de voir surgir des envahisseurs. Sans parler de l'éventualité d'une opération aéroportée de grande ampleur.

Hitler a ainsi 4 500 km de côtes à défendre. Tâche redoutable même pour celui qui ambitionnait de dominer le monde !

Le maître du IIIe Reich a toujours redouté une intervention en Norvège permettant par la Baltique, le Danemark ou la Suède d'accéder au cœur de l'Allemagne. C'est pourquoi il y maintient – bien inutilement – plusieurs divisions [2]. A la réflexion, toutefois, un débarquement en Norvège paraît peu plausible. Le relief de la péninsule scandinave se prête mal à une large utilisation des blindés. L'appui aérien serait basé trop loin pour être véritablement efficace alors que la Luftwaffe serait à courte portée de ses terrains.

La bataille se poursuit en Italie où les Alliés marquent le pas. Leur potentiel sur place est connu, et ils ne paraissent pas vouloir se renforcer de façon significative pour écraser Kesselring et poursuivre vers le nord. La menace ne viendra pas de là. Elle pourrait, en revanche, viser les côtes dalmates pour soutenir les maquis de Tito. Aucun rassemblement particulier n'est cependant signalé en Méditerranée. Les gros regroupements s'effectuent au pays de Galles et dans l'Angleterre du sud-ouest. C'est donc bien du côté de l'Europe de l'Ouest qu'il faut regarder [3].

Par élimination, l'analyse conduit à un secteur privilégié :

à considérer comme le point clé du plan opérationnel de l'ennemi. Il est aussi sans cesse répété comme un fait acquis que la décision sera recherchée par une attaque de grande échelle en Europe de l'Ouest. »

1. Et évidemment de la Suisse, de la Grande-Bretagne, des territoires reconquis : Corse, Sardaigne, Italie méridionale, ainsi que du Vatican, inviolé, quoique la tentation eût été forte de l'investir.

2. Une douzaine en moyenne, ce qui est considérable.

3. Cela n'a pas empêché Hitler d'envisager durant un temps un débarquement au Portugal ou dans le Midi de la France.

le nord de la France. Le sud de la Loire et même la Bretagne paraissent trop éloignés. Les approches de la Normandie sont réputées dangereuses par la marine à cause de bandes rocheuses. Le pays de Caux dresse un mur de falaises. Reste le pas de Calais qui, avec l'embouchure de la Somme, réunit le maximum d'éléments favorables : « Channel » le plus étroit, et par conséquent traversée et rotations les plus courtes ; aviation au plus près de ses bases ; ouverture de la route directe vers la Ruhr ; bons ports très vite exploitables, Dunkerque, Calais, Boulogne. Il existe, enfin, un point certainement non négligeable aux yeux des Britanniques. Débarquer par le pas de Calais permettrait de neutraliser les rampes de lancement de V/1 [1]. Le Bomber Command a réussi à en démanteler certaines, mais d'autres, mieux protégées et mieux camouflées, ont été construites.

Bref, à l'étude, dans l'esprit des dignitaires allemands, il ne saurait y avoir de doute. Le secteur de l'embouchure de la Somme à Dunkerque s'annonce, de loin, comme la zone dangereuse par excellence. Au-delà, un débarquement dans les Flandres obligerait les navires alliés [2] à défiler devant les batteries du cap Gris-Nez. Ce serait vraiment trop osé ! En conséquence, le pas de Calais s'est vu octroyer la priorité. Les travaux s'y sont multipliés. La densité des troupes y est plus forte qu'ailleurs.

Au début du printemps de 1944, deux hommes pourtant ne partagent pas entièrement l'opinion générale : Hitler et Rommel. Le Führer est l'homme des intuitions. Il vit penché sur ses cartes, essayant d'apercevoir les fumées des bâtiments ennemis. Ces fumées, il les distingue devant les côtes normandes. Le 20 mars, il déclare à ses commandants en chef à l'ouest :

> « Les deux secteurs les plus favorables [pour l'ennemi] et, par conséquent, les plus menacés sont

---

1. Le premier V/1 ne sera lancé contre Londres que le 13 juin 1944. Mais les Britanniques connaissent son existence. D'où le raid sur Peenemünde du 17 août 1943 (voir *La Grande Histoire de la Seconde Guerre mondiale, Novembre 1942-Octobre 1943*, chap. 13, p. 234).

2. Puisqu'il est acquis qu'ils se rassemblent dans les ports du sud-ouest de l'Angleterre. Il y a, aux abords du cap Gris-Nez, 4 pièces de 280 et 4 de 380. A Sangatte, à l'ouest de Calais, se trouvent 3 pièces de 406 (canons qui, servis par la marine, sont capables d'intervenir sur toute la largeur du « Channel »).

Quant à un débarquement dans les Pays-Bas, il paraît également hors de question à cause des zones inondées et des coupures du Rhin et de la Meuse.

les péninsules du littoral occidental, le Cotentin et la Bretagne. Toutes deux sont également tentantes, car elles offrent le maximum de possibilités pour la formation d'une tête de pont qui serait élargie systématiquement, grâce à l'emploi massif de l'aviation et des armes lourdes. »

Quelques semaines plus tard, affinant sa pensée, il précise que le Cotentin est le plus menacé. Le 2 mai, un message tombe de l'OKW :

> « Le Führer pense qu'il ne faut pas s'attendre à un débarquement sur un front de 500 km, mais que l'attaque portera en premier lieu sur la Normandie et en second lieu sur la Bretagne. »

Les jours suivants, Hitler sera même encore plus catégorique, affirmant :

> « Les Alliés débarqueront en Basse-Normandie, entre l'Orne et la Vire. »

A des interlocuteurs, lui demandant avec prudence les sources de ses renseignements, il réplique :

> « Aucune ! Mais je vous dis qu'ils débarqueront là. J'en suis sûr ! » [1]

Et de marteler sa conviction avec force devant von Rundstedt, lequel est toujours persuadé que le débarquement interviendra là où existent des ports.

Devant une telle assurance, le commandant en chef à l'ouest se tait. D'ailleurs, il ne discute plus avec le Führer. Depuis longtemps, il n'accorde plus de crédit militaire à celui qu'il appelle « le caporal bohémien ».

Rommel, lui, est arrivé à une conclusion identique à celle de Hitler, mais par une voie différente : celle du simple bon sens.

---

1. Début juin, l'intensité des bombardements dans le Pas-de-Calais le rendra – tout comme Rommel – plus dubitatif.

« Un débarquement ne peut intervenir que là où il a des chances de réussir. »

Il convient donc d'exclure le pas de Calais trop bien défendu. Par les photographies aériennes, par la Résistance française, le commandement allié sait bien ce qu'il en est dans cette région. Aussi pourquoi se risquer où l'on est attendu ?

Aussi, pour Rommel, la cause est-elle entendue. Ce sera la Normandie moins défendue et qui fait face aux ports de départ de l'armada alliée.

Ce débarquement qu'il pressent en Normandie, Hitler, en son for intérieur, le souhaite. Lucide malgré tout, il est sans grandes illusions même s'il s'en cache. Sa défaite se dessine, inéluctable. Un débarquement repoussé constitue sa seule chance. Il se souvient de Dieppe [1], de Salerne, d'Anzio. Dans le premier cas, les assaillants ont été refoulés. Dans les deux suivants, ils ont été contenus et mis à mal, ce en l'absence de dispositif défensif. Cette fois, ils se heurteront à des défenses bien organisées, comme à Dieppe. Les rejeter à la mer est tout à fait possible. Alors quel succès ! Que de temps gagné ! Les Alliés devront se remettre du choc psychologique et matériel de leur échec. Les délais ainsi obtenus permettront à l'Allemagne de développer ses fameuses armes secrètes. Qui sait même si – espoir secret du Führer – la coalition ne sortira pas ébranlée, voire disloquée de l'épreuve !

Il convient donc de se fortifier et de faire vite. Car sur ce point, les opinions se rejoignent. L'événement interviendra avec les beaux jours. Il est clair qu'une opération de débarquement exige un temps clément pour la marine et l'aviation. Mai apportera – en principe – mer calme et ciel dégagé. Les responsables allemands sont également unanimes sur un autre point d'importance : le débarquement aura obligatoirement lieu à marée haute. Lancer des hommes sur des centaines de mètres de grèves découvertes serait suicidaire. Les navires de transport profiteront des hautes eaux pour déposer leurs troupes au plus près. Ce raisonnement sera de la plus grande importance dans les décisions prises pour les travaux de défense.

La défense ! Hitler l'organise depuis longtemps. Il a répondu, à sa manière, à la grande question : comment se prémunir ? Il a ordonné de créer une « forteresse Europe » inexpugnable.

---

1. Voir *La Grande Histoire de la Seconde Guerre mondiale, Décembre 1941-Novembre 1942*, chap. 12.

De Kirkenes aux Pyrénées, la lame de l'adversaire viendra se briser contre son « Mur de l'Atlantique » [1]. Goebbels et sa propagande ne tarissent pas à ce sujet. Dieppe leur a donné matière.

En 1941, l'organisation Todt [2] s'est mise à l'ouvrage. 1941, 1942, le danger paraît lointain. Les travaux progressent lentement, consacrés principalement à la défense des ports. Hitler est persuadé que les Alliés auront besoin de s'approprier l'un ou l'autre. Les fortifications s'intensifient autour de Cherbourg, du Havre, de Calais, etc. [3] L'expérience a prouvé à Dieppe, le 19 août 1942, qu'il fallait compter avec elles.

A partir de 1943, la construction du « Mur de l'Atlantique » s'est accélérée, grâce à l'utilisation massive de milliers de travailleurs étrangers requis. (Recours qui permet à la Résistance française [4] et aux Alliés de faire ample moisson de renseignements tout à fait précieux sur les implantations.) 13 millions de mètres cubes de béton, 1,2 million de tonnes de fer seront utilisés pour édifier casemates d'artillerie, blockhaus ou fortins abritant pièces antichars, armes automatiques, groupes de fantassins, PC, infirmeries, relais de transmissions, dépôts de munitions. Complètent ce dispositif quantité d'obstacles : « dents de dragons », réseaux de barbelés, champs de mines, etc. En omettant cependant parfois un vieil article du règlement militaire français d'avant 1939 : « Tout obstacle non battu par le feu est un obstacle nul. » Tout au plus l'obstacle en question retardera-t-il l'ennemi ?

Ce *limes* atlantique a été confié au maréchal von Rundstedt, tiré de sa disgrâce [5] de novembre 1941. A 67 ans, l'ancien commandant du GAS a pris, le 15 mars 1942, les fonctions ultérieurement intitulées de « commandant en chef à l'ouest » [6].

---

1. « Un rempart de points fortifiés et des fortifications gigantesques s'étendant de Kirkenes aux Pyrénées [...] C'est ma décision inébranlable de rendre ce front imprenable à tout ennemi », a annoncé Hitler, le 11 décembre 1941, en déclarant la guerre aux États-Unis.

2. Du nom de son premier chef, elle a été créée en 1933 pour réaliser des travaux d'infrastructure ou de fortification (autoroutes, ligne Siegfried, etc.).

3. Brest, La Rochelle, l'estuaire de la Gironde.

4. Le réseau Confrérie Notre-Dame du colonel Rémy parvient à s'emparer d'une copie du plan original allemand des défenses côtières de Cherbourg à la Seine. Selon le général Bradley, le secteur de débarquement du 6 juin 1944 aurait été choisi en fonction de ce plan. Cf. Col. Rémy, *Mémoires d'un agent de la France Libre,* Aux trois couleurs, 1946, p. 538.

5. Voir *La Grande Histoire de la Seconde Guerre mondiale, Juin 1941-Décembre 1941*, chap. 8.

6. PC à Saint-Germain-en-Laye.

Le stratège n'a rien perdu de ses éminentes qualités, mais on dit l'homme assez désabusé. On dit aussi qu'appréciant grandement le champagne et la gastronomie française, il aurait perdu sa fougue antérieure. Peu convaincu des vertus de la défensive, il contemple de loin le Mur de l'Atlantique.

La menace croissant, le « Commandement à l'Ouest » a pris de l'ampleur. Au printemps 1944, von Rundstedt dispose de 58 divisions [1], réparties en trois grands commandements [2] :

– 88e CA du général Christiansen (3 divisions) ;
– GA/B du maréchal Rommel (38 divisions) ;
– GA/G du général Blaskowitz (17 divisions).

1. Dont 31 statiques, qui occupent les défenses du littoral.
2. Tableau du dispositif allemand à l'ouest :

	PD	DM	Div. para	DI	TOTAL
88e CA (gal Christiansen) : Pays-Bas				3	3
GA/B (maréchal Rommel) : Meuse-Loire 1 – XVe armée (gal von Salmuth) : Orne-Meuse	4	–	–	17	21
2 – VIIe armée (gal Dollmann) : Loire-Orne	3	–	2	12	17
				sous-total	38
GA/G (gal Blaskowitz) : Loire-Alpes 1 – Ire armée : Loire – Hautes-Pyrénées	1	1	–	5	7
2 – XIXe armée : Hautes-Pyrénées-Alpes	2	–	–	8	10
				sous-total	17
Soit, Commandement de l'Ouest				Total	58

Les divisions blindées relèvent du « Corps blindé de l'Ouest » sous les ordres du général Geyr von Schweppenburg. Elles sont théoriquement sous l'autorité opérationnelle de von Rundstedt. L'une d'elles, la tristement fameuse PD SS « Das Reich », est implantée à Montauban.

A ses côtés, l'amiral Krancke commande la marine « ouest » et le général Sperrle la IIIe flotte aérienne de la Luftwaffe. Le 88e CA défend les Pays-Bas, le GA/B le nord-ouest de la France de la Meuse à la Loire, le GA/G le sud de la France de la Loire aux Alpes [1].

Incontestablement, le GA/B représente le « gros morceau » et sa XVe armée, stationnée en grande partie au nord de la Seine, y est de loin la plus étoffée. Cette structure répond à ce qu'attend von Rundstedt : l'ennemi se manifestera devant elle.

Dès sa prise de fonctions, fin novembre 1943, au terme d'un bref séjour en Italie du Nord, Rommel s'est mis à l'ouvrage avec son énergie habituelle. Bien que commandant du GA/B, il est également chargé d'une mission d'inspection des Pays-Bas aux Alpes. Sa confiance en Adolf Hitler appartient au passé, mais il veut s'efforcer de préserver son pays du cataclysme qu'il entrevoit. Repousser les Anglo-Américains autoriserait peut-être la conclusion d'un armistice et la fin du conflit. Partant tôt, regagnant tard son PC [2], le patron du GA/B arpente les plages et les fortifications. Sa perspicacité n'a pas été émoussée par l'éloquence de Goebbels. Il a eu tôt fait de découvrir les failles de la forteresse Europe.

Si les ports sont bien défendus, que dire du reste ? Le dispositif manque totalement de profondeur. Il ne constitue qu'un écran côtier. Des secteurs entiers sont dépourvus de troupes et de défense. Parfois plus de 3 km entre deux bunkers ! Les troupes sont de valeur très inégale. PD et divisions parachutistes, composées de jeunes façonnés par le moule nazi, sont de bonne qualité. Tel n'est pas le cas de nombre de DI à base souvent de vieilles classes. 7 d'entre elles sont encore en formation ou à l'entraînement. A la 709e DI la moyenne d'âge des hommes de troupe est de 37 ans. Les éléments hétérogènes non allemands ont largement rempli les rangs. Des livrets de solde de la 276e DI laisseront découvrir huit modèles distincts correspondant à des Russes, des Cosaques, des Arméniens, des Azerbaïdjanais, des Géorgiens, des Nord-Caucasiens, des Turkestanais, des Tatars. C'est dire que, dans bien des cas, des mercenaires

---

1. Voir tableau page précédente.

2. Installé d'abord à Fontainebleau puis, en avril 1944, pour être plus près du front, au château de La Roche-Guyon, demeure historique des ducs de La Rochefoucauld, dans une boucle de la Seine entre Mantes et Vernon (60 km en aval de Paris).

qui ont revêtu l'uniforme allemand uniquement pour éviter de mourir de faim dans les camps de prisonniers, gardent les défenses. Le recrutement n'est pas meilleur dans les batteries côtières de la marine. Dönitz a évidemment conservé ses meilleurs éléments et tous les moins de 35 ans pour les forces navales. L'armement est aussi hétéroclite que la composition des unités. Si l'on en croit l'amiral Ruge, conseiller naval de Rommel, les armes de la VIIe armée sont de 92 types différents, utilisent 252 sortes de munitions (47 n'étant plus fabriquées)...

En matériel, la marine et l'aviation ne sont pas mieux loties. Le gros de la Luftwaffe se bat à l'est ou défend le ciel allemand. Chaque jour diminue son potentiel. A la veille du débarquement, Sperrle n'aura sur 500 avions que 90 bombardiers et 70 chasseurs en état de vol, avec des équipages sous-entraînés. Son collègue Krancke est encore plus démuni et l'aviation alliée réduira sa flotte pratiquement à néant : quelques destroyers, des vedettes, des dragueurs de mines. Quant aux U-Boote de Lorient ou La Palice, ils ne relèvent pas de son commandement.

Rommel sait parfaitement qu'il ne peut obtenir des divisions qui n'existent pas ou combattent ailleurs. A défaut se dépense-t-il pour multiplier les obstacles passifs qui retarderont l'adversaire en lui occasionnant des pertes. Il impose un rythme de travail infernal :

> « J'interdis tout exercice de défilé et j'exige qu'il n'y ait pas une minute qui ne soit consacrée aux défenses accessoires de la côte. Car c'est sur la côte que se jouera le sort de l'invasion et ce dès les premières vingt-quatre heures. »

Quitte à faire preuve de ce que les Français dénomment le « système D », les idées ne lui manquent pas. Les zones inondées sont agrandies, surtout dans le Cotentin, afin de réduire les possibilités de parachutage ou d'atterrissage des planeurs. Contre ces derniers, Rommel hérisse le sol de pieux ou de troncs d'arbres vite baptisés « asperges de Rommel ». Il porte essentiellement son effort sur les plages où se présentera le gros de l'invasion. Persuadé lui aussi que celle-ci profitera de la marée haute, il invente des obstacles destinés à stopper les bâtiments ou à éventrer leurs coques. Il sème les grèves de tripodes, de « hérissons tchèques » [1], de rails, de poutrelles ou de madriers

1. Trois morceaux de rails assemblés, en leur milieu, à angle droit.

solidement étayés et piégés. Comme les mines lui manquent, il fait feu de tout bois, utilisant notamment de vieux stocks d'obus.

L'apparition de tous ces engins surprendra et inquiètera les Alliés. Les photographies aériennes, les reconnaissances navales discrètes en discerneront vite la nature. Ce sont celles-ci qui, entre autres, feront opter pour un débarquement à marée basse.

Imagination, labeur parviennent, au moins partiellement, à réparer certaines carences. En six mois, Rommel améliore la consistance du Mur sinon le potentiel de sa troupe. Un général notera, non sans humour : « Comment amener des Russes à se battre en France pour des Allemands contre des Américains ? »

La tâche est d'autant plus difficile que d'autres écueils surgissent, encore plus insurmontables. Le courant ne passe pas entre Rommel et son supérieur hiérarchique, le maréchal von Rundstedt : en trois ans, le premier est passé du grade de colonel à celui de maréchal. Et cette promotion fulgurante du quinquagénaire au visage encore juvénile, son aîné aurait tendance à l'imputer à la seule faveur de Hitler. Aussi qualifie-t-il volontiers son cadet de « Marschall Bubi » (« maréchal gosse »).

Le conflit de personnes s'aggrave de divergences stratégiques. Von Rundstedt raisonne à partir de ses expériences de France ou de Russie. Il y a conduit des batailles décisives et forcé le succès grâce aux manœuvres habiles de ses corps blindés. Il compte procéder de même et regrouper ses PD pour asséner des contres-attaques massives sur les éléments débarqués. Il y est d'autant plus enclin qu'adepte de l'offensive il ne croit pas à la valeur du Mur de l'Atlantique. Rommel est loin d'une telle conception. Ayant vu l'aviation alliée à l'œuvre en Afrique, il sait quel atout représente la maîtrise du ciel. Sa conclusion est formelle : un CB cantonné à deux ou trois journées de route de sa zone d'intervention ne l'atteindra pas ; il sera auparavant décimé et cloué au sol par les chasseurs bombardiers ; pour être efficaces, les PD doivent stationner au plus près des points de débarquement possibles et agir sans retard. Rommel l'a dit et le répète :

> « Ce sera sur la côte que se jouera le sort de l'invasion. »

Et d'expliquer pourquoi : le combattant adverse qui débarque est en position de faiblesse ; il est fatigué, après une ou plusieurs nuits sans sommeil, épuisé souvent par le mal de mer, transi de froid par les embruns ou un bain forcé, alourdi par son équipement et son armement, angoissé par l'inconnu à affronter. C'est un homme amoindri qu'il faut frapper dès son arrivée à terre. Il est vulnérable.

Rommel plaide en soldat. Il se met à la place de l'exécutant du rang, en homme conscient de l'évolution de la lutte en fonction du nouveau rapport de forces, dans le ciel notamment. Von Rundstedt s'exprime en théoricien féru de grands principes. Il parle de « saisir l'adversaire, une fois engagé sur le continent, dans de vastes opérations en tenaille aboutissant à sa complète destruction ».

Rommel réplique :

> « Mieux vaut 1 PD le jour J, que 3 PD le jour J + 3. »

Dialogue de sourds entre l'homme qui se croit toujours en Russie et l'homme qui a vu les « Jabos » [1] détruire les Panzers.

Seulement von Rundstedt est le commandant en chef. Les PD resteront loin à l'arrière. Tout juste Rommel obtiendra-t-il que la XXIe PD s'installe dans la banlieue sud de Caen.

Du reste, toucher aux PD, quelle autre source de discorde ! Hitler s'en est réservé de fait la disposition. Leur implantation, leur utilisation passent obligatoirement par son accord. Von Rundstedt lui-même est forcé de s'incliner [2]. D'ailleurs, dispose-t-il même de vrais pouvoirs, le commandant en chef Ouest ? Hitler, ici comme ailleurs, a imposé son éternelle ligne de conduite : défendre chaque pouce de terrain [3]. Cet impératif interdit toute initiative et prohibe que l'on raccourcisse le front, tactique qui dégagerait pourtant des réserves [4]. Comment von Rundstedt pourrait-il de surcroît mener une vraie bataille interarmes ? Krancke, le marin, reçoit ses ordres directement de Dönitz ; Sperrle, l'aviateur, les siens de Goering. Rommel a eu beau verbalement et par

1. Chasseurs bombardiers.

2. 4 PD lui échappent pour une autre raison. Unités de Waffen SS, elles relèvent officiellement de Himmler : 1re PD SS (Leibstandarte Adolf Hitler) en Belgique ; 11e PD SS (Das Reich) vers Montauban ; 12e PD SS (Hitler Jugend) vers Evreux ; 17e PzGrD SS (Götz von Berlichingen) vers Poitiers.

3. Ainsi a-t-il exigé que soit maintenue une division dans les îles Anglo-Normandes. Elle y restera, inutilement, jusqu'à la fin de la guerre.

4. Von Rundstedt le souhaiterait, au détriment du sud de la France.

écrit réclamer l'unité de commandement, Hitler la refuse. Elle donnerait trop de pouvoir à un seul homme. Car la confiance ne règne pas. SS et Gestapo surveillent la Wehrmacht et ses chefs.

Hitler, Goebbels clament que leur forteresse Europe est inexpugnable. Est-ce si sûr ? Le manque de profondeur du Mur de l'Atlantique, les faiblesses qualitative et quantitative de bien des défenses et de bien des unités, les contradictions internes du commandement allemand se chargeront d'en révéler les lézardes. Sept semaines suffiront à l'envahisseur pour forcer le passage.

Chapitre XI

LES PLANS NEPTUNE ET OVERLORD

Le 15 janvier 1944, Eisenhower retrouve le fog londonien. Que de chemin parcouru depuis sa première arrivée en juin 1942 ! Le général inconnu d'hier est devenu le commandant suprême des forces expéditionnaires alliées. Son QG, le Supreme Headquarters Allied Expeditionary Forces, sera bientôt célèbre, dans toute la presse mondiale, sous le sigle de SHAEF [1]. De là partiront les ordres régentant des millions d'hommes.

Avant de rejoindre son nouveau PC, le commandant suprême s'est préoccupé de son équipe. Homme de dialogue, il aime travailler en confiance. D'autres s'en sont souciés également, les Britanniques en l'occurrence qui, Brooke en tête [2], veulent

---

1. En mai 1942, il se dénommait simplement ETOUSA (European Theatei of Operations United States Army).

2. Le chef de l'état-major impérial n'est pas toujours tendre envers Eisenhower : « Il faut se souvenir qu'Eisenhower n'avait jamais commandé un bataillon en action, quand il se retrouva à la tête d'un groupe d'armées en Afrique », ou encore : « La tactique, la stratégie et le commandement ne furent jamais ses points forts. »

placer leurs compatriotes. Dans cette coalition, la fibre nationale n'est pas plus absente que les ambitions personnelles.

Le commandant en chef étant américain, son adjoint se doit au moins d'être anglais. La fonction est dévolue à l'Air Chief Marshal Tedder. Celui-ci a fait ses preuves au Moyen-Orient et ensuite travaillé main dans la main avec Eisenhower. La bonne entente est assurée entre eux. Elle le sera également avec le jeune général Bedell-Smith. Il a bien servi son patron en Méditerranée. Il est normal qu'il conserve son poste de confiance de chef d'état-major. Du reste, une véritable amitié unit les deux hommes.

Montgomery commandera les forces britanniques (XXIe GA), « *A choice acceptable to me* », écrira Eisenhower. Ce qui ne dénote pas un enthousiasme fou de sa part à l'endroit du vainqueur d'El Alamein. Sans doute le style égocentrique du terrible Monty n'est-il pas le sien. Eisenhower ne pèche pas par un souci excessif de sa carrière personnelle. Il reconnaît toutefois au Britannique un talent exceptionnel pour « conditionner » ses hommes avant la bataille. Outre le commandement direct des troupes anglo-canadiennes, Montgomery assumera également la direction de toutes les forces terrestres durant la phase initiale d'« Overlord » (ce poste lui permettra de parler haut et fort et de s'approprier la paternité de bien des succès...).

Les sujets de Sa Majesté continuent de se tailler la part du lion. L'amiral Ramsay dirigera les forces navales et l'Air Chief Marshal Leigh-Mallory les forces aériennes. Autour de la table de travail, les Américains, Eisenhower et Bedell-Smith, pourraient presque se sentir isolés, mais ils obtiendront un autre compatriote. Le général Bradley, commandant de la Ire armée US, est appelé à devenir le patron du GA XIIe US. Il sera alors l'égal dc Montgomcry dans la bataillc [1].

Cette bataille future a été coiffée d'une double codification : « Overlord » pour son intégralité, l'invasion de l'Europe, « Neptune » pour sa phase initiale, l'assaut à travers la Manche.

Le COSSAC, qui travaille depuis des mois sur ses plans, a dû répondre à une redoutable question : Où débarquer, eu égard aux moyens ? Il a dévoilé son choix à Québec, lors de la conférence « Quadrant », et préconisé de débarquer sur les côtes normandes en baie de Seine, entre l'Orne et la Vire. Personne n'y a

1. Ce qui interviendra le 1er août, après la rupture du front allemand de Normandie.

trouvé à redire, vu les arguments présentés pour justifier ces lieux de préférence à d'autres :

– défenses allemandes moins importantes que dans le Pas-de-Calais, regardé par les Allemands comme le secteur le plus menacé ;
– presqu'île du Cotentin fournissant un écran contre les vents d'ouest dominants ;
– région nord-ouest de la France, entre Seine et Loire, susceptible d'être la plus facilement isolée par des bombardements ;
– distance d'appui aérien jouant en faveur des troupes au sol : quelque 200 km ; la péninsule bretonne, intéressante à cause de ses ports, eût été trop éloignée.

Le COSSAC, en étudiant les lieux, a écarté l'objection relevée par les Allemands en Normandie : la présence de barres rocheuses non loin du large. Des reconnaissances ont montré que celles-ci n'existaient pas partout. Enfin, la côte de Basse-Normandie fait face aux ports de regroupement anglais : Southampton, Poole, Portland, Torquay, Falmouth.

L'interrogation essentielle sur les ports indispensables pour alimenter la bataille avait été soulevée. Réponse : il faudra occuper Cherbourg au plus vite. Avec une arrière-pensée sur un projet en développement : les ports artificiels.

Forts de l'aval donné, à Québec, à leurs propositions, Morgan et ses équipiers ont poursuivi leur travail et élaboré un plan détaillé soumis, à la fin de décembre 1943, aux responsables militaires.

Pour le débarquement proprement dit, sur un front de 60 km [1], ils prévoient d'engager 3 divisions, encadrées par 2 divisions aéroportées. Eisenhower et Montgomery sont immédiatement unanimes pour considérer cette option insuffisante. Les premières troupes terrestres débarquées doivent être suffisamment puissantes pour repousser les contre-attaques ennemies.

La mouture initiale de « Neptune » s'étoffe donc tout en s'élargissant. 5 divisions débarqueront en premier échelon, suivies par 2 autres en soutien immédiat ; 3 divisions aéroportées couvriront leurs flancs : au-delà de l'Orne, à l'est, à la base de la presqu'île du Cotentin, à l'ouest. Au total, une force d'assaut

---

1. À vol d'oiseau. Une bonne centaine en suivant la côte, de l'embouchure de la Vire à celle de l'Orne.

Téhéran, novembre 1943. Churchill et Roosevelt, conformément au vœu de Staline qui demandait depuis longtemps l'ouverture d'un second front pour soulager l'armée Rouge, entérinent définitivement le débarquement en Normandie pour le printemps 1944.

Pendant ce temps dans le Pacifique, les troupes US prennent pied victorieusement sur une plage, lors des opérations engagées en Nouvelle-Guinée et à Bougainville.

La guerre des îles et des atolls sera le théâtre de combats acharnés, les Japonais opposant une résistance farouche. Ci-dessus les Marines progressent difficilement à Bougainville, devant affronter également une végétation hostile et un climat particulièrement éprouvant. (c

En dépit des attaques aériennes japonaises, l'artillerie américaine, dont certaines batteries ont été sérieusement endommagées, poursuit le pilonnage intensif des positions ennemies. (c

Dans l'archipel des Gilbert, la plage de Tarawa après les débarquements US, où les pertes en hommes et en matériel ont été considérables de part et d'autre. (d.r.)

En décembre, au terme de corps à corps acharnés, les Américains sur le point de se rendre maîtres de l'une des hauteurs de l'île. (d.r.)

(d.

(d.r.)

Photo en haut : Les rigueurs de l'hiver 43/44 dans les Abruzzes gênent et retardent les Alliés dans leurs opérations de libération de l'Italie. Ci-dessus débarquement de troupes anglaises en janvier 1944 près d'Anzio. Huit jours plus tard, les Allemands stopperont leur avance dans l'arrière-pays.

27 janvier 1944 : Le siège de Leningrad prend fin. Quelque 5 000 canons russes, derrière des rideaux de bouleaux, ont ouvert la voie aux blindés.

(d.

.r.) Photo du haut : Sur le front italien en mai 1944, de Gaulle, de Monsabert, Juin et de Lattre de Tassigny penchés sur une carte font le point de la situation. Ci-dessus, à Monte-Cassino en ruine, Américains, Néo-Zélandais et Canadiens ont été repoussés après de lourdes pertes.

Dans Rome enfin libérée le 5 juin 1944, un détachement français passe
.r.) devant l'ambassade de France.

Jour J-1. Dernières recommandations de Eisenhower, commandant suprême de « Overlord » à une section de paras, le visage déjà passé au noir, fin prêts à être largués la nuit suivante au-dessus des côtes françaises. Ces hommes entraînés de manière intensive étaient tous volontaires. (d.

6 juin 1944. La plus formidable armada de tous les temps (plus de 4 000 bâtiments) cingle vers la France guidée par les stations hertziennes anglaises. Près du rivage en Normandie, des sentinelles allemandes, sans se douter de l'imminence du danger, font leur ronde habituelle. (d

.r.) L'une des photos les plus célèbres du Jour J. Sous le ciel plombé, brouillé par les fumées des bombardements, les premières vagues d'assaut s'élancent vers la terre ferme.

Des rafales de l'artillerie allemande et des mitrailleuses lourdes commencent
.r.) à frapper de plein fouet les assaillants.

Comme le montre cette photo, beaucoup de défenseurs allemands, préparés depuis de longs mois à l'invasion, réagirent avec détermination au débarquement du 6 juin. Dans l'encadré, le maréchal von Rundstedt commandant en chef des forces allemandes à l'Ouest. (d.

Les fameuses forteresses volantes B/17 de la VIIIe Air Force jouèrent un rôle majeur dans la réussite du débarquement, mais causèrent inévitablement d'importantes destructions et pertes civiles dans de nombreuses agglomérations. (d.

.r.)

L'immense organisation logistique nécessaire à l'acheminement des renforts et à l'approvisionnement des hommes et du matériel s'amplifie chaque jour. Pendant des semaines d'affilée ne cesseront d'affluer armes, munitions et nouvelles unités venues grossir les armées de libération qui atteindront le 1er juillet environ 1 000 000 d'hommes.

Au cours de l'une des plus vigoureuses contre-attaques de Rommel, un convoi allié tombe sous le feu d'une batterie allemande. Touché de plein fouet par un obus, un camion de munitions explose et s'embrase instantanément.

(d.r.)

Le 14 juin, de Gaulle débarque de *La Combattante* sur la plage de Courseulles. Dans quelques heures, il vivra à Bayeux son premier et émouvant bain de foule. (d.

Ci-dessous, à gauche, dans un petit village partiellement détruit, un véhicule américain croise un char hors de combat. À droite, malgré les deuils et les souffrances endurées, la population accueille à bras ouverts ses libérateurs. (d.

l.r.) Avant le débarquement, sentant les menaces d'une invasion se préciser, Rommel, après avoir vainement demandé à Hitler des forces supplémentaires, avait tenté avec son état-major de faire face à l'inéluctable.

Ci-dessous, aux environs de Caen, ses chars se ruent vers le front pour s'efforcer d'enrayer la progression des Alliés.
l.r.)

Un canon anti-char américain en pleine action au cours de la campagne du Cotentin où la bataille fut particulièrement rude jusqu'à la reddition du général von Schlieben, commandant la garnison de Cherbourg, le 26 juin (photo ci-dessous).

(d.

(d.

.r.)

Depuis le 18 juillet, Saint-Lô dévasté est entièrement contrôlé par les Américains. Si, dans de nombreux secteurs, les combats se poursuivent avec âpreté, du côté allié chacun arbore le sourire de la victoire. Chez les Allemands, en revanche, le découragement et la lassitude gagnent tous les rangs de la Wehrmacht, tandis qu'augmente sans cesse le nombre des prisonniers.

Patton (d.r.)

Bradley (d.r.)

Montgomery (d.r.)

20 juillet 1944 : Hitler, visé dans un nouvel attentat, vient d'échapper de justesse à la mort. La bombe placée par Stauffenberg (en haut, à droite) presque aux pieds du Führer pulvérise son quartier général sans l'atteindre à la suite d'un incroyable concours de circonstances. Quelques heures plus tard, fortement commotionné, il revient avec Mussolini sur les lieux de l'explosion.

(d

Quelques jours plus tôt en Biélorussie près de Vitebsk, cinq divisions allemandes ont été anéanties par l'armée Rouge en deux jours. Le 13 juillet, Vilnius (photo de droite) a été libéré, l'ennemi laissant sur le terrain quinze mille combattants (morts ou prisonniers).

(d

Photo du haut : Après l'effondrement de sa défense près de Lvov le 26 juillet, le Groupe d'Armées de l'Ukraine du Nord ploie et se défait sous l'irrésistible assaut de l'armée soviétique qui atteint la Vistule à la fin du mois après une progression de plusieurs centaines de kilomètres.

Dans le Pacifique, les troupes américaines accentuent leur pression sur l'armée japonaise. De mai à juillet celle-ci recule partout mais se bat avec un fanatisme dévastateur. Photo de gauche : Des parachutistes s'emparent de l'aérodrome de Noemfoor. Photo de droite : Le cuirassé *Pennsylvania* bombarbe les positions ennemies de Guam.

Au nord-ouest de la Nouvelle-Guinée, les Américains progressent précautionneusement dans la jungle. Sur la photo de droite, les servants d'un canon de la marine japonaise essaient de contenir l'offensive généralisée de MacArthur. (d

24 juillet 1944 : Débarquement US à Tinian, dans les îles Mariannes. (d

de 176 000 hommes avec 20 000 véhicules et plusieurs milliers de tonnes de matériel sera mise à terre en deux jours.

Progressivement, l'ensemble se décante, prend consistance. À la mi-avril, le plan peut être regardé comme définitif avec l'apparition de la terminologie des points de débarquement. Au 15 mai, l'ensemble est officiellement présenté au roi George VI, au maréchal Smuts et au Premier ministre.

Les Américains (Ire armée, général Bradley) débarqueront à l'ouest de part et d'autre de la baie des Veys, en deux points :

- 4e DI, à la base du Cotentin, devant le hameau de la Madeleine, *Utah Beach* ;
- 1re DI, au nord de Bayeux, devant Vierville, Saint-Laurent et Colleville, *Omaha Beach.*

Les Britanniques (IIe armée, général Dempsey) débarqueront à l'est entre Arromanches et Ouistreham :

- 50e div. britannique, d'Arromanches à la Rivière, *Gold Beach* ;
- 3e div. canadienne, devant Courseulles, *Juno Beach* ;
- 3e div. britannique, de Lion-sur-Mer à Ouistreham, *Sword Beach.*

Utah, Omaha, Gold, Juno, Sword, autant de noms destinés à entrer dans la légende du débarquement et de la Seconde Guerre mondiale...

Le tragique souvenir de Dieppe ne s'est pas estompé. Des blindés sont indispensables pour accompagner et même précéder l'infanterie. Aussi les divisions de premier échelon ont-elles été organisées en brigades d'assaut ou groupes de combat régimentaire (RCT) [1] munis de chars [2].

Entre les uns et les autres se glisseront les « commandos », chargés d'enlever les points forts ou de jeter des passerelles entre les plages. Le 2e bataillon de Rangers américains aura la

---

1. Regiment Combat Team.

2. Organisation variable chez les Américains ou les Britanniques, mais incluant en principe 2 bataillons d'infanterie, 1 bataillon de chars, 1 bataillon de canons automoteurs et des spécialistes du Génie pour forcer les brèches. Le terme « bataillon », qui n'existe pas dans l'artillerie et l'ABC françaises, est d'usage chez les Américains et les Britanniques.

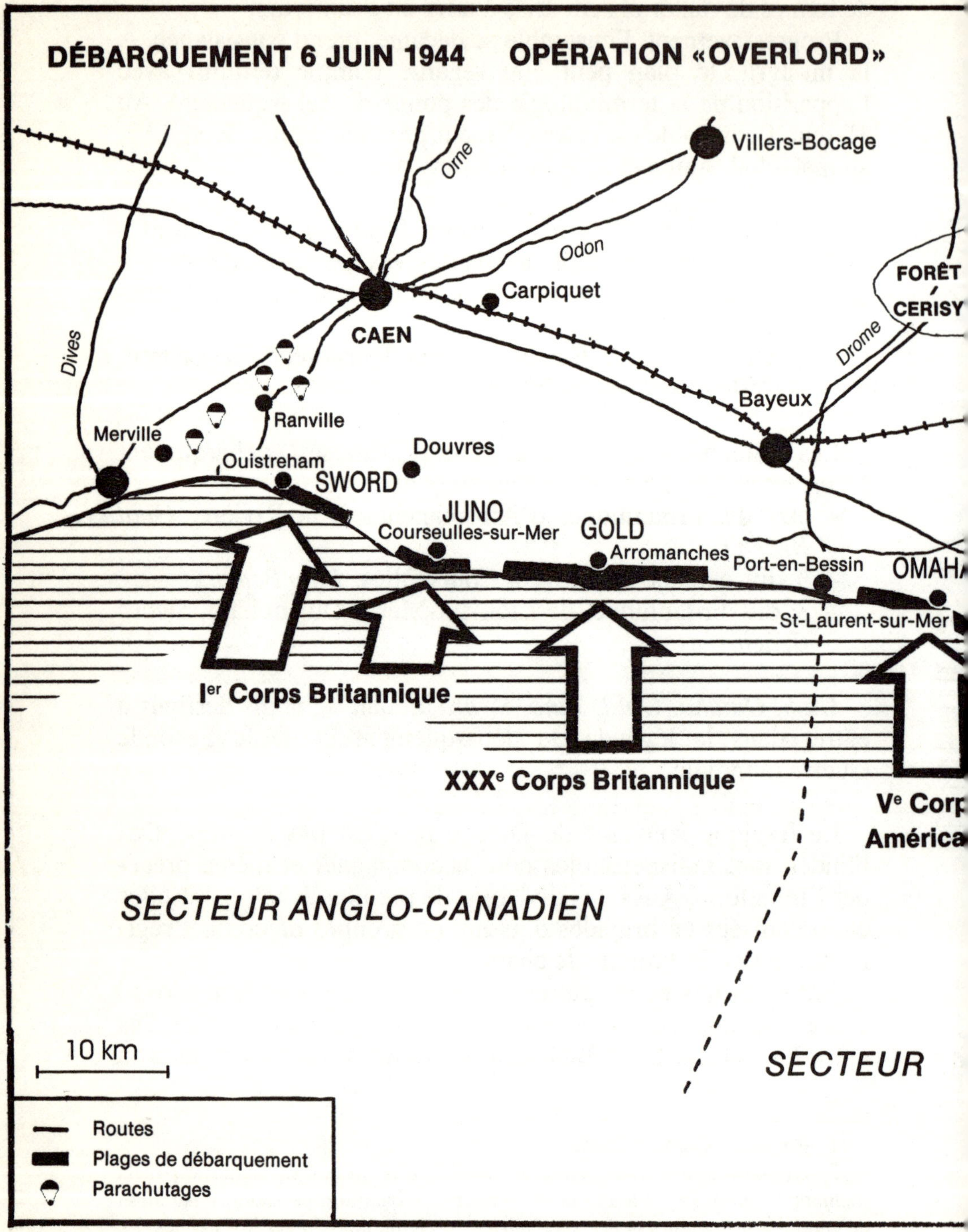
DÉBARQUEMENT 6 JUIN 1944 OPÉRATION «OVERLORD»
Villers-Bocage
Orne
Odon
FORÊT
CERISY
Carpiquet
CAEN
Drome
Dives
Bayeux
Ranville
Merville
Douvres
Ouistreham
SWORD
JUNO
Courseulles-sur-Mer
GOLD
Arromanches
Port-en-Bessin
OMAH
St-Laurent-sur-Mer
Ier Corps Britannique
XXXe Corps Britannique
Ve Corp
América
SECTEUR ANGLO-CANADIEN
SECTEUR
10 km
Routes
Plages de débarquement
Parachutages

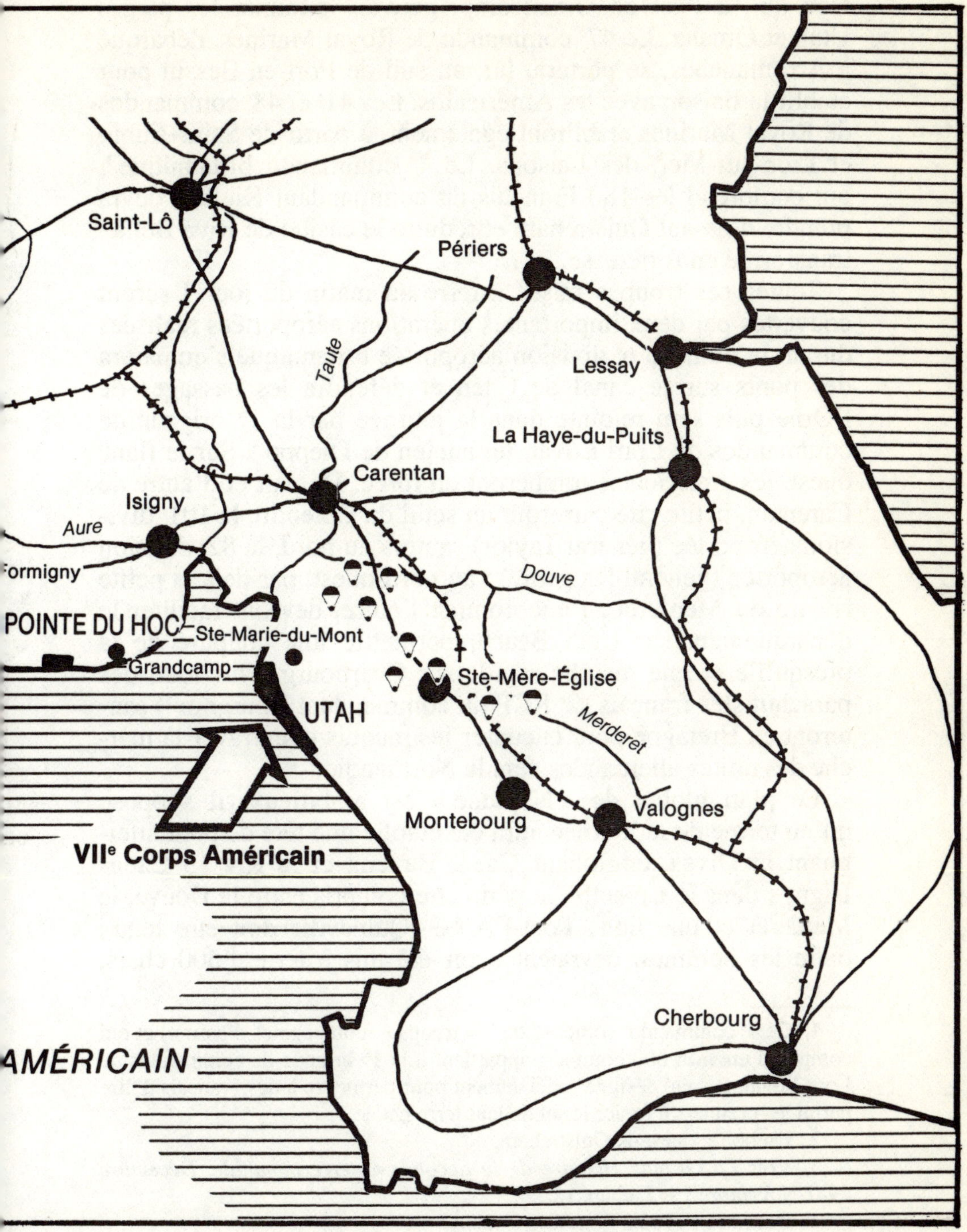
Saint-Lô
Périers
Lessay
Taute
La Haye-du-Puits
Carentan
Isigny
Aure
Formigny
Douve
POINTE DU HOC
Ste-Marie-du-Mont
Grandcamp
Ste-Mère-Église
UTAH
Merderet
Montebourg
Valognes
VIIe Corps Américain
Cherbourg
AMÉRICAIN

redoutable mission de neutraliser les batteries de la pointe du Hoc qui, à l'est de Grandcamp, peuvent pilonner les plages Utah et Omaha. Le 47e commando de Royal Marines, débarqué à Arromanches, se portera, lui, au sud de Port-en-Bessin pour établir la liaison avec les Américains. Les 41e et 48e commandos de Royal Marines établiront également, à partir de Saint-Aubin et Lion-sur-Mer, des liaisons. Le 4e commando britannique [1], qui comprend les 180 Français du commandant Kieffer, devra prendre d'assaut Ouistreham et réduire le casino de Riva Bella [2] transformé en forteresse.

Toutes ces troupes mises à terre au matin du jour J seront couvertes par deux importantes opérations aéroportées réalisées durant la nuit. La 6e division aéroportée britannique s'emparera des ponts sur le canal de Caen et défendra les passages de l'Orne puis sera rejointe dans la journée par la 1re brigade de commandos de Lord Lovat, un ancien de Dieppe [3]. Sur le flanc ouest, les Américains tomberont en force. De part et d'autre de Carentan, petite cité carrefour au seuil du Cotentin, la 101e division aéroportée (général Taylor) sautera au nord, la 82e division aéroportée (général Ridgway) [4] au nord-ouest, par-delà la petite rivière du Merderet ; l'une comme l'autre, devront faciliter le débarquement sur Utah Beach, permettre une coupure de la presqu'île et une marche rapide sur Cherbourg. Plus loin, des parachutistes français (2e RCP du commandant Bourgoin [5]) sauteront en Bretagne pour encadrer les maquis et entraver la marche des unités allemandes vers la Normandie.

Le plan global de « Neptune » est ambitieux. Il suppose qu'au terme de la journée aura été établie une tête de pont atteignant la Dives, englobant Caen, Bayeux et la RN 13 Caen-Isigny ; dans le Cotentin, le périmètre compris entre la Douve, le Merderet et une ligne Pont-l'Abbé - Quineville doit être tenu ; outre les hommes, devraient avoir été mis à terre 1 500 chars,

---

1. Ce 4e commando, composé de 7 « troops » (compagnies d'assaut) et qui comprend environ 600 hommes, appartient à la 1re brigade de commandos de Lord Lovat. Il a été désigné spécialement pour permettre à des Français d'être parmi les premiers à fouler le sol de leur terre natale.

2. Faubourg ouest de Ouistreham.

3. Voir *La Grande Histoire de la Seconde Guerre mondiale, Décembre 1941-Novembre 1942*, chap. 12.

4. Décédé en 1993 à l'âge de 98 ans.

5. Ce régiment fait partie de la brigade SAS britannique. Il compte dans ses rangs des anciens du « French Squadron » de Libye.

5 000 véhicules blindés, 3 000 canons, 10 500 véhicules de tous types, depuis la jeep[1] jusqu'au bulldozer.

En concevant leur opération, les militaires ont assez vite répondu aux interrogations de base : où et comment ? Le débarquement s'effectuera sur les côtes normandes par terre et par mer. Mais quand ? La conférence « Quadrant » a fixé une date, le 1er mai 1944, qui a été confirmée à Staline, au cours de la conférence de Téhéran. Mais l'immense tâche de préparation allonge les délais. Eisenhower précise finalement que tout doit

ORDRE DE BATAILLE DU 6 JUIN 1944

SHAEF

Général EISENHOWER
(commandant suprême)

Général Bedell-Smith
(chef d'état-major)

Air Chief Marshal Tedder
(commandant suprême adjoint)

Général Montgomery (commandant des forces terrestres)	Air Chief Marshal Leigh-Mallory (commandant en chef des forces aériennes alliées)	Amiral Ramsay (commandant en chef des forces navales)
	Amiral Vian (GB) (Task Force est)	Amiral Kirk (Task Force ouest)

FORCES TERRESTRES

XXIe GA (général MONTGOMERY)

Ire armée US (Général Bradley)	IIe armée britannique (Général Dempsey)

7e CA US	5e CA US	30e CA Br.	1er CA Br.	
(Force U)	(Force O)	(Force G)	(Force J)	(Force S)
UTAH	OMAHA	GOLD	JUNO	SWORD

1. Il s'agissait, lors de sa conception, d'un véhicule regardé comme tous usages, soit en anglais « General purpose », d'où véhicule « GP », d'où jeep.

être prêt le 1er juin (Jour Y, baptisé « Halcyon »). Restent à déterminer la date exacte et l'horaire précis, les fameux jour J [1] et heure H [2].

Une mer et un ciel cléments ne suffisent pas. L'approche des troupes aéroportées et de la marine exige un clair de lune. Un laps de jour est nécessaire aux bâtiments de débarquement pour se déployer et aux navires de guerre pour régler leurs tirs de préparation avec le maximum de précision.

Se pose aussi le problème de la marée. À cet égard, les Allemands ont, on le sait, tranché. Persuadés que les assaillants se présenteraient à marée haute, ils ont truffé les grèves de pièges. Ces obstacles entraînent la décision alliée définitive. Dans un cas, des obstacles invisibles recouverts par les flots. Dans l'autre, de longues plages découvertes à franchir. Une solution médiane est donc retenue. L'heure H, la mise à terre, sonnera trois heures avant la pleine mer. Les chalands de débarquement verront les pièges de Rommel. Les fantassins auront moins de terrain nu à parcourir. Ce sans oublier que l'heure H doit survenir après un laps de jour de cinquante à soixante minutes [3].

Tous ces impératifs [4] réduisent les créneaux favorables. En mai, « Neptune » n'était pas prêt. En juin, s'offrent trois jours qui réunissent toutes les conditions requises de lune et de marée, les 5, 6 et 7. À défaut d'une météo convenable durant cet intervalle, « Neptune » devrait être reporté d'un mois pour bénéficier d'une lune et d'une marée satisfaisantes. Mais ce report ferait perdre autant de bonne saison pour la phase d'exploitation en direction de l'Allemagne.

Eisenhower sait qu'à compter du 1er juin tout sera prêt. Le 8 mai, il arrête sa décision : Jour J, le 5 juin 1944. Mais le ciel le permettra-t-il ?

*
* *

1. Les Anglo-Américains parlent de « D day ».

2. Par heure H s'entend l'horaire où les chalands de débarquement talonnent les plages.

3. Autre problème, un décalage horaire de quarante minutes entre les heures de marée aux plages les plus extrêmes. Il faut donc fixer une heure H distincte pour chaque secteur, soit des débarquements échelonnés sur quatre-vingt-cinq minutes.

4. Est également requise une période de forte marée pour qu'à marée basse les obstacles (qui devront être détruits par le Génie) soient bien dégagés.

L'après-« Neptune »

Et après ? Le débarquement n'est pas une fin en soi. Le but de « Neptune » est de conquérir, suivant l'expression de Montgomery, « un secteur où loger ». Ce logement obtenu, il n'est pas question de s'y blottir bien au chaud. Il faudra en sortir rapidement pour exécuter la mission prescrite au Commandant suprême : « Pénétrer au cœur de l'Allemagne et détruire les forces ennemies adverses. »

Eisenhower et son état-major ont donc préparé « Neptune » et l'après-« Neptune ».

La première étape consistera, sitôt réuni le potentiel suffisant, à s'extraire du « logement ». La Ire armée US ouvrira une brèche au sud-ouest du Cotentin. Une IIIe armée US, placée sous Patton dont les qualités de « battant » sont bien connues, prendra ensuite le relais en s'emparant de la Bretagne avant de se rabattre vers l'est en direction de Paris et de la Seine. Quant aux Britanniques, après avoir fixé le maximum de forces ennemies devant Caen, ils pivoteront autour de cette ville pour gagner la Seine inférieure. On espère dans cette manœuvre encercler la VIIe armée allemande et les unités accourues en renfort puis, sur la lancée, entamer la marche vers l'Allemagne. Le IIIe Reich, à l'ouest, est censé être protégé par la ligne Siegfried, équivalant de la célèbre ligne Maginot française [1]. Deux régions jouent un rôle essentiel dans son économie : la Ruhr et la Sarre. La première peut être atteinte par le nord de la France, la Belgique et les Pays-Bas, la seconde par l'est de la France.

Au lendemain de son arrivée sur la Seine, Eisenhower envisage deux poussées. La principale conduira sur le Rhin supérieur, en enveloppant Paris et les passages sur la Seine. L'autre, secondaire, gagnera la Sarre par la rive gauche de la Seine et la Champagne. Une fois la ligne Siegfried franchie, les deux poussées convergeront sur Kassel. Tout donne à penser que le corps de bataille allemand chargé de défendre les zones vitales sera disloqué ou encerclé dans la bataille [2]. Après Kassel, l'éclatement se fera sur Berlin, Hambourg et Dresde.

---

1. Mais d'une conception totalement différente. L'essentiel de la ligne Maginot est constitué d'ouvrages puissants tenus par d'importantes garnisons, la ligne Siegfried de petits blockhaus à effectifs réduits. Au printemps 1944, elle n'est pratiquement pas occupée.

2. Eisenhower espère même disloquer le gros de la Wehrmacht qui lui fait face avant le Rhin, estimant raisonnablement que les Allemands privilégieront la défense à l'est contre les Soviétiques.

L'Allemagne méridionale sera envahie grâce à « Anvil » (rebaptisé « Dragoon »), le débarquement dans le Midi de la France programmé à partir du 15 juillet. Remontant par les vallées du Rhône et de la Saône, les forces alliées finiront d'isoler le centre et le sud-ouest de la France, puis entreront en Allemagne par le Palatinat et le pays de Bade.

Dans cette offensive à travers l'Europe occidentale, la programmation a été poussée très loin. Elle prévoit d'atteindre la Seine et la Loire à J + 90, à J + 180 la Somme et Reims et seulement à J + 330 les portes de la Ruhr et Metz. Paradoxalement, l'expérience montrera trop d'optimisme pour la phase initiale, alors que la suivante dépassera les espérances. Une meilleure exploitation des succès du mois d'août aurait même pu donner des résultats plus rapides.

Une telle action implique des mises à terre considérables. 900 000 hommes à J + 20, 1 700 000 avec 365 000 véhicules à J + 60 [1]. De tels chiffres disent assez les énormes besoins en ports de réception et en matériel de transport.

*
* *

La préparation aérienne

Pour réussir pleinement, « Overlord » nécessite une maîtrise absolue du ciel. Le COSSAC l'avait posée en principe de base. Dès juillet 1943, Morgan lançait un avertissement à ce sujet :

> « Par-dessus tout, une réduction absolue de la force de la chasse allemande entre maintenant et le moment du débarquement est essentielle... Cette condition impérative dictera si l'assaut amphibie peut ou non être lancé à une date donnée... »

L'opération « Pointblank » avait tendu à ce but et y était parvenue. Les effectifs de la Luftwaffe, à l'ouest, avaient fondu par les prélèvements imposés au profit d'autres théâtres (Est, Allemagne) et surtout devant les coups reçus. Plus de 5 000 appareils détruits de la mi-novembre 1943 au 5 juin 1944. Au printemps 1944, les avions à étoile blanche ou à cocarde tricolore sont pratiquement

---

1. Ceci sur le seul front de Normandie. Comme à Anzio, Churchill est exaspéré par la disproportion du parc et des effectifs.

les seuls à surgir des nuages au-dessus de la campagne française. Et ils sont en nombre ! 11 000, dont 7 500 en appui direct d'« Overlord ». Les 3 500 autres, relevant des forces stratégiques, viendront aussi s'intégrer momentanément [1] à ce dispositif [2].

Cette aviation alliée [3] a reçu des missions multiples pour le jour J : interdire les réactions de la Luftwaffe, appuyer les troupes au sol, briser les contre-attaques terrestres. À ces tâches traditionnelles au cours de la bataille s'en ajoute une autre non moins vitale : détruire, avant le jour J, le maximum du potentiel ennemi (batteries côtières, stations radar, aérodromes, dépôts, etc.) et de ses voies de communication.

L'offensive aérienne préalable prend ainsi deux aspects : destruction ou affaiblissement de l'adversaire, isolement de la zone du débarquement. Elle ne va pas sans risques extra-militaires. Près des défenses allemandes, des ponts, des lignes de chemin de fer, habitent souvent des civils. Responsables politiques et militaires craignent de provoquer de très nombreuses victimes françaises et belges. Le chiffre de 80 000 est avancé. Certains parlent

---

1. Jusqu'à la fin du mois d'août.

2. Ici se situe l'une des divergences les plus notables survenues durant la Seconde Guerre mondiale entre les responsables militaires alliés.

Harris, Spaatz, chefs du bombardement stratégique, sont des partisans résolus de l'« Oil plan », c'est-à-dire de l'attaque contre les ressources allemandes en carburant. Ils plaident, non sans logique, que la pénurie de carburant finira par immobiliser la Wehrmacht.

Leigh-Mallory, appuyé par Eisenhower, défend le « Transportation plan », le désert ferroviaire et routier.

L'affaire se complique d'un problème de fond au niveau du haut commandement. Eisenhower, patron d'« Overlord », entend diriger sur terre, sur mer et dans l'air, donc pouvoir donner ses directives aux forces stratégiques pour la bonne réalisation d'« Overlord ». Tedder et Portal (chef d'état-major Air britannique) feront pencher la balance en faveur du « Transportation plan » et imposeront aux forces stratégiques de passer avant le jour J sous l'autorité d'Eisenhower. Celui-ci aura alors un commandement global air – terre – mer. Il a été contraint, pour obtenir ce résultat, de proposer sa démission.

3. Forces aériennes alliées d'« Overlord » :

a. – Forces stratégiques
- Bomber Command britannique (Air Chief Marshal Harris) ;
- US Strategic Air Force Europe (général Spaatz) :
  8e US Air Force (général Doolittle),
  15e US Air Force (en Italie).

b. – Forces tactiques
- 2e British Tactical Air Force (général Cunningham) ;
- 9e US Air Force (général Anderson).

du double. Il effraie Churchill qui redoute devant le nombre de victimes possibles une rupture avec les populations amies.

Mais la guerre, impitoyable, a ses exigences. Les chefs militaires ont besoin d'affaiblir l'adversaire. Les bombardements auront lieu. Interrogé, Roosevelt a tranché par l'affirmative. Il sera toutefois entrepris une campagne (radio, tracts) destinée à alerter les habitants des zones incriminées et les inciter à s'éloigner. Mais est-il toujours possible de s'éloigner lorsqu'on a sa demeure et son travail ?

Eisenhower tenant par-dessus tout à isoler les zones de débarquement, Leigh-Mallory agit dans ce sens. Ses raids aériens, à partir du début mars, se développent suivant deux larges croissants : vallée de la Seine et de la Loire, vallée de la Seine – axe Arras-Bruxelles-Anvers, afin de détruire les ponts et l'infrastructure ferroviaire. Normandie et Pas-de-Calais se trouvent ainsi coupés de leurs arrières. Du 1er avril au 5 juin, les Alliés lâchent 200 000 tonnes de bombes sur l'Europe de l'Ouest. Mais ce « Blitz » coûte cher : 2 000 avions, 12 000 aviateurs mais aussi environ 12 000 morts français et belges. Du moins, dans un rayon de 250 km autour des côtes normandes, 75 % minimum du trafic ferroviaire est inutilisable. Dans son travail, l'aviation alliée est toutefois mieux qu'aidée par la Résistance française. 808 locomotives détruites seront portées à l'actif des saboteurs de l'ombre contre 347 aux appareils alliés.

Parallèlement, les forces stratégiques poursuivent leurs attaques contre l'intérieur de l'Allemagne. Bomber Command de Harris durant la nuit, Strategic Air Force de Spaatz pendant le jour [1] vident régulièrement leurs soutes sur les cités et les centres industriels allemands [2]. Harris et Spaatz sont du reste persuadés qu'ils peuvent à eux seuls mettre l'adversaire à genoux. (Arnold partage leur point de vue.) Large débat qui ne sera pas clos avec la guerre !...

*
* *

1. Les pertes subies avec ce type de bombardement contraindront de le suspendre jusqu'à la mise en service des chasseurs d'escorte à long rayon d'action (Lightning puis Mustang).

2. Certains raids sur l'Allemagne visent nettement à amener la Luftwaffe à engager le combat, comme le raid sur Nuremberg dans la nuit du 30 au 31 mars 1944 qui se termine mal : 108 appareils détruits (peut-être davantage), 745 aviateurs tués ou blessés, 159 prisonniers.

Bodyguard et Fortitude

Les Alliés débarqueront en baie de Seine. Ils n'ignorent pas [1] que les Allemands les attendent plus au nord, dans le Pas-de-Calais. Il faut que la hiérarchie ennemie en soit convaincue et, si possible, continuer à l'égarer, une fois le débarquement effectué. Celui-ci ne serait-il pas une opération secondaire, pour attirer les renforts et dissimuler l'opération principale ?

Poussant le raisonnement, il n'est pas interdit d'induire Hitler et l'OKW à supposer une invasion possible non seulement en France, mais encore dans les Balkans, en Norvège, dans la péninsule Ibérique ou sur une autre côte européenne, cette hypothèse correspondant d'ailleurs à une interrogation allemande. Jodl, le 1er janvier 1944, écrivait dans son journal : « Intention de l'ennemi pour 1944. Mur de l'Atlantique ou Balkans ? »

De là va naître un gigantesque plan conçu pour détourner les Allemands de la Normandie et les amener à disperser leurs forces [2]. L'imagination se donnera libre cours dans cet ensemble baptisé « Bodyguard » au niveau européen et « Fortitude » à celui de l'Europe du nord-ouest. À ce titre, « Bodyguard » et « Fortitude », immense programme de dissuasion où se mêlent intoxications stratégiques et artifices de toute nature, sont parties intégrantes d'« Overlord ».

« Bodyguard » [3] concernant l'intégralité de la forteresse Europe, les Soviétiques y participent en acceptant de ne déclencher leur offensive d'été qu'après le jour J, de manière à immobiliser des réserves allemandes à l'est. Une opération « Zeppelin » tend à faire croire à une irruption dans les Balkans [4]. Une autre campagne d'intoxication laisse pressentir une attaque en Norvège, menée conjointement avec les Soviétiques [5]. « Diadème », offensive bien réelle contre Rome, « Ironside », opération fictive vers

---

1. Grâce à Ultra, aux reconnaissances aériennes et à la Résistance française.

2. Il vise également à retarder la riposte en disloquant les systèmes de communication, de ravitaillement, de renseignement. Le bombardement aérien en fait donc partie.

3. « Jael » jusqu'en 1943.

4. Des agents annoncent un débarquement américain dans la région de Trieste.

5. La radio d'une soi-disant IVe armée britannique de 350 000 hommes regroupés en Écosse diffuse des messages du genre : « Le capitaine Smith du 10e Cameronien doit se présenter sur-le-champ à Aviemore pour son entraînement de ski. » « La 80e division attend ses 1 800 paires de fixations de skis. »

Bordeaux, « Vendetta », autre fiction vers Marseille, autant de manœuvres pour disperser la Wehrmacht et amener ses alliés : Finlande, Roumanie, Hongrie, Bulgarie, à changer de camp. De fait, par contrecoup, Hitler est obligé d'envoyer à cette époque des troupes dans ces deux derniers pays.

« Fortitude » concerne plus spécifiquement le nord-ouest de la France [1]. Sous ce sigle se cachent toutes les entreprises destinées à assurer la sécurité de « Neptune ». Feindre de ne pas être prêt, donner l'impression de vouloir attaquer ailleurs qu'en Normandie en sont les principaux aspects.

On verra un certain lieutenant James (opération « Copperhead ») s'envoler le 25 mai pour Gibraltar puis Alger sous l'apparence de l'ancien commandant de la VIIIe armée. Il en a les traits, la démarche, la diction et les mouchoirs brodés à ses initiales. Ce sosie très crédible de Montgomery parade avec une discrétion affectée pour laisser supposer bien des choses à l'adversaire. Si Montgomery se déplace en Méditerranée, le débarquement ne saurait intervenir immédiatement dans la Manche. Sans doute est-il venu contrôler les préparatifs d'une opération dans le Midi de la France. Surtout que, dans le même temps, il est demandé à Franco des facilités pour implanter un important hôpital à Barcelone. Sachant également qu'une armée française (armée de Lattre) se constitue en AFN, bien des présomptions se trouvent coïncider...

On laisse aussi entendre que Patton commande un GA de 50 divisions – un million d'hommes – rassemblées dans le sud-est de l'Angleterre [2]. Si Patton se trouve là, juste en face du Pas-de-Calais, la preuve est bien faite que quelque chose d'important est sur le point de se produire dans le secteur entre Calais et Boulogne. Comment ne pas remarquer également que les reconnaissances ou les bombardements aériens sont dans le Pas-de-Calais trois fois plus intenses qu'ailleurs ?

Le faux Monty [3] n'est qu'un personnage cocasse pour la plus grande hilarité des initiés. Les Britanniques ont-ils accepté de

1. Il y aura en fait « Fortitude North », consacré à la Scandinavie, « Fortitude South », à la Normandie, sans compter « Fortitude plus », monté après le jour J.

2. Pour étayer cette « information », on laisse la Luftwaffe réussir à photographier des quais d'embarquement, des chalands, etc., tous factices, naturellement.

3. Voir *La Grande Histoire de la Seconde Guerre mondiale, Décembre 1941-Novembre 1942*, chap. 17.

payer un prix autrement fort que celui du périple du faux Montgomery ? Nombre d'historiens le pensent. Le sujet, délicat, n'est pas encore pleinement élucidé. Des résistants n'hésiteront pas à affirmer que certains de leurs camarades ont été délibérément trahis pour transmettre des renseignements erronés et orientés. En 1940, Churchill avait accepté Coventry [1]. Qu'en 1944 d'autres vies humaines aient été volontairement sacrifiées pour permettre d'en sauver des milliers d'autres reste du domaine du très plausible [2].

*
* *

Le bilan de « Bodyguard » et « Fortitude » ne sera pas négatif. Les Allemands n'éventeront pas les artifices et ne localiseront pas de façon précise l'emplacement du débarquement. Von Rundstedt maintiendra sa principale force, la XVe armée, dans le Pas-de-Calais. Les 4 PD implantées au sud de la Loire ne seront pas déplacées avant le jour J. Les divisions allemandes continueront à être dispersées en Europe, d'est en ouest par les Balkans, l'Italie, la Norvège. Quant à Hitler, changeant d'opinion, il restera longtemps persuadé que le débarquement de Normandie est secondaire, qu'un autre plus important interviendra sous peu dans le nord de la France. À l'instar du Führer, bien des décisions du commandement allemand seront faussées le jour J. Il sera donné de s'en rendre compte.

*
* *

Les plans d'« Overlord » et de « Fortitude » représentent un domaine hautement secret à protéger avec une extrême vigilance. Eisenhower le souligne : « Nous aurions un poids sur la conscience si nous devions nous reprocher dans les années à venir d'avoir compromis le succès d'opérations essentielles en négligeant les précautions les plus élémentaires », écrit-il aux chefs d'état-major britanniques. Aussi use-t-il de toute son autorité pour faire adopter des mesures draconiennes de sécurité.

---

1. Voir *La Grande Histoire de la Seconde Guerre mondiale, Juin 1940-Juin 1941*, chap. 9.
2. Sur ce sujet comme sur « Bodyguard » et « Fortitude », se reporter à *La Guerre secrète,* de Anthony Cave Brown, chez le même éditeur.

Presse, téléphone, courrier sont contrôlés, censurés, les voyages à l'étranger suspendus. Une grande partie de l'Angleterre se transforme en zone interdite. Les initiés – les « Bigots » – sont sélectionnés avec une extrême rigueur. Eux seuls ont accès aux salles d'opérations, aux tables de cartes. Eux seuls sont habilités à transcrire ou transmettre les ordres relatifs à « Neptune ». Leurs contacts avec l'extérieur sont réduits au strict minimum. Les excès de langage sont sévèrement réprimés.

Les Grands n'échappent pas à la règle. Les conversations téléphoniques Roosevelt-Churchill sont sous surveillance et soigneusement codées. Cela n'empêchera pas les Allemands, jusqu'en février 1944, d'en décrypter une partie. Eisenhower luimême n'est pas à l'abri de la suspicion. Mrs Summersby, sa secrétaire-chauffeur, qui est aussi sa maîtresse, inquiète les responsables de la sûreté du SHAEF, mais ils ne trouveront rien à lui reprocher.

Le problème des Alliés est tout aussi délicat. Les Soviétiques sont au courant du futur débarquement et connaissent sa date approximative. Jusqu'à quel point est-il possible de leur faire confiance ? La prudence conduira à ne rien leur révéler de plus sur le lieu choisi et les effectifs engagés. Et les Français, partenaires non négligeables dans une opération appelée à se dérouler chez eux ? Leur chef de fait est, on le sait, persona non grata à Washington. Le haut commandement allié, marqué par les rivalités Darlan-De Gaulle, De Gaulle-Giraud, craint certaines distorsions entre les divers mouvements de résistance, sans compter les risques d'arrestations de personnes initiées par l'ennemi. Aussi les cadres américains et britanniques se voient-ils prescrire le secret absolu vis-à-vis des Français, tant en Grande-Bretagne qu'ailleurs. Il en sera de même à l'égard des autres pays amis. Les neutres ne sont pas mieux lotis. Mesure exceptionnelle, la valise diplomatique, sacro-sainte par tradition, sera ouverte.

Cette rigueur se révélera bénéfique. Privés d'informations d'agents ou d'observations aériennes [1], les Allemands seront surpris le 6 juin 1944.

*
* *

1. La Luftwaffe ne parvient plus à survoler le territoire britannique sévèrement protégé (chasseurs, DCA, ballons). Elle ne peut survoler que les régions souhaitées par les Alliés, c'est-à-dire là où se situent des regroupements factices.

Tout paraît avoir été prévu. Y compris l'échec. Le 29 mai, Marshall prévient Eisenhower. Il quittera Washington le 7 juin avec les chefs d'état-major afin d'être sur place si des décisions graves s'imposaient. Se retirer par exemple...

Le commandant suprême, pour sa part, a rédigé une lettre : « Nos débarquements dans la région de Cherbourg-Le Havre n'ayant pu aboutir de façon satisfaisante, j'ai donné ordre aux troupes de se replier. Ma décision d'attaquer en ces lieu et place reposait sur les meilleures informations. L'armée de terre, l'aviation et la marine ont fait tout ce que commandaient la bravoure et l'attachement au devoir. Un blâme ou une critique sur cette tentative ne doivent être imputés qu'à moi-même. »

Combien de responsables politiques ou militaires auraient-ils accepté de signer un tel texte ?

Chapitre XII

L'INVINCIBLE ARMADA

Concevoir des plans d'invasion est bien. Encore faut-il rester compatible avec ce qui est possible. La conception la plus ingénieuse est vaine, voire dangereuse, si les moyens n'existent pas pour la réaliser.

Aussi, dans l'édification d'« Overlord », le COSSAC et l'état-major d'Eisenhower ont-ils dû intégrer des paramètres essentiels : le tonnage réellement disponible pour les transports maritimes, celui du ravitaillement [1] indispensable aux troupes débarquées. Ces impératifs dits de logistique ont impliqué bien des besoins, bien des arbitrages et nécessité bien des solutions inédites devant les problèmes soulevés. Ces dernières s'appelleront ports artificiels, pipe-lines sous-marins, chars amphibies, barges de débarquement, pour ne citer que les plus notoires.

*
* *

Si l'on en croit Eisenhower, en principe le mieux placé pour fournir des statistiques exactes, le corps expéditionnaire allié

1. Évidemment lié en grande partie aux capacités de transport.

des trois armes (air-terre-marine) s'élève, le 6 juin 1944, à 2 876 439 individus [1]. Cet afflux d'hommes représente une énorme concentration dans le pays de Galles et le sud de l'Angleterre, de la Cornouaille au comté de Kent. Rien que pour les forces terrestres, 39 divisions – 17 de l'empire britannique (dont 3 canadiennes), 20 américaines, 1 française [2], 1 polonaise – ainsi que des brigades autonomes se préparent à franchir la Manche. Les unes et les autres ont eu à trouver logement dans des camps de toile ou des baraques Nissen [3], des écoles, des hôpitaux, voire chez l'habitant.

Les avions occupent également beaucoup d'espace. On dénombre 5 049 chasseurs, 3 467 bombardiers lourds, 1 645 bombardiers légers, 698 appareils de combat divers, 2 316 avions de transport, 2 591 planeurs. La Grande-Bretagne a dû multiplier les terrains et les pistes : 163 bases supplémentaires ont été édifiées pour parquer les Lightning, les Mustang, les Thunderbolt, les B/17, B/24, B/25, B/26, C/47 américains ou les Spitfire, Hurricane, Mosquito, Boston, Stirling, Halifax, Albemarle [4] britanniques et leur permettre de décoller. Les plaisantins affir-

---

1. Soit environ : 1 700 000 Américains, 1 000 000 d'Anglo-Canadiens, et des contingents français, polonais, tchèque, belge, norvégien, hollandais.

Les Américains sont donc largement majoritaires justifiant la désignation d'Eisenhower au commandement suprême.

2. La 2e DB du général Leclerc, constituée à Témara, au Maroc, avec des unités en provenance des FFL ou de l'armée d'Afrique, renforcées d'évadés de France, d'engagés ou d'enrôlés d'AFN (parmi lesquels de nombreux anciens des Chantiers de Jeunesse). A commencé à arriver en avril et s'est implantée dans le Yorkshire. Churchill a insisté – comme de Gaulle – pour qu'une unité française participe à « Overlord ». La 2e DB a été rattachée à la IIIe armée de Patton.

3. Très caractéristiques, celles-ci, semi-cylindriques et couvertes d'un toit en tôle ondulée, sont encore visibles en nombre d'endroits (bassin méditerranéen notamment) par où a transité l'armée britannique.

4. a. Américains : Lightning P 38, chasseur monomoteur ; Mustang P 51, chasseur monomoteur ; Thunderbolt P 47, chasseur monomoteur ; B/17 Flying Fortress, bombardier quadrimoteur ; B/24 Liberator, bombardier quadrimoteur ; B/25 Mitchell, bombardier bimoteur ; B/26 Marauder, bombardier bimoteur ; Douglas C/47, bimoteur de transport.

b. Britanniques : Spitfire Supermarine, chasseur monomoteur ; Hurricane Hawker, chasseur monomoteur ; Mosquito De Havilland, chasseur bombardier bimoteur ; Typhoon, chasseur monomoteur ; Tempest, chasseur monomoteur ; Avro Lancaster, bombardier quadrimoteur ; Halifax Handley Page, bombardier quadrimoteur ; Short Stirling, bombardier quadrimoteur ; Douglas Boston, bombardier bimoteur ; Armstrong Albemarle, quadrimoteur de transport.

ment qu'il est possible de traverser l'Angleterre du nord au sud et d'est en ouest sans décoller, rien qu'en suivant les pistes et taxiways.

La marine a dû acheminer en Grande-Bretagne l'immense majorité des futurs combattants d'« Overlord ». Comme elle devra les convoyer en Europe avec leur matériel et ensuite assurer leur approvisionnement. Les hommes de l'art estiment qu'une division en campagne a besoin de 600 à 700 tonnes de ravitaillement par jour. Le décompte des quantités à transporter devient vite impressionnant si l'on se souvient de la mise à terre de 40 divisions à J + 30 et d'une moyenne de 65 à J + 60 [1].

Les premiers transferts à travers l'Atlantique ont été effectués à bord des grands paquebots de commerce d'avant-guerre. Ainsi les deux célèbres *Queen* ont-ils été mis à contribution [2]. Puis les Américains [3] se sont lancés dans une construction navale spécifique, souvent débitrice des essais britanniques. Sont ainsi apparus deux grands types de bâtiments : les LS, capables d'affronter la haute mer ; les LC, mis à l'eau comme des chaloupes uniquement avant les débarquements [4].

Pour le jour J seront employés les différents modèles mieux connus sous leur nom complet qui précise leur affectation définitive :

- LSI, Landing ship infantry ;
- LST, Landing ship tank ;
- LCA, Landing craft assault ;
- LCI, Landing craft infantry ;
- LCT, Landing craft tank ;
- LCM, Landing craft mechanized ;
- LCVP, Landing craft vehicle and personal [5].

---

c. Planeurs : Horsa britannique (20 à 25 passagers) ; Waco CG 4 A américain alias « Hadrian » pour les Britanniques (jusqu'à 40 passagers).

Deux pilotes à bord des uns et des autres.

1. Auxquelles il convient d'ajouter les 10 divisions de l'opération « Anvil-Dragoon » dans le Midi de la France.

2. Si le *Normandie* français a brûlé dans le port de New York le 9 février 1942, d'autres paquebots français seront reconvertis en transports de troupes : ainsi le *Pasteur,* initialement destiné à desservir l'Atlantique Sud.

3. À qui incombent en outre toutes les opérations du Pacifique.

4. Outre les LS et LC, spécialement destinés aux opérations amphibies, apparaissent les Liberty Ships, cargos de 10 000 tonnes, construits en moins de cinq jours en Amérique et Grande-Bretagne.

5. Craft : bâtiment ; landing : débarquement ; ship : navire.

À la panoplie des LC s'adjoint une série d'engins très spécialisés :

– LCTR (rocket) : bateau lance-fusées ;
– LCF (flak) : bateau DCA ;
– LCG (gun) : bateau canon.

Il existe même un LCK (kitchen), qui témoigne de l'attention que l'intendance alliée porte à l'alimentation de ses soldats.

LS et LC, conçus pour les plages, s'ouvrent largement par la proue, une rampe permettant d'accéder à la terre [1] (le LCI disposant de deux rampes latérales [2]).

Enfin, naturellement, seront utilisés les très célèbres véhicules amphibies « Ducks » [3] qui ont fait mieux que leurs preuves dans le Pacifique.

Le nombre impressionnant [4] de bâtiments du type LS ou LC utilisés (223 LST, 72 LCI, 836 LCT, plus 3 000 petits LCA, LCM, LCVP) souligne une évidence : quoique soit prévue une opération aéroportée de soutien, « Neptune » est d'abord et avant tout une opération de débarquement naval. Le gros de l'invasion viendra de la mer.

C'est de la mer que déboucheront les armées de libération des pays occupés et de destruction de l'Allemagne nazie. Personne ne saurait devoir l'oublier même si l'aviation est appelée à jouer un rôle capital pour éviter l'échec.

Cette mer – la Manche en l'occurrence – que laboureront d'imposantes colonnes de navires de transport doit être sûre, protégée contre les dangers susceptibles de surgir de tous les horizons. Ramsay a bataillé dur pour obtenir les moyens voulus et il est parvenu à rassembler une solide flotte de guerre : 6 cuirassés,

---

1. Ce type de bâtiments a un glorieux ancêtre : lors du débarquement à Sidi-Ferruch qui, le 14 juin 1830, conduisit à la prise d'Alger, Bourmont disposait de chalands à fond plat, dont l'avant pivotant sur des gonds en plan incliné permettait de débarquer le matériel roulant. (Voir *La Conquête de l'Algérie,* du même auteur, chez le même éditeur.)

2. Tandis que les LS sont généralement construits aux États-Unis, les LC, compte tenu des problèmes d'acheminement, le sont en Grande-Bretagne.

3. Alias DUKW (véritable dénomination : GMC DUKW 353 Duck), qui peuvent transporter 25 hommes.

4. Le nombre de divisions débarquées au matin du jour J étant passé de 3 à 5, la quantité de LS et LC a dû être augmentée et prélevée sur le tonnage prévu pour « Anvil ». Du coup, « Anvil-Dragoon », programmé à partir du 17 juillet, est retardé d'un mois pour que les navires du débarquement normand puissent regagner la Méditerranée.

2 monitors, 23 croiseurs, 93 destroyers, 255 dragueurs de mines, et 159 bâtiments de plus faible tonnage (corvettes, vedettes, etc.). Outre leur mission de protection, ces bâtiments [1] auront à participer à l'appui feu contre les défenses du littoral.

Ramsay les a ventilés en deux Task Forces principales : l'occidentale, sous l'amiral américain Kirk, couvrira les débarquements sur Utah et Omaha Beaches ; l'orientale de l'amiral Vian, héros de l'affaire du COSSAC et des convois de Malte [2], ceux sur Gold, Juno et Sword Beaches [3]. Les bâtiments non affectés à l'escorte des convois interdiront à la Kriegsmarine les accès de la Manche depuis l'Atlantique et la mer du Nord. Dönitz, qui pressent l'invasion, s'efforce de rassembler ses U-Boote à cet effet dans les ports de l'ouest de la France [4]. La flotte alliée comporte un nombre élevé (255) de dragueurs de mines. Sans ces petits bâtiments de 700 tonnes, à équipage d'une soixantaine d'hommes, l'expédition tournerait au désastre dans une Manche que les Allemands ont truffée de mines sous-marines. Ils vont devoir dégager un chenal pour chaque convoi naviguant vers les côtes françaises. L'opération a nécessité une mise au point minutieuse. Au sortir des ports britanniques, chaque Task Force et ses protégés convergeront vers un rond-point central, situé à une trentaine de kilomètres au sud de Portsmouth. De cette « zone Z », vite baptisée « Piccadilly Circus » à cause de l'encombrement attendu, ils éclateront vers les plages. Chaque convoi empruntera alors soigneu-

---

1. À 80 % britanniques. (Le gros de l'US Navy est dans le Pacifique.) Ils comprennent également des bâtiments français, hollandais, polonais, norvégiens.

2. Voir *La Grande Histoire de la Seconde Guerre mondiale, Septembre 1938-Juin 1940*, chap. 11 ; et Novembre 1942-Octobre 1943, chap. 13.

3. La Task Force occidentale comporte 3 cuirassés, 10 croiseurs, 35 destroyers, 1 700 bâtiments de débarquement.

Unités françaises engagées :

– Croiseurs *Georges Leygues* et *Montcalm ;*

– Frégates *Aventure* et *Escarmouche ;*

– Corvettes *Roselys, Aconit* et *Renoncule.*

La Task Force orientale comporte 3 cuirassés, 13 croiseurs, 44 destroyers, 2 400 bâtiments de débarquement.

Unités françaises engagées :

– Torpilleur *La Combattante ;*

– Frégates *Surprise* et *Découverte ;*

– Corvette *Commandant d'Estienne d'Orves.*

4. Du 15 mai au 31 juillet, 16 seront coulés, 12 endommagés.

sement le chenal [1] dragué et balisé jusqu'aux approches du rivage.

Pour cette phase finale, outre les LCA, LCM et LCVP, apparaît toute une gamme d'engins élaborés depuis l'expérience de Dieppe. Des chars ont été transformés pour soutenir les troupes d'assaut lorsque celles-ci atteindront les grèves. Ces engins, aussi bizarres qu'efficaces, sont dus, en grande partie, à l'esprit inventif du général anglais Hobart [2].

Le char DD (Duplex-Drive) est le plus courant et a démontré ses vertus en Italie. Ce Sherman, rendu amphibie par l'adjonction d'une large jupe et de deux petites hélices, est en principe capable de gagner la terre par ses propres moyens depuis un LCT, tandis qu'il faut amener à pied d'œuvre les autres. Le char « Crab », ou char fléau, est équipé à l'avant d'un cylindre qui, actionnant un fléau de chaînes, fait exploser les mines devant lui [3]. Le tankdozer est un véritable bulldozer blindé conçu pour renverser les obstacles. Le Churchill AVRE, typiquement britannique [4], est un obusier blindé lançant un projectile de 290 mm. Ont été également fabriqués des chars porte-passerelles, des chars déroulant un tapis métallique pour terrain sablonneux, des chars porte-fascines pour franchir les fossés, des chars lance-torpilles du type Bengalore [5]. L'ingéniosité a été sans limites [6].

1. 10 en tout, de 400 à 1 000 mètres de large.

2. Beau-frère de Montgomery et spécialiste des blindés, il a dû quitter le service actif au début de la guerre en raison d'idées trop en avance sur son temps. Rappelé par Churchill, à l'automne 1940, il a mis au point tous ces chars forceurs d'obstacles et contribué à la réorganisation des troupes blindées anglaises. Celles-ci alignent, lors du débarquement, 5 divisions (dont une polonaise) et 8 brigades indépendantes, soit 3 300 chars Sherman, Churchill et Cromwell. Quelle que soit leur qualité, ceux-ci, équipés de canons de 75 et 76, 2 mm, sont surclassés par la puissance des derniers-nés allemands : chars Sturmpanzer IV avec canon de 80 mm, ou Tiger 1 avec canon de 88 mm ; chasseurs de chars JgPzTiger ou Jagd Panzer avec canon de 88 mm ; canons d'assaut, tel le Stug III, avec canon de 105 mm à frein de bouche. Au milieu de 1944 apparaît le JagdTiger avec canon de 128 mm, mais il ne sera livré qu'à 70 exemplaires.

3. Son utilisation est efficace, mais s'avère très éprouvante nerveusement pour l'équipage.

4. Assault Vehicle Royal Engineer. La 79e DB de Hobart en possède 180.

5. Une torpille Bengalore est un tube cylindrique empli d'explosif et qui peut s'accoupler bout à bout avec un autre. Son explosion entraîne celle des mines adjacentes, détériore les barbelés et ouvre ainsi un couloir de plusieurs mètres de long.

6. Citons encore le Churchill « Crocodile », char lance-flammes d'une portée d'environ 120 mètres et qui tire derrière lui une remorque transportant 1 800 litres de liquide inflammable.

Fort de toutes ces réalisations, bâtiments de tous gabarits, engins aux fins diverses, le schéma de présentation et d'arrivée sur les plages est appelé, en principe, à se dérouler comme suit :

À une quinzaine de kilomètres de leurs objectifs respectifs sur la côte, les convois [1] débouchent chacun dans son chenal. Les LC sont progressivement mis à l'eau. La formation se déploie en échelons successifs et avance. En première ligne, quelques LCM de guidage ; derrière eux, une rangée de chars DD ; 1 500 à 2 000 mètres plus loin, les LC porteurs des AVRE, lance-fusées, canons ou chars spécialisés (« Crab » ou tankdozers) ; puis à quelques centaines de mètres, en retrait, la ligne des chalands des équipes du Génie chargées de faire sauter les mines et les obstacles ; puis le gros des LCA avec les troupes d'assaut ; enfin, barges DCA et, plus ou moins au mouillage, cuirassés et croiseurs pilonnant les défenses côtières à partir de l'heure H – 40. Sur les flancs, les destroyers d'escorte participent à l'appui feu et se tiennent prêts à se porter à l'avant si besoin (beaucoup le feront). À la limite de la grève et des obstacles, les chars DD s'arrêtent et ouvrent le feu sur les résistances qui se dévoilent. Les chars « Crab », les tankdozers ouvrent des brèches, aidés par les sapeurs démineurs. Les troupes d'assaut qui surviennent, s'y engouffrent, appuyées par les chars qui ont repris leur progression.

Il y aura souvent loin du schéma à l'exécution...

Mais lorsque les guetteurs allemands découvriront cet ensemble s'avançant vers eux, précédé par les bombardements à partir des navires de ligne et par l'aviation, ils auront l'impression, justifiée, de contempler une mer remplie de navires.

*
* *

Les ports artificiels

Tous ces navires appelés à réaliser « Overlord » ont besoin de ports : ports d'embarquement en Grande-Bretagne, ports de

---

1. Les deux grandes Task Forces occidentale et orientale sont décomposées en Force U (Utah), Force O (Omaha), Force G (Gold), Force J (Juno), Force S (Sword) qui éclatent à leur tour sur les différents secteurs des plages imparties. Ainsi y a-t-il par exemple sur Omaha Beach les plages Easy Red, Fox Green, Fox Red pour la 1re division américaine.

déchargement en France [1]. Certes, les côtes britanniques sont bien pourvues, mais l'expérience, comme le calcul, démontrent leur insuffisance devant la pléthore de bâtiments à faire accoster. L'improvisation devient de règle. Des pistes en dur (les « hards ») s'avancent dans la mer en de nombreux points du rivage. LSI, LST, LCT peuvent venir y embarquer leurs chargements.

La difficulté provient des côtes d'arrivée. Entre l'Orne et la Vire n'existe aucun port d'envergure hormis ceux, modestes, de pêche ou de plaisance : Ouistreham, Port-en-Bessin, Courseulles, Grandcamp [2]. Il entre, certes, dans les plans de s'emparer de Cherbourg mais son utilisation imposera certainement de commencer par déblayer ses ruines…

L'idée de port artificiel a-t-elle été lancée dès 1942 par Mountbatten ? Eisenhower l'affirme dans ses *Mémoires*. Les historiens en attribuent plus volontiers la paternité au commodore Hallet, membre de l'état-major de l'amiral Ramsay en avril-mai 1943. Du moins Mountbatten a-t-il accepté la suggestion, reprise par le COSSAC et intégrée dans les plans d'« Overlord » à Québec en août. Puisque la côte de Basse-Normandie ne possède aucun port, il n'est qu'à en créer ! Cette décision constituera l'un des éléments essentiels de la surprise stratégique.

Le projet, ultra-confidentiel car, s'il était éventé, il faciliterait la localisation du débarquement, prend forme en deux versions. Cinq havres sommaires – les « gooseberries » – seront aménagés à l'aide de vieux navires, ou blockships, coulés pour faire écran à la houle au large de Varaville, Saint-Laurent, Arromanches, Courseulles, Ouistreham. Deux d'entre eux s'intégreront ensuite à un dessein beaucoup plus ambitieux : l'édification de deux ports artificiels, les « mulberries » [3].

Il s'agit cette fois de réaliser de véritables darses protégées par des caissons immergés, les « phœnix ». Chaque « mulberry » comprendra 73 de ces « phœnix », dont la dimension variera [4] eu égard à leurs points d'immersion. Ces docks flottants, fabriqués

1. Mais aussi ports de réception en Grande-Bretagne pour les troupes et le matériel survenant et les retours de France (blessés, prisonniers, etc.).

2. Ils se révéleront par la suite une heureuse surprise, permettant d'accueillir 2 000 tonnes/jour.

3. « Gooseberry » : groseille à maquereau ; « mulberry » : mûre.

4. Le plus grand pèse 600 tonnes et ressemble, à flot, à un immeuble de 5 étages (60 mètres de long, 18 de large, 20 de haut).

en Grande-Bretagne, seront remorqués à travers la Manche puis coulés pour édifier des digues de protection [1]. A l'abri de celles-ci, des jetées flottantes conduiront depuis les navires jusqu'au rivage [2]. Chacune des deux « mulberries » est censée pouvoir accueillir 11 000 tonnes/jour, soit l'équivalent d'un port comme Douvres.

Les travaux d'exécution, commencés fin octobre 1943, seront menés à bien en moins de huit mois par 20 000 ouvriers et nécessiteront 275 000 m^3 de béton armé et 31 000 tonnes d'acier pour un coût évalué à 98 millions de dollars.

Des reconnaissances aériennes repéreront les fabrications en cours le long de la Tamise, mais les Allemands n'en tireront aucune conclusion. L'idée d'un « port artificiel » ne les effleurera pas.

Les deux « mulberries » seront opérationnelles pour le jour J. La tempête détruira celle, en cours d'édification, devant Saint-Laurent, mais celle d'Arromanches résistera [3]. Elle restera en service jusqu'à l'exploitation d'Anvers, et son concours se révélera fort précieux.

Les ports artificiels ne seront pas la seule prouesse technique d'« Overlord ». A la demande de Mountbatten, il sera construit un pipe-line sous-marin, PLUTO [4], pour assurer le ravitaillement en carburant. Déroulée par un immense tambour, la canalisation de 75 mm de diamètre sera mise en service entre l'île de Wight et la pointe du Cotentin. Son succès sera tel qu'on le prolongera sur le continent pour ravitailler au plus près les unités en marche vers l'Allemagne.

*
* *

---

1. La principale – qui combine phœnix et blockships – court parallèlement au rivage à quelque 1 500 mètres de la côte sur un peu plus de 3 km. Deux autres, perpendiculaires, obturent les côtés de la darse, n'y ménageant qu'un goulet d'accès (une autre entrée, en sifflet, s'ouvre dans la digue principale). 15 km de jetées flottantes conduisent à terre.

2. Les têtes des jetées flottantes constituent de gigantesques portiques. Leurs pieds sont arrimés au fond marin pour plus de stabilité, mais, suivant la marée, l'extrémité de la jetée peut monter ou descendre le long des montants des portiques.

3. Cinquante ans après, des caissons du port artificiel d'Arromanches se profilent encore très distinctement au large, surtout à marée basse.

4. « Pipe Line Under The Ocean. »

Malgré leurs légitimes inquiétudes, les chefs alliés sont en droit d'avoir confiance. Ils disposent de moyens redoutables et inégalés. Leur armada s'avance couverte dans le ciel et bien protégée sur mer. Les cadres sont vaillants, les soldats ne le sont pas moins, même s'ils manquent d'expérience du feu chez les Américains. Eisenhower, Montgomery et leurs adjoints se dépensent depuis des semaines pour exhorter leur ardeur et prêcher l'esprit de la croisade de la liberté.

Alors ? Les Alliés, en ce printemps 1944, ne réussiront-ils pas dans l'entreprise où Philippe II, Napoléon et Hitler ont échoué mais où Guillaume le Conquérant a triomphé : débarquer outre-Manche, mais côté continent cette fois ?

Chapitre XIII

AVANT LES TROIS COUPS !...

L'opération « Overlord » est entrée dans sa phase active. Depuis le 6 mars, l'aviation alliée s'en prend aux réseaux ferroviaires français et belge. Les gares de triage, les dépôts de locomotives, conformément au « Transportation Plan », sont particulièrement visés. Du 1er au 31 mai, 1 284 bombardements s'abattent sur la France dont 404 contre des gares : Villeneuve-Saint-Georges, Aulnoy, Juvisy, Trappes, en banlieue parisienne, mais aussi Paris-La Chapelle, La Plaine-Saint-Denis, aux abords de la capitale. Sur le périmètre d'isolement du nord-ouest, la province n'est pas épargnée : Saint-Pierre-des-Corps, Orléans, Le Mans, Laon, Cambrai, Creil... L'extrême densité du réseau de la SNCF impose de frapper en de nombreux endroits.

Les résultats pour désorganiser le trafic sont certains [1], mais bien des civils périssent sous les décombres de leurs demeures. La presse pro-allemande en profite pour vilipender les agres-

1. Est notamment contrariée l'arrivée des trains de ciment pour les travaux du Mur de l'Atlantique. Les Allemands estiment que 65 000 travailleurs de l'Organisation Todt seraient nécessaires pour réparer les voies ferrées et les routes en France.

sions alliées. Elle étale largement, en première page, les photos des dommages et les états des tués et blessés.

Le 6 mai, une nouvelle étape a débuté contre les ponts sur la Seine et la Loire. A partir de la fin du mois, la traversée de la Seine, en aval de Paris, n'est plus possible qu'en bac. Les convois allemands doivent transiter par la capitale ou emprunter des chalands.

Il fait beau, très beau, tout au long du mois de mai 1944. La Pentecôte, le 28, est une journée radieuse. Devant l'intensité du bombardement aérien contre les voies de communications et les fortifications côtières, les Allemands estiment l'invasion imminente. Ils imposent un état d'alerte quasi permanent [1], mais ils ne comprennent pas pourquoi leurs adversaires ne profitent pas de cette mer d'huile et de ce ciel limpide pour traverser la Manche.

Ils exploitent ce délai pour accroître leurs défenses, principalement en Normandie conformément aux ordres de Hitler. Rommel arpente les grèves du Cotentin à l'Escaut, poussant des pointes en Bretagne et dans le Midi. Partout, il fait activer la pose de mines, de pieux, d'obstacles. En Normandie, les unités subissent une réorganisation qui échappera aux services de renseignements alliés. Entre Orne et Vire, la 352e DI partage à l'ouest le secteur de la 716e DI. C'est une bonne unité, bien entraînée, qui occupe justement le secteur d'Omaha Beach. Les deux unités, 352e et 716e DI, se retrouvent toutefois encore avec plus de 60 km de côtes à défendre. Aussi leur dispositif, à côté de points forts, comporte-t-il obligatoirement des creux. Au centre du Cotentin, au sud de Valognes, s'implante la 91e division aéroportée : encore une bonne unité, comme le 6e régiment parachutiste, près de Carentan. D'autres parachutistes, un petit CA, sont envoyés en Bretagne, portant à plus de 100 000 hommes la présence allemande dans la péninsule.

Rommel voudrait surtout rapprocher deux PD de la côte. La 21e stationne toujours autour de Saint-Pierre-sur-Dives, au sud-est de Caen. Sa position est intéressante mais ses homologues sont loin : 12e PD SS dans la région d'Évreux, Panzerlehr vers Alençon-Le Mans. Le commandant du GA/B désire placer la première entre Carentan et Saint-Lô, la seconde vers Bayeux.

1. L'OKW annonce l'invasion pour la mi-mai et fixe une date probable : 18 mai. Il recommande la dispersion contre les bombardements et la surveillance du ciel contre les troupes aéroportées.

Elles seraient alors en mesure d'intervenir très rapidement contre un débarquement [1].

*
* *

Chez les Alliés, avec la dernière semaine de mai, l'entraînement, les exercices de débarquement [2], les sauts de manœuvre, les études d'objectifs aux noms inconnus s'achèvent.

A compter du 29, les unités de premier échelon commencent à évacuer leurs camps [3] et à faire mouvement vers le littoral pour embarquer. Les effets personnels sont empaquetés et expédiés aux familles. Les hommes sont consignés dans les baraquements, les bases de départ. La censure du courrier et de la presse se durcit.

Le 3e bureau du SHAEF [4], le QG du XXIe GA (Montgomery) s'installent à Portsmouth pour se rapprocher du PC des forces navales de Ramsay. L'Angleterre méridionale se coupe du monde extérieur. Si, de jour, le Coastal Command fait bonne garde, de nuit, un brouillard artificiel recouvre la région pour ne rien laisser apparaître aux reconnaissances aériennes de la Luftwaffe.

Le 30 mai, un lourd convoi appareille d'Orban dans le Firth of Lorne, au sud de l'Écosse. 48 blockships [5] s'éloignent pour leur ultime voyage. Ils naviguent lentement, à cinq nœuds, pour éviter tout incident qui serait fatal dans leur état. Leurs cloisons étanches ont été percées pour permettre un échouage en 15 minutes.

Parmi eux, trois vieilles gloires privées de leurs canons :

---

1. Sans refaire l'histoire, il est certain qu'une telle implantation aurait bouleversé bien des aspects d'« Overlord ». La 12e PD SS se serait trouvée à proximité d'Utah Beach et des aéroportés américains. La Panzerlehr, à une dizaine de kilomètres d'Omaha, Gold et Juno, aurait disposé de bonnes routes d'accès en éventail depuis Bayeux vers Saint-Laurent, Port-en-Bessin, Arromanches, La Rivière, Courseulles.

2. Dans la nuit du 28 avril, l'un de ceux-ci s'est terminé tragiquement. Des vedettes allemandes ont fait brutalement irruption et attaqué 8 LST. Trois ont été coulés, 630 hommes tués ou noyés. Le haut commandement s'est alarmé, craignant qu'il n'y ait eu des prisonniers, les vedettes s'étant attardées quelque temps sur les lieux à fouiller la mer avec des projecteurs. Il n'en était rien. Un décompte rigoureux des pertes devait le montrer.

3. Elles y sont aussitôt remplacées, car de nouvelles arrivent en Grande-Bretagne.

4. Chargé des opérations.

5. 18 britanniques, 22 américains et panaméens, 3 grecs, 2 norvégiens, 1 belge, 1 hollandais, 1 polonais. Quelques autres s'adjoindront à ce convoi principal.

les cuirassé et croiseur britanniques *Centurion* et *Durban*, le croiseur hollandais *Sumatra*. Le cuirassé français *Courbet*, un vétéran datant de 1911, les rejoindra bientôt. Tous les autres sont des navires de commerce.

*
* *

Jeudi 1er juin

Le temps se maintient au beau sur la France mais commence légèrement à fraîchir.

A Portsmouth, l'équipe météorologiste du group captain (colonel) Stagg de la RAF s'inquiète. Les deux navires météo de l'Atlantique, les stations côtières de Terre-Neuve et d'Écosse signalent une dépression qui se creuse vers l'ouest.

En fin de soirée, vers 21 heures [1], les services allemands à l'écoute de la BBC captent un message qui fait sursauter le lieutenant-colonel Meyer, l'officier de renseignement de la XVe armée :

« Les sanglots longs / Des violons / De l'automne... »

Ces premiers vers du célèbre poème de Verlaine, *Chanson d'automne* [2], Meyer ne peut les ignorer. En janvier, Canaris, le chef de l'Abwehr, l'a prévenu que leur diffusion signalerait l'imminence du débarquement. Les suivants :

« Blessent mon cœur / D'une langueur / Monotone »

signifient que « l'invasion commencera dans les quarante-huit heures, à partir de minuit suivant la transmission du message » [3].

---

1. Toutes les heures mentionnées sont des heures anglaises, en avance d'une heure sur l'heure allemande.

2. Il n'est peut-être pas inutile de mêler l'histoire à la poésie et de rappeler ce poème appelé à un écho que son auteur n'avait sans doute pas prévu :

Les sanglots longs / Des violons / De l'automne / Blessent mon cœur / D'une langueur / Monotone.

Tout suffoquant / Et blême quand / Sonne l'heure, / Je me souviens / Des jours anciens / Et je pleure ;

Et je m'en vais / Au vent mauvais / Qui m'emporte, / De çà, de là, / Pareil à la / Feuille morte.

3. Comment Canaris a-t-il obtenu un renseignement de cette importance ? Par la trahison, la torture ou une maladresse ? Le chef de l'Abwehr est resté discret sur ce point. Trahison plus maladresse dans un réseau britannique de la

Meyer rend compte aussitôt à ses supérieurs hiérarchiques. Le QG de von Rundstedt (OB West à Saint-Germain-en-Laye), celui de Rommel (GA/B à La Roche-Guyon) sont alertés, ainsi que l'OKW. Si l'information remonte, elle ne redescend pas. La VIIe armée qui tient la côte normande à l'ouest de l'Orne n'est pas avertie. Chacun pensant sans doute qu'un autre a fait le nécessaire.

Un point cependant inquiète Meyer durant les deux jours suivants. D'après ce que lui avait rapporté Canaris, le message « Les sanglots longs... » ne devait être diffusé qu'une seule fois. Or la BBC le répétera les 2 et 3 juin au soir. Le colonel s'interroge : le renseignement de Canaris est-il vraiment valable ?

Au milieu des nombreux messages, incompréhensibles pour les Allemands, tels « La guerre de Troie n'aura pas lieu », « Jean a de longues moustaches », ou « Sabine vient d'avoir la rougeole et les oreillons », les chefs de la Résistance française ont eux aussi entendu « Les sanglots longs... ». Une immense espérance emplit le cœur des combattants de l'ombre. Pour eux, comme pour ceux qui vont débarquer, la période préparatoire s'achève. L'heure de l'ultime combat pour la délivrance approche.

*
* *

Vendredi 2 juin

Les blockships poursuivent leur route, à 5 nœuds, vers le canal Saint George ; les navires de ligne chargés du bombardement côtier reçoivent l'ordre d'appareiller. Sur les quais, les camions déversent leurs contingents qui s'apprêtent à embarquer. Les MP assurent une surveillance sévère. Nul ne doit s'éloigner. Il est juste permis d'écrire à sa famille une lettre qui arrivera bien après l'événement.

Un peu avant minuit, deux petits sous-marins quittent discrètement leur port d'attache. Remorqués jusqu'à une cinquantaine de kilomètres des côtes françaises, les X 20 et X 23 poursuivront ensuite isolément. Ces deux submersibles [1] de 19 mètres,

---

French Section du SOE (Special Operations Executive) semblent à l'origine de cette information parvenue fortuitement à l'Abwehr. Voir sur ce sujet *La Guerre secrète, op. cit.*

1. Identiques à ceux qui ont attaqué le *Tirpitz* dans un fjord norvégien. Voir *La Grande Histoire de la Seconde Guerre mondiale, Novembre 1942-Octobre 1943*, chap. 13.

avec 5 hommes d'équipage sélectionnés, partent pour une mission périlleuse. Ils doivent aller mouiller à quelques centaines de mètres du rivage pour baliser très exactement les secteurs Sword et Juno, difficilement identifiables depuis le large [1].

En France, le temps est toujours beau.

*
* *

Samedi 3 juin

En temps ordinaire, la malle Southampton-Le Havre ne met que six heures pour traverser la Manche. Étant donné les regroupements, les prises de formation, la vitesse des bâtiments les plus lents, les chenaux à respecter, les ballons de protection qui freinent la marche, la durée d'acheminement de la rive anglaise à la rive française a été évaluée à trente-six heures. Le moment approche où Eisenhower devra donner les ordres d'appareillage.

Le fardeau s'alourdit sur les épaules du commandant suprême en ces derniers jours avant l'heure H. La responsabilité finale lui incombe. Le 30 mai, Leigh-Mallory, inquiet, est venu le trouver. Devant le terrain (haies, inondations) et les résistances inévitables, il juge l'opération aéroportée dans le Cotentin suicidaire. Il prévoit 70 % de pertes chez les planeurs et 50 % chez les parachutistes.

Renoncer à sauter dans le Cotentin ? Une telle décision impliquerait que l'on annule le débarquement sur Utah Beach. Elle éliminerait la possibilité de se saisir rapidement de Cherbourg. Elle porterait atteinte à la couverture d'ensemble du dispositif. Leigh-Mallory est sincère et s'exprime en expert. Eisenhower doit-il l'écouter ? Seul, posément, il reprend toutes les données du problème, en pèse les risques et avantages avant de conclure : les 82e et 101e Airborne sauteront comme prévu sur le Cotentin.

Quelle pression, en ces heures cruciales, sur cet homme, clé de voûte d'une gigantesque construction ! Et aujourd'hui, 3 juin, il doit donner l'ordre de départ à l'armada qui a chauffé ses feux.

C'est chose faite dans l'après-midi. Sur les quais, on presse l'embarquement. Vers 18 heures, la Force U s'éloigne la première,

---

1. Un petit détail chagrine les deux lieutenants de vaisseau commandants de bord. Leur opération a été baptisée « Gambit ». Or, ils ont découvert qu'aux échecs « Gambit » signifie sacrifier un pion en début de partie. Seraient-ils deux pions sacrifiés ?

depuis Plymouth, Darmouth, Brixham, Torquay. Elle a la plus longue route à parcourir jusqu'à Utah Beach. Dans la soirée, vers 21 h 30, c'est au tour de la Force O, vers Omaha Beach, depuis Weymouth et Portland. La Force G, pour Gold, part peu après. Les convois se forment sous la surveillance des destroyers, véritables chiens de berger. Des aérodromes proches de la côte, les patrouilles d'escorte prennent leur envol.

A bord, les hommes connaissent maintenant leur destination. Le secret a été levé. Les cadres ont tous été informés. Ils ont découvert les noms exacts des sites et des localités qu'ils ont étudiés sur des cartes non renseignées, des maquettes ou des caisses à sable [1]. Le moral est bon. Qui n'aurait confiance devant la puissance qui se devine de chaque côté ?

Tout se déroulerait normalement si... A la conférence du soir, à 21 h 30, dans la grande bibliothèque de Southwick House, QG des Forces navales à Portsmouth, le colonel Stagg se montre pessimiste. Il annonce des vents forts, des nuages bas, une mauvaise visibilité [2].

Eisenhower l'interroge :

> « Vous étiez un peu plus optimiste hier soir ! Y a-t-il une chance pour que vous le soyez encore demain ? »

La réponse n'est guère encourageante.

> « La nuit dernière, il y a eu une légère évolution dans le sens favorable mais, ce soir, la balance penche trop nettement dans le sens défavorable pour pouvoir se redresser d'ici demain. »

Les prévisions de Stagg sont toujours très sûres, Eisenhower a pu s'en rendre compte. Alors, tout arrêter à cause de la météo trop défavorable ? Le commandant suprême décide d'attendre un peu une confirmation, mais 6 heures est le dernier délai pour prescrire ou non le débarquement le 5 juin.

A 2 heures du matin, le vent est annoncé force 5 à 6 (plus de

---

1. Parfois même sur des reproductions en vraie grandeur ainsi qu'on le verra pour la batterie de Merville.

2. Stagg tenait un journal de marche qui a permis de reconstituer les conversations.

40 km/h) [1] dans la Manche. La mer accuse des creux de 1 à 1,5 mètre. Pourtant, à Portsmouth, le temps reste convenable.

*
* *

Dimanche 4 juin

Il n'est pas tout à fait 4 heures. Les hauts responsables, Eisenhower, Tedder, Montgomery, Ramsay, Leigh-Mallory, Bedell-Smith, se retrouvent dans la grande bibliothèque. Sur l'un des murs de la salle a été déployée une immense carte de la Manche. Des Wren [2] y piquettent, d'heure en heure, la position des navires et des convois.

Stagg, ce grand Écossais sec et austère, apprécié pour sa technicité et son objectivité, fait face à un jury anxieux de connaître sa vérité. Son visage, comme celui de ses compagnons du service météo, est creusé par les heures de travail ininterrompu.

> « La situation doit s'aggraver encore un peu. La prévision d'ensemble est pessimiste. Une légère amélioration commencera dans vingt-quatre heures. Elle peut durer quelques jours ou seulement une journée... »

Stagg ne saurait s'avancer plus. Eisenhower fait un tour de table pour connaître l'opinion de ses adjoints. Ramsay émet des craintes. Leigh-Mallory est partisan de retarder. Montgomery souhaite passer outre aux difficultés du moment, mais Tedder est d'un avis contraire.

La décision appartient au chef et à lui seul. Chacun regarde la carte n'osant pas trop dévisager celui qui doit trancher. Le silence se prolonge.

4 h 15. Eisenhower fait connaître sa position : « Overlord » est retardé de vingt-quatre heures. Le jour J sera le mardi 6 juin.

Faut-il encore arrêter les convois et leur faire effectuer un demi-tour vers les côtes britanniques ? Ramsay lance les ordres à la hâte. Il n'est pas simple de détourner des bâtiments en

---

1. Il est regardé comme dangereux de faire sauter des parachutistes au-dessus de 10 m/seconde, soit 36 km/heure.

2. Women's Royal Naval Service : service féminin de la Royal Navy.

respectant les consignes de discrétion radio et les dimensions des chenaux. Les destroyers se dépensent à grands coups de projecteurs. Un hydravion part rattraper et faire dévier par signaux optiques des LCT qui n'avaient pas compris. Deux heures d'efforts sont nécessaires à son remorqueur pour faire virer le *Courbet* qui n'a plus de chaudières et progresse lesté de béton.

Cette météo, source de mécomptes du côté des Alliés, est la bienvenue au-delà de la Manche. En voyant les éléments brutalement déchaînés, les Allemands sont persuadés qu'aucun débarquement n'est à redouter. Vers 7 heures, Rommel quitte La Roche-Guyon noyée dans la brume. Il part tranquille et déclare que,

> « durant son absence, les conditions de marée seront très défavorables à un débarquement, et que les reconnaissances aériennes ne fournissent aucune raison de penser que celui-ci puisse être imminent ».

Il veut passer chez lui à Herrlingen, près d'Ulm, pour l'anniversaire de son épouse le 6 juin et a l'intention de rencontrer Hitler à l'Obersalzberg. Il veut lui demander de déplacer la 12e PD SS et la Panzerlehr. Il compte également réclamer un corps de DCA et une brigade de lance-fusées.

Un maréchal s'éloigne de la France, un général s'en approche. A l'aube, de Gaulle, venant d'Alger, est arrivé à Londres avec Béthouart, Soustelle, Palewski, Alphand, Billotte.

Les Français sont au courant de l'imminence du débarquement mais ils en ignorent complètement les modalités. Les Anglo-Américains, on le sait, ont jugé bon de les tenir à l'écart. Ils ont même coupé les liaisons entre Londres et Alger, ce qui n'a pas été pour plaire à celui qui est devenu le 3 juin le président du GPRF [1].

Churchill estime qu'il est désormais grand temps de les informer. Leur concours sera nécessaire. Le général Kœnig, le héros de Bir Hakeim, est à Londres à cet effet depuis avril avec le titre de Délégué militaire sur le théâtre d'opérations Nord et de Commandant des FFI [2], les Forces Françaises de l'Intérieur, créées en février 1944.

---

1. Le GPRF (Gouvernement Provisoire de la République Française) a remplacé, à cette date, le CFLN (Comité Français de Libération Nationale).

2. Le sigle FFI recouvre l'intégralité des forces combattantes de la métropole. A ce titre, il est censé coiffer les maquis des trois grandes tendances :

S'il est hasardeux d'avancer leur nombre, ces FFI représentent néanmoins un atout militaire considérable [1] avec leurs réseaux, leurs maquis. Ces derniers, surtout solides dans les régions montagneuses (Alpes, Pyrénées, Massif Central, Jura), existent également nombreux en Bretagne, Berry, Touraine, etc. Si certains ont déjà connu un sort tragique, tel celui des Glières en mars 1944, les autres représentent des milliers de combattants (200 000 le 6 juin 1944 ?), le plus souvent sommairement armés, parfois bien menés par des cadres d'active, et toujours résolus. Quant aux réseaux, ils administrent depuis leur origine, par les renseignements fournis, les sabotages effectués, les évasions réalisées, les coups de main réussis, les tracts et journaux clandestins distribués, la preuve de leur efficacité.

L'entrevue de ce 4 juin, vers 13 heures, dans le train spécial de Churchill, ne peut être qu'orageuse. Le Premier ministre est de mauvaise humeur. Son souverain lui a déconseillé d'aller jouer les midships sur un destroyer, comme il en avait l'intention, au matin du jour J [2]. Il aurait tant aimé respirer à nouveau l'odeur de la poudre ! Face à de Gaulle, il se sent fort de son bon droit d'un homme qui part libérer la France. C'est du reste pour parler de cela qu'il lui a mandé de venir le voir. Le chef de la France combattante, pour sa part, est courroucé par l'ostracisme à son endroit et ce qu'il subodore à l'arrivée des Alliés sur le sol national.

D'emblée, cependant, Churchill fait un effort. Il prie son hôte de lui pardonner les victimes des bombardements. Il lui explique tous les détails de l'opération engagée. Mais il ne peut esquiver l'essentiel : l'administration des territoires français libérés. Les Anglo-Américains ont prévu de tout prendre en charge, allant même jusqu'à faire imprimer une monnaie de circonstance. « De la fausse monnaie ! » s'irritera de Gaulle. Churchill ne cache pas

---

- AS, Armée secrète (mise en place par le CNR) ;
- ORA, Organisation de résistance de l'armée ;
- FTP, Francs-tireurs et partisans, d'obédience communiste.

Dépendent aussi théoriquement des FFI tous les réseaux d'autres origines. Peu avant le débarquement, les Anglais ont ainsi accepté que leurs propres réseaux (French Section du SOE) s'y intègrent.

Le général Kœnig, qui lui-même relève d'Eisenhower, est assisté d'un délégué militaire national et de délégués militaires régionaux.

1. Après la guerre, Eisenhower l'estimera à l'équivalent de 15 divisions.
2. Il avait prévu de se porter aux premières loges pour assister au débarquement, projet vivement rejeté par Eisenhower, Ramsay, puis par le roi.

que les Britanniques ne sont pas là pour introniser le chef du GPRF, même s'il lui conseille d'accepter l'invitation de Roosevelt et de se rendre à Washington, tout en le prévenant que son choix est fait. En cas de conflit entre Américains et Français, il n'est pas difficile de deviner pour qui il sera [1].

On part, mi-figue, mi-raisin, rendre visite à Eisenhower en son PC niché dans une forêt bien mouillée. L'Américain se fait aimable et courtois mais finalement sort une proclamation devant laquelle de Gaulle réagit vertement :

> « Vous, une proclamation au peuple français ? De quel droit ? Et pour quoi lui dire ? »

Manifestement, pour Charles de Gaulle, Eisenhower marche sur ses brisées. Qu'il fasse la guerre, mais ne se mêle pas de régenter les Français, ils sont l'apanage d'un autre ! Le Commandant suprême, en bon militaire, ne veut pas s'engager dans des finasseries politiques qu'il laisse à son gouvernement, mais qui relèvent pourtant d'une grave question. Qui détiendra, demain, l'autorité en France ? Il est clair que de Gaulle récuse l'AMGOT d'Eisenhower et entend bien imposer.en France une autorité spécifiquement française, dût celle-ci s'établir sous l'égide de son nom.

Turbulences dans le ciel où maintenant les éléments se déchaînent ; turbulence dans les rapports entre la France combattante et ses deux grands alliés ; turbulence aussi chez les aviateurs allemands.

Dans l'après-midi, 126 appareils de la 26e escadre de chasse quittent la région côtière pour Metz, Reims ou le Midi de la France. Peut-être seront-ils mieux protégés des attaques au sol ou mieux centrés pour défendre le territoire national, mais ils seront trop loin pour intervenir en cas d'invasion. Leur patron, le colonel Priller, l'un des grands as de la Luftwaffe (96 victoires à son actif), tempête inutilement. Ses supérieurs lui rétorquent que le temps est bien trop mauvais pour un débarquement et que Hitler a promis 1 000 avions à réaction à J + 3 [2].

---

1. Roosevelt, Leahy sont toujours très hostiles à de Gaulle. Ils lui reprochent d'avoir évincé Giraud et de « s'être imposé comme seul chef ». Pour eux, il appartiendra aux Français, non à de Gaulle, de désigner leurs gouvernants.

2. Les avions à réaction font partie de la panoplie des nouvelles armes sur lesquelles compte Hitler. Le Messerschmitt 262 B, chasseur bombardier

Ce mauvais temps, malvenu chez les uns, bienvenu chez les autres, ne fait pas les affaires des équipages des X 20 et X 23.

Vers 23 heures, ils débouchent sur zone et font surface. Leur navigation a été correcte. Les amers, étudiés avant le départ, se découpent, reconnaissables à courte distance : clocher et phare de Ouistreham, clochers de Langrune et Saint-Aubin. Les deux petits submersibles se situent bien aux extrémités des plages Sword et Juno. Mais le report, appris par radio, impose aux marins de séjourner vingt-quatre heures supplémentaires sous l'eau dans un habitacle plus qu'exigu.

*
* *

Lundi 5 juin

3 heures. Eisenhower, qui n'a dormi que d'un œil, retrouve ses fidèles dans la bibliothèque de Southwick House. La veille, vers 21 heures, Stagg lui avait laissé espérer une amélioration :

> « Messieurs, depuis mon exposé d'hier soir, il s'est produit une évolution rapide et inattendue de la situation sur l'Atlantique. Un front provenant d'une des dépressions s'est étendu plus au sud qu'on ne l'escomptait et atteindra la Manche occidentale cette nuit. Il est maintenant presque au-dessus de Portsmouth. Quand ce front sera passé, il y aura une période de conditions favorables : nébulosité inférieure à 5/10, plafond entre 600 et 900 mètres, vents moins forts. Cette période durera jusqu'au mercredi 7 au matin... »

Comme vingt-quatre heures plus tôt, le Commandant suprême, par prudence, a préféré patienter un peu mais sa décision doit encore intervenir avant 6 heures du matin pour un débarquement le 6.

---

biréacteur, sera opérationnel en 1944, mais seuls quelques exemplaires interviendront avant la fin de la guerre. De même pour le bombardier Arado Ar 234 Blitz. (Sa production montera à près de 200 exemplaires, quelques-uns seulement seront utilisés.) Les progrès auraient pu être plus spectaculaires si Hitler n'avait exigé de donner la priorité au bombardier, arme offensive selon lui, sur le chasseur, arme de défense.

Qu'annoncera Stagg en ce milieu de nuit ? A cette heure, le ciel répond bien à ce que le colonel avait prévu. La pluie tambourine sur les vitres, le vent gémit dans les ramures. Avec moins de virulence cependant, semble-t-il. Manifestement, un débarquement le 5 au matin aurait été désastreux.

L'oracle météo, anxieusement attendu, apporte relativement de bonnes nouvelles, déclarant :

> « L'amélioration qui venait de commencer à Portsmouth et qui dégagerait tout le ciel de l'Angleterre méridionale au cours de la nuit durerait probablement jusqu'à la fin de la matinée ou jusqu'à l'après-midi du mardi... »

L'accalmie se prolongerait-elle au-delà de trente-six heures ? Stagg ne s'engage pas avec certitude, mais il est formel pour l'avenir immédiat.

Eisenhower doit, une nouvelle fois, trancher après un autre tour de table. Pour Bedell-Smith le coup de dés est à lancer. Pour Tedder et Leigh-Mallory, qui ont besoin d'un ciel dégagé, il est risqué. Montgomery confirme son option de la veille : y aller. Ramsay a surtout besoin d'une décision à cause des ravitaillements en carburant.

A 4 h 15, exactement à la même heure que la veille, Eisenhower annonce lentement :

> « Je suis persuadé que nous devons donner l'ordre. Je n'aime pas cela, mais voilà, il me semble que nous n'avons pas le choix. »

Il a raison. L'inverse reporterait à quinze jours, voire à un mois, pour retrouver des conditions identiques. Ce serait prendre des risques terribles sur la surprise. Tant de personnes connaissent maintenant les points de destination !

Le jour J, celui du débarquement en Normandie, tombera le mardi 6 juin 1944.

*
* *

La journée du 5, mais le lendemain le sera encore plus, s'annonce longue.

Tous les bâtiments ont pris, repris le large, ou modifié leur cap. Si les gros LS tiennent moins mal la lame, les LCT et LCI s'abattent lourdement. Les paquets de mer s'écrasent sur les coques. Les embruns les éclaboussent de toutes parts. Dans l'inconfort des cales, les hommes souffrent. Beaucoup, à cause du report, ont déjà vingt-quatre heures de navigation derrière eux. Ils ont bien pris des pilules contre le mal de mer mais roulis et tangage sont trop forts. Les estomacs rejettent impitoyablement ce qu'ils ont essayé d'avaler. Dans le froid et l'humidité, il est difficile de se réchauffer. Les plus courageux, ou les plus vantards, tentent de blaguer, de jouer aux cartes. Quelques-uns essaient d'écrire une lettre de dernière minute. Quant aux aumôniers, suivant l'expression de l'un d'eux : « Ils font des affaires en or. » [1]

Mais lequel de tous ces pauvres diables, ballottés, transis, blêmes, ne partage pas plus ou moins l'opinion de ceux qui murmurent :

> « Tant pis si on doit se faire tuer mais qu'on nous sorte de ces foutues baignoires » ?

Chez les Allemands, on continue à ne se douter de rien, vu le mauvais temps. Leurs météorologues sont catégoriques sur l'état du ciel pour les jours à venir [2]. Chacun peut donc vaquer tranquillement à ses petites affaires. Von Rundstedt envisage de faire une tournée d'inspection sur le littoral le lendemain. Rommel est chez lui à Herrlingen. L'amiral Krancke part en inspection pour Bordeaux. A Rennes se prépare un grand Kriegspiel de la VIIe armée sur le thème :

> « Débarquement des Anglo-Américains précédé d'un assaut de troupes aéroportées »...

---

1. Aidés en cela par le message (bien digne d'un fils de pasteur) adressé par Montgomery à ses troupes avant leur départ : « A la veille de cette grande aventure, je tiens à adresser mes meilleurs vœux à chaque soldat faisant partie de l'équipe alliée. C'est à nous qu'a été fait l'honneur de frapper un coup historique pour la cause de la liberté et dans les jours meilleurs qui viendront, on parlera avec orgueil de nos actions. Nous luttons pour une grande et juste cause. Prions pour que le Dieu des armées nous accompagne et que Sa grâce spéciale nous aide dans la bataille. »

2. Ils ne disposent pas de station dans l'Atlantique.

Les généraux commandant les divisions du Cotentin y sont convoqués. A la fin de la journée, les patrons des 243e, 709e DI [1] et 91e aéroportée prendront la route pour la Bretagne.

Ainsi, dans la nuit du 5 au 6 juin, la plupart des responsables militaires allemands seront-ils absents. Rommel et son adjoint opérations, le colonel von Tempelhoff, en Allemagne. Krancke à Bordeaux ; trois commandants de division à Rennes ou sur la route ; le chef du 2e bureau de von Rundstedt en permission ; et le chef d'état-major de la 21e PD sera impossible à joindre, parti avec sa maîtresse française.

A Londres de Gaulle, dans l'après-midi, fait savoir à Eisenhower qu'il n'accepte d'envoyer que 20 officiers de liaison sur les 210 prévus [2]. Mais, à cette heure, le n° 1 allié a d'autres soucis. Il songe à ses convois en mer, à ses parachutistes dont les avions vont bientôt prendre l'air. Il se souvient des noires prédictions de Leigh-Mallory. Vers 17 heures, il se rend à Newbury pour saluer le général Taylor et la 101e Airborne avant d'assister aux décollages. Il a la satisfaction de trouver des hommes au moral élevé qui lui recommandent de ne pas s'inquiéter puisque la 101e est là pour le job.

En France, les chefs de la Résistance, ainsi que le colonel Meyer, dressent l'oreille. Ils guettent le second vers :

« Blessent mon cœur... »

A 18 h 30, parmi d'autres messages, le speaker de la BBC annonce en appuyant sur les mots :

« Il fait chaud à Suez, je répète, il fait chaud à Suez »,

puis, peu après :

« Les dés sont sur le tapis, je répète, les dés sont sur le tapis. »

Les initiés ont compris. « Il fait chaud à Suez » déclenche le plan « Vert » à la SNCF, « Les dés sont sur le tapis », le plan « Violet » aux PTT. De partout, cheminots et postiers doivent passer à l'action pour détruire les châteaux d'eau, dynamiter les

1. La 243e DI occupe la façade occidentale du Cotentin, la 709e, la façade orientale.

2. Depuis des mois, ils suivent des cours de « liaison administrative » en vue d'assurer celle-ci entre les Alliés et les autorités françaises. Mais qui seront-elles ? Le régime de Vichy est toujours en place...

rails et les aiguillages, saboter les locomotives, couper les câbles téléphoniques [1].

*
* *

21 heures. A quelques encablures des côtes françaises, des dragueurs de mines défilent en silence pour nettoyer les approches des plages. L'adversaire ne bouge pas. Les guetteurs ne distinguent rien. Curieusement les radars, eux non plus, ne relèvent rien. Ceux qui subsistent ! Tant d'entre eux ont été détruits que nombre de secteurs sont mal balayés. Et puis tant d'avions défilent dans le ciel ! Tant de « windows » [2], généreusement ventilées, brouillent les repérages !

22 heures. Message BBC, répété avec soin :

> « Blessent mon cœur d'une langueur monotone ».

Enfin ! la suite tant attendue du poème de Verlaine ! Pour la Résistance française, le débarquement n'est plus qu'une question d'heures. Où se produira-t-il ? Nul ne le sait encore. N'importe ! l'instant de la Libération a sonné, l'instant que les résistants et leurs compatriotes attendent avec quelle impatience !

Les services de Meyer ont également capté : « Blessent mon cœur... »

Le colonel s'empresse de jeter l'alarme. Son patron, le général von Salmuth, met sa XVe armée en état d'alerte mais sans précipitation :

« Je suis un trop vieux singe pour m'exciter là-dessus. »

Von Rundstedt tient sensiblement le même langage. Dans son état-major, quelqu'un s'écrie :

> « Le général Eisenhower ne va tout de même pas charger la BBC d'annoncer le débarquement ! »

Attitude identique à l'OKW. Consignes générales d'alerte, mais sans plus.

Et, une fois encore, la principale intéressée, la VIIe armée, n'est avertie ni par l'Ob West de von Rundstedt, ni par le QG

1. Vont être déclenchés également les plans « Tortue » (coupures de routes), « Bleu » (neutralisation des centrales électriques), etc.
2. Lamelles métalliques larguées pour brouiller les échos radars.

du GA/B de Rommel. Pourquoi ? Le mystère demeure. Peut-être y avait-il eu trop de fausses alertes depuis plusieurs semaines ? A force de crier au loup !

Pourtant, c'est bien vers les rivages tenus par la VIIe armée que vogue l'armada alliée. C'est bien vers les secteurs tenus par la VIIe armée que décollent les avions qui emportent les paras alliés. La nuit « J » commence [1], grand prélude au jour J.

1. Qu'il conviendrait peut-être d'appeler plus justement la nuit « N ».

Chapitre XIV

NUIT J

Les douze coups de minuit n'ont pas encore tinté, les deux aiguilles du cadran ne se sont pas encore rejointes pour basculer sur la journée du 6 juin 1944 que la nuit « J » s'est déjà ouverte. Dans la Manche, les convois ont mis le cap sur leurs plages de destination. Dans le ciel, les avions volent vers la Normandie, emportant leurs parachutistes ou tractant leurs planeurs.

L'honneur de parvenir en avant-garde sur la terre de France revient à une poignée de Français. Oh, ils ne sont pas nombreux ! Quatre sticks de 9 du 4e bataillon SAS devenu le 2e RCP. Les deux premiers, avec les lieutenants Deschamps et Botella [1], sauteront dans les Côtes-du-Nord, près de la forêt de Duault [2], pour installer la base « Samwest ». Les deux autres, avec les lieutenants Marienne et Deplante, tomberont dans le Morbihan, sur les landes de Lanvaux [3], pour organiser la base « Dangson ». Ils y précéderont les 400 officiers et parachutistes du régiment du commandant Bourgoin, le futur « bataillon du ciel » du

1. Dix ans plus tard, le capitaine, puis commandant Botella commandera le 5e bataillon de parachutistes vietnamiens dans la cuvette de Diên Biên Phu.

2. A 20 km au sud-ouest de Guingamp.

3. De 20 à 30 km au nord-est de Vannes.

« Manchot »[1]. La mission du 2e RCP est aussi simple que vaste : encadrer les maquis bretons pour retarder l'arrivée en Normandie des 8 divisions allemandes (6 d'infanterie et 2 aéroportées) stationnées en Bretagne.

Après avoir décollé vers 22 heures, sur une ultime tasse de thé et la poignée de main de leur patron, les sticks Deschamps et Botella se reçoivent bien ; par contre, ceux de Marienne et Deplante tombent hors de la zone prévue, dans un secteur parcouru par l'ennemi. Ils butent sur un groupe qui s'exprime dans une langue inconnue. Un recrutement d'origine russe, des Cosaques peut-être ? Le détachement dans l'accrochage perd l'un des siens. Le caporal Bouetard, un Breton de souche, venu libérer sa province natale, est le premier tué français d'« Overlord ».

*
* *

Malgré le rôle capital qu'ils sont appelés à jouer en Bretagne, ces hommes ne représentent que bien peu par rapport aux deux formidables forces aéroportées engagées. 23 000 hommes vont surgir du ciel pour soutenir l'opération « Overlord »[2]. Les Américains sont majoritaires : 16 500 en 2 divisions (82e et 101e Airborne), les Britanniques 6 500 (6e division aéroportée). L'enlèvement des premiers exige 1 622 avions et 512 planeurs, celui des seconds 733 avions et 355 planeurs.

Si leurs missions stratégiques sont sensiblement identiques, couvertures orientale et occidentale des zones de débarquement, les uns et les autres sont appelés à travailler dans des conditions bien différentes.

Les Britanniques se sont vu assigner des opérations ponctuelles assimilables à des coups de commandos. Leur expérience en la matière, après Bruneval ou la Sicile, a sans nul doute conduit à cette affectation qui les amène à s'emparer de points de passage (ou à les détruire).

Les Américains, même si leurs objectifs territoriaux (villages, routes, écluses...) sont bien définis, ont à occuper une large zone en arrière d'Utah Beach. Il s'agit pour eux, à bien des égards, d'agir dans une aire géographique pour soutenir une

---

1. 18 équipes de 3 à 5 hommes doivent rejoindre à J + 1, le reste du régiment avant J + 10.

2. Près de 18 000 la première nuit, le reliquat au jour J et pendant la nuit suivante.

opération (le débarquement) et en préparer une autre (la conquête du Cotentin). Ce, en liaison avec leurs propres compatriotes.

Il est un peu plus de 22 heures lorsque tous ces parachutistes se dirigent en petites colonnes vers leurs avions. Visage grimé pour se rendre invisibles, démarche gauche, ils avancent en se déhanchant sous le poids de leurs équipements : 50 kilos, voire davantage, entre parachutes [1], armement, musette, outillage, leg-bag parfois. A côté d'eux, les passagers des planeurs, portant 20 kg en moins, paraissent presque légers. Bien des grands patrons se sont déplacés pour assister aux départs : Eisenhower, on le sait, Leigh-Mallory, Gale…

Les largages s'effectuent presque simultanément mais le souci de clarté impose un découpage : action britannique d'un côté, action américaine de l'autre.

*
* *

Avec la 6e division aéroportée britannique

La 6e Airborne britannique du général Gale est une jeune division [2], mais nombre des siens, surtout parmi les cadres, ont combattu en Europe ou en Afrique. Elle est appelée à intervenir entre Orne et Vire. Immédiatement à l'est de l'Orne, le paysage, avant de retrouver en pays d'Auge, au-delà de la Dives, son aspect traditionnel de bocage normand, s'élargit : une campagne mollement ondulée, avec des espaces dégagés, offre une coulée, voie de pénétration pour les blindés. La contre-attaque de la XXIe PD, débouchant du sud-est de Caen, surviendra par là. La 6e Airborne doit donc, avant tout, s'emparer des deux ponts de Ranville et Bénouville qui permettent de rejoindre la route littorale. Puis sa 5e brigade devra constituer des bouchons de part et d'autre de l'Orne devant ces petits villages qui se nomment Ranville, Bénouville, Longueval. Sur son flanc est, la brigade neutralisera les passages sur la Dives et réalisera un coup de main sur la batterie de Merville où sont signalées des

1. Les Anglais sautent sans ventral à l'encontre des Américains sensibles au côté psychologique du parachute de secours, même si le saut d'opérations à 120 mètres d'altitude n'offre guère la possibilité de tirer la poignée du ventral si besoin.

2. Elle a été constituée en 1943 pour renforcer la 1re division aéroportée éprouvée par ses combats en Tunisie, Sicile et Italie.

pièces de 150 mm. Quant à la dernière brigade, « planée », elle arrivera en renfort dans la seconde partie de la nuit. Si tout se déroule correctement, la 6e Airborne sera rejointe à mi-journée par la 1re brigade de commandos, débarquée par mer.

Il est 22 h 56 lorsque l'Albemarle de tête, traînant un planeur Horsa [1], s'arrache de la piste d'Harwell. A 23 h 02, le sixième Albemarle est en l'air à son tour. Moins d'une demi-heure plus tard, décolleront six autres Albemarle [2] avec les 60 Pathfinders chargés de baliser les DZ [3].

Minuit. Le Bomber Command passe à l'action pour « ramollir » les défenses. 1 136 appareils s'en prennent aux emplacements bétonnés. Dans la seule zone du débarquement, 5 000 tonnes de bombes déversées jusqu'à l'aube donneront de bons résultats. Dans l'ensemble, les batteries seront réduites au silence.

6 juin, 0 h 6. Les Albemarle passent à la verticale du littoral français après avoir écorné quelque peu les défenses antiaériennes du Havre. Le ciel est dégagé. Le paysage, sous le clair de lune, se découpe à 6 000 pieds plus bas. Le reflet métallique du cours de l'Orne, du canal de Caen, les coupures noirâtres des ponts de Ranville et de Bénouville sont nettement identifiables. Les pilotes des planeurs ont vite pris leurs repères sur ce terrain minutieusement étudié. Posément, ils larguent leurs amarres. Dans un léger sifflement, que couvrent les moteurs des Albemarle et les canonnades de la Flak, leurs engins, immenses chauves-souris, se laissent glisser vers les minuscules carrés de prairie qui, entre l'Orne et le canal, jouxtent leurs objectifs [4].

0 h 20. A près de 150 km/h, les Horsa ripent sur l'herbe grasse de la terre normande. Le plus proche s'arrête à moins de 50 mètres du pont qui enjambe le canal de Caen. Les Anglais se précipitent. La section de garde, neutralisée par les grenades,

---

1. De fabrication britannique, capable de transporter 28 hommes équipés. Ce type de planeur, susceptible également d'emporter du matériel (jeep avec sa remorque, canon de 75, deux jeeps), sera le plus utilisé par les Alliés.

2. L'Albemarle britannique ne convoie que 10 parachutistes, le C/47 américain 25. Aussi une bonne partie de la flotte de transport est-elle composée de C/47.

3. Dropping zone (zone de saut), aire de réception des parachutistes. Les planeurs se reçoivent sur une Landing zone (zone d'atterrissage).

4. Cinq sur six. Le 6e se posera près de la côte. Son personnel ne rejoindra que le lendemain.

n'a guère la possibilité de réagir. Entraîné par le lieutenant Brotheridge, un détachement traverse le pont en courant [1]. Une rafale de mitrailleuse claque. Le lieutenant s'affaisse. Encore des explosions de grenades et tout s'achève. Au pont sur l'Orne, les Allemands ont préféré s'éclipser. Quelques minutes à peine ont suffi pour s'emparer des deux ouvrages intacts. Les charges pour les détruire n'étaient pas en place.

Un officier a été tué, un parachutiste s'est noyé, plusieurs autres ont été blessés à l'atterrissage, mais le succès est acquis. Le major Howard, le chef de détachement, peut passer l'indicatif de victoire convenu : « Ham and Jam » (« Jambon et confiture »). Avec ses 150 hommes, il doit maintenant préserver son bien.

Au même moment, les 60 Pathfinders s'apprêtent à se laisser choir par les trappes des Albemarle. Ces sticks de volontaires ont pour mission de baliser les trois DZ, N de Ranville, K de Touffreville, V de Varaville [2], où sauteront leurs camarades. Ils disposeront en tout et pour tout de trente minutes pour se préparer et se mettre en place. Mais la chance n'est pas avec eux. Certains secteurs sont noyés dans la brume. Des avions, déroutés par la Flak, s'égarent. Certains tournent plusieurs fois dans l'espoir de mieux se repérer.

Les Pathfinders se reçoivent souvent loin des points prévus. Une partie de leur matériel est détériorée ou dispersée, accentuant les difficultés de leur tâche. Bien des sticks des nouveaux arrivants seront largués à l'aveuglette. Les hommes auront du mal à se situer. Dans la nuit, ceux qui sont tombés à distance se guideront au son des trompes de chasse signalant les points de regroupement.

Il cst 0 h 50 lorsquc lcs 2 000 paras dc la 5e brigadc commcncent à voir les lampes vertes s'allumer à l'intérieur des carlingues. Instant toujours exaltant où, enfin, l'action l'emporte sur l'attente angoissante. Après, ce ne seront qu'une dizaine de secondes de répit dans le claquement d'ouverture des coupoles

---

1. Ce pont métallique tournant porte, depuis lors, le nom de Pegasus Bridge en l'honneur des parachutistes britanniques dont l'insigne représente Bellérophon chevauchant Pégase. L'ouvrage, usé, doit être démonté, reconstruit et agrandi durant l'hiver 1993-1994. A côté du pont, le café Gondrée s'honore d'avoir été la première maison libérée de France.

2. Ranville : 1 500 m à l'est du pont sur l'Orne ; Touffreville : 8 km à l'est de Caen ; Varaville : 5 km au sud de la côte, un peu à l'ouest de la Dives.

et le grondement de moteurs qui s'éloignent, avant de bouler lourdement sur le sol de France.

En raison des DZ mal ou non balisées, l'éparpillement est la règle. Le 7e bataillon, chargé d'aller soutenir Howard, ne regroupe que 200 de ses 620 combattants ; le 12e n'aura rassemblé que 10 % des siens au lever du jour ; le 13e en récupérera 60 %, mais seulement à la fin du jour J. Les autres parachutistes sont tombés parfois à des kilomètres de là. Certains disparaîtront à jamais ; d'autres seront faits prisonniers ; d'autres rejoindront plus tard, souvent aidés et guidés par des paysans français. Beaucoup de matériel est perdu. Mais si les armes sont « short » (insuffisantes), le courage est élevé, écrira le chroniqueur de la 5e brigade. Tous les éléments hâtivement rassemblés occupent et mettent en état de défense les villages de Ranville [1] et Bénouville. Un bouchon s'installe devant celui du Port, tenu par l'ennemi.

Le saut de la 5e brigade a été confus. Celui de la 3e [2] ne l'est pas moins. Toujours à cause de la brume, de la Flak, de l'absence de balises [3]. Les inondations pratiquées par les Allemands dans la vallée de la Dives le rendent encore plus périlleux. Au moins 200 paras trouveront la mort à l'arrivée au sol, noyés, incapables de se dépêtrer rapidement de leur lourd équipement.

Les parachutistes savaient qu'un certain désordre les attendrait. Leur chef les avait prévenus :

> « Messieurs, en dépit de votre excellent entraînement et des ordres, ne soyez pas découragés si le chaos règne. Il existera sans aucun doute. »

Aussi les hommes de la 3e brigade réagiront-ils conformément à l'esprit de leur mission, même en se retrouvant peu

---

1. A 11 km de Caen (550 habitants avant la guerre). Une plaque y porte aujourd'hui cette inscription :

RANVILLE
le premier village de France libéré
a été pris aux Allemands
à 2 h 30, le 6 juin 1944,
par
le 13th (Lancashire) Battalion
the Parachute Regiment

2. Constituée des 8e, 9e bataillons et du 1er bataillon de parachutistes canadiens.

3. Mais également à cause du manque d'expérience des équipages du 46e groupe de la RAF.

nombreux [1]. De petites équipes font, de Varaville à Troarn, sauter les ponts sur la Dives et la Divette avant de se regrouper dans le bois de Bavent et au hameau du Mesnil pour y organiser un autre bouchon. Tout cela au hasard de rencontres fortuites avec des patrouilles ou des détachements ennemis. Ces escarmouches jettent le trouble dans les rangs de la 711e division allemande [2] et contrarient ses réactions.

Les paras se sont battus et retranchés dans l'attente des réactions adverses. Ils ont aussi dégagé de leur mieux une zone d'atterrissage au nord-est de Ranville pour recevoir la brigade « planée ». Celle-ci se présente à partir de 3 h 20. Les 49 planeurs [3] « cassent du bois », mais ils débarquent le général Gale, un millier d'hommes, du matériel de génie, des pièces antichars, une batterie d'artillerie. Le prochain renfort viendra de la mer si, d'ici là, les Allemands ne se sont pas manifestés trop vigoureusement.

*
* *

La batterie de Merville

Avant d'abandonner momentanément la 6e Airborne, il est à revenir sur un exploit : celui du 9e bataillon du lieutenant-colonel Otway pour enlever la batterie de Merville, à 2 km en arrière du rivage.

Constitué de plusieurs casemates bétonnées, cet ouvrage de 400 mètres sur 400 abrite – théoriquement – des pièces susceptibles de battre l'estuaire de l'Orne et Sword Beach. Protégé par des barbelés, des champs de mines, des nids de mitrailleuses, il serait défendu par une garnison de 180 à 200 hommes [4]. Sur sa face nord a été creusé un fossé antichars large de 5 mètres.

Les 750 hommes d'Otway ont à maintes reprises répété en vraie grandeur l'attaque du site sur une fortification analogue reconstituée en Angleterre, d'après photographies aériennes. Les tâches ont été étudiées et réparties entre qui réalisera une brèche dans les barbelés et les champs de mines, qui assurera

1. Le 8e bataillon n'aura regroupé que 230 de ses hommes dans l'après-midi du jour J.

2. Appartenant à la XVe armée, elle est implantée à l'est de l'Orne.

3. 5 ont dû se reposer, 3 sont tombés en mer, 14 se sont perdus, mais certaines équipes parviendront à rejoindre.

4. 130 en fait.

l'appui de feu, qui mènera une action de diversion, qui livrera l'assaut principal. Au dernier moment, trois planeurs se poseront carrément à l'intérieur du dispositif (les Britanniques se souviennent d'Eben-Emael [1]).

Vent. Brume. Absence de balisage. Flak. Inexpérience des équipages. Le 9e bataillon partage le sort de la 3e brigade. A 2 h 30, Otway, après bien des péripéties personnelles, n'a rallié que 150 parachutistes. Les autres sont tombés trop loin, dans la Dives pour beaucoup, à 50 km de là pour certains. Pas de mortiers, pas de canons antichars, pas de détecteurs de mines, pas de médecin. Une seule mitrailleuse et 20 torpilles Bengalore. Malgré cela, Otway décide de passer à l'action. Il pense aux ravages qu'occasionneraient les pièces de 150.

A 4 h 30 sa petite troupe aborde la batterie. Juste dans les temps ! Déjà les planeurs se distinguent, méprisant les traceuses qui montent vers eux. Ils ne sont que deux [2], guettant désespérément les signaux convenus. Mais comment les découvriraient-ils ? Otway n'a pu récupérer son matériel de signalisation. Faute de repères, les pilotes se trompent. Un planeur se pose aux abords des barbelés, un autre à près d'un kilomètre. Les occupants du premier se joignent aussitôt au combat qui s'est engagé.

Les Bengalore ont ouvert un accès. Le gros des paras s'y engouffre, tandis que l'unique mitrailleuse fournit une diversion devant l'entrée principale de la batterie. Le combat au corps à corps d'une casemate à une autre, d'un abri à un autre, dure peu. Moins d'une quinzaine de minutes. Soudain, un Allemand hurle : « Fallschirmjäger ! » Des parachutistes ! Le cœur des défenseurs lâche devant cette révélation. Les mains se lèvent. Mais ils ne sont plus que 30 survivants. Les assaillants, eux, ont perdu la moitié de leurs effectifs. Surprise, les pièces de 150 ne sont que des 75 vite sabotées, qui n'auraient pu faire grand mal. L'héroïsme a été mal payé.

Le jour ne tardera plus à poindre. A la hâte, Otway et les rescapés quittent les lieux [3], en direction du petit hameau du Plein, leur objectif suivant. Un message radio a rendu compte du succès. Les canons de la Navy n'auront pas à intervenir.

---

1. Voir *La Grande Histoire de la Seconde Guerre mondiale, Septembre 1938-Juin 1940*, chap. 14.

2. Le troisième a rompu son amarre et a dû se poser en Angleterre.

3. Abandonnée par le 9e bataillon, la batterie de Merville sera prise et reprise par chaque camp avant l'offensive alliée victorieuse du mois d'août.

Pont sur l'Orne et le canal de Caen tenus, passages sur la Dives détruits, batterie de Merville neutralisée. Partout, la mission est remplie. L'heure H trouvera la 6e Airborne en bouchons défensifs un peu au sud d'une ligne Bénouville-Ranville-Le Mesnil, prête à recevoir l'ennemi. Pour elle aussi, après les heures tumultueuses de la nuit, le jour J sera chaud.

*
* *

Avec les 82e et 101e Airbone

Les avions britanniques ont piqué directement sur les rivages normands. Les C/47 américains effectuent un long crochet, effleurant les îles anglo-normandes pour aborder le Cotentin par l'est. Mais les délais ont été calculés pour que les parachutages soient sensiblement simultanés afin que partout joue pleinement la surprise.

Plus encore que celui entre Orne et Dives, le saut dans le Cotentin représente un exercice périlleux. La péninsule n'est pas si large. A peine faut-il 10 à 12 minutes de vol pour la traverser. Attention à ne sauter ni trop tôt, ni trop tard ! Des hommes s'abîmeront en mer pour quelques secondes de retard. Les zones inondées sont encore plus importantes qu'aux abords de la Dives. Pièges mortels, les vallées de la Douve et du Merderet sont sous l'eau sur des centaines de mètres. La situation est identique dans la plaine côtière d'Utah Beach. Pourtant, c'est dans ces secteurs que se situent les DZ des 82e et 101e Airborne. Il ne pouvait en être autrement, sinon elles eussent été trop éloignées.

La mission initiale des deux divisions est double : tenir les chaussées d'accès à Utah Beach qui représentent souvent les seules voies de passage vers l'intérieur à cause des inondations ; interdire l'approche des zones de débarquement, notamment par la RN 13 Caen-Cherbourg.

A partir de 1 heure les Britanniques sont arrivés de manière échelonnée. Les Américains, eux, déferlent en masse, les deux divisions quasi simultanément, comme pour tapisser les lieux d'une multitude de combattants. Les anciens de Sicile et de Salerne sont là, bien décidés à montrer ce que la 82e sait faire [1]. Les nouveaux venus de la 101e (général Taylor) sont tout aussi

1. Le général Ridgway la commande.

résolus à prouver qu'ils ont « du cœur au ventre ». Ne l'ont-ils pas affirmé à Eisenhower avant le décollage ?

La réception de la 101e est prévue sur trois DZ (ouest de Saint-Germain de Varreville, ouest de Sainte-Marie-du-Mont, est de Saint-Côme-du-Mont), celle de la 82e également sur trois DZ, l'une au nord-ouest de Sainte-Mère-Église, les deux autres à l'ouest du Merderet et de la voie ferrée Carentan-Cherbourg.

Les pathfinders rencontrent les mêmes difficultés que leurs camarades britanniques : brume, flak et, de surcroît, un vent de nord-ouest assez violent. Leurs arrivées sont une loterie. A la 101e, 38 seulement des 120 éclaireurs se posent au bon endroit. Faute de balisage convenable, les 6 600 paras de la division s'éparpillent sur un rectangle de 40 km sur 25. Un seul régiment tombe à l'emplacement prévu, à l'est de Saint-Côme-du-Mont. Conditions sensiblement identiques à la 82e. Seul le 505e régiment se réceptionne à peu près correctement au nord-ouest de Sainte-Mère-Église, non sans que deux ou trois sticks tombent sur le village qu'éclaire un incendie fortuit et où sonne le tocsin : une vingtaine de paras se retrouvent sur la place ou dans les jardins, mitraillés par la garnison allemande [1]. L'un d'eux, le soldat Steele, accroché au clocher par son parachute, fait le mort pour se faire oublier.

Faute d'avoir atterri sur les DZ retenues, nombreux – du général à l'homme du rang – se retrouvent perdus au hasard d'un chemin creux, d'un carré de prairie, d'un marécage nauséabond. Encore heureux de ne pas avoir disparu, happé par les inondations. Combien s'y noient ? Les miraculés des marais ou des zones submergées mettront parfois des heures pour récupérer un sol ferme.

Alors que les Britanniques se regroupent au son d'une trompe de chasse, les Américains se rassemblent à l'écho d'un criquet : à un claquement doit répondre un double claquement à la 101e et un mot de passe à la 82e. Dans l'obscurité, il est des rencontres heureuses, d'autres qui le sont moins. Des patrouilles allemandes parcourent la zone des parachutages. On échange des coups de feu, on se mitraille à courte distance, on se lance des grenades.

Avec la dispersion des largages, les unités s'entremêlent. Des hommes de la 101e marchent avec des groupes de la 82e et inversement. A l'aube, la 101e n'aura vraiment rassemblé que 1 100 hommes sur 6 600. Le matériel n'est pas mieux loti.

1. Une douzaine d'hommes sont tués lors de cette arrivée intempestive.

La 82e en perd les deux tiers. L'exercice du commandement à l'échelon supérieur est illusoire pendant quelques heures. Durant un temps, le général Ridgway n'aura que son pistolet pour compagnon. Le général Taylor n'aura longtemps sous ses ordres qu'une poignée d'officiers et deux ou trois soldats.

Mais l'esprit para est fait d'initiative et d'audace. Les hommes connaissent l'idée directrice de leur mission. De petits éléments de la 101e s'infiltrent jusqu'aux chaussées menant à Utah Beach. Les positions allemandes découvertes sont harcelées et attaquées. Les Feldgrau de la 709e division qui tient le littoral – moyenne d'âge 37 ans –, préfèrent, du coup, se terrer dans leurs points d'appui où bientôt la marine et l'aviation ne les ménageront pas. Par contre, deux compagnies de mercenaires se défendent farouchement vers Beuzeville-au-Plain.

La 82e multiplie bouchons et embuscades. L'une de celles-ci est fatale un peu avant l'aube au général Falley, commandant la 91e division aéroportée ; parti vers minuit pour le Kriegspiel de Rennes, le bruit des bombardements, la lueur de fusées éclairantes l'ont incité à faire demi-tour et à regagner son PC de Picauville, au nord de Périers. La rafale de deux parachutistes prive la meilleure division allemande de son chef à une heure décisive.

En fin de nuit, les 2e et 3e bataillons du 505e, correctement largués aux lisières de la localité, occupent Sainte-Mère-Église évacuée par sa garnison brutalement paniquée. A 4 heures, un drapeau étoilé qui a déjà flotté sur Naples en octobre 1943 est accroché sur la façade de la mairie du village [1].

Tenir Sainte-Mère-Église est s'assurer un carrefour vers Chef-du-Pont, Pont-l'Abbé, Amfreville, et surtout verrouiller la RN 13 entre Carentan et Montebourg. Personne ne s'y trompe : Sainte-Mère-Église est le point clé à conserver pour couvrir Utah Beach et isoler Cherbourg. La lutte sera sévère dans les heures et les jours à venir autour de la petite localité. Plus à l'ouest, le 504e régiment s'installe sur la voie ferrée et se dispose à barrer les passages sur le Merderet.

Un peu après 4 heures, une seconde vague de C/47 se présente, remorquant des planeurs qui apportent des jeeps, des pièces antichars, un hôpital de campagne. Les pilotes manquent d'expérience, mais les feux de balisage de la 101e Airborne, à 6 km au sud de Sainte-Mère-Église, sont bien visibles. Les

1. Chef-lieu de canton, il comptait avant la guerre 1 200 habitants.

52 planeurs « cassent du bois » mais se posent sans trop de dommages hormis celui du général Pratt, adjoint de Taylor, qui percute une haie. Pratt est le premier officier général américain tué dans la bataille.

A la 82e, le poser des planeurs, au nord-ouest de Sainte-Mère-Église, est beaucoup moins heureux. La majorité du matériel est détruite ou égarée. La division se retrouve sans véhicules, sans canons antichars, avec seulement quelques bazookas et mitrailleuses.

Et les Allemands ? Parfois, ils décampent comme au pont sur le canal de Caen ou à Sainte-Mère-Église. Mais, le plus souvent, ils se battent, bien tenus en main par leurs chefs ou n'attendant aucune merci comme les mercenaires géorgiens de Beuzeville-au-Plain.

Leur commandement s'interroge : que se passe-t-il exactement ?

Fragmentaires, épars, des renseignements remontent. On signale des parachutages sur l'Orne puis dans le Cotentin. S'agit-il d'aviateurs ayant abandonné un avion en détresse, de mannequins avec des mécanismes simulant une fusillade, ou d'authentiques combattants descendus du ciel ?

A 2 h 11, le général Marcks, qui commande à Saint-Lô le 84e CA [1], reçoit des précisions sur un lâcher de parachutistes aux environs de Ranville. Il alerte aussitôt le PC de la VIIe armée. Celle-ci est mise en Alarmastuff II, le plus haut degré d'alerte. A 2 h 35, nouveau rapport du 84e CA : parachutistes près de Montebourg. Peu après, la 711e DI rend compte à son tour de l'arrivée de parachutistes.

Évidemment, en ce milieu de nuit, l'information reste floue. Aussi les avis divergent-ils. Le général Pemsel, chef d'état-major de la VIIe armée, est persuadé qu'il s'agit du débarquement. Speidel, à La Roche-Guyon, se montre sceptique et ne juge pas utile de réveiller son chef à Herrlingen. Blumentritt, chef d'état-major de von Rundstedt, partage le même sentiment d'autant que l'amiral Krancke a confirmé l'existence de simples mannequins.

Pourtant, des radars ont détecté la présence de navires en baie de Seine. Il y a ce pilonnage aérien généralisé de Cherbourg à Dunkerque.

---

1. Comprenant les 716e et 532e DI cantonnées entre Orne et Vire.

Le décalage se prolongera plusieurs heures entre la base et le haut commandement. Sur le terrain, les commandants de compagnies, les chefs de bataillons ont pris conscience de l'aspect insolite de la situation et de l'importance des parachutages. Ils savent pertinemment que certaines lignes téléphoniques sont coupées, que des accrochages se produisent, qu'il y a des morts et des blessés, que Sainte-Mère-Église ou Ranville ne répondent plus. Ils ont signalé mais n'osent insister, de peur de paraître alarmés. Sur la foi de messages laconiques, le GA/B, l'OB West demeurent circonspects et attendent. Ils ne croient pas encore à la réalité d'un débarquement d'importance en Normandie.

A leur décharge, il y a « Fortitude » qui fausse les appréciations : les bombardements s'accentuent dans la région du Pas-de-Calais ; les échos radars laissent supposer l'arrivée d'une flotte d'importance dans le Channel ; des parachutages ont été repérés à l'arrière des côtes. Là est le résultat du travail d'une centaine d'avions chargés de faire croire à une irruption d'envergure par air et par mer dans le secteur Boulogne-cap d'Antifer. Des Lancaster du Bomber Command exécutent des cercles en se rapprochant des rivages, tout en lâchant des « windows » ; des Stirling larguent à l'intérieur des terres d'autres « windows » et des mannequins, et des mécanismes simulant une fusillade à l'atterrissage. Dans de telles conditions, comment ne pas croire à des débarquements et des parachutages massifs dans le Pas-de-Calais ?

Conséquence immédiate de ces incertitudes, les unités allemandes ne reçoivent pas d'instructions. Les 16 000 tankistes et Panzergrenadiers de la XXIe PD, moteurs de leurs véhicules au ralenti, continuent de patienter au sud de Caen dans l'attente d'un ordre de départ. Pourtant, ils sont aux premières loges pour intervenir sur la côte. Se rapprocher encore un peu en profitant de l'obscurité ne serait pas inutile…

Seuls trois torpilleurs de la 5e flottille, le T 28, le *Jaguar,* la *Moewe* quittent Le Havre. Initiative de leur patron, le capitaine de corvette Hoffmann ou directives supérieures ? Les deux, très certainement. A 23 nœuds, les bâtiments gagnent le large. Ils ne se doutent pas du spectacle qui les attend.

Sortant d'un écran de fumée artificielle, ils découvrent brusquement une nuée de navires de toutes tailles, encadrés de très gros. La mer semble piquetée de cheminées et de mâts. Habilement, Hoffmann fait lancer les torpilles avant de foncer se dissimuler dans la brume et de regagner Le Havre. Les guetteurs alliés ont discerné les 18 projectiles qui filent vers eux. Grâce à un rapide coup de barre, les cuirassés *Warspite, Ramillies* parviennent à esquiver, mais le destroyer norvégien *Svenner* est atteint par le milieu. La majorité de son équipage sera sauvée. Quant à Hoffmann, sa radio détériorée par un obus, il ne parvient pas à transmettre les informations sur ce qu'il a vu.

Pourtant, comme les Allemands auraient besoin de savoir ! L'aube s'apprête à blanchir les plages normandes. L'armada alliée n'est plus très éloignée du rivage. A 20 km devant Omaha Beach, le navire de commandement de l'amiral Hall a déjà laissé filer son ancre.

Depuis 4 heures, dans la nuit froide et humide, les hommes des vagues d'assaut, le long des filets qui pendent sur les flancs des gros transporteurs, descendent dans les LCA ou les LCVP. Le contraste est souvent brutal entre la sécurité des cales, leur chaleur (quelquefois), et ces petites nacelles qui oscillent sur les flots. Ils se sentent bien vulnérables, ces combattants confrontés à un univers hostile, face à une côte encore invisible. Derrière eux, cuirassés, croiseurs, destroyers se disposent à couvrir leur avance d'une voûte de feu et à conforter leurs énergies. L'heure H se rapproche. Elle sonnera dans 90 minutes, en moyenne, pour tous qui, à bord de frêles esquifs, partent libérer l'Europe du joug nazi.

Chapitre XV

LE DÉBARQUEMENT. LE JOUR J

Lever du soleil : 5 h 58

Dans le jour qui point sur la France, des combattants déjà en place poursuivent ou achèvent leurs missions. Les parachutistes, à l'intérieur des terres, continuent de se repérer, de se regrouper, d'attaquer tout ce qui porte une tenue de la Wehrmacht. Les soldats sans uniforme se glissent vers leurs domiciles ou leurs caches après avoir coupé des câbles ou dynamité des rails [1]. Imaginent-ils ces milliers de navires de débarquement qui, en ces instants, tanguent vers Utah, Omaha, Gold, Juno, Sword Beaches ? Le spectacle est aussi grandiose qu'impressionnant. À l'instar du capitaine de corvette Hoffmann, les guetteurs allemands le découvriront bientôt avec autant de surprise que de frayeur. Mais si le tableau qu'offre la mer est analogue sur toute la côte, la bataille à l'arrivée à terre prendra des aspects fort différents selon les lieux.

---

1. Durant la nuit ont été dynamitées les voies ferrées Carentan-Cherbourg, Saint-Lô-Coutances, Paris-Granville, Caen-Bayeux ; coupés les câbles téléphoniques Caen-Paris, Saint-Lô-Valognes, Saint-Lô-Jersey, Cherbourg-Brest. Les coupures au départ de Saint-Lô privent le 84ᵉ CA de liaison avec la 91ᵉ aéroportée.

Les caprices de la marée ont imposé un décalage. L'heure H sonne, à 6 h 30 sur Utah Beach, à 7 h 30 sur Sword Beach, puisque les chalands doivent talonner les plages trois heures avant la haute mer.

Pour le reste, le scénario mis au point est partout sensiblement identique, à quelques variantes locales près. De H – 40 à H – 3 bombardement naval par la flotte de soutien ; de H – 30 à H – 5, bombardement aérien par les bombardiers lourds du Bomber Command et de la 8e Air Force, ainsi que par les bombardiers moyens de la 9e Air Force. Après l'intense pilonnage de la nuit par les bombardiers stratégiques, les uns et les autres doivent parfaire le travail sur les points d'appui et ouvrages côtiers. Quant aux Spitfire, Thunderbolt et autres Mustang, il leur incombe d'écarter les importuns.

*
* *

Utah Beach

Ils sont 20, alignés en tête, 20 LCVP, chacun ayant à son bord 30 officiers et soldats de la 4e division américaine [1]. Ils représentent la première vague d'assaut, celle de l'heure H. Trois vedettes, un bateau-radar les précèdent pour leur donner le cap exact. À peu près à leur hauteur, des chars DD, poussifs et ventrus, s'efforcent de ne pas se laisser distancer.

Derrière eux s'avancent d'autres vagues qui toucheront terre à H + 5, H + 15, H + 17, H + 30..., avec des sapeurs, des fantassins. La mécanique s'est mise en marche. Le flot des assaillants ne tarira pas : 30 000 hommes, 3 500 véhicules sont programmés pour débarquer à Utah Beach immédiatement au nord du hameau de La Madeleine le jour J.

Avec ceux qui sont appelés à débarquer les premiers, un général de 57 ans, fils et cousin éloigné de deux présidents des États-Unis [2]. Commandant adjoint de la 4e division, le général Theodore Roosevelt a gagné sa place en affirmant, non sans raison :

« Ça rassurera les gamins de me savoir parmi eux. »

---

1. Elle appartient au VIIe CA US du général Collins (4e, 90e, 9e et 79e DI). Dite « Follow-up », la division suivante est la 90e.

2. Respectivement Theodore Roosevelt (1901-1908) et Franklin Roosevelt (1933-1945).

Dans le dos des chalands que chaque minute rapproche du rivage se profilent de très gros, le cuirassé *Nevada,* les croiseurs *Tuscaloosa, Quincy, Blackprince.* Se devinent aussi les silhouettes élancées des destroyers, vigilants gardiens [1].

H – 40. Les 355, les 305 des navires de ligne tonnent. Des vivats accompagnent leurs salves meurtrières. Celles-ci, tout comme les bombes de 250 livres des 276 Marauders et les impacts des lance-fusées, sont pour les troupes sur le point de débarquer le meilleur des réconforts. « Comment une armée pourrait-elle tenir sous un pareil déluge de feu ? », doit se demander plus d'un...

Un mètre d'eau en moyenne. Parfois davantage, parfois moins. Les rampes des LCVP s'abaissent. Leur fusil Garant à bout de bras, les G.I.'s bondissent dans l'eau encore froide de ce début juin. Les tirs d'appui se sont levés. Un certain silence est retombé. Pourquoi ce calme relatif ? Quand l'ennemi se dévoilera-t-il ? Utah Beach semblerait désert, n'étaient la clameur des arrivants et le grondement des moteurs des DD.

Les semelles, maintenant, creusent leurs empreintes dans le sable encore humide de la précédente marée. Les pas sont lourds sous le poids des harnachements et des vêtements mouillés. À droite, à gauche, les « hérissons tchèques », les « pieux de Rommel » en faction sur la grève découverte ne sont qu'à demi effrayants. Ils sont faciles à éviter.

Le sable de la laisse de basse mer cède la place à celui des dunes littorales piquetées de touffes herbeuses. La 4e division a atteint la terre ferme, et toujours le calme. Les DD, progressivement, rejoignent. Roosevelt, qui a repris son souffle, s'étonne. Il ne reconnaît pas le paysage qu'il croyait découvrir. Soudain, il comprend. Ils sont au sud et non au nord de La Madeleine ; leur navigation a dévié de 1 500 à 2 000 mètres. L'erreur se révèle bénéfique, car la voie est libre. La 4e division a débarqué sur une plage à peine défendue. Elle poursuivra par là où elle a abordé.

Deux claquements. Un 88 se manifeste. Des hommes s'affaissent. Leurs camarades, un instant, s'éparpillent pour se mettre à couvert. Mais le canon allemand ne s'éternisera pas. Des destroyers l'ont repéré et pris à partie.

---

1. La force U de l'amiral Moon, chargée de convoyer et de transporter les unités destinées à Utah Beach, compte 865 bâtiments.

Utah Beach devient une ruche où les arrivées se succèdent. 4 bataillons sont en place à 8 heures, 6 à 10 heures. Le Génie dégage les obstacles, démine des passages. Des patrouilles s'avancent le long des chaussées. D'autres remontent dans les dunes, le long de la côte, pour nettoyer ce qu'il reste de défenses après les déluges de feu de l'aviation et de la marine. Les dunes de Varreville, où avaient été signalés plusieurs points d'appui, ont reçu, pour leur part, la majorité des bombes des Marauders de la 9e Air Force.

Les détachements de la 709e DI qui occupent les villages et hameaux : Poupeville, Sainte-Marie-du-Mont, Audouville, Saint-Martin-de-Varreville, Saint-Germain-de-Varreville..., sont pris entre deux feux. Côté mer, la 4e DI ; côté terre, les parachutistes. Ceux-ci, le jour venu, y voient plus clair. Des groupes plus importants se sont rassemblés. Ils prennent à revers les positions allemandes.

C'est à Poupeville, vers midi, que le 3e bataillon du 501e para opère la jonction avec le 2e bataillon du 8e RI, après avoir enlevé la petite localité, faisant 25 tués et blessés et 39 prisonniers. Avec ce contact, la preuve est faite que le débarquement d'Utah Beach a réussi [1]. Le 6 au soir, 23 250 hommes, 1 700 véhicules, 1 700 tonnes d'approvisionnement auront débarqué, au prix de pertes minimes, un peu moins de 200 hommes hors de combat. Certains ont presque le sentiment de n'avoir participé qu'à un simple exercice.

La modicité des fortifications allemandes devant le « nouvel Utah Beach », l'efficacité des bombardements préparatoires, les parachutages sur les arrières, le manque d'agressivité des petites garnisons de la 709e DI livrées à elles-mêmes expliquent ce succès que seule l'intervention du 6e régiment parachutiste aurait pu contrarier. Mais, implantée de Lessay à Carentan, cette unité éloignée, faute d'instructions, intervient tardivement. Son action ne se fera sentir que les jours suivants. Les combats les plus sérieux ont lieu en retrait de la zone de débarquement, aux alentours de Sainte-Mère-Église où la 82e Airborne doit repousser des contre-attaques menées par les 234e et 709e DI.

---

1. Utah Beach s'organisera très vite pour devenir un point d'arrivée important : 836 000 hommes, 220 000 véhicules, 725 000 tonnes d'approvisionnement y débarqueront entre le 6 juin et le mois de novembre. C'est à Utah Beach que le général Leclerc et la 2e DB retrouveront la France le 1er août (voir *La Grande Histoire de la Seconde Guerre mondiale, Juillet 1944-Décembre 1944*).

Cette bataille d'Utah Beach et du bas Cotentin n'est pas seulement terrestre. Marine, aviation y tiennent leur place et en paient le prix. S'étant approché au plus près pour tirer sur la batterie allemande de Saint-Marcouf, le destroyer américain *Corny* heurte une mine et, désemparé par l'explosion, doit être abandonné. Son équipage compte 13 morts ou disparus et 33 blessés. Les aviateurs français sont également à l'ouvrage et à la peine. Le squadron 342, groupe Lorraine des FAFL [1], a reçu mission de répandre un écran de fumée de la pointe de Barfleur aux îles Saint-Marcouf [2]. L'un de ses Boston est abattu par la Flak avec ses trois hommes d'équipage. Non loin tombe également le lieutenant Joubert des Houches, compagnon de la Libération, pilote au 345e squadron, groupe FAFL Berry.

*
* *

La Pointe du Hoc

L'exploit est sportif, militaire. Il est entré dans la légende. La Pointe du Hoc s'affirme l'un des hauts lieux du débarquement en Normandie même si finalement sa conquête a peu pesé sur l'évolution des combats.

Il aurait pu en être tout autrement. Si les batteries de 155 [3] du Hoc avaient été en place, elles auraient ajouté à la confusion d'Omaha Beach et perturbé grandement les opérations sur Utah Beach. On comprend pourquoi il avait été ordonné par prudence au 2e bataillon de Rangers américains d'enlever l'endroit coûte que coûte.

Le site est un promontoire à une dizaine de km d'Omaha Beach, non loin du petit port de pêche de Grandcamp-les-Bains. En contrebas des falaises, la mer frappe la roche friable. À marée haute, la grève de galets n'est guère découverte. C'est pourtant là qu'il faut débarquer. C'est de là qu'il faut grimper

---

1. Ces forces aériennes françaises engagées pour le débarquement de Normandie comprennent 3 groupes de chasse : Ile-de-France, Alsace, Cigognes ; 2 groupes de bombardement moyen : Lorraine, Berry ; 2 groupes de bombardement lourd : Tunisie, Guyenne, soit une centaine d'appareils.

2. Situées un peu au nord d'Utah Beach, celles-ci inoccupées sont investies dans la matinée par un détachement qui a beaucoup à souffrir des mines.

3. De fabrication française, ces 155 L, qui ont été saisis en 1940, tirent un projectile de 43 kg à 18 km.

pour atteindre la plate-forme où, dans leurs alvéoles bétonnées, sont tapies les batteries.

Les guetteurs allemands ont vu les chalands de débarquement se diriger vers leurs positions, mais 18 bombardiers américains obligent la garnison à se terrer quelques minutes dans ses abris. Le raid terminé, les rescapés peuvent se rapprocher des rebords de la falaise. S'il leur est difficile d'ajuster directement les 285 Rangers du lieutenant-colonel Rudder qui déferlent sur la grève, il leur est plus facile de projeter leurs grenades à manche. Avant d'avoir trouvé une maigre protection auprès des rochers, les assaillants ont déjà subi des pertes.

Le plus difficile reste à exécuter : monter. Des rockets lancent des grappins pour ancrer des cordes et des échelles de corde. Des échelles des pompiers de Londres sont dressées contre la paroi. D'en haut, les grenades continuent à rouler. Des cordes sont coupées. Des Rangers tombent en pleine escalade. Les valides se relèvent pour grimper à nouveau.

Du large, le destroyer *Satterlee* a perçu les difficultés des hommes à terre. Il s'approche au plus près et tire à vue, soulageant les agresseurs qui donnent l'impression de s'élancer à l'assaut d'une place forte du Moyen Âge.

Le sergent Robey et deux camarades parviennent les premiers au sommet après cinq minutes d'escalade. À la Thompson, ils arrosent les lanceurs de grenades. Trois d'entre eux sont tués, les autres s'éclipsent dans un blockhaus. Un accès se dégage. De nouveaux Rangers atteignent le faîte. De cratère de bombe en cratère de bombe, ils délogent leurs adversaires et progressent vers les casemates et là, stupeur ! celles-ci sont détruites et désertes. Les pièces avaient été évacuées. Les bombardiers ont fait du bon travail, mais le nid était vide...

Rudder et les siens sont dans la place, heureux de l'avoir emporté mais déçus devant cet héroïsme inutile [1]. Le colonel fait achever le nettoyage de la position et dépêche des patrouilles en reconnaissance. Celle du sergent Lomell tombe sur les fameux 155 camouflés sous des pommiers. Sabotées avec des charges de thermite, les pièces de la Pointe du Hoc ne tireront ni sur Omaha Beach ni sur Utah Beach ni sur personne.

Rudder l'a emporté mais sa situation s'avère incorfortable. À son message : « Mission accomplie – Ai besoin munitions et ren-

---

1. La Résistance française avait tenté d'avertir du retrait des batteries.

forts – Nombreuses pertes », il a été répondu : « Désolé – Pas de renforts disponibles – Toutes les forces Rangers ont débarqué. »

C'est exact. Le 5e bataillon de Rangers et ce qui restait du 2e sont employés à la Pointe de la Percée, à l'extrémité d'Omaha Beach, où les choses vont mal.

Les Rangers, dont près de la moitié est hors de combat, n'auront-ils à compter que sur eux-mêmes ? Non. Le vaillant *Satterlee* est toujours là, à quelques encablures. Malgré les obus ennemis qui pleuvent sur lui, il demeure honnête et fidèle pour appuyer les Rangers dont la journée ne fait que commencer. Ils auront encore de rudes moments devant eux, surtout durant la nuit. Ils ne seront plus que 90 [1] en état de porter une arme – et souvent blessés comme Rudder lui-même – lorsque le 5e bataillon de Rangers et le 116e RI les rejoindront le 8 juin vers midi.

En visitant les lieux du combat, après la guerre, Eisenhower s'exclamera : « Il fallait en avoir dans le ventre pour escalader ces falaises ce jour-là ! »

*
* *

Omaha la sanglante

Le schéma d'Utah Beach n'a pas varié : bombardement naval et aérien avant l'heure H mais en plus imposant. 2 cuirassés américains, *Texas* et *Arkansas,* trois croiseurs, *Glasgow* britannique, *Montcalm* et *Georges Leygues* français, avec une meute de destroyers, ainsi que 484 B/24 de la 8e US Air Force y ont participé.

Ce déploiement de forces se justifie. On dit les défenses d'Omaha Beach, entre Vierville et Colleville, sérieuses. Beaucoup plus qu'Utah Beach. De très nombreux fortins et blockhaus ont été localisés en cet unique endroit accessible à mi-distance de Port-en-Bessin et Grandcamp. Après la Pointe de la Percée à l'ouest et Sainte-Honorine à l'est s'élèvent des falaises comparables à celles de la Pointe du Hoc.

Comme leurs camarades de la Force U, les hommes de la Force O ont toutes raisons d'avoir confiance. Ils ne se sentent pas seuls, entourés de toutes parts comme ils le sont. Ils croient dans les vertus des bombardements à partir de H – 40 ou H – 30. Ils savent aussi, car leurs officiers le leur ont certainement

1. Sur les 450 hommes du 2e Rangers débarqués à la Pointe du Hoc et à Omaha Beach le jour J, on déplora 77 morts, 38 disparus et 158 blessés.

confié, que la mise à terre des 34 000 hommes des 1re et 29e divisions du 5e CA US et de leurs 3 300 véhicules est parfaitement minutée : H – 5 : chars DD ; H – 1 : bulldozers ; H + 1 : 4 premières compagnies d'assaut d'infanterie ; H + 3 à + 8 : sapeurs ; H + 30 : vagues d'infanterie se succédant de 30 minutes en 30 minutes ; H + 90 : artillerie ; H + 180 : véhicules ; H + 240 : grues, véhicules de dépannage.

Oui, les fantassins des 1re et 29e DI sont en droit d'être confiants d'autant que, pas plus que leurs chefs ils ne savent tout : la 716e DI allemande a été relayée par la 352e qui présente une autre valeur, et les défenses de Vierville à Colleville sont infiniment plus importantes qu'escompté : 8 casemates dotées de canons d'un calibre supérieur à 75 ou d'armes automatiques ; 17 positions antichars munies de canons de 37 à 75 ; 4 positions d'artillerie de campagne ; 6 fosses à mortiers ; 38 fosses à tubes lance-fusées ; 85 emplacements de mitrailleuses. Le commandement comptait réduire les fortifications reconnues par ses bombardements de H – 40 et H – 5. Ceux-ci se déroulent effectivement comme fixé, mais la marine tire trop long. La 8e Air Force manque complètement sa cible : ses 13 000 bombes piquettent la campagne 4 ou 5 km en arrière du rivage et n'endommagent guère le Mur de l'Atlantique [1].

Secteur le mieux défendu de toute la zone de débarquement, Omaha Beach est donc celui sur lequel la préparation a le moins d'effet.

L'état de la mer n'arrange rien. Devant Utah Beach, le Cotentin formait un écran protecteur contre les vents d'ouest. Les chars DD sont arrivés au rivage sans trop de pertes. Au large d'Omaha Beach, la Manche accuse des creux d'un mètre. Un LCT met à l'eau trop loin (5 000 mètres) ses 29 engins qui ne sont pas conçus pour des flots agités : 27 partent par le fond. 2 seulement atteindront la côte. À l'arrivée, il manquera le tiers des DD, les rescapés ayant été déposés au plus près par des commandants plus avisés.

Voici la première vague – 1 500 hommes – privée d'une partie de son appui direct, lancée contre un adversaire aux positions peu entamées et auquel ses supérieurs ont bien recommandé :

1. Marine et aviation font néanmoins des dégâts mais bien en deçà des espérances formulées.

« Pas un coup de feu avant que l'ennemi ait atteint le rivage ! »

La surprise et la mort attendent les voltigeurs de pointe des 115ᵉ, 116ᵉ, 15ᵉ et 16ᵉ RI sur Omaha Beach. Cette plage s'étale sur 6 km au pied d'un plateau peu élevé – 40 à 50 mètres – où se nichent, au milieu des haies vives, des pommiers et des boqueteaux, trois petits villages : Vierville, Saint-Laurent, Colleville [1]. À 5 ou 6 km à l'intérieur court, parallèle à la côte, la RN 13 Bayeux–Isigny, coupée par la vallée de l'Aure qui conflue avec la Vire en aval du « premier cru laitier de France ». La nationale, la rivière constituent l'objectif du jour J pour la Force O.

Quant à la plage elle-même, après une étendue plus ou moins découverte de sable fin, elle s'achève sur une levée de galets d'un bon mètre de haut. Sitôt au-delà, passe une route littorale qui, étayée par un mur de soutènement, mène à Saint-Laurent. Une fois la route (lorsqu'elle existe) et un court intervalle plus ou moins marécageux franchis, le terrain, broussailleux, s'élève rapidement, barré de quelques escarpements. Quatre vallons, empruntés par la route littorale ou des chemins de campagne, constituent des cheminements naturels de la mer aux villages. Les Allemands en ont barré les accès par des mines, des barbelés, des blockhaus.

D'ouest en est, les Américains ont divisé Omaha Beach en quatre sections : Charlie, Dog, Easy, Fox, elles-mêmes scindées en deux ou trois sous-sections désignées par un indicatif de couleur, white, red, green. Dog red, Dog green, Easy green sont appelées à résonner plus douloureusement que les autres dans la mémoire des combattants.

*
* *

La houle est forte. Les DD en ont été les premières victimes. L'embarquement dans les LCA et LCVP a été long et pénible. Maintenant, les chalands embarquent généreusement des paquets de mer. Les hommes, malades, frigorifiés, écopent de

1. Ils comptaient respectivement avant la guerre : 300, 220 et 215 habitants.

leur mieux. Le casque lourd américain [1] est bien utile... mais une dizaine d'embarcations s'engloutissent dans les flots. La mer se couvre de malheureux, équipages des DD, occupants des LCVP naufragés qui s'efforcent de survivre, soutenus par leurs gilets de sauvetage ou accrochés à des radeaux de caoutchouc. Les ordres à leur sujet sont formels : poursuivre. Ne pas porter secours ; derrière, des bâtiments sont prévus à cet effet. Heureusement, en cette ultime demi-heure avant l'heure H, le fracas des bombardements qui s'abattent sur la terre ferme contribue à relever le moral de tous ceux qui vont investir les côtes normandes.

6 h 35. L'heure H compte cinq minutes de retard. Le tir des navires se lève, LCVP, LCA sont encore à 400 mètres du rivage. Soudain, les défenses allemandes se dévoilent. Mortiers, canons antichars, mitrailleuses se déchaînent. Les impacts cinglent les coques. Les explosions soulèvent la mer. Les pentes d'Omaha Beach se sont embrasées ; les lueurs des départs fusent de partout. Un tintamarre infernal résonne au-dessus des flots.

Très vite, des coups portent sur ces cibles trop voyantes. Des chalands échoués ou stoppés, les hommes se jettent à l'eau. Des têtes, des bustes émergent au-dessus des vagues progressant avec une infinie lenteur. Il est difficile d'avancer rapidement quand on a sur le dos tout le barda qu'un troupier moderne doit transporter pour aller se battre.

Déjà des morts, des blessés. Des cadavres ballottés par les lames. Les rafales de mitrailleuses, sans relâche, trouent la mer parmi les gerbes que soulèvent les arrivées de mortiers, de 88 ou de 75. Poursuivre ? Se protéger ? Se camoufler ? Les uns s'efforcent d'atteindre au plus vite la levée de galets ou le mur de soutènement où ils imaginent une protection. D'autres essaient de s'abriter derrière les obstacles en tous genres qui parsèment la grève. D'autres tentent de se dissimuler en nageant ou en gardant le corps immergé.

Sur la terre ferme, les DD qui débouchent sont pris à partie. Certains, touchés, dégagent une épaisse fumée. D'autres sont immobilisés. Ceux qui le peuvent ne cessent de tirer.

La mort fauche de tous côtés. Les sections, les compagnies

---

1. Le casque américain comporte deux parties : un casque intérieur dit léger, un casque extérieur en acier dit lourd, assurant la véritable protection. Le premier permet de bien assujettir l'ensemble sur la tête et procure, le cas échéant, un couvre-chef moins pesant.

sont décimées. Quelques-unes se trouvent privées de tous leurs officiers. Rien ne contre vraiment le feu meurtrier. Les chars sont trop peu nombreux. Les destroyers n'ont pas encore discerné le drame. L'aviation n'a pas été sollicitée.

Les hommes qui atteignent la terre sains et saufs se protègent de leur mieux. Des grappes humaines se plaquent contre le mur de la route littorale. Partout gisent des malheureux frappés par balle ou par éclats d'obus.

Chaque nouvelle vague amène de nouvelles victimes, frappées en mer ou sur la berge. Des véhicules débarqués sont arrêtés par la levée de galets, aucun bulldozer n'ayant ouvert un passage. Les unités se mêlent. Les courants ont dévié des navires, perturbant les points de débarquement. Bien des armes sont inutilisables à cause du sable et de l'eau. Il faut les démonter, les nettoyer. Les trois quarts des postes radio sont hors d'usage.

Omaha Beach vit des minutes tragiques. 2 500 hommes, tués ou blessés, jonchent le rivage. Un tous les deux mètres. Le débarquement sur Omaha Beach serait-il condamné ? À 8 heures, le pire paraît possible.

Pourtant, la vie reprend. Méprisant le danger, les sapeurs forcent des brèches pour les chalands qui vont maintenant se présenter à marée haute ou presque. Des cadres reprennent en main une troupe paralysée par l'épreuve. Le général Cota, commandant adjoint de la 29e DI, a débarqué à 7 h 30. Imperturbable sous le feu, colt au poing, il donne de la voix, ordonne de quitter les lieux et, le premier, gravit le talus. Le colonel Taylor, commandant le 16e RI, ne dit pas autre chose :

> « Il y a deux sortes d'individus qui restent sur la plage ! Les morts et ceux qui vont mourir ! Foutons le camp d'ici en vitesse ! »

Le colonel Canham, qui commande le 116e RI, son poignet blessé entouré d'un mouchoir sanglant, hurle :

> « Ils nous assassinent, ici ! Allons plutôt nous faire assassiner à l'intérieur des terres ! »

L'exemple, l'invective font autorité. Progressivement, les prostrés, les terrés se relèvent. Des courageux se risquent en avant. Des officiers, des gradés, des Rangers montrent la voie. Des anciens de Sicile et de Salerne, plus aguerris, réagissent.

Des Bengalore sont glissés sous les barbelés. Des escouades repèrent des angles morts. Des groupes s'infiltrent dans les dunes et sur la pente. En trois ou quatre endroits, des éléments plus importants finissent par atteindre le bord du plateau.

Vers 9 heures, des Rangers et un détachement du 116e RI qui ont gagné les hauteurs s'enfoncent résolument vers Vierville qu'ils approcheront à 11 heures. Un autre détachement perce devant Saint-Laurent et marche sur le village où il sera stoppé en fin d'après-midi. Plus à l'est, la compagnie G [1] du 16e RI aborde Colleville vers midi. Un peu avant 10 heures, des bulldozers ouvrent deux brèches dans la levée de galets, autorisant les chars à avancer et à rejoindre la route du littoral. Le tir des Sherman dans les embrasures des casemates se fait plus précis et plus nourri.

Peu à peu aussi, le feu allemand faiblit d'intensité. Il a pris des coups. Il se disperse devant la pléthore d'objectifs. Il finit par manquer de munitions, son approvisionnement ne pouvant lui parvenir car l'aviation interdit tout mouvement sur les arrières. Des contacts radio rétablis ont permis d'alerter la marine. Le général Hubner, qui commande le secteur occidental, a ordonné aux destroyers de réduire au silence les batteries ennemies. S'approchant au plus près, raclant les fonds, les bâtiments tirent à vue sur les ouvrages adverses. Des blockhaus cessent leurs tirs. Surprise et vision d'espoir, des hommes en surgissent en levant les bras. La Force O fait ses premiers prisonniers.

Une trentaine de Rangers réussissent à escalader la falaise à l'extrémité occidentale d'Omaha Beach. À 13 heures, ils ont raison des batteries de 77 de la Pointe de la Percée qui prenaient en enfilade les débarquements. Ce succès contribue à l'amélioration d'ensemble.

Depuis 8 h 30, l'arrivée des chalands d'artillerie et de matériel a été suspendue. Plage trop dangereuse et trop encombrée. A mi-journée, Bradley a songé reporter tout le débarquement sur Utah Beach. Enfin, à 13 h 30, tombe un message plus réconfortant :

> « Les troupes clouées au sol sur les plages Easy red, Easy green et Fox red progressent au-delà des hauteurs dominant les plages. »

1. Les compagnies américaines sont identifiées par une lettre.

Le plus dur est terminé. Martelés par les destroyers et les chars, grenadés par les fantassins, les blockhaus tombent.

Avant 14 heures, le Génie ouvre une route qui mène du hameau du Ruguet [1] vers Saint-Laurent. Les débarquements reprennent. Tous les accès au plateau se dégagent. Chars, half-tracks, GMC, jeeps grimpent sur la côte. Mais quel embouteillage ! Heureusement, le ciel appartient aux Alliés.

Vierville, Saint-Laurent, Colleville sont dépassés en fin d'après-midi. La tête de pont devient une réalité sur un mille de profondeur et 6 km de front. 30 000 Américains, au soir du jour J, y sont à pied d'œuvre.

Mais Omaha la sanglante a coûté 3 000 tués, blessés ou disparus.

* * *

Sur les plages britanniques

A l'instar de Montgomery, les Britanniques sont des gens méticuleux. Pour aborder leurs plages, Gold, Juno, Sword, d'Arromanches à Ouistreham, ils mettent le maximum d'atouts de leur côté.

A 4 h 45, les commandants des X 20 et X 23 soulèvent l'écoutille de leurs submersibles. Enfin de l'air frais après des heures de claustration dans un espace plus qu'exigu ! Il fait encore nuit. Des vagues balayent le pont. La grève s'étire à moins de 2 000 mètres, ourlée d'un liséré blanchâtre bien visible à l'œil nu. Les 10 marins de l'opération « Gambit » n'ont plus qu'à agiter leurs fanaux pour guider les forces G et S. Ici, les erreurs d'orientation d'Utah et Omaha Beaches ne se produiront pas.

A l'exception des DD, Bradley a dédaigné la panoplie des engins d'Hobart, « Avre », « Crabs », « Tankdozers »... et autres inventions de l'ingénieux général. Dempsey, le patron de la IIe armée britannique, ne risque pas une telle impasse. Il débarque avec sa « ménagerie », et aura tout lieu de s'en féliciter.

A leur insu, les Britanniques vont bénéficier d'un autre avantage. La 716e DI défend les 34 km de littoral qu'ils attaquent et cette 716e DI n'est pas la 352e qui fait souffrir les Américains d'Omaha Beach. Elle compte des vieilles classes, des supplétifs

1. À peu près au milieu d'Omaha Beach.

d'origine russe, tous hommes peu enclins à en découdre, surtout lorsque les bombardements ont ravagé leurs positions ; plus d'un envisage même la captivité comme une délivrance.

En revanche, Dempsey se heurte à un écueil que ne rencontre pas Bradley. D'Arromanches à Ouistreham, la côte en de nombreux endroits se hérisse de récifs. Force est donc de tenir compte de cette présence qui réduit les possibilités d'accostage [1].

Aussi les plages retenues sont-elles relativement étroites :

Gold Beach entre Le Hamel et La Rivière, petits villages bien fortifiés (comme Arromanches) ;

Juno Beach devant Courseulles, de part et d'autre de l'embouchure de la Seulles ;

Sword Beach de Lion-sur-Mer à Ouistreham.

Il est 7 h 25 lorsque 33 DD [2] abordent Gold Beach, bientôt rejoints par les engins Hobart. Le feu allemand n'est pas trop nourri. La batterie de Longues, à 5 km à l'ouest d'Arromanches, a été réduite au silence [3] par le tir groupé de l'*Arkansas,* du *Georges Leygues,* du *Montcalm* et de l'*Ajax.* Ses pièces de 152 auraient pu faire des ravages sur Omaha comme sur Gold Beach. Les artifices côtiers de l'ennemi se montrent plus dangereux. Ils permettent à Hobart de prendre sa revanche sur ses détracteurs. Ses « Crabs », et « Avre » fournissent une démonstration de leurs possibilités : mines déblayées, entonnoirs comblés, obstacles balayés. En une heure, soutenus par les vagues d'assaut d'infanterie, ils forcent trois passages dans les champs de mines, les barbelés, les blockhaus. A 12 h 30, la tête de pont de Gold atteint 4 km de profondeur sur 5 de largeur. A 16 heures, la garnison du Hamel hisse le drapeau blanc. En fin de journée, la 50e DI britannique [4] est à portée de fusil de Bayeux (que les Allemands évacuent) et entre dans Arromanches.

Le 47e Royal Marine Commando s'infiltre vers l'ouest pour assurer la liaison avec les Américains d'Omaha. A la nuit, il s'établit sur les arrières de Port-en-Bessin qui sera occupé le lendemain.

---

1. Leur présence est l'un des éléments qui ont conduit le commandement allemand à écarter la perspective d'un débarquement allié en Normandie.

2. Sur 40 mis à l'eau.

3. Elle ouvrira à nouveau le feu durant l'après-midi et sera alors définitivement réduite au silence.

4. Du XXXe CA britannique.

Sur Juno, les Canadiens [1] ont une revanche à prendre : celle de Dieppe [2]. Grosse mer, récifs retardent leur débarquement. Ils ne prennent pied à terre qu'à 8 h 02 pour retrouver – un peu – l'ambiance de Dieppe. Les bombardements préparatoires n'ont pas été heureux, le feu ennemi converge, et les engins spéciaux ont également trente minutes de retard. Juno est la plus sanglante des plages britanniques. A Bernières, la lutte est rude pour venir à bout des défenses. Mais, en fin de matinée, le succès paraît assuré. Au soir, les Canadiens ont gagné 10 à 11 km dans l'intérieur et assuré la liaison avec leurs camarades britanniques sur leur droite. Mais, sur leur flanc gauche, un vide les sépare de Sword.

Cette dernière plage s'annonce dangereuse. A l'extrémité orientale de la zone de débarquement, elle n'est qu'à une trentaine de kilomètres du Havre, à la merci d'une incursion des bâtiments rapides de la Kriegsmarine. L'amirauté britannique a donc intensifié les défenses : écran de fumée, navires de ligne, destroyers [3]. Pèse aussi la menace de la XXIe PD, bien placée, au sud-est de Caen, pour intervenir. Sa présence a, entre autres, motivé le largage de la 6e Airborne.

Avec la Navy et la 6e Airborne, Sword bénéficie ainsi d'une bonne couverture côté mer comme côté terre. À la 3e DI britannique, débarquant en premier échelon, de faire sauter les verrous côtiers. Elle y parvient avec brio, malgré la perte de la moitié de ses DD engloutis dans une mer houleuse. Toutefois, l'encombrement des plages, des pertes de temps freinent l'avance. Hermanville, 3 km plus loin, n'est guère dépassée. Caen, objectif du jour J, ne tombe pas. Les patrouilles de tête butent sur des résistances allemandes à quelques kilomètres de ses faubourgs. Tout aussi grave, la liaison n'est pas établie avec les Canadiens [4].

Il est cependant des motifs de satisfaction.

A l'ouest de Riva Bella, une heure avant la 1re brigade de commandos de Lord Lovat, débarque le 4e commando britannique [5]. Dans ses rangs, 177 Français, les hommes du bataillon

---

1. 3e division canadienne du Ier CA britannique.

2. Voir *La Grande Histoire de la Seconde Guerre mondiale, Décembre 1941-Novembre 1942*, chap. 12.

3. Ceux qui ont subi l'attaque éclair d'Hoffmann durant la nuit.

4. Partant de Sword et Juno, les 41e et 48e commandos ont essayé de faire jonction mais ils ont été stoppés par des résistances allemandes.

5. Fort de 800 hommes.

de fusiliers marins commandos du capitaine Kieffer. Après les quatre sticks du 2e RCP largués en Bretagne dans la nuit, à eux le privilège d'être les premiers Français à venir se battre pour la libération de la patrie ! Kieffer et les siens le savent. Conscients de cet honneur, ils sont prêts à s'en montrer dignes. A leur arrivée à terre, à 7 h 30, les marins au béret vert perdent une trentaine des leurs sous le feu adverse. Se regroupant rapidement, ils se rabattent sur Ouistreham pour enlever le casino, leur objectif. Combat sévère, mais glorieux, qui s'achève, en fin de matinée, par la libération de Ouistreham par le 4e commando.

Lovat ne s'attarde pas sur les succès de ses commandos. Il a un rendez-vous à respecter à Bénouville. A 13 h 30, précédé d'un char et de son cornemuseux Millin, qui joue un vieil air écossais, il prie ses amis parachutistes de bien vouloir excuser son retard de quelques minutes...

*
* *

Et les Allemands ?

La présentation de l'action des assaillants anglo-américains ne saurait laisser oublier que se dresse contre eux un adversaire qu'il serait fallacieux de sous-estimer. La Wehrmacht de juin 1944 est toujours vivante. Près de 60 divisions attendaient le débarquement.

Comment vont réagir les troupes sur le terrain, comment va réagir le haut commandement ?

Les soldats attaqués se défendent. Avec plus ou moins d'énergie, selon leur moral, la valeur de leur encadrement, les dommages occasionnés par les bombardements. La puissance de leur adversaire est si manifeste, sauf cas d'espèce à Omaha Beach, que d'aucuns, jugeant la partie par trop inégale, préfèrent ne pas insister. De petits groupes se rendront, paquetages bouclés, manifestement prêts pour les camps de prisonniers. A côté se dressent des fanatiques, des disciplinés, des patriotes. Ceux-là ne renoncent pas à tenir un fusil.

Les commandants locaux perçoivent vite que l'affaire est d'importance mais demeurent tributaires des décisions de leur hiérarchie. Et là, se paient les imprévus : absence de Rommel, généraux partis à Rennes. S'y ajoutent les ruptures de câbles de communications ou les disparitions comme celle du général Falley, patron de la 91e aéroportée. Faute de directives émanant du haut commandement, la journée du 6 juin chez les Allemands se présente essentiellement comme une journée d'initiatives personnelles obligatoirement limitées. Les cas de la 91e aéroportée et de la XXIe PD le montrent clairement.

Implantée de Pont-l'Abbé à Saint-Sauveur-le-Vicomte, la 91e serait de nature à contrer les aéroportés américains. Privée de son chef, dépourvue d'ordres précis, faiblement motorisée, elle n'entrera vraiment en action que le 7. De même, au 6e régiment parachutiste de Carentan. Il agit, à l'initiative de son colonel, sur Saint-Côme-du-Mont sans s'intégrer dans une contre-attaque d'ensemble.

Avec ses 146 chars et ses 51 canons d'assaut, la XXIe PD est en mesure de perturber considérablement les débarquements au nord de Caen. Toute la nuit, elle demeure l'arme au pied, moteur au ralenti, entre Falaise et Caen. Son chef attend des ordres de la VIIe armée ou du GA. Responsable d'une unité d'intervention, il estime ne pas relever du divisionnaire local. En début de matinée, il prend cependant sur lui d'intervenir contre les éléments aéroportés à l'est de l'Orne. Son 22e régiment de chars entame son mouvement dans cette direction.

Mais, à Saint-Lô, le général Marcks, responsable de la région entre Orne et Vire, obtient en fin de matinée l'autorisation d'utiliser la XXIe PD. Seul un bataillon de Panzergrenadier poursuit au-delà de l'Orne. Les chars font demi-tour et reçoivent mission de se porter sur Périers, Douvres et Luc-sur-Mer.

Une telle intervention pourrait être très dangereuse. Elle risque de planter un coin entre Sword et Juno. Si elle atteint la route littorale, elle prendra de flanc les débarquements.

Les chasseurs bombardiers tournoient au-dessus de la campagne normande. Les décombres provoqués par les bombardements entravent la circulation dans l'agglomération caennaise. Les blindés allemands se déplacent très lentement. Ils n'atteignent leur base de départ qu'à 15 heures. Mais les canons des 98 chars du 22e régiment ne vont-ils pas faire basculer la bataille ?

L'attaque débute assez bien et s'enfonce vers la mer. Vers 20 heures, les éléments de tête d'un bataillon de Panzergrenadier atteignent Luc-sur-Mer et Lion-sur-Mer. Mais ils sont seuls. Les chars n'ont pas suivi. Les Britanniques ont eu le temps de débarquer blindés et antichars. Bien postés, entre Biéville et Périers, leurs coups portent. Le 22e régiment perd 25 % de son potentiel et se voit contraint de s'arrêter et de s'enterrer. Quant aux Panzergrenadier, isolés, harcelés, ils finissent à leur tour par se replier.

La contre-attaque locale de la XXIe PD, la plus dangereuse dans l'immédiat, a échoué.

Tankistes et fantassins sentent souffler le vent de la défaite. Dans la nuit tombante, ils voient le ciel de l'Orne s'emplir de planeurs de renforts de la 6e Airborne. Les plus lucides – et ils sont nombreux – se doutent que la guerre est perdue. Ils s'étonnent même. Pourquoi les Britanniques n'avancent-ils pas hardiment sur Caen ? Ils savent, ces combattants de la XXIe PD, qu'à cette heure, devant la ville, les défenses allemandes sont aussi modestes que fragiles [1].

Ces réalités qui n'échappent pas aux hommes du rang et à leurs cadres au contact de l'adversaire, les états-majors des arrières n'en prennent pas immédiatement conscience. Les renseignements, il est vrai, sont si diffus !

Ce n'est qu'aux alentours de 10 heures que Speidel, à La Roche-Guyon, se décide à appeler Herrlingen. Le Renard du Désert accuse le coup : « Suis-je bête ! Suis-je bête ! », murmure-t-il à plusieurs reprises.

Mais près de 800 km séparent Herrlingen de La Roche-Guyon. Le commandant du GA/B ne rejoindra son QG qu'un peu avant minuit. La journée qu'il pressentait décisive sera terminée. Sans lui.

Depuis 3 heures du matin, le maréchal von Rundstedt a vécu dans l'attente des bulletins de renseignements. Dans la matinée, le débarquement en Normandie lui a paru se préciser, mais il a refusé de le regarder comme l'élément essentiel de l'invasion de l'Europe occidentale. Il n'a donc pas touché à la XVe armée, stationnée au nord de la Seine. En revanche, il sait qu'il a sous la main la XIIe PD SS et la Panzerlehr, la première vers Évreux, la seconde entre Le Mans et Nogent-le-Rotrou. Il estime pouvoir, avec elles, rejeter les arrivants à la mer. Comme les deux PD dépendent théoriquement de l'OKW, il en réclame l'emploi à Jodl qui refuse : les PD sont du seul ressort du Führer ! Lequel dort...

Hitler est un couche-tard. À l'heure H, il n'est au lit que depuis peu. Personne n'ose le réveiller d'autant que tout reste flou. Jodl, pour sa part, estimait simplement « qu'il y avait des indices permettant de penser qu'un important débarquement avait eu lieu ».

---

1. Avec plus d'audace, les Britanniques auraient pu enlever Caen le jour J. Mais trop d'audace n'est pas dans le style imposé par Montgomery.

Hitler ne s'éveille qu'à 11 heures. Informé, il s'énerve et ne décide rien.

La conférence quotidienne a lieu à 15 h 30. Hitler, Keitel, Jodl, Warlimont y assistent. Il faut lire les rapports. A 16 heures, le Führer donne son accord pour rattacher la XIIe PD et la Panzerlehr à la VIIe armée.

Il est maintenant beaucoup trop tard pour qu'elles puissent entrer en action le jour même. Elles sont trop loin et Bayerlein, commandant de la Panzerlehr, fait justement remarquer que se lancer, de jour, sur des routes constamment survolées par l'aviation alliée serait suicidaire [1].

Le soleil décline. Le 6 juin 1944 s'achèvera sous peu. Les Allemands, le jour J, ont laissé les Anglo-Américains débarquer sans lancer de contre-attaques d'envergure. Le coup de poing, asséné sur un adversaire mal affermi, que préconisait Rommel, ne s'est pas produit. Chars, canons, camions, fantassins continuent d'envahir les plages et de s'enfoncer vers l'intérieur des terres.

A peine quelques pilotes audacieux ont-ils tenté l'impossible. De rares FW/190 ou JU/88 [2] ont piqué sur les plages, incapables à eux seuls de modifier l'échéance. L'évidence est là. La Luftwaffe est absente du grand rendez-vous du jour J. L'aviation alliée, seule, sillonne le ciel de la Manche et de la Normandie.

Dans la journée du 6 juin, elle effectue plus de 11 000 sorties [3]. Selon les états-majors, cette omniprésence, en appuyant les troupes au sol, en retardant l'arrivée de renforts, en brisant les tentatives de contre-attaques, en informant sur les mouvements adverses, en écartant le danger aérien ennemi, multiplie la supériorité terrestre par trois. Une question n'est pas interdite. Que se serait-il passé si la Luftwaffe avait pu mitrailler et bombarder les plages où s'entassaient hommes et matériel ?

*
* *

1. La Panzerlehr avait été mise en alerte dans la nuit alors qu'elle était en instance de départ pour le front de l'Est (certains de ses chars et de ses véhicules se trouvaient déjà sur les wagons plates-formes). Elle reste ainsi immobilisée, comme la XIIe PD SS, toute la journée du 6 juin.

2. Il semblerait que seuls deux FW/190 de la 26e escadre aient piqué sur Sword Beach.

3. Ses seules pertes (une centaine d'appareils) sont imputables à la Flak.

Politique

La bataille est engagée. Il appartient tout d'abord à un soldat de faire connaître son déclenchement.

Anxieux, le Commandant suprême a attendu les comptes rendus de ses subordonnés. Les premiers sont encourageants mais Eisenhower se veut prudent. Son communiqué révélant l'échec est prêt.

A 9 h 33, enfin, le colonel Dupuis, attaché de presse du SHAEF, annonce :

> « Sous le commandement suprême du général Eisenhower, les forces navales alliées, soutenues par de puissantes forces aériennes, ont commencé ce matin à débarquer des armées alliées sur la côte nord de la France. »

Tandis que Hitler sommeille toujours, le monde entier apprend officiellement que la croisade pour la liberté de l'Europe est entrée dans une autre phase. Déjà, la nouvelle a filtré. Dans les territoires occupés, elle court les foyers, les lieux de travail, les maquis, les prisons [1]. Portée par un « téléphone arabe », elle se répand, délivrant son message d'espoir aux asservis. Au fil de la journée, les radios confirment. Avec quelle impatience les Français guetteront, ce soir-là, l'émission de 21 h 15 de la BBC !

A Londres, Churchill s'offre la satisfaction de faire attendre ses révélations. Chacun sait que le débarquement est en cours, mais désire en savoir plus. A midi, aux Communes, le Premier ministre commence par demander de « prendre officiellement connaissance de la libération de Rome par les armées alliées sous le commandement du général Alexander ». Certes, le Britannique Alexander est le patron en titre du théâtre d'opérations italien. Faut-il, pour autant, omettre de préciser que ce sont Clark et les Américains qui sont entrés dans Rome, bien aidés en cela par les Français ?

---

1. Alors en culottes courtes, l'auteur de ces lignes apprend l'annonce du débarquement par un camarade en se rendant à l'école un peu avant 8 heures. Sa propre mère la tient d'une amie, dans la matinée. Son père, interné par la Gestapo à la prison du 92e RI à Clermont-Ferrand, en fut informé dans l'après-midi.

Après des propos élogieux pour les combattants de la péninsule italienne, Churchill en vient à la Normandie, précisant :

> « La bataille qui vient de s'engager ne cessera de croître en ampleur et en intensité au cours des semaines qui viennent. »

L'éloquence du Premier ministre ne saurait influer directement sur le déroulement des opérations en cours, mais d'autres propos s'apprêtent à trouver une audience d'une portée et d'une ampleur autrement importantes...

Eisenhower, le 4 juin, avait demandé à de Gaulle de s'adresser à ses compatriotes, le jour du débarquement, à l'instar du roi de Norvège, de la reine de Hollande, de la grande-duchesse de Luxembourg, du Premier ministre de Belgique, vis-à-vis de leurs nationaux. Lui-même, comme prévu, a fait diffuser son propre message aux Français le 6 au matin. De Gaulle a rugi devant cette initiative du Commandant suprême hors de son domaine militaire :

> « Une invitation à “exécuter ses ordres”. »

Néanmoins, le chef du GPRF, après bien des péripéties dont une entrevue houleuse entre Churchill et Viénot [1], a fini par accepter de parler, mais isolément. Il le fait à 18 heures avec émotion et gravité :

> « La bataille suprême est engagée [...] Bien entendu, c'est la bataille de France, et c'est la bataille de la France ! [...] Pour les fils de France, où qu'ils soient, quels qu'ils soient, le devoir simple et sacré est de combattre l'ennemi par tous les moyens dont ils disposent [...] Les consignes données par le gouvernement français et les chefs français qu'il a qualifiés pour le faire doivent être exactement suivies [...] Derrière le nuage si lourd de notre sang et de nos larmes, voici que reparaît le soleil de notre grandeur. » [2]

« Pour les fils de France, où qu'ils soient, quels qu'ils soient,

---

1. Représentant du GPRF près du gouvernement anglais.
2. *Mémoires de Guerre, op. cit.*, tome II, p. 227.

le devoir simple et sacré est de combattre l'ennemi par tous les moyens dont ils disposent... »

A de telles paroles, qui ne penserait que l'heure de la levée en masse a sonné ? Confirmant les messages transmis par les Alliés à la Résistance – avec l'aval de Kœnig –, les paroles de celui qui, depuis le 18 juin 1940, ne cesse d'appeler à la lutte, sont bien celles qui incitent à prendre les armes et à passer aux actes. Les résistants le comprendront ainsi.

*
* *

Au soir du jour J

La nuit du « Jour le plus long » est tombée. Des rafales d'armes automatiques éclatent de-ci de-là, prolongées souvent par des détonations isolées. Par intermittence, des explosions résonnent, des lueurs rougeâtres zèbrent la pénombre. Parfois, une fusée colorée qui s'élève et retombe révèle quelques instants le paysage environnant. Des roulements de véhicules se perçoivent dans le lointain. De lourds grincements de chenilles signalent l'inquiétante présence d'un blindé en quête d'un poste de tir. Amplifiés par la voûte nuageuse, des grondements d'avions se rapprochent, s'éloignent, reviennent à nouveau. La guerre est bien là, sur la terre normande, du Cotentin au pays de Caux.

3 divisions aéroportées, 5 divisions d'infanterie, 3 brigades blindées, 2 brigades de commandos, des groupements de toute espèce, Génie, transmissions, service médical, etc., sont maintenant engagés chez les Alliés. Sauf à Omaha Beach, les arrivées se sont succédé dans les délais. Les effectifs prévus – 175 000 hommes – sont sensiblement atteints [1].

Il en va tout autrement des acquis territoriaux. Eisenhower et Montgomery comptaient border la Dives, occuper Caen, dépasser la RN 13 de Caen à Isigny, tenir le pavé Quinéville-Pont-l'Abbé – Saint-Côme-du-Mont – Utah Beach dès le premier soir. Ils en sont loin. Surtout dans le secteur américain.

---

1. Environ 155 000 hommes ont été débarqués : sur Utah Beach 23 000, sur Omaha Beach 34 000, sur Gold, Juno, Sword 75 000, aéroportés 23 000 ; soit 83 000 Britanniques et 72 000 Américains.

A l'est, 6e Airborne et 3e DI britanniques sont retranchées dans le carré Lion-sur-Mer, Biéville, Ranville, estuaire de l'Orne ; la liaison n'est pas établie avec les Canadiens. La XXIe PD couvre en partie Caen, et une poche de résistance subsiste à l'ouest de Douvres.

La situation est meilleure à l'aplomb de Gold et Juno. 50e DI britannique et 3e division canadienne ont progressé d'une dizaine de kilomètres après avoir occupé Arromanches, Courseulles et Creully.

Le point noir s'appelle toujours Omaha Beach. La progression n'a guère dépassé 2 km vers l'intérieur mais, au passage, a libéré Vierville, Saint-Laurent, Colleville. Un peu à l'ouest, les Rangers rescapés de la Pointe du Hoc s'apprêtent à passer une nuit inconfortable.

Au-delà de Carentan, à la base du Cotentin, règne une certaine confusion. Si Utah Beach est bien tenu, les parachutistes s'éparpillent dans la campagne. Ils ont l'avantage de couper la RN 13 à Sainte-Mère-Église, mais une grosse partie de la 82e Airborne est isolée de l'autre côté du Merderet.

Ces gains territoriaux incomplets ne doivent pas occulter l'essentiel. Le débarquement a réussi. La mise à terre n'a pas été repoussée. Le Mur de l'Atlantique a été enfoncé. Les contre-attaques allemandes, limitées, n'ont pas rejeté les assaillants à la mer. Même si beaucoup reste à faire, le jour J est un échec allemand et un succès allié.

La minutie de la préparation, la puissance des moyens mis en œuvre, la suprématie aérienne totale, l'absence de réactions ennemies d'envergure ont permis d'en arriver là. Certes, il y a eu des pertes mais elles s'avèrent très en dessous des perspectives les plus sombres. Les aéroportés n'ont pas connu l'hécatombe que prévoyait Leigh-Mallory. 10 000 combattants alliés [1] sont hors de combat ; il y a eu 2 500 tués dont un millier sur Omaha Beach [2].

Une autre rançon, trop souvent estompée, s'ajoute à ce débarquement en Normandie. Les Français paient le prix de leur liberté à recouvrer. Tous n'ont pu évacuer les lieux où ils vivaient et travaillaient. Réfugiée dans les caves ou des abris

1. Soit 6 600 Américains, 950 Canadiens, 2 000 Britanniques environ.

2. 50 chars, 50 chalands type LC, 10 chalands type LS ont été coulés ou ont sombré.

sommaires, la population subit les bombardements et les combats. Elle pleure les siens, tués ou blessés, victimes anonymes d'une guerre qui frappe à sa porte. Elle paie aussi la vindicte nazie. Dans la matinée du 6 juin, 92 personnes sont sommairement exécutées à la prison de Caen. Hélas, également à Saint-Lô, les prisonniers, dont de nombreux résistants, sont écrasés sous les bombes des Alliés. Et la liste n'est pas close. Le 11 juin, le petit village de Trévières, un peu en arrière d'Omaha Beach, enterrera 22 de ses habitants.

Quant aux habitations ! Arromanches ne compte plus que cinq maisons intactes lorsque les Britanniques y pénètrent. Que de hameaux, de villages entièrement rasés ! Et que dire de Caen, de Saint-Lô, de Carentan, d'Isigny [1], déjà largement détruits le 6 au soir !

Au terme de l'épreuve éclate cependant la joie. Le calme revenu, la population acclame ces hommes épuisés, pas rasés, qui surgissent dans des tenues inconnues. De son mieux, elle les aide, les renseigne. Les G.I.'s découvrent le fruité aigrelet du cidre normand...

Au-delà de ces deuils, de ces ruines, de cet enthousiasme, qui douterait, en cette fin de journée, que ce mardi 6 juin 1944 ne soit entré dans l'Histoire ?

---

1. Seul Bayeux est miraculeusement épargné.

Chapitre XVI

SIX SEMAINES D'ATTENTE

L'attente du jour J, annonciateur de la bataille pour la délivrance, a duré des mois. Celle de la rupture du front allemand, prélude à la victoire, va se prolonger six semaines. Aux préparatifs de combat en Normandie viennent s'adjoindre deux événements plus politiques : le retour de De Gaulle en France le 14 juin, l'attentat contre Hitler le 20 juillet.

Le premier présage l'établissement d'un nouveau pouvoir en France. Le second révèle les dissensions graves existant en Allemagne.

*
* *

Montgomery l'avait annoncé : il faudra d'abord « se loger », c'est-à-dire occuper un espace suffisamment large pour s'y déployer, puis l'équiper en ports, terrains d'aviation, dépôts, etc., et, enfin, achever de le remplir d'hommes et de matériel afin d'entreprendre la phase suivante : la rupture, elle-même à faire suivre de l'exploitation.

Le plus urgent consiste évidemment à renforcer et à élargir le terrain conquis, à souder les têtes de pont entre elles, à repousser les contre-attaques des blindés adverses. Le 6, en fin d'après-midi, la XIIe PD SS et la Panzerlehr ont entamé leur progression vers la côte. Ce qu'avait annoncé Bayerlein se produit. Avant la nuit, la Panzerlehr perd des véhicules et de précieux camions-citernes. Elle doit se résigner à se traîner sur la route dans des déplacements de nuit [1]. Les « Jabo » [2] sont trop dangereux de jour.

La XIIe PD SS a plus de chance. Elle arrive aux approches de l'Orne dès le 7. Le colonel Meyer, le fameux « Panzer Meyer », qui commande l'un des régiments de chars, ne manque pas d'assurance.

« C'est du petit poisson », affirme-t-il devant l'objectif qui lui est assigné. Petit poisson cependant est devenu gros. XIIe PD SS et XVIe PD sont sévérement contrées par le feu des navires, des avions et des chars britanniques.

Cette journée du 7 juin, a priori encore dangereuse, permet au contraire aux Anglo-Américains d'améliorer leurs positions. Bayeux est libéré « presque sans coup férir » par la 50e division. La RN 13 est aux mains des Britanniques ou des Canadiens jusqu'à Bretteville-l'Orgueilleuse. À l'ouest, les Américains débouchent de leur réduit d'Omaha Beach et atteignent également la nationale. Port-en-Bessin, libéré dans la nuit du 7 au 8, permet d'assurer la jonction entre secteurs américain et anglais. Même jonction entre Canadiens et Britanniques au nord de Caen, mais la poche de Douvres résiste toujours [3]. À l'est de l'Orne, la 6e Airborne ne se laisse pas entamer par la 711e DI.

La situation est plus confuse dans le bas Cotentin. Troupes débarquées ou aéroportées s'opposent aux 709e, 243e DI et 91e aéroportée. Pas de front linéaire. Des zones tenues par les uns ou les autres et que chacun s'efforce d'agrandir. Les Allemands échouent dans leurs tentatives pour reprendre Sainte-Mère-Église. À Carentan, le 6e régiment parachutiste se défend solidement. Débordé, il n'évacuera la ville que le 11 au soir [4].

Manifestement, pas plus le 7 que les jours suivants, n'existe

---

1. Elle n'atteindra Villers-Bocage, à 25 km au sud-ouest de Caen, que le 13 juin. Bombardements, combats de rencontre, l'auront déjà diminuée de 100 chars. Bayerlein, son chef, reconnaîtra « qu'il n'avait plus la possibilité d'atteindre la mer ».

2. « Jagdbomber » (chasseur-bombardier) pour les Allemands, d'où « Jabo ».

3. Elle ne sera réduite que le 17, les Britanniques y faisant alors 120 prisonniers.

4. Saint-Côme-du-Mont est libéré dans l'après-midi du 8.

de riposte allemande d'ensemble. Domination aérienne alliée, dispersion des unités du GA/B, oukases de Hitler en sont la cause. Le Führer, redoutant un second débarquement dans le Pas-de-Calais, refuse obstinément de faire intervenir la XVe armée en Normandie.

Rommel doit se contenter de faire venir de Bretagne la 77e DI et la 3e division parachutiste. Ordre est toutefois donné à la IIe PD SS « Das Reich » et à la XVIIe Pz Gr SS de remonter vers le nord : 700 km pour la première depuis Montauban, 350 pour la seconde depuis Poitiers !

En ces premiers jours, la question du rapport des forces se révèle essentielle. Qui en rassemblera le plus aura toute chance de l'emporter. Les Alliés débarquent quotidiennement 50 000 hommes et le matériel correspondant. Les Allemands, sur le papier, disposent de 60 divisions. Von Rundstedt parviendra-t-il à les regrouper pour écraser les têtes de pont à peine installées ?

En fait, ni lui ni Rommel n'ont les mains libres. Ils sont harcelés par Hitler qui, non content de leur adresser des messages impératifs, se mêle de mesures de détail :

> « J'exige que les têtes de pont ennemies entre l'Orne et la Vire soient entièrement détruites dans les 48 heures, secteur par secteur. »

Ou encore :

> « Je vois que vous avez une brigade de mortiers en réserve à l'est de l'Orne : pourquoi n'est-elle pas engagée ? »

Les deux maréchaux, théoriquement responsables sur le terrain, sont incapables de commander sans en référer au préalable à Hitler et à l'OKW. Le 10, leur parvient une autre directive du Führer :

> « Il ne doit y avoir nulle part ni repli avec combat d'arrière-garde, ni décrochage pour occuper une nouvelle ligne de résistance. Chaque homme doit combattre et tomber là où il se trouve. »

Autrement dit, von Rundstedt et Rommel ne peuvent manœuvrer. Ils sont condamnés à mener un combat défensif statique et à respecter l'éternelle directive qui coûte si cher à la Wehrmacht depuis si longtemps : ne pas céder un pouce de terrain.

*
* *

Simultanément, les Alliés mettent en place tout le dispositif prévu pour pallier l'absence de ports. En cinq endroits, les blockships, les vieux bâtiments de guerre ou de commerce, sont coulés pour constituer les « gooseberries ». Devant Saint-Laurent et Arromanches, ils s'intègrent au plan plus ambitieux des « mulberries ». Dès le 7, les « phœnix », les caissons bétonnés, commencent à être immergés pour former des jetées protectrices. Un peu au large, les « bombardons », immenses flotteurs métalliques, sont amarrés pour assurer un premier écran contre les lames. À partir du 8, Port-en-Bessin, Courseulles, reçoivent des caboteurs et des LST. La logistique alliée suit parfaitement, tandis qu'à grand renfort de bulldozers et de plaques métalliques des pistes se construisent, effaçant haies, boqueteaux, vergers [1]. Trois jours après le jour J, les chasseurs se posent et décollent, les Dakota évacuent les blessés.

*
* *

Grâce à la libération d'Isigny le 9 au matin, de Carentan le 12 [2], Utah Beach et Omaha Beach se donnent enfin la main. Le front allié forme désormais un bloc continu sur plus de 80 km, de la Douve à la Dives. Des éléments avancés du Ve CA US, débarqués à Omaha Beach, sont même entrés dans Balleroy, à 15 km au sud-ouest de Bayeux.

L'évolution favorable de la situation autorise la venue des premiers visiteurs. Accueilli par Montgomery, Churchill débarque à Courseulles. Cigare aux lèvres, saluant du V de la victoire, le Premier ministre goûte le temps magnifique, les vivats de la troupe et des habitants, l'ambiance guerrière. Ravi de son

1. Aujourd'hui encore, les traces de ces trouées demeurent visibles dans le paysage du bocage. Ainsi, un peu à l'est de Carentan, au carrefour de la RN 13 et de la route de Saint-Lô, se remarque très bien le large sillon d'une piste et de ses approches sur près de 1 500 mètres de long. Une cinquantaine de terrains de fortune seront ainsi réalisés.

2. Libéré par des éléments de la 29e DI arrivant d'Omaha Beach.

inspection, il s'offre au retour une distraction : son destroyer expédie « quelques pruneaux » – pour reprendre ses termes – sur l'ennemi au-delà de l'Orne. « Journée extrêmement intéressante et agréable », notera-t-il dans ses *Mémoires.*

Autre personnage de marque le 14. À 8 h 10, le torpilleur *La Combattante* des FNFL [1] embarque à Portsmouth le général de Gaulle et tout un aréopage : Béthouart, d'Argenlieu, Viénot, Palewski, Coulet, Billotte, Boislambert, Courcel, Chevigné. À 14 heures, le chef de la France Combattante retrouve à Courseulles, lui aussi, la terre de France quittée quatre ans plus tôt. À 15 h 36, il entre dans Bayeux. Arrivé en précurseur, Kœnig l'accueille avec Maurice Schumann. À la sous-préfecture, Rochat, le sous-préfet nommé par Vichy, fait les honneurs des lieux et rend compte de son administration [2]. Sur la petite place, devant la population rassemblée à la hâte, Maurice Schumann annonce avec émotion :

« Honneur et patrie ! Voici le général de Gaulle ! »

Pour Charles de Gaulle, avant même le triomphe à la romaine que lui réservera Paris dans deux mois, voici que débute le sacre populaire. Les faits lui donnent raison. Son appel du 18 juin 1940 a montré la voie qui conduit aujourd'hui à la libération. Les Français de Bayeux, comme demain ceux des autres villes de France, l'acclament, le félicitent, le remercient. Nulle querelle de préséance. Il est bien le premier dans leur cœur.

Ce plébiscite règle sur-le-champ le problème du pouvoir en France. D'autres pensaient l'accaparer. Roosevelt avait annoncé : les Français décideront. C'est chose faite. Ils ont tranché pour de Gaulle.

Regagnant *La Combattante*, l'homme du 18 Juin laisse en place une autorité qui n'est ni vichyste ni alliée. Promu Commissaire régional du gouvernement, François Coulet représente

1. Depuis le 6 juin, *La Combattante* – commandée par le capitaine de corvette Patou – était en mission d'appui de feu devant Courseulles ou en patrouille à la lisière des champs de mines allemands. Elle sautera sur une mine le 23 février 1945 à 23 h 40. Sur un équipage total de 185 hommes, 3 officiers, 62 officiers mariniers et marins, 2 marins anglais seront portés disparus. Un officier marinier succombera à ses blessures.

2. Le portrait de Pétain était toujours suspendu dans un couloir. Le sous-préfet, interpellé sur ce qu'il appelle « un oubli », se hisse sur une chaise pour le décrocher.

de Gaulle et la nouvelle France [1]. Les Alliés sont placés devant le fait accompli. Roosevelt, qui voyait en de Gaulle un usurpateur ou un apprenti dictateur, Churchill, qui tempêtait au seul énoncé de son nom tout en l'estimant, s'inclineront. Le mois suivant, de Gaulle sera aux États-Unis. Début août, Washington et Londres reconnaîtront le GPRF. De Gaulle et son équipe sont bien appelés à prendre la relève du régime moribond de Vichy [2].

*
* *

Le message de De Gaulle, le 6 juin, ceux des Alliés, dans la nuit du 5 au 6, y avaient appelé. Les résistants passent aux actes : sabotages, embuscades, coups de main se généralisent. Terrible contrepartie, les représailles s'aggravent.

Les Alliés n'avaient pas inscrit cette insurrection à l'actif d'« Overlord ». Ce qu'elle rapporterait serait un plus. Ce dividende supplémentaire sera pour eux une surprise aussi heureuse que bénéfique.

Le 7 juin, la IIe PD SS « Das Reich » [3] quitte ses cantonnements de la région de Montauban pour la Normandie.

Les sabotages de voies ferrées réalisés par la Résistance lui interdisent un transport par rail. Elle doit emprunter la RN 20 par Cahors et Brive. Cette nationale, sinueuse et tourmentée jusqu'à Limoges, est militairement dangereuse. Aux mauvais passages, les maquisards harcèlent les colonnes largement étirées. Les SS font payer leurs morts [4] : 99 otages pendus à Tulle ; 68 personnes exécutées à Argenton-sur-Creuse ; terrible tuerie à Oradour-sur-Glane, au nord-ouest de Limoges, le 10 juin. 636 [5] hommes, femmes et enfants sont impitoyablement massacrés, avant que leur paisible village ne soit incendié.

---

1. Quelques jours plus tard, Raymond Triboulet sera nommé sous-préfet de Bayeux.

2. À cette date, Pétain et Laval sont toujours à Vichy. Le premier ne souhaite qu'éviter le pire aux Français. Le second louvoie.

3. Avec ses 209 chars et ses canons d'assaut, elle représente une force redoutable, mais sa troupe est peu homogène : jeunes nazis, germanophones enrôlés de force, Hongrois, Roumains, Alsaciens-Lorrains.

4. En principe, 35 tués, plus une cinquantaine de blessés.

5. Chiffre exact peut-être supérieur. Celui de 636 correspond aux listes établies par le maire d'Oradour-sur-Glane. Pour l'odyssée sanglante de la « Das Reich », on consultera *La Division Das Reich et la Résistance* de Max Hastings paru chez le même éditeur.

Les SS du régiment « Der Führer » de la division SS « Das Reich » signent à Oradour-sur-Glane l'un des crimes les plus odieux de la barbarie nazie [1]. Cette troupe qui se veut troupe d'élite montre dans la traînée de sang qu'elle laisse derrière elle le vrai visage de son idéologie et de ses chefs.

Retardés tout au long de leur marche, les premiers éléments de la « Das Reich » n'atteindront la Normandie que le 13 juin. Retards aussi pour la XVIIe Pz Gr SS n'arrivant de Poitiers que le 17. Retards encore pour les IXe et Xe PD SS venues de Pologne et ralenties durant plusieurs jours après la frontière française. Bombardements, sabotages, maquis ont partout imposé ces délais.

Après le 6 juin, répondant aux appels, des dizaines de milliers de Français sont « montés aux maquis » de l'AS, des FTP ou de l'ORA. Avec leurs effectifs gonflés, ces maquisards et leurs chefs présument peut-être parfois un peu trop de leurs forces en voulant sans tarder libérer des villes [2] ou mener des batailles rangées. Ils auraient tendance à oublier que sommairement armés ils sont plus aptes à la guérilla qu'aux affrontements conventionnels.

Au mont Mouchet, au cœur des monts de la Margeride, dans le triangle Saint-Flour-Langeac-Saugues, ils sont 3 000 contre 15 000 Allemands disposant de chars, d'artillerie, d'avions d'observation. Le 10 juin, sous la poussée adverse, ils doivent éclater et se disperser, perdant 160 hommes ; mais ils auraient mis 1 400 Allemands hors de combat.

En Bretagne, l'arrivée des parachutistes du 2e RCP crée une ambiance de fête. On se presse près de Saint-Marcel, dans le Morbihan, pour rallier le bataillon du ciel. Ils se retrouvent ainsi environ 4 000 dans un tohu-bohu joyeux qui inquiète le commandant Bourgoin. L'attaque menée le 18 juin, à 4 h 30, par l'équivalent d'une division allemande impose, comme au mont Mouchet, la dispersion. Les Français ont 250 tués ou disparus. Les Allemands en auraient 560.

Remontée de la « Das Reich », mont Mouchet, Saint-Marcel et d'autres engagements comme le Vercors le mois suivant peuvent sembler des échecs militaires. Il n'en est rien. Les retards imposés aux divisions de la Wehrmacht contrarient les possibilités de

1. En n'oubliant pas cependant qu'il y eut de nombreux Oradour-sur-Glane sur le front de l'Est ou dans les Balkans.

2. Telles Tulle et Bergerac par exemple. L'attaque menée contre la garnison allemande de Tulle, obligeant une colonne de la « Das Reich » à se dérouter vers la ville, est l'une des origines des pendaisons d'otages.

contre-attaque généralisée en Normandie. Des unités importantes sont distraites pour lutter contre les « terroristes » [1]. Elles ne seront pas en Normandie. L'occupant et ses partisans vivent dans l'insécurité. Leurs communications, leurs liaisons avec les sabotages et l'action des maquis, deviennent de plus en plus difficiles. Par leur lutte, les Français clament ouvertement leur volonté de se battre pour libérer leur patrie. Les Alliés prennent conscience de cet appoint et intensifient les parachutages d'armement et l'envoi des équipes « Jedburg » [2]. Malgré les coups reçus, les maquis continueront à se manifester [3]. Août sera leur grand mois : à la faveur du repli allemand qui s'accélère, ils libéreront une bonne partie de la France.

*
* *

Dix jours après le débarquement, ni von Rundstedt ni Rommel ne se font plus d'illusions sur l'issue de la lutte. Vainement, ils s'efforcent de faire comprendre à Hitler qui les a convoqués à Soissons, le 17 juin, la gravité de la situation [4]. Rommel ne cache rien : la maîtrise ennemie du ciel est totale ; les chutes de Caen et Cherbourg sont inéluctables, de même que la percée qui isolera la Bretagne et permettra la marche sur Paris ; des changements radicaux s'imposent dans la conduite de la bataille.

Fatigué, nerveux, le Führer repousse toutes les suggestions : pas question de se replier derrière l'Orne pour engager une vraie guerre de mouvement ; pas question d'abandonner les îles et les forteresses de la côte Atlantique où 200 000 hommes sont immobilisés inutilement ; pas question de déplacer la XVe armée,

---

1. Vocable allemand.

2. En principe composées de 3 hommes, un officier américain ou britannique, un officier français, un radio, pour encadrer, instruire, conseiller les maquis tout en assurant la liaison avec la Grande-Bretagne pour les parachutages.

3. Le 10 juin, la violence des représailles allemandes conduira Kœnig à prescrire : « Rompez partout les contacts afin de permettre une phase de réorganisation. Évitez les grandes concentrations, formez de petits groupes isolés ! » Certains parleront de « pause Kœnig ». Il existera toujours un divorce entre les FTP qui préconisent l'action quel qu'en soit le prix, et l'AS et l'ORA, soucieuses de préserver les populations (l'attaque de la garnison de Tulle a été menée par des éléments FTP de la Corrèze).

4. Près de Margival, au nord de Soissons. En 1940, Hitler y avait fait construire, en vue de l'invasion de la Grande-Bretagne, un QG bétonné.

ni les grandes unités du sud de la France ; pas question d'utiliser les V1 [1] contre les têtes de pont et les ports d'embarquement britanniques. Avec ces V1, qui ont commencé à s'abattre sur Londres et sa campagne dans la nuit du 12 au 13 juin, Hitler est persuadé qu'il fera plier l'Angleterre. Pour le reste, il promet l'arrivée massive de « chasseurs à réaction ».

Pythonisse exaltée, apparemment sûr de l'avenir qu'il décrit, accusant avant tout les exécutants des revers présents, le maître du IIIe Reich reste insensible à l'écho de l'extérieur. Plaidant pour la recherche d'une solution qui mettrait fin à la guerre, Rommel se fait sèchement couper : « Ne vous occupez pas de la suite de la guerre, veillez plutôt à votre invasion. »

Rommel éprouvait des scrupules à envisager d'écarter le Führer. Il est désormais persuadé que celui-ci entraîne inexorablement l'Allemagne à sa ruine. Il en tirera des conclusions...

*
* *

Tout se déroulait bien pour les Alliés. Après le contretemps météorologique du 5 juin, le ciel s'était apaisé. La mi-juin avait connu de très belles journées comparables à celle du 12 qui vit la visite de Churchill. Venu saluer ses soldats, le 16 juin, le roi avait bénéficié d'un temps clément. Sauf pour son retour où le vent avait commencé à forcir.

Le 19 juin, la tempête éclate. Dans toute sa vigueur. Tempête du siècle ? La plus violente du moins en Manche depuis quarante ans. Les lames se fracassent sur les grèves, entraînant petits et moyens bâtiments au mouillage. Les « bombardons », arrachés à leurs amarres, dérivent et, transformés en gigantesques béliers, frappent. Les « phœnix » de Saint-Laurent et Arromanches sont malmenés. Les jetées qui prenaient corps sont rompues. Des hommes sont emportés par la mer en furie. Certains sont écrasés contre des pontons ou des embarcations.

---

1. Le FZG-76, fusée à pulsoréacteur, connue sous le nom de V1 (initiale du mot allemand Vergeltungswaffe, « arme de représailles »), est un engin de 2 200 kg (700 de carburant, 840 d'explosif). Sa portée est de 210 km, sa précision de l'ordre de 13 km. Volant entre 500 et 650 km/h, il peut être intercepté par la DCA ou les chasseurs de la RAF. Les 9 250 V1 lancés contre la Grande-Bretagne depuis le nord de la France et la Belgique feront environ 6 000 victimes. Près de la moitié d'entre eux seront détruits, pour la plupart par la DCA, avant de franchir la côte anglaise.

Impossible de débarquer. Impossible de prendre l'air. Toute arrivée de renforts et de ravitaillement est suspendue.

Durant trois jours, l'ouragan fait rage. Au matin du 22, la Manche commence à se calmer, mais elle ne retrouvera son aspect habituel que le lendemain. Les rivages offrent un spectacle de désolation et de chaos. 800 navires de tous gabarits ont été jetés à la côte. Le port artificiel de Saint-Laurent est condamné. Celui d'Arromanches ayant mieux résisté, on décide de reporter sur lui tous les efforts. A la fin du mois, il sera opérationnel, avec un débit de 15 000 tonnes et 15 000 hommes/jour.

L'alerte a été chaude. Si les éléments s'étaient ainsi déchaînés quarante-huit heures après le débarquement, les troupes au sol se seraient vite trouvées dépourvues de vivres et de munitions. Heureusement pour les Alliés, le potentiel industriel américain les seconde. Eisenhower écrira :

> « Aucun signe de la puissance industrielle de l'Amérique ne m'impressionna davantage au cours de la guerre que les masses d'épaves gisant le long du rivage. Un tel désastre eût probablement été décisif pour tout autre adversaire. Or si grande était la capacité de production des États-Unis que cette formidable tempête n'eut pas plus de conséquences pour nos plans qu'une petite vague. »

*
* *

La bataille reprend ses droits. Dans le Cotentin contre Cherbourg, sur l'Orne contre Caen. Ces deux cités représentent les objectifs immédiats d'Eisenhower et Montgomery. La conquête de la première apporterait un port, celle de la seconde, un carrefour charnière pour l'ensemble du front.

Trois divisions américaines remontent vers le nord et convergent sur Cherbourg par Valognes, Briquebec et Les Pieux. Le général von Schlieben qui commande dans le Cotentin, a préféré abandonner la campagne et se replier sur les fortifications qui ceinturent la ville en la dominant. Du fort du Roule, la vue porte sur la rade et l'arrière-pays.

Ainsi couverte par les hauts, la position est solide mais Typhoon et Mustang ajustent avec leurs rockets tout ce qui bouge. Les chasseurs bombardiers de la 9e US Air Force se succèdent par vagues à cinq minutes d'intervalle. Les cuirassés *Texas, Nevada, Arkansas,* les croiseurs *Tuscaloosa, Quincy, Glasgow, Enterprise* [1] et une flottille de destroyers ont été mandés pour parfaire l'ouvrage. Défiant les règles de la guerre navale, ils s'en prennent, à moins de 10 000 mètres, aux casemates côtières de la Kriegsmarine qui sont parfois armées de pièces de 280 capables de porter à 20 000 mètres. Commencé le 26 juin à midi, alors que les fantassins sont au contact, le tir des navires de ligne a raison du feu ennemi. 3 000 obus de 380 et 305 ont écrasé les blockhaus allemands.

Hitler avait ordonné de défendre Cherbourg « jusqu'à la dernière goutte de sang ». Rommel a modifié la formule en « jusqu'à épuisement de toutes ses munitions ». Le 26, vers 16 heures, le moral des défenseurs s'effondre. Les obus alliés ont tout éventré. Les chars américains s'infiltrent dans les faubourgs. Schlieben se résigne à hisser le drapeau blanc. Le 27, toute résistance a cessé dans Cherbourg. 39 000 Allemands sont prisonniers. Les 6 000 hommes qui tiennent encore la pointe de La Hague se rendront à leur tour le 30.

Cherbourg est libéré mais en ruine, et son port est inutilisable. Depuis le 7 juin, le Génie naval allemand s'est livré à un travail systématique de destruction. La rade, infestée de mines, est obstruée par des navires sabordés. Les quais ont été éventrés, les grues détruites. La jetée elle-même a été dynamitée. Au bout de trois semaines, les Américains rouvriront le port, mais des mois seront nécessaires pour qu'il puisse recevoir des cargos en nombre [2].

*
* *

Comme au nord du Cotentin, succès plus au sud. Le 26 juin, le Ve CA US entre dans Caumont-l'Éventé, à 25 km au sud de Bayeux. Cette avance est intéressante. Elle tourne Saint-Lô par l'est et menace Villers-Bocage où passe une bonne route menant à Caen.

Caen que Montgomery voudrait finir par enlever. Quel retard a pris son programme ! Au sud de la ville, en direction de

1. Ces deux derniers britanniques.

2. Le lendemain de sa capture à Cherbourg, il sera décerné au responsable de la Kriegsmarine la croix de chevalier pour la parfaite exécution des destructions.

Falaise, le paysage normand s'éclaircit. Il perd son aspect de bocage, se transforme en large plaine perméable aux blindés. Les Allemands estiment donc que l'effort allié pour percer s'effectuera dans ce secteur. Aussi y massent-ils leurs meilleures unités.

Montgomery envisage de déborder la ville par l'ouest et le sud-ouest, manœuvre qui lui procurerait déjà le terrain d'aviation de Carpiquet. Il souhaite dans un premier temps atteindre l'Odon, petit affluent de la rive gauche de l'Orne. Ce mince cours d'eau aux rives encaissées et boisées représente un obstacle antichar sérieux. Le VIIIe CA, nouvellement débarqué [1], doit mener l'opération baptisée « Epsom », au départ de Bretteville-l'Orgueilleuse sur la RN 13. Il peut compter sur l'appui de 4 cuirassés, 700 pièces d'artillerie, 2 brigades blindées, ainsi que des chasseurs bombardiers du 83e groupe, basés maintenant sur le continent.

Contre lui, trois vieilles connaissances, la XXIe PD, la XIIe PD SS et la Panzerlehr. Au cours de la bataille, Rommel parviendra à leur assurer des renforts des IXe, X^e, Ire et XIe PD SS.

Les Britanniques – des Écossais pour l'essentiel – ont ainsi face à eux des troupes solides et bien retranchées dans les petits villages de Cheux, Mondrainville, Gavrus. Les tankistes des PD SS [2], qui sont souvent des nazis convaincus, se défendent farouchement. La prise de Cheux par la 46e brigade, le 26 juin au matin, lui coûte 500 tués. Le ciel couvert, les 27 et 28 juin, entrave l'action de l'aviation.

Le 29, les nuages se dissipent. La 2e Air Force tactique, les batteries de la Navy écrasent les concentrations de la vallée de l'Odon qui peut être franchie. La journée dénombre 1 000 sorties aériennes sur la zone.

Mais force est de constater que l'offensive ne débouche pas. La colline de la cote 112 qui domine l'arrière-pays caennais [3] est prise et reprise. En certains endroits, les Écossais sont contraints de reculer.

---

1. Et commandé par le général O'Connor, l'un des héros de la guerre du désert, fait prisonnier en 1941 puis libéré lors de l'armistice italien (voir *La Grande Histoire de la Seconde Guerre mondiale, Juin 1940-Juin 1941*, chap. 14).

2. Ire PD SS prélevée en Belgique ; XIe PD SS enfin arrivée dans la région de Saint-Lô. Leurs déplacements pour gagner Caen sont très sérieusement contrariés par le 83e groupe.

3. À 8 km au sud-ouest de Caen.

Si les Britanniques ont souffert [1], leurs adversaires ont souffert encore davantage, qui devaient supporter les coups de l'aviation et de la marine. Les PD, dans cette mêlée sanglante, se sont usées. L'échec de Montgomery est relatif. Il peut se renforcer, Rommel non. L'Allemagne n'a plus assez de ressources pour faire face partout, à l'Est, en France, en Italie, dans les Balkans... Cette bataille d'usure au sud-ouest de Caen brise définitivement toute perspective de contre-attaque globale contre la tête de pont du débarquement.

La suite de la bataille de Caen – car Montgomery ne renonce pas –, Dollmann ne la conduira pas. Surmené, il succombe le 28 juin à une crise cardiaque fatale. Pour lui succéder à la tête de la VIIe armée, Rommel propose Marcks [2] qui commande avec énergie son 84e CA. Mais Hitler veut un homme à lui. Hausser, commandant d'un corps blindé SS, dirigera la VIIe armée. Un SS à la tête d'une unité de la Wehrmacht ! Et quel SS ! Grand gabarit, propos colorés, celui-là ne passe pas inaperçu.

À l'ouest comme à l'est, les maréchaux et généraux allemands vivent constamment sur des sièges éjectables [3]. Geyr von Schweppenburg, patron des blindés, est relevé [4]. Von Rundstedt connaît le même sort auquel il commence à être habitué [5].

Questionné par Jodl sur l'attitude à tenir devant l'évolution des combats, il n'avait pas mâché ses mots :

« Que faire ? La paix bien sûr, bande d'idiots ! Que voulez-vous faire d'autre ? »

Les propos rapportés n'ont pas plu. Le 2 juillet, Hitler lui

---

1. Dans la région Tilly-sur-Seulles-Cheux, plusieurs cimetières militaires britanniques témoignent des terribles combats de juin-juillet 1944 au sud-ouest de Caen.

2. Tué trois semaines plus tard par un bombardement aérien et remplacé par von Choltitz, futur commandant du « Gross Paris ».

3. La liste est longue des officiers supérieurs relevés au gré de l'humeur de Hitler. Pour n'évoquer que les maréchaux, généraux, amiraux de premier plan, on peut citer Rundstedt, Kluge, Guderian, Bock, Leeb, Hoepner, Manstein, Reinhardt, Hoth, Halder, Zeitzler, Busch, Raeder, Brauchitsch, Heinrici, Milch, etc. L'élimination de professionnels aussi compétents perturbe nécessairement la Wehrmacht. Hitler sera obligé d'en rappeler certains : Guderian, Rundstedt...

4. Remplacé par le général Eberbach.

5. Voir *La Grande Histoire de la Seconde Guerre mondiale, Juin 1941-Décembre 1941*, chap. 8.

adresse une décoration et lui notifie son congé « pour raison de santé ». Seconde sortie pour le vieux maréchal après celle de Rostov sur le Don en décembre 1941. Il reviendra [1].

Certes il a dit à haute voix ce que beaucoup, à commencer par Rommel, pensent désormais tout bas, et il n'a pas rejeté les Alliés à la mer. Il a surtout enfreint le sacro-saint principe de défense à tout prix du moindre pouce de terrain. Il a préconisé une retraite sur le Rhin pour mieux organiser la défense du Reich. Le 3 juillet, von Kluge, l'ancien commandant du GA/C à l'Est, le remplace.

« Epsom », du 26 au 29 juin, s'est soldé par un insuccès relatif. Obligatoirement Montgomery n'est pas exempt de critiques, ce qu'il n'apprécie pas. Le 4 juillet, il relance la 3e division canadienne sur Carpiquet, tenu par la XIIe PD SS. L'historien de celle-ci écrit :

> « Vers 14 heures, le 4 juillet, nous étions fermement établis dans le village sous un bombardement de plus en plus intense qui se prolongea durant les cinq heures suivantes. Mortiers, canons, lance-roquettes tiraient sans arrêt : Carpiquet devint un enfer. »

Le 7, 467 bombardiers lourds écrasent Caen, puis 3 divisions fraîches montent à l'assaut des ruines. Décombres, résistance des SS freinent l'avance mais, le 8 juillet, toute la partie de la ville au nord de l'Orne est enlevée.

À la mi-juillet, ceux qui suivent les combats de loin peuvent avoir l'impression que la situation s'enlise. Les Alliés ne seraient-ils pas enserrés dans leur réduit normand et condamnés à y mener une guerre de tranchées ?

Les hauts commandements de chaque camp savent parfaitement qu'il n'en est rien. Le 2 juillet, les Alliés ont déjà dans leur réduit un million de combattants [2]. 13 divisions américaines, 12 divisions britanniques ou canadiennes, 170 000 véhicules y sont à pied d'œuvre. Et les renforts continuent de débarquer, à la cadence moyenne de 50 000 hommes/jour. Une cinquantaine de pistes d'aviation sont exploitables. Le port artificiel d'Arromanches, les petits ports de Courseulles, Port-en-Bessin, Ouistreham sont en service ; Cherbourg le sera bientôt.

---

1. Il reprendra le commandement du front ouest le 5 septembre.
2. Malgré 60 000 hommes hors de combat (dont 9 000 morts).

L'offensive générale se prépare inexorablement. Seul handicap : le temps. Juillet 1944 est obstinément pluvieux.

Si la situation allemande n'est pas encore désespérée, chaque journée l'aggrave un peu plus. La bataille engagée le 6 juin a usé et use la Wehrmacht. Elle a déjà perdu, outre ses morts, ses blessés, plusieurs dizaines de milliers de prisonniers. Lucide, Rommel estime que la rupture du front n'est plus l'affaire que de deux à trois semaines. Von Kluge, peu après sa prise de commandement, est arrivé à la même conclusion. Mais Hitler ne veut rien entendre. Les maigres renforts ne rejoignent que par bribes et sont aussitôt engloutis pour colmater une brèche ou relever une unité exsangue, tandis que le gros de la XVe armée stationne toujours au nord de la Seine, car le Führer redoute encore un débarquement dans le Pas-de-Calais.

Pourtant, c'est bien sur le front normand que l'offensive se prépare. Deux armées britanniques, la IIe armée du général Dempsey, la Ire armée canadienne du général Crerar se massent aux abords de Caen. Deux armées américaines prennent position de Saint-Sauveur-le-Vicomte à la forêt de Cerisy : Ire armée de Bradley et, derrière elle – discrètement –, IIIe armée de Patton. Or, si Patton est là, c'est que la charge ne tardera pas à sonner.

Mais alors que les unes et les autres se mettent en place pour la bataille de rupture, un événement d'importance se prépare, qui intervient au cœur même du IIIe Reich.

Chapitre XVII

LE 20 JUILLET 1944

Au moment où Montgomery déclenche son offensive « Goodwood » pour enfoncer les lignes ennemies à Caen, le colonel von Stauffenberg place une bombe dans la salle de réunion de Hitler à la Wolfsschanze.

Existe-t-il une relation directe entre les deux événements ? C'est probable mais rien n'est sûr. Aucun grand responsable allié n'a cherché à la revendiquer et encore moins à la prouver.

Attitude normale. N'est-il pas plus honorable d'avoir envisagé de l'emporter à la loyale que d'avoir mis à profit la discorde chez l'ennemi ?

*
* *

On sait que la « main du diable » a protégé Hitler [1]. Toutes les tentatives pour le faire disparaître, comme celle contre son Focke-Wulf 200 le 13 mars 1943, ont échoué. Pourtant cette opération était bien montée. La destinée n'avait pas voulu son succès. Hitler, au printemps de 1944, est toujours vivant, semblant défier les attentats et continuant à imposer sa volonté.

1. Voir *La Grande Histoire de la Seconde Guerre mondiale, Novembre 1942-Octobre 1943*, chap. 8.

La malchance a, tout autant, accablé les opposants et leurs entreprises. En février 1944, l'Abwehr, où ils comptaient des sympathies actives, a disparu et a été intégrée au SD de Kaltenbrunner et Schellenberg. Canaris et son service étaient devenus de plus en plus suspects [1]. L'amiral s'est retrouvé sur une voie de garage à la tête d'un département économique [2]. Si le général Oster, son adjoint et membre de la première heure de la « Schwarze Kapelle », n'a pas encore été arrêté, il est étroitement surveillé.

Toutes les tentatives de contact avec les Anglo-Saxons, via les neutres [3], ont avorté. Les Américains campent sur le postulat de Roosevelt : « reddition inconditionnelle ». Les Britanniques seraient plus enclins à discuter, mais ils craignent de donner prise aux soupçons de Moscou. N'envisageraient-ils pas une paix unilatérale à l'ouest ? Aussi, Eden a-t-il interdit de donner la moindre suite aux avances allemandes.

Cette intransigeance de façade n'a pas empêché des contacts entre les services secrets. Ainsi, à Berne, l'Américain Dulles [4] est-il en liaison régulière avec l'opposant Gisevius. À Stockholm, les banquiers Wallenberg servent d'intermédiaire avec les Britanniques. De fait, les Anglo-Saxons, s'ils restent silencieux devant les ouvertures de la « Schwarze Kapelle », savent parfaitement qu'un coup d'État se prépare en Allemagne. Ils en ignorent seulement les modalités, et se tiennent prêts à profiter de l'occasion pour obtenir une reddition, un armistice, voire lancer une offensive à la faveur du chaos.

Pourtant, dans leur politique de main tendue et leur quête de soutien, les opposants étaient prêts à donner des gages – en l'occurrence des renseignements. Le rapport de Lisbonne n'avait-il pas apporté des informations précieuses sur Peenemünde et les armes secrètes ? Les Alliés qui avaient fait, alors, la sourde oreille continuent. N'ont-ils pas Ultra ?

---

1. Tous les aspects de l'opposition du chef de l'Abwehr au maître du IIIe Reich ne sont pas encore parfaitement cernés. L'amiral a compris très vite où menait la politique hitlérienne. Il s'est efforcé de la contrer, couvrant ses adjoints Oster et Lahousen, adversaires résolus du régime. Il semblerait que lui-même ait pris personnellement des contacts avec les Alliés en vue de déboucher sur un armistice. Son opposition discrète et habile devait sauver les généraux Weygand et Giraud que Hitler avait ordonné d'assassiner.

2. Chef de l'état-major spécial pour la guerre économique sis à Eiche, près de Potsdam. L'Abwehr est devenue la division « Amt Nil » du SD.

3. Suède, Portugal, Espagne ou Suisse.

4. Responsable de l'OSS en Suisse.

Nonobstant leurs échecs, les adversaires de Hitler n'ont pas renoncé. Les faits leur donnent chaque jour raison. Le Führer précipite l'Allemagne à la ruine. Bientôt, l'ennemi atteindra les frontières. Déjà des milliers et des milliers de tonnes de bombes se sont abattues sur le pays. Partout, des quartiers entiers sont en ruine, à Berlin comme dans nombre d'autres villes. Les victimes civiles s'ajoutent à l'interminable liste des combattants tués, blessés ou disparus.

Comme tout autre, le complot anti-hitlérien dénombre ses porte-drapeaux, ses prudents et ses activistes. De longue date, le général Beck en est le chef. Sa personnalité, sa démission en 1938 du poste de chef d'état-major de l'armée, son hostilité sans faille au nazisme l'ont haussé naturellement au premier rang. Autour de lui se groupent des hommes au prestige également reconnu : le général von Witzleben actuellement à la retraite, et ancien commandant en chef à l'ouest ; le général Hoepner, limogé par Hitler en janvier 1942, alors qu'il commandait un groupe blindé ; les généraux von Stülpnagel et von Falkenhausen, commandants des troupes d'occupation en France et en Belgique ; des civils aussi : Gördeler, ancien bourgmestre de Leipzig, le Dr Stroelin, maire de Stuttgart.

En fond de tableau se profilent les célébrités incontestées, les maréchaux, drapés dans leur gloire, les von Rundstedt, von Manstein, von Kluge, Rommel. Leur engagement est plus aléatoire, même s'ils n'ignorent rien. Von Rundstedt ne dissimule guère son mépris pour « le caporal bohémien », mais il invoque son âge – 69 ans – pour laisser à d'autres le soin de « se mouiller ». En disgrâce, von Manstein a prétexté les risques d'une rupture du front de l'Est, en cas de réussite du complot, pour refuser son adhésion personnelle. Von Kluge [1], intelligence brillante mais ondoyante, donne à ses interlocuteurs l'impression de partager leurs vues et de s'impliquer dans leur révolte. Son poste à l'ouest en fait évidemment un pion majeur mais, le moment venu, remplira-t-il ses engagements ?

Reste Rommel, longtemps enfant chéri d'un régime qu'il a bien servi et qui a su l'en récompenser. Ces temps sont révolus. Rommel a perdu confiance en son Führer. Il ne lui a pas pardonné son obstination stérile en Afrique, et les événements présents continuent de l'éclairer. Fortement « travaillé » par son chef d'état-major, le général Speidel, il s'est déclaré prêt à

---

1. « Kluge le malin », disent ses subordonnés.

contribuer à la chute du dictateur. Cependant, soldat avant tout, il a dû se faire violence. Une vieille allégeance au Führer le retient encore de parler d'assassinat. Il préférerait un procès.

Tous ces ténors, de Beck à Rommel, sont connus. Rommel plus que tous les autres. Ils peuvent sur leur renom drainer les adhésions, imposer l'obéissance le cas échéant, et, par leur expérience, assumer les responsabilités gouvernementales de l'après-nazisme.

Au-dessous d'eux, la conjuration s'appuie sur une génération souvent plus jeune d'individualités déterminées et titulaires de fonctions essentielles :

- le général von Treschkow, chef d'état-major du GA/C ;
- le général Olbricht, bras droit du général Fromm, commandant de l'armée de l'intérieur [1] à Berlin ;
- le général Fellgiebel, chef des transmissions de l'OKW ;
- le général von Hase, commandant militaire du Grand Berlin ;
- le colonel Hansen, du SD ;
- le comte Helldorf, préfet de police de Berlin ;
- le colonel Roenne, chef de la FHW [2], etc.

Manifestement, l'armée – l'armée de terre s'entend – est la cheville ouvrière du complot. Tous les conjurés, généraux, colonels ou civils, savent que la décision passe par elle, seule force capable de s'opposer à la Gestapo et aux SS. Elle possède de vieilles valeurs morales, héritées de l'armée impériale et de la Reichswehr (beaucoup de ses officiers portent des noms illustres). La Kriegsmarine, la Luftwaffe, de création récente, sont beaucoup trop liées au IIIe Reich pour pouvoir escompter leur soutien.

Dans la toile qui se tisse depuis le front de l'Est jusqu'à celui de l'Atlantique, un jeune colonel de 37 ans a pris une place prépondérante. Par sa résolution, son dynamisme, Klaus Philip Maria, comte von Stauffenberg, dirige, de fait, la conjuration. Pourtant cet aristocrate de vieille noblesse wurtembergeoise – le célèbre Gneisenau figure au nombre de ses ancêtres – est très sérieusement handicapé. Alors qu'il dirigeait en Tunisie le repli

---

1. Elle regroupe tous les éléments de l'armée stationnés en Allemagne : unités territoriales, centres d'instruction, écoles, ateliers etc., ainsi que les formations en voie de constitution, en transit ou au repos.

2. Fremde Heere West, section chargée au sein de l'OKW d'analyser les renseignements concernant les Alliés.

d'un élément de la Xe PD, deux P 47 se sont acharnés contre son véhicule. Grièvement blessé, il a perdu le bras droit, deux doigts de la main gauche et l'œil gauche. À force de volonté, il a surmonté ses infirmités et repris du service d'état-major. Chrétien autant que patriote, il est révolté par la barbarie nazie qu'il a découverte et le destin inéluctable auquel Hitler mène son pays. Il a maintenant dépassé le stade des cas de conscience. Bien décidé à éliminer le fléau, il est prêt à endosser toutes les responsabilités :

> « Puisque les généraux n'ont encore rien fait, c'est au tour des colonels d'entrer en action. »

Ravivant les énergies ébranlées par les déceptions, recrutant de nouveaux partisans, mettant au point tous les détails de l'attentat et du coup d'État contre Hitler, il s'est, en quelques semaines, imposé comme l'homme fort. L'action qui se trame est son œuvre.

Sa position personnelle le sert. Affecté au QG du général Fromm, Bendlerstrasse [1], à Berlin, il devient son chef d'état-major le 1er juillet. Ce poste lui permet de participer aux conférences du Führer à la Wolfsschanze, à Rastenburg, où il est chargé d'évoquer les questions d'effectifs et de renforts. Hitler ne saurait se méfier de ce grand mutilé, a priori soldat exemplaire.

Ces facilités ont tracé les desseins du colonel. Profitant d'une convocation à la Wolfsschanze, il introduira lui-même une charge explosive dans la salle de réunion. Après l'élimination du Führer et de ses comparses, Goering et Himmler, le plan « Walkyrie » sera déclenché.

Ce plan, assez ancien, provient d'observations formulées par Canaris. Au printemps de 1942, le chef de l'Abwehr, a fait, conformément à ses prérogatives, remarquer à Hitler le danger que représentait la concentration, sur le territoire national, de centaines de milliers de prisonniers et travailleurs étrangers (4 millions de ces derniers en 1942, 8 millions en 1944). Il paraissait prudent de prévoir de les neutraliser en cas de révolte. Aussi, un ordre baptisé « Walkyrie » avait-il été élaboré à cet effet : en cas de troubles, il remettait pratiquement le pouvoir exécutif entre les mains de l'armée de l'intérieur. En juin et

1. Aujourd'hui, Stauffenbergstrasse.

juillet 1944, cette disposition offre aux conjurés la maîtrise de la situation à l'intérieur de l'Allemagne. Ne noyautent-ils pas l'armée de l'intérieur ? Son patron, le général Fromm, a donné un accord tacite à la conjuration. Son numéro deux, le général Olbricht, opposant de longue date, appartient à la « Schwarze Kapelle ». Son chef d'état-major, à partir du 1er juillet, s'appelle, on l'a vu, Stauffenberg.

L'intention des conjurés repose donc sur l'exécution d'un attentat contre Hitler, à charge de Stauffenberg, dans un premier temps ; puis sur la prise de contrôle du pays, par application de « Walkyrie », à charge de Fromm et Olbricht, dans un second. Les résistances éventuelles seront annihilées par les unités de l'armée de l'intérieur. Sur le front occidental, von Kluge et Rommel prendront contact avec les Alliés en vue de rechercher un armistice prévoyant un repli général de la Wehrmacht sur les frontières [1]. Un gouvernement de transition sera immédiatement mis en place, Beck devenant chef de l'État, Gördeler, chancelier, et von Witzleben, commandant de l'armée.

Début juillet, Stauffenberg est prêt et résolu à agir vite. Il s'est procuré les explosifs nécessaires [2]. L'évolution de la situation militaire impose des solutions rapides. Le dispositif peut s'écrouler à tout moment sur l'un ou l'autre front. En outre, l'arrestation de plusieurs membres de la « Schwarze Kapelle », un mandat d'arrêt lancé contre Gördeler imposent de précipiter l'action [3].

Le 11, le colonel est convoqué à la Wolfsschanze pour traiter un habituel problème d'effectifs. Il part, la bombe dans sa serviette, mais Himmler est absent. Soucieux d'éliminer toutes les têtes, il se résigne à surseoir.

Nouvelle convocation le 15. Cette fois, Goering et Himmler sont présents. Par téléphone, Stauffenberg fait comprendre à ses amis qu'il va passer aux actes. Mais, à son retour dans la salle, Hitler l'a quittée prématurément. Ce contretemps aurait pu avoir des conséquences tragiques car Olbricht, à Berlin, avait déclenché « Walkyrie ». À la hâte, tout est annulé en donnant l'impression qu'il ne s'agissait que d'un exercice d'alerte...

---

1. Accompagné d'un arrêt des bombardements sur l'Allemagne.

2. Les charges et leur dispositif d'amorçage qui proviennent très certainement de saisie de matériel anglais, ont été fournis par des membres de l'ex-Abwehr.

3. Himmler, Goering, ont eu des rumeurs de complot, mais ne possèdent aucune certitude. Miraculeusement la conjuration n'a pas été dévoilée. Seul, la veille et le matin de l'attentat, Hitler paraît en avoir eu le pressentiment.

À l'ouest, on le sait, von Kluge a remplacé von Rundstedt le 2 juillet. Le nouveau commandant en chef est apparemment partant. Rommel pour sa part a tranché son débat personnel. Il vient d'écrire au Führer pour lui demander de tirer d'urgence « les conséquences » de la situation présente. Ce qui, dans son esprit, signifie mettre fin à la guerre. Faute de réponse positive de Hitler, il agira.

Du 13 au 15 juillet, lors d'une tournée des PC, ses sous-entendus ont rencontré une large adhésion. Les généraux sont trop conscients de la gravité de l'heure pour ne pas envisager une alternative à l'inéluctable catastrophe. Même certains chefs SS [1] ont assuré le maréchal de leur obéissance à ses ordres. Pour parer à toute éventualité, le commandant du GA/B a placé deux divisions sûres en réserve. Avec lui, les conjurés disposent de leur meilleur atout. Certains voudraient même lui confier le premier rôle, eu égard à son incontestable popularité, tant dans la Wehrmacht que dans la population civile. Ils croient aussi que l'estime notoire de ses adversaires à l'homme qui mène une « guerre sans haine » peut faciliter la recherche d'un armistice.

Le 17 juillet, Rommel fait comme à l'accoutumée le tour du front. Ses grands adjoints, Eberbach [2], Hausser, Dietrich, lui confirment leur soutien. Vers 16 heures, il quitte Dietrich pour regagner son QG à La Roche-Guyon. Moins d'une heure plus tard, deux Typhoon [3] de la RAF repèrent sa Mercedes sur la route de Livarot, près du hameau de Sainte-Foy de Montgomery. Le chauffeur essaie de dissimuler son véhicule dans un boqueteau, mais les deux chasseurs sont plus rapides. Il est tué, perdant le contrôle de sa voiture qui capote. Rommel, éjecté, est relevé sérieusement blessé (trois fractures du crâne, nombreuses contusions).

La conjuration vient de perdre son principal appui. L'écrivain Ernst Jünger, ami intime de Rommel et membre actif du complot, écrira :

> « Le coup qui abattit Rommel sur la route de Livarot le 17 juillet 1944, nous privait du seul

---

1. Notamment Sepp Dietrich et Bittrich, commandants des 1er et 2e CB SS, ainsi que Hausser, nouveau commandant de la VIIe armée.

2. Chef de la Panzerarmee sur le front britannique.

3. Hawker Typhoon Mk 1B : chasseur bombardier, 663 km/h, 4 canons de 20, 907 kg de bombes, équipage : 1 homme.

homme assez fort pour porter simultanément le poids de la guerre et de la guerre civile, le seul homme assez droit pour s'opposer à la démence effroyable des chefs de l'Allemagne. »

*
* *

Le 20 juillet au matin, Stauffenberg, accompagné du lieutenant Haeften, son aide de camp, reprend la route familière du terrain d'aviation de Rangsdorf à 30 km au sud de Berlin. La nuit n'a pas apporté de fraîcheur, et la journée s'annonce torride. De Rangsdorf, un Heinkel 111 l'emmène à Rastenburg en Prusse-Orientale. Cette fois le sort en est jeté. Que Goering et Himmler soient ou ne soient pas là, le colonel posera sa bombe. Pour le reste, il est prêt à tout. D'avance, il a fait le sacrifice de sa vie pour tuer Hitler, renverser son régime et permettre à l'Allemagne d'effacer la guerre. La veille, en rentrant chez lui, il s'est longuement recueilli dans une église.

La Wolfsschanze, camouflée sous les bois dans un paysage de forêts et d'étangs, est sévèrement gardée. Sept compagnies d'élite veillent sur la personne du Führer. Des fortifications, des batteries de DCA, des nids de mitrailleuses doublent les champs de mines et les réseaux de barbelés. L'entrée dans le saint des saints exige une autorisation d'accès soigneusement contrôlée.

Stauffenberg est parfaitement en règle. Sa voiture franchit sans difficulté les barrages. La conférence journalière « de situation » a été avancée. Elle aura lieu à 12 h 30 et non à 13 heures, en raison de la visite de Mussolini prévue pour 14 h 30. Au passage, Stauffenberg trouve le moyen de se concerter avec le général Fellgiebel qui devra interrompre les liaisons avec l'extérieur. La réunion se tiendra dans la salle des cartes, pièce de 12 mètres sur 5, dans un long baraquement. La construction et la protection de ce bâtiment sont sommaires. En cas d'alerte aérienne, un abri bétonné existe à proximité. La salle elle-même est à peine meublée. Sur le pourtour, quelques banquettes étroites permettent de déposer dossiers et serviettes. Au centre, une grande table rectangulaire en chêne de 5 à 6 mètres reposant sur un piétement massif en bois. Même à l'ombre des arbres, il fait très chaud à la Wolfsschanze. Trois fenêtres sont grandes ouvertes.

Hitler préside, la plupart du temps penché sur les cartes étalées sur la table. Myope, il se sert d'une loupe, plutôt que de porter des lunettes. Himmler, Goering sont absents, mais les grands responsables militaires : Keitel, Jodl, Korten [1], Warlimont, Voss [2], sont là, ainsi que les fidèles du Führer, les généraux Fegelein [3], Schmundt, le colonel Brandt, et le petit personnel. En tout, une vingtaine de personnes.

Avant d'entrer en séance avec Keitel, son patron direct, Stauffenberg s'est absenté quelques instants sous prétexte d'aller rechercher sa casquette. Ce laps de temps lui a suffi pour amorcer la bombe [4].

La conférence commence à l'heure. Le général Heusinger présente le rapport opérationnel. Les derniers renseignements sont mauvais. À l'est, le GA/C a été enfoncé, le GA/N est isolé. Quant au GA/S, son front vient d'être percé. Stauffenberg, discrètement, glisse un mot à Keitel : il doit s'absenter pour obtenir un ultime renseignement avant son propre exposé qui interviendra en fin de séance. Avant de s'éloigner, il souffle à son voisin, le colonel Brandt : « Je vais téléphoner. Je laisse une minute ma serviette. »

Il se baisse et dépose celle-ci contre l'un des piétements de la table. Du côté de Hitler qui n'est qu'à 1, 5 m. Puis, il s'éloigne à pas feutrés. Les minutes lui sont comptées. La bombe ne tardera pas à exploser.

À l'intérieur de la salle, Heusinger poursuit. Le colonel Brandt, brusquement, se penche pour examiner la carte. Son pied heurte la serviette de Stauffenberg. Machinalement, comme elle le gêne un peu, il la déplace vers l'extérieur, soit du côté opposé à Hitler.

Heusinger s'attarde sur la situation du GA/N. Il plaide pour son retrait urgent de la région du lac Peipous : « Si le GA/N n'est pas retiré du lac, nous courons à la catastrophe... »

Ses auditeurs n'entendront pas la suite. Il est 12 h 42. Une énorme déflagration ébranle le baraquement, en arrache les fenêtres, crève le plafond, soulève le plancher. Les assistants

1. Chef d'état-major de la Luftwaffe.

2. Représentant du commandant de la Kriegsmarine.

3. SS, beau-frère d'Eva Braun.

4. Pour la mise à feu, il suffit de briser une petite ampoule contenant un acide. Celui-ci ronge un fil qui tend un ressort, lequel libère ensuite le percuteur qui, donnant contre l'amorce, provoque l'explosion de la charge.

sont projetés dans tous les sens. Deux d'entre eux sont précipités par les fenêtres.

Au milieu de la fumée, de la poussière, parmi les plaintes et les cris, s'élève la voix de Keitel : « Où est le Führer ? »

Stauffenberg n'est pas loin. Sitôt sorti, il a regagné sa voiture et ordonné au chauffeur de partir pour le terrain d'aviation.

L'explosion retentit avant qu'il n'atteigne la première barrière. Alerté par le bruit, le chef de poste a fermé celle-ci, mais il la rouvre devant Stauffenberg, se contentant de noter l'heure de sortie : 12 h 44.

Second barrage, à la porte sud, en limite de l'enceinte. L'adjudant de service refuse le passage. Stauffenberg doit parlementer et téléphoner pour qu'on l'autorise à partir. Enfin, la route est libre, et le véhicule s'éloigne à vive allure. À 13 h 15, Stauffenberg redécolle pour Berlin.

Pour lui, comme pour Haeften, aucun doute, l'explosion a eu lieu, l'attentat a réussi, Hitler est mort.

*
* *

À Berlin, Bendlerstrasse, les chefs de la conjuration attendent. Beck, von Witzleben ne sont pas encore là, mais Hoepner est arrivé en uniforme. 14 h 15, 15 h 30. Aucun écho particulier, aucune nouvelle de la Wolfsschanze. Faute d'information précise, personne ne déclenche « Walkyrie » [1]. On craint de renouveler l'expérience intempestive du 15.

15 h 30. Le Heinkel 111 se pose à Rangsdorf. Haeften se précipite au téléphone et appelle Bendlerstrasse :

« L'attentat a réussi, où en est "Walkyrie" ? »

Stauffenberg, abasourdi que rien n'ait démarré, exige un déclenchement immédiat, mais trois heures ont été perdues. À cause des ruines qui entravent la circulation dans la capitale, lui-même n'arrivera à la Bendlerstrasse qu'à 17 heures.

À la hâte, Olbricht s'efforce de rattraper le retard. Le général von Hase, commandant d'armes de Berlin et acquis depuis peu à la conjuration, reçoit l'instruction de mettre en mouvement toutes les unités disponibles pour garder les principaux bâti-

1. Il y a bien eu un message de Fellgiebel, mais celui-ci, rédigé par prudence en termes ambigus, n'a pas été compris.

ments officiels. Mais le plus important est de lancer « Walkyrie » avec l'aval de Fromm. Olbricht annonce à son chef que les SS ont assassiné le Führer à Rastenburg et qu'il convient de mettre en œuvre le plan destiné à « sauvegarder la loi et l'ordre menacés par la mort soudaine de Hitler, laquelle était susceptible de provoquer un soulèvement des extrémistes, et particulièrement des travailleurs étrangers ».

Première déception, Fromm hésite puis renâcle, refusant de précipiter les choses : « En tant que commandant en chef de l'armée de l'intérieur, il ne pouvait prendre une mesure aussi importante sans s'être assuré personnellement de la mort du Führer. »

Là, tout se gâte. Par suite d'une défaillance de Fellgiebel. Les liaisons avec Rastenburg ne sont pas totalement coupées. En quelques instants, Fromm obtient Keitel qui vocifère :

> « Mensonge ! Un attentat a eu lieu contre le Führer mais il a échoué. Le Führer n'est que légèrement blessé. Il est en ce moment avec le Duce. »

Effectivement, Hitler n'est pas mort. Le montant de la table l'a protégé de l'onde de choc. Keitel, indemne, l'a relevé groggy, les cheveux roussis, le bras droit momentanément paralysé, les deux tympans atteints, le pantalon en lambeaux mais bien vivant. Moins de deux heures plus tard, il est sur pied pour accueillir Mussolini à la gare de la Wolfsschanze [1].

Hitler a été épargné ; tous les participants n'ont pas eu cette chance. Berger, le sténographe officiel, a été tué, deux généraux [2], un colonel [3] mortellement blessés. Jodl a été légèrement atteint à la tête.

Accueillant Mussolini ou prenant ses compagnons à témoin, Hitler passe de l'exaltation à la rage :

> « C'est un sauvetage miraculeux ! D'autres ont eu des blessures graves. Il était donc écrit qu'il ne devait rien m'arriver, d'autant plus que ce n'est pas la première fois que j'échappe ainsi à la mort. »

---

1. Une voie spéciale la dessert jusque dans l'enceinte.
2. Schmundt et Korten.
3. Brandt, le sauveur involontaire du Führer, qui avait déplacé la serviette de Stauffenberg.

Plus que jamais, il est persuadé que la Providence l'a désigné pour être l'instrument de l'histoire. Il répète : « Il ne m'est rien arrivé ! », puis, sans transition, jette : « Maintenant, je les tiens ! Maintenant, je peux prendre des mesures ! »

Qu'entend-il par ce « les » lourd de menaces ?

Après quelques errements sur l'origine de l'explosion (bombe d'avion, charge déposée par un ouvrier ?), les soupçons puis les certitudes se sont vite portés sur Stauffenberg. Son absence, sa sortie du camp l'ont tôt fait repérer [1]. Les informations en provenance de Berlin finissent de révéler les dessous de l'affaire. Un coup d'État est en cours. Himmler, qui s'est précipité à la Wolfsschanze, comme Goering, est chargé de juguler la révolte et de rétablir l'ordre dans la capitale.

*
* *

À la Bendlerstrasse, Fromm, mis au pied du mur, cale. Stauffenberg, arrivé entre-temps, a beau lui répéter, en forçant la note, qu'il a vu Hitler mort, il refuse de se rallier. Keitel l'a ébranlé, et il craint pour l'avenir. Finalement, Olbricht et Stauffenberg sont contraints de le placer en état d'arrestation.

Il est maintenant 17 h 30. Cinq heures se sont écoulées depuis l'explosion, et presque rien n'a été réalisé. Olbricht a de son propre chef lancé « Walkyrie », mais l'exécution s'en fait mal. Chez les conjurés – à commencer par Beck arrivé en civil vers 16 h 30 –, l'incertitude demeure. Keitel a-t-il dit vrai ? Hitler ne serait-il pas mort ?

Quelques défections se produisent. Le général Thiele, responsable des transmissions à la Bendlerstrasse, retourne sa veste et fait couper les communications. Les liaisons avec l'extérieur deviennent précaires. Cependant, les ordres concernant « Walkyrie », une proclamation de von Witzleben à la Wehrmacht ont déjà été transmis. Apparemment, les troupes informées de l'assassinat de Hitler obéissent et la formation d'un gouvernement provisoire prend corps. Radio Berlin, le ministère de la Propagande commencent à être investis. Le complot peut encore réussir. Stauffenberg veut y croire. Ruisselant de sueur dans l'étuve des bureaux et couloirs de la Bend-

1. Ainsi que la découverte d'une seconde charge explosive abandonnée par Haeften sur la route du terrain d'aviation.

lerstrasse, il encourage, ordonne. C'est bien lui le chef, estompant les grands noms bien effacés devant les responsabilités qui leur incombent.

Goebbels, ministre de la Propagande et de l'Information, est (avec Speer qui l'a rejoint chez lui) le plus haut dignitaire nazi présent à Berlin. Il connaît l'officier qui interdit les approches et sorties de son ministère, le major Remer [1]. Celui-ci est un fidèle notoire du Führer mais, en soldat discipliné, il exécute ce soir-là les ordres de ses supérieurs. Goebbels s'empresse de le prier de monter jusqu'à son bureau. En sa présence, il appelle la Wolfsschanze au téléphone, et lui passe Hitler. « Major Remer, reconnaissez-vous ma voix ? »

Le major se fige au garde-à-vous : « Jawohl, mein Führer ! »

Et tout bascule. Goebbels dispose d'une troupe de choc pour reprendre les affaires en main. Remer, promu colonel sur-le-champ par Hitler en personne, se voit chargé de mater la rébellion.

À partir de 19 heures, le QG de la Bendlerstrasse commence à être encerclé. Radio Berlin annonce l'échec de l'attentat.

Pour les conjurés cernés dans leur forteresse, le succès ne peut plus venir que de l'ouest où von Kluge et von Stülpnagel sont censés intervenir (le front de l'Est n'est pas impliqué, et les provinces, mal informées et mal dirigées par Hoepner, n'ont pas suivi).

À Paris, von Stülpnagel a tenu ses engagements. Tous les officiers et responsables SS ont été arrêtés. La capitale française est entre ses mains.

Et von Kluge ? Va-t-il soutenir le coup d'État ? Beck le joint à La Roche-Guyon où il s'est installé depuis l'accident de Rommel. Du résultat de la communication dépend la suite du mouvement.

> « Kluge, je vous le demande clairement, approuvez-vous notre action et vous placez-vous sous mes ordres ? »

Le maréchal esquisse un faux-fuyant. Beck renouvelle sa demande :

> « Kluge, afin d'écarter tout doute possible, je veux vous rappeler nos dernières conversations et

1. Chef du bataillon de garde de la division Gross Deutschland.

nos accords, et je vous redemande : Vous placez-vous sous mes ordres inconditionnellement ? »

Von Kluge se souvient fort bien mais réclame un temps de réflexion. Il faut qu'il en parle à son état-major. Il rappellera dans une demi-heure. Évidemment, il n'en fera rien...

« Kluge, s'exclame Beck, ah ! comme cela lui ressemble ! »

Tous les effondrements de putsch sont lugubres. Désillusion devant les espérances perdues. Perspective tragique des contrecoups. Le désarroi, la panique des uns se mêlent au stoïcisme des autres.

Dans l'immeuble de la Bendlerstrasse, la confusion est à son comble. À l'extérieur, des projecteurs éclairent la façade. Des groupes vont et viennent dans l'attente des ordres. Des mitraillettes, des grenades sont distribuées aux « loyalistes ». Kaltenbrunner, Skorzeny arrivent sur les lieux. Le bouillant libérateur du Duce, accouru en renfort de Remer avec une compagnie, est furieux. Une guerre civile [1] alors que l'ennemi harcèle de toutes parts !

Entre 22 et 23 heures, un groupe d'officiers restés fidèles à Hitler réussit à libérer Fromm. Celui-ci maintenant parle haut et fort. Les rôles sont inversés. Les hommes de Remer investissent les couloirs, pénètrent dans les bureaux. Les conjurés se laissent arrêter sans résistance ; seul Stauffenberg est légèrement blessé.

Beck tente de se donner la mort avec son revolver, mais il se manque par deux fois. Un sous-officier doit l'achever d'une balle dans la tempe.

Fromm, qui sait tout ce qu'il doit se faire pardonner, presse le dénouement. Il lui faut aussi éliminer les témoins gênants. Se réclamant d'une prétendue cour martiale instituée au nom du Führer, il fait exécuter Olbricht, Stauffenberg et leurs adjoints, le colonel von Quirnheim et le lieutenant Haeften. Avant de s'écrouler, Stauffenberg lance : « Vive l'Allemagne éternelle ! »

Beck, Olbricht, Stauffenberg sont morts. Von Witzleben, Hoepner, Gördeler sont prisonniers. À La Roche-Guyon, von Kluge s'est récusé. Von Stülpnagel, désavoué par son supérieur direct, se retrouve seul et fait libérer les SS arrêtés à Paris.

Le complot du 20 juillet a échoué. Il se conclura dans le sang. La vengeance du Führer sera terrible.

1. On redoute un moment que ne s'affrontent une unité blindée et des SS.

*
* *

La chasse à l'homme s'engage. Rares sont ceux qui parviennent à s'échapper. Gisevius, venu de Suisse pour participer à l'action, se terre plusieurs semaines et parvient à repasser la frontière. Quelques fortunés, Speidel, Schlabrendorff, quelques autres survivront par concours de circonstances.

Pour leurs compagnons c'est l'arrestation, l'internement, des parodies de jugement, une sentence sans appel, la mort par pendaison. Von Witzleben, Hoepner, von Hase sont parmi les premières victimes d'une « cour de justice du peuple ». Plusieurs dizaines de généraux et d'officiers supérieurs [1] connaissent le même sort. Fromm lui-même n'échappe pas au courroux [2].

Certains préfèrent le suicide. Von Stülpnagel se blesse grièvement et ne peut échapper à la pendaison le 30 août. Von Treschkow s'avance dans le no man's land et dégoupille une grenade contre sa poitrine. Le 19 août, von Kluge, relevé de son commandement, choisit le poison. Canaris, arrêté à son tour, sera pendu avec Oster le 9 avril 1945 au camp de Flossenburg.

En tout, plusieurs centaines d'exécutions [3]. Les familles elles-mêmes ne sont pas épargnées : épouses envoyées dans les camps de concentration, enfants dispersés.

Reste, évidemment, le sort réservé à Rommel. Sa connivence a filtré. Mais le maréchal est un personnage populaire, hautement représentatif du régime. Révéler son rôle exact ternirait le lustre du IIIe Reich.

Le 14 octobre, deux généraux [4], envoyés par le Führer, se présentent à son domicile d'Herrlingen en lui laissant le choix :

---

1. Un « Conseil d'honneur », présidé par von Rundstedt, et où l'on trouve Keitel et Guderian, examine le dossier des officiers accusés d'avoir participé au complot et qui sont ensuite traduits en « justice ». Après la guerre, von Rundstedt et Guderian plaideront s'être efforcés d'en sauver le plus grand nombre. Leur participation à ce conseil, institué par Hitler le 4 août, n'en pèse pas moins lourdement sur leur mémoire de soldats.

2. Son instruction se prolongera et il obtiendra d'être passé par les armes et non pendu (19 mars 1945).

3. Le nombre exact des victimes est incertain. Hitler et ses séides profiteront des circonstances pour exercer une vaste répression contre les opposants ou supposés tels. Il semblerait qu'au moins 500 personnes, hommes, femmes, civils, militaires, aient été exécutées.

4. Burgdorf et Maisel.

suicide ou procès [1]. Le maréchal opte pour sa disparition avec garantie de ne porter aucune atteinte à son épouse et à son fils. Le héros de la guerre du désert est déclaré mort des suites de ses blessures du 17 juillet. Hitler lui fait faire, à Ulm, des funérailles nationales. La vérité ne sera connue qu'après la guerre.

***

Hitler sort tout à la fois renforcé et affaibli de l'attentat.

Le 21 juillet, vers 1 heure, il s'adresse à ses concitoyens :

> « Je ne sais combien d'attentats ont été projetés et exécutés contre moi. Si je vous parle aujourd'hui, c'est surtout pour deux raisons : pour que vous entendiez ma voix et que vous appreniez que je suis indemne et bien portant ; pour que vous connaissiez les détails d'un crime qui n'a pas d'équivalent dans l'histoire allemande. Une toute petite équipe d'officiers ambitieux, sans honneur et en même temps d'une criminelle bêtise, a fomenté un complot pour me supprimer et éliminer du même coup l'état-major des forces armées. La bombe, placée par le colonel comte von Stauffenberg, a explosé à deux mètres de moi, à ma droite. Elle a très grièvement blessé plusieurs de mes fidèles collaborateurs. L'un d'entre eux est décédé. Moi-même, je suis absolument indemne, à quelques légères écorchures, contusions et brûlures près. Je considère cela comme une confirmation de la mission que la Providence m'a confiée : je dois poursuivre le but de ma vie comme je l'ai fait jusqu'ici. »

Et d'annoncer un certain nombre de décisions. Himmler est nommé chef de l'armée de l'intérieur, Guderian chef d'état-major général en remplacement de Zeitzler.

Le ton laisse présager de la suite :

> « Cette fois, nous réglerons les comptes comme

---

1. On le laissait opter « entre le suicide par le poison et la comparution humiliante devant un tribunal du peuple », celle-ci combinée avec des mesures de rigueur contre sa famille.

nous avons, nous, nationaux-socialistes, coutume de le faire. »

Au cours des semaines suivantes, outre la répression évoquée ci-dessus, Hitler assouvira sa haine contre le haut état-major et la caste militaire issue de la Reichswehr. Le salut hitlérien remplacera le salut traditionnel. Quant aux grands chefs militaires, Guderian, Dönitz, ils jugeront utile de renouveler leur allégeance au Führer.

Mais le régime et son chef, malgré le renforcement de leur autorité, sont ébranlés. Au sein de la Wehrmacht, beaucoup acceptent mal le sort tragique réservé à de nombreux camarades. Qui n'aspirerait désormais à en finir, et vite ?

Quant à Hitler, il sort affecté de l'épreuve. Guderian écrira :

> « Sa constitution physique, qui n'était déjà pas parfaite [1], en fut encore affaiblie. Son équilibre moral fut à jamais détruit. Tous les esprits mauvais qui sommeillaient en lui revinrent à la surface. Désormais, il ne connaîtrait plus de scrupules. » [2]

Le despote s'enfonce de plus en plus dans son délire, y entraînant son peuple dont il n'hésite pas à dire :

> « Mais si maintenant le peuple allemand succombe dans ce combat, c'est qu'il aura été trop faible. Il n'aura pas triomphé de l'épreuve devant l'histoire, et il n'était destiné à rien d'autre qu'à périr. » [3]

*
* *

Dans tout échec d'une tentative du type de celle du 20 juillet 1944 interviennent, en sus des causes techniques (ou circonstancielles), des causes plus profondes.

---

1. Avec ses drogues et ses piqûres de cocaïne, Morell, son médecin traitant, n'améliore pas son état...
2. Guderian H., *Souvenirs d'un soldat, op. cit.*, p. 333.
3. Speer A., *Au cœur du IIIe Reich, op. cit.*, p. 552.

Parmi les premières, on relèvera d'abord et surtout la survie de Hitler : l'épais montant de la table l'a protégé de la charge explosive (environ 1 kg). La puissance de la déflagration a été amortie par la faiblesse de la construction et l'ouverture des fenêtres. Dans un bunker hermétiquement clos, il en eût été tout autrement. En se répercutant à l'intérieur du local, l'onde de choc aurait eu un effet autrement destructeur. On notera ensuite, évidemment, l'incidence d'événements plus ou moins fortuits : la blessure de Rommel, le déclenchement trop tardif de « Walkyrie », la liberté laissée à Radio Berlin, l'absence quasi totale de troupes commandées par des chefs acquis aux conjurés, le rôle effacé de Beck, von Witzleben et Hoepner, l'intervention de Remer, etc.

Domine l'impression d'un travail d'état-major monté et exécuté par des officiers habitués à être obéis.

*
* *

Malchance, erreurs de conception et d'exécution ne rendent pas compte de tout. Par-delà ces failles, des raisons plus profondes rendaient le succès aléatoire. L'appareil du parti tient la population. Une réaction collective est impossible. Le peuple allemand y songe-t-il, du reste ? La guerre est son horizon. Que lui promettre ? Les conjurés butent sur la réserve alliée. Ils sont dans l'incapacité d'annoncer que l'élimination du nazisme signifie une paix honorable.

En valeur absolue, du reste, ils sont peu nombreux. Bien des officiers intrinsèquement hostiles au pouvoir en place se trouvent devant un terrible dilemme : l'entreprise ne risque-t-elle pas de précipiter le pays dans le chaos, de favoriser l'effondrement militaire et la rupture des fronts ? Le patriotisme n'interdit-il pas une telle aventure ? Le communisme, redouté par les Allemands, n'en sera-t-il pas le premier bénéficiaire ? Pareils cas de conscience freinent incontestablement les engagements. Enfin, dans une démarche aussi périlleuse, n'est-il pas plus confortable de se tenir en marge ?

*
* *

Il serait vain, une fois encore, de rétablir l'histoire. Que se serait-il passé si Hitler avait disparu le 20 juillet 1944 ?

Il est impossible d'en préjuger. On est simplement en droit de penser que sa mort aurait pesé lourdement sur les derniers mois de la Seconde Guerre mondiale et certainement hâté sa fin [1].

---

1. Himmler s'efforçait alors d'établir des contacts avec les Anglo-Américains en vue d'un armistice.

Chapitre XVIII

LA PERCÉE

Rommel avait été blessé le 17 juillet, accident qui privait le GA/B de son patron en titre [1] ; la bombe de von Stauffenberg avait explosé le 20, épargnant miraculeusement Hitler.

Entre ces deux dates-repères, s'intercalent les débuts de l'offensive anglo-américaine. À partir du 18 juillet, en dix jours, la bataille de Normandie bascule. En deux temps : du 18 au 25, les poussées alliées sur Caen et Saint-Lô fixent et épuisent l'adversaire. Après le 25, la percée en direction du sud se précise et se précipite dans le Cotentin.

*
* *

Montgomery [2] se targuera par la suite d'avoir respecté son plan. À l'en croire, il voulait immobiliser le maximum de forces allemandes sur l'Orne et effectuer la rupture dans le Cotentin. Est-ce si sûr ? Effectivement, il a manifesté l'intention de

1. Von Kluge décide de ne pas le remplacer et prend directement le commandement des VIIe et XVe armées.

2. Il est toujours, à cette époque, responsable de l'ensemble des forces terrestres anglo-américaines.

procéder de la sorte. Mais n'entendait-il pas, si l'occasion s'en présentait, agir autrement ? Le Cotentin est secteur américain, l'Orne secteur britannique. Connaissant Churchill et Montgomery et leur souci de la fierté nationale, on peut légitimement penser qu'une percée sur Caen – jointe, certes, à une autre sur Saint-Lô – ne leur aurait pas déplu. Pour preuve, les efforts des Britanniques et des Canadiens autour de la première de ces villes. Pour preuve toujours, les moyens aériens exceptionnels mis en œuvre au profit des Britanniques. Pour preuve encore, les perspectives stratégiques nettement plus intéressantes qu'offrait une rupture à l'est du front anglo-américain.

Quoi qu'il en soit, Montgomery lance donc, le 18 juillet, l'opération « Goodwood ». Le Ier CA britannique attaque sud et sud-est depuis la tête de pont de la 6e Airborne à l'est de l'Orne.

Objectif premier : la route Caen-Falaise qui conduit à Alençon et au Mans.

« Goodwood » débute par une débauche de feu aérien : à 1 000 Lancaster et Halifax de la RAF succèdent 1 500 Forteresse et Liberator de la 8e US Air Force, puis 600 bombardiers moyens britanniques et américains, enfin des vagues de chasseurs bombardiers. Au total, 12 000 tonnes de bombes accompagnées par les obus de la marine [1]. Pour la première fois, les bombardiers stratégiques sont intervenus au profit d'un appui terrestre direct. C'est dire l'enjeu de « Goodwood ». Ce gigantesque bombardement est censé ouvrir une « voie royale » où s'engouffreront blindés et fantassins.

À 7 h 45, les explosions à peine éteintes, plus de 1 000 Sherman et Cromwell [2] font grincer leurs chenilles. 5 DI, 3 DB, 3 brigades blindées participent à l'action. De quoi être confiant.

Les premiers kilomètres confirment l'optimisme général. La voie ferrée Paris-Caen est dépassée sans que l'on se heurte à de fortes résistances. Au-delà s'étend la crête Bourguébus largement dégagée, terre de céréales et de betteraves sucrières.

Soudain, Tigre et 88 se dévoilent. La XXIe PD et la Ire PD SS ne se trouvaient pas dans la zone des bombardements. Elles forment écran à hauteur de Bourguébus, en avant de la route de Falaise. La bonne visibilité leur permet d'ajuster Sherman et Cromwell à distance. En peu de temps, les Britanniques en

---

1. Les défenses allemandes sont encore à portée des navires de ligne alliés.
2. Ce dernier, britannique, un char moyen de 26,5 tonnes, armé d'un canon de 76, est dominé par les Tigre et Panthère.

perdent 106. Vont-ils persévérer ? En valeur absolue, ils possèdent une nette supériorité sur les deux PD déjà éprouvées par les combats précédents.

« Nous avons percé », annonce Montgomery, qui néanmoins n'insiste pas. « Goodwood » se stabilise, à la grande irritation d'Eisenhower. Montgomery n'aime pas les risques excessifs. Sa prudence habituelle, son souci de posséder une écrasante supériorité l'emportent. Il se contente de nettoyer la rive droite de l'Orne [1]. Les Allemands se replient à 8 km au sud de la ville. La bataille de Caen est enfin terminée.

Caen est libre, mais à quel prix ! 9 000 maisons détruites, 5 000 endommagées ; à peine un millier encore intactes. La population a été progressivement évacuée en juin, mais 12 000 personnes vivent encore dans des abris sommaires. Des familles entières ont été ensevelies sous les décombres par les bombardements.

La méthode alliée du pilonnage systématique présente une efficacité militaire certaine en bien des cas, mais dont demeures et habitants subissent les premiers les conséquences. A Evrecy [2], le 15 juin, 130 civils sont tués en quelques minutes. Avant la phase d'exploitation, la progression anglo-américaine est un long matraquage qui raie de la carte bien des villes et villages de Normandie. Saint-Lô, « capitale des ruines », diront les Américains eux-mêmes. Les aviateurs français qui participent à la bataille ont le cœur déchiré de voir les ravages infligés à leur patrie.

Dans la nuit, la Luftwaffe, grande oubliée, se manifeste. Une cinquantaine d'appareils risquent un raid sur les positions britanniques : le premier vraiment sérieux depuis le 6 juin.

Le lendemain, il pleut. Une pluie persistante liquéfie la glaise de la plaine de Caen et embourbe les véhicules. Il devient difficile de se déplacer. L'aviation alliée ne peut intervenir. « Goodwood » s'arrête définitivement le 21. En quatre jours de combats, Britanniques et Canadiens n'ont gagné que 7 km. Montgomery clame sa satisfaction d'avoir, conformément à son plan, fixé de forts contingents ennemis à l'est du front. Son assertion n'est pas dénuée de fondement.

---

1. Les historiens britanniques préfèrent se taire sur cette occasion perdue alors que la rupture était quasiment obtenue. Eisenhower, bon prince, la passe sous silence dans ses mémoires. Seul Liddell Hart, en Normandie à l'époque, relève et critique le comportement timoré du vainqueur d'El Alamein.

2. 431 habitants avant la guerre.

Attaquant à l'ouest, dans le Cotentin, Bradley et sa Ire armée ont devant eux un terrain encore plus difficile. Espaces clos, haies vives qui forment de véritables parapets, boqueteaux, vallées encaissées facilitent la défense. Mais l'ennemi est moins solide, puisque les PD défendent les abords de Caen. Devant Saint-Lô, le XIe CA parachutiste manque d'effectifs et de blindés.

Un sergent américain, nommé Culin, a conçu [1] un ingénieux dispositif. Comme les Sherman calent devant les haies normandes, n'arrivent pas à franchir les talus d'un bon mètre de haut et, ventres en l'air, offrent alors des cibles idéales aux 88 ou aux Panzerfaust, il a transformé son Sherman en bulldozer : muni d'une herse tranchante en forme de V montée à l'avant, son « rhinocéros » force des trouées dans les haies ; mieux, même, il emporte le feuillage qui lui sert de camouflage... Les combats dans le bocage prennent un autre visage.

Ils n'en sont pas moins très durs. La Ire armée a perdu beaucoup de monde devant La Haye-du-Puits, Saint-Jean-de-Daye et de nombreuses petites localités transformées en citadelles. Progressivement cependant, les Américains, le nord du Cotentin conquis, sont arrivés aux abords de la route Lessay-Périers-Saint-Lô.

Le 17 juillet, au nord de Saint-Lô, subsiste un point fort : la cote 122. La prise de cette éminence permet de dominer la ville – ou ce qu'il en reste, après les terribles bombardements des 6 et 7 juin qui ont massacré 800 habitants. Le 18 juillet, la 29e DI US entre dans la ville. Ce succès apporte à Bradley le carrefour routier dont il avait besoin pour « Cobra », son offensive de percée vers le sud.

*
* *

Avant que n'éclate « Cobra », le front couvre sensiblement le secteur qui, de Lessay à Troarn via Saint-Lô, Caumont-l'Éventé, Tilly-sur-Seulles, mène à Bourguébus [2]. C'est de ce périmètre que quatre armées, deux américaines, deux britanniques, vont jaillir pour enfoncer les lignes allemandes et porter la bataille plus avant sur le sol français.

---

1. Du moins lui en attribue-t-on généralement la paternité.

2. Un méridien Port-en-Bessin-Caumont partage les secteurs, américain à l'ouest, britannique à l'est.

Un sol français où, en de nombreux endroits, à l'exemple de la Bretagne, du mont Mouchet, se déroulent des luttes farouches. Ainsi celle [1] qui se déclenche dans le Vercors le 21 juillet.

Le Vercors, château fort naturel situé au sud-ouest de Grenoble, est investi de toutes parts ce jour-là par 20 000 Allemands. 400 SS, débarqués par planeurs sur la piste prévue pour recevoir des Dakota, déclenchent l'assaut du massif.

4 000 maquisards [2], sous les ordres du colonel Huet, tiennent ce bastion depuis des mois ou – dans le cas des derniers accourus après les appels aux armes du 6 juin – des semaines. Ils y vivent dans l'attente d'une opération alliée d'envergure qui prendra le Vercors comme point d'amarre. Fallacieux espoir des chefs et de leurs troupes. Le haut commandement allié n'a rien envisagé de tel [3].

Les Allemands, SS, chasseurs de montagne et autres, qui assaillent le Vercors ont du métier, des mitrailleuses, des mortiers, armes idéales pour des combats en montagne. Les maquisards n'ont que des Sten, quelques FM et leur courage. De l'aide est impérative. Le colonel Huet réclame d'urgence à Alger parachutages d'hommes et d'armement, appui aérien.

Dominés en hommes et en matériel, les défenseurs du Vercors ne cèdent pas, mais sont écrasés. En fin de journée, le 21, Huet donne l'ordre d'éclater, ce qui ne signifie pas la fin des combats. On se bat le 22. On se battra le 23. À 16 heures, Huet passe son ultime message :

> « Ai ordonné dispersion par petits groupes en vue reprendre lutte si possibilités. »

Alger n'a rien pu faire pour secourir le Vercors.

Pour venger leurs pertes, les Allemands massacrent les blessés, les prisonniers, des innocents, brûlent fermes et maisons. Le Vercors a coûté 840 morts civils et militaires [4]. Mais il renaîtra.

---

1. Ce n'est pas la première. D'autres ont eu lieu auparavant mais à la périphérie du Vercors.

2. 3 909 très exactement, encadrés par 169 officiers et 317 sous-officiers.

3. Pas plus qu'il ne l'avait fait d'une zone insurrectionnelle soutenue autour du mont Mouchet par des éléments aéroportés.

4. Les pertes allemandes sont assez mal connues. Au Vercors même, elles ne paraissent pas excéder plus d'une centaine d'hommes pour la période du 21 au 23 juillet. En revanche, les Allemands ont perdu plus de 1 500 hommes, du fait des maquis, jusqu'à la libération de l'Isère.

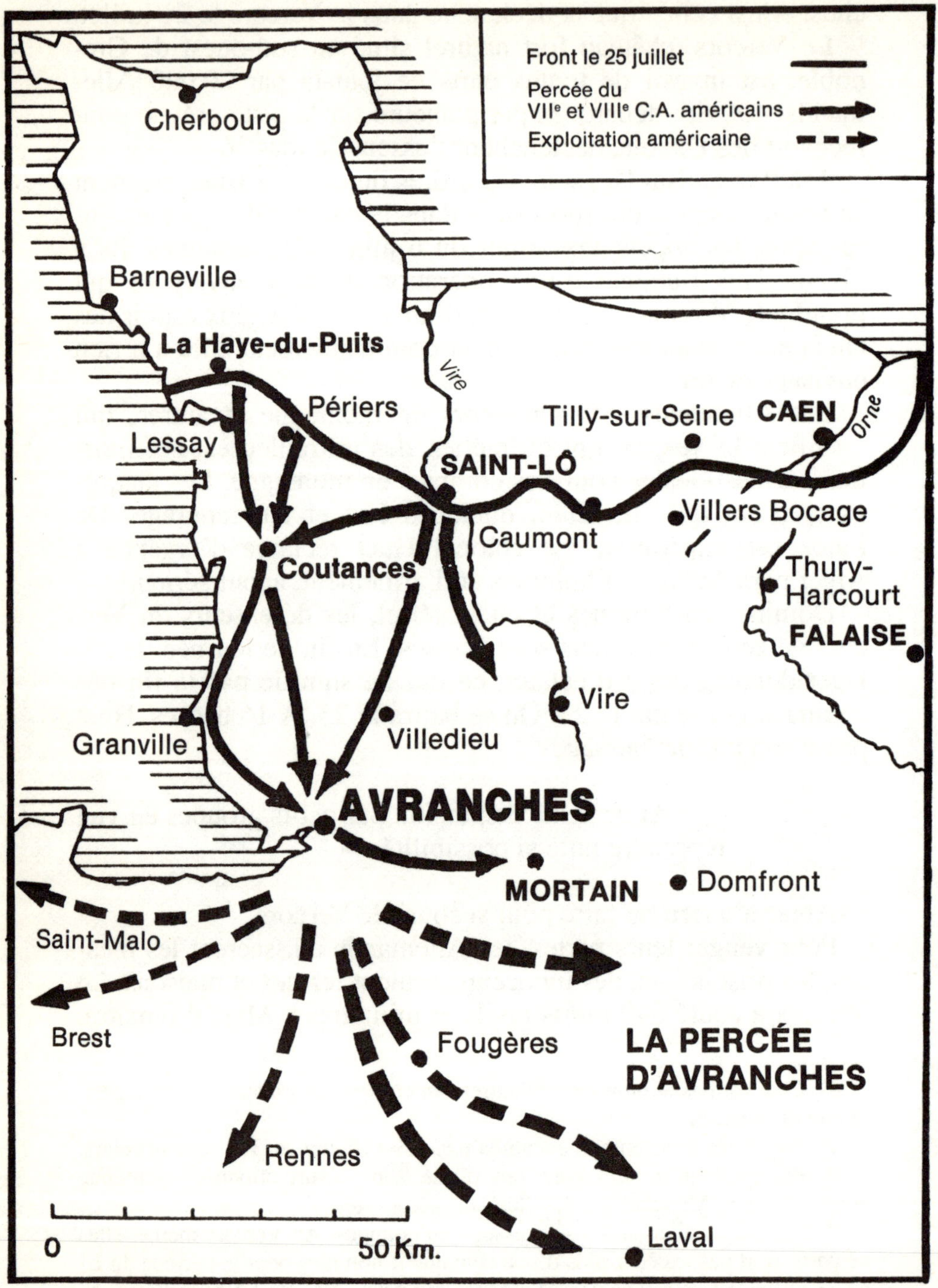
Front le 25 juillet
Percée du
VIIe et VIIIe C.A. américains
Exploitation américaine
Cherbourg
Barneville
La Haye-du-Puits
Lessay
Périers
Vire
Tilly-sur-Seine
CAEN
Orne
SAINT-LÔ
Caumont
Villers Bocage
Thury-
Harcourt
FALAISE
Coutances
Vire
Granville
Villedieu
AVRANCHES
MORTAIN
Domfront
Saint-Malo
Brest
Fougères
Rennes
Laval
LA PERCÉE
D'AVRANCHES
0
50 Km.

Un mois plus tard, les rescapés réapparaîtront pour libérer Lyon, Grenoble, Romans et rallier les rangs de la 1re armée française.

*
* *

Sur leur base de départ située à hauteur de la route Périers-Saint-Lô, les Américains sont prêts. Mais le temps, dans le Cotentin comme au-dessus de la région caennaise, est devenu affreusement mauvais. Bradley doit attendre et faire patienter Patton. Le fougueux cow-boy [1], qui piaffe d'impatience de briller, est chargé de la rupture du front avec les VIIe et VIIIe CA de la Ire armée.

25 juillet. Enfin le soleil ! L'aviation alliée a le ciel pour elle.

Pour tromper l'adversaire, Montgomery prolonge « Goodwood » et engage « Spring » au sud de Caen. Les Canadiens – Canadiens français en majorité – attaquent de Cagny à la vallée de l'Orne. D'emblée, ils retrouvent le spectre de Dieppe. 5 PD [2] les attendent. Ils ont 1 500 hommes hors de combat et, le 26, sont contraints d'abandonner May-sur-Orne où ils avaient réussi à prendre pied.

Cette diversion de Montgomery, le sacrifice des Canadiens, servent « Cobra », lancé après l'habituel scénario du pilonnage aérien. 1 500 B/17 et B/24, 380 bombardiers moyens, 550 chasseurs bombardiers déversent 4 150 tonnes de bombes [3].

Franchissant la route Saint-Lô-Périers, le VIIe CA US déboule en force entre Marigny et Saint-Gilles, coupant à son tour la route Coutances-Saint-Lô. Le premier jour, il gagne 10 km, enfonçant le front adverse. Patton a bien manœuvré. Il a piqué sud-ouest, en direction d'Avranches. Les Allemands l'attendaient à 90°, persuadés qu'il attaquerait au sud-est.

Le lendemain, le VIIIe CA démarre à son tour au nord de la région Lessay-Périers, direction Coutances-Granville.

L'avalanche est déclenchée. Les bombardements ont disloqué les défenses. Les survivants, hébétés, tardent à retrouver leur équilibre. Le front rompu, les résistances arrière s'effondrent

1. Il ne se sépare pas de ses deux colts à crosse de nacre.

2. Ire, IIe, IXe, Xe, PD SS (incomplètes), plus 116e PD et 272e DI.

3. Non sans mal pour les amis, par suite d'erreurs de navigation. Il y a 200 morts, dont le général McNair, responsable de l'instruction des forces terrestres aux États-Unis, venu se rendre compte de l'efficacité de ses programmes.

sous les coups des blindés. Le 84e CA, morcelé, disloqué, disparaît. Un général commandant de division est tué par une patrouille américaine. Patton mène la charge, hurlant sans répit : « Marchez ! Marchez ! Ne vous souciez pas de vos flancs ! »

Guderian, Rommel ont trouvé un émule qui joue de tous ses moyens. Une résistance plus sérieuse se présente-t-elle ? L'aviation l'écrase, les chars arrivent, finissent l'ouvrage et poursuivent. Jointe à la fureur de vaincre de Patton, la puissance américaine renverse tout.

Hausser aggrave la confusion de son aile gauche malmenée. Plutôt que de lui ordonner d'essayer d'organiser une barrière d'arrêt face au nord, il lui prescrit de se dégager vers le sud-est. Ce faisant, il libère encore davantage le passage. Fidèles aux ordres, de petits groupes tentent, de nuit, de se glisser vers l'est. Du 6e régiment parachutiste qui, le 10 juin, défendait Carentan, seule une centaine d'hommes rejoindra. Ils étaient 3 000 sept semaines plus tôt.

Lessay, Périers sont libérés le 27.

Coutances le 28. Par miracle, les flèches de sa cathédrale continuent de pointer au-dessus de la campagne normande.

Le 30 juillet, dans l'après-midi, c'est Avranches [1]. Le front gauche allemand est enfoncé, ouvert de Saint-Lô à la baie du Mont-Saint-Michel. La preuve est faite que le débarquement a vraiment réussi.

Partout, les routes sont jonchées de centaines de véhicules détruits par l'aviation ou les blindés. Des bulldozers doivent dégager des passages. Patton n'a pas laissé son adversaire reprendre souffle. En six jours, il a fait 20 000 prisonniers.

Devant ce désastre, von Kluge préconise un repli général sur la Seine et écrit à Hitler : « L'activité aérienne ennemie est terrible et paralyse tous nos mouvements. Nos pertes en hommes et en matériel sont extraordinaires. Le moral baisse à proportion de l'efficacité du feu adverse. Nos unités d'infanterie ne sont plus que des troupes disloquées. Les terroristes se montrent de plus en plus audacieux, ce qui, vu la perte de nombreux postes de radio, rend de plus en plus difficile l'exercice du commandement. Il faut d'urgence des troupes fraîches. »

Hitler ne daigne pas l'écouter.

1. Granville, dépassé, ne sera libéré que le 31.

8 km après Avranches, le pont de Pontaubault, sur la Sélune, est saisi intact[1]. Immédiatement au-delà s'ouvre une patte d'oie. La route de droite file vers Saint-Malo et la Bretagne. Celle du centre vers Fougères et Le Mans. La troisième vers Saint-Hilaire-du-Harcouët et Alençon.

Au bout des deux dernières : Paris !

1. Ainsi que celui sur la Sée, au nord d'Avranches.

Chapitre XIX

DÉSASTRE ALLEMAND EN BIÉLORUSSIE

Mi-juin 1944. La bataille fait rage dans le Bocage normand. Elle fait rage tout autant, à l'Est. L'armée Rouge frappe en Biélorussie et enfonce le front allemand. De toutes parts, l'Allemagne, réduite à la défensive, subit la pression de son adversaire.

*
* *

A Moscou, Staline finit par être convaincu. Le second front, si longtemps attendu et si âprement réclamé, s'affirme une réalité. Le débarquement du 6 juin ne ressemble en rien à un nouveau Dieppe. Les Anglo-Américains se sont engagés avec tous leurs moyens pour gagner. La Wehrmacht est prise dans l'étau et doit faire face aussi bien à l'est qu'à l'ouest. La conjoncture est favorable à lancer la grande offensive que la Stavka et l'armée Rouge ont préparée. Celle qui mènera au cœur de l'Allemagne.

Le front de l'Est a considérablement évolué. Il n'a plus l'aspect grosso modo nord-sud qu'il présentait six mois plus tôt, de Leningrad à la mer Noire. Les offensives du printemps et de l'hiver, l'ont considérablement déplacé au nord comme au sud. Seul son centre, en Biélorussie, n'a guère bougé.

Depuis Narva, sur le golfe de Finlande, à l'embouchure du Dniestr, la ligne des combats affecte vaguement, le profil d'une gigantesque chaise. Son dossier, bordant au départ la rive orientale du lac Peipous, descend jusqu'au Pripet. Son siège repose sur les marais du même nom. Son pied chute vers les Carpates et se casse en biais avant de reposer sur la mer Noire.

Cette silhouette approximative ne doit pas estomper un large coin au bas du dos. De Vitebsk au Pripet, sur près de 400 km, les Allemands continuent de s'enfoncer vers l'est, par Orcha, Moghilev et Bobrouisk, comme pour continuer à menacer Smolensk et Moscou. Toujours les illusions du Führer ! Comme tout saillant, celui-ci est vulnérable par des actions menées sur ses extrêmes, du nord au sud et du sud au nord. L'avancée réalisée par Joukov en Ukraine autorise, en particulier, bien des débordements, même si les marais du Pripet assurent une certaine couverture au sud.

Cette avancée en Ukraine a du reste conduit Hitler à se persuader que la Stavka préparait un gigantesque coup de faux vers le nord-ouest, de la Galicie à la Prusse-Orientale, par Varsovie et la vallée de la Vistule. La distance qui sépare la Baltique de la région de Kovel est relativement courte : 450 km. Le relief ne présente aucun obstacle majeur. La plaine polonaise s'étale libre et dégagée avec, pour seul véritable obstacle, la coupure du Boug avant son confluent avec la Vistule [1]. Le GA/C et le GA/N verraient alors leurs liaisons terrestres coupées avec l'arrière. Pour les ravitailler ne demeurerait que la Baltique.

Hitler s'attend tellement à cette attaque, stratégiquement si séduisante, qu'il masse ses blindés au sud de Brest-Litovsk pour la contrer. Ce faisant, il appauvrit d'autant son GA/C, dont 80 % des PD partent pour la Galicie. [2].

La Stavka, bien renseignée [3] sur ce qui se décide à l'OKW, a renoncé à cette manœuvre si évidente. L'opération

---

1. Qui peut même être évitée en restant sur sa rive droite.
2. Se trouvent en Galicie 4 CB, soit 8 PD et 2 DM.
3. Contrairement à l'OKW qui ne dispose d'aucun agent infiltré à Moscou. Voir *La Grande Histoire de la Seconde Guerre mondiale, Juin 1941-Décembre 1941*, chap. 14.

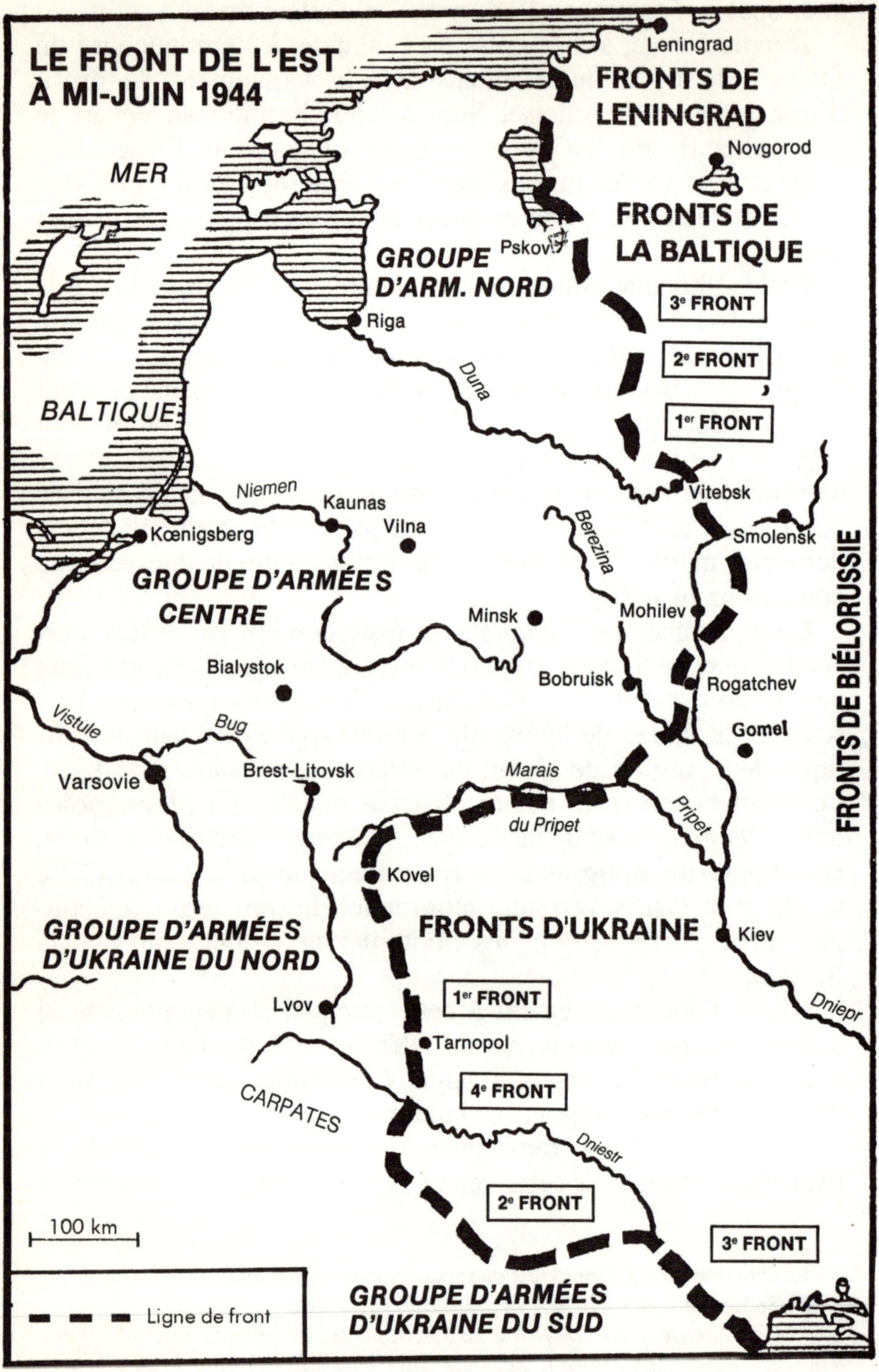
LE FRONT DE L'EST
À MI-JUIN 1944
Leningrad
FRONTS DE
LENINGRAD
Novgorod
MER
FRONTS DE
LA BALTIQUE
Pskov
GROUPE
D'ARM. NORD
3e FRONT
Riga
2e FRONT
Duna
BALTIQUE
1er FRONT
Vitebsk
Niemen
Kaunas
Vilna
Berezina
Smolensk
Kœnigsberg
GROUPE D'ARMÉES
CENTRE
Minsk
Mohilev
FRONTS DE BIÉLORUSSIE
Bialystok
Bobruisk
Rogatchev
Vistule
Bug
Gomel
Varsovie
Brest-Litovsk
Marais
du Pripet
Pripet
Kovel
GROUPE D'ARMÉES
D'UKRAINE DU NORD
FRONTS D'UKRAINE
Kiev
1er FRONT
Lvov
Dniepr
Tarnopol
4e FRONT
CARPATES
Dniestr
2e FRONT
100 km
3e FRONT
Ligne de front
GROUPE D'ARMÉES
D'UKRAINE DU SUD

« Bagration » [1] frappera en Biélorussie et elle sera frontale contre le GA/C du maréchal Busch. Avec pour enjeu, non moins séduisant, de terminer la libération nationale [2]. Elle ouvrirait de surcroît la route la plus directe et la plus courte vers l'Allemagne et offrirait d'ores et déjà à l'URSS la possibilité de s'implanter sur les territoires polonais qu'elle convoite à l'ouest de la frontière soviéto-polonaise d'avant 1939 ! A Téhéran, Staline n'a-t-il pas fait comprendre qu'il entendait revenir à l'ancienne ligne Curzon de 1919 ?

Sur les 700 km du front central, les Soviétiques savent qu'ils disposent d'une écrasante supériorité. Peut-être pas en hommes (1 250 000 contre 800 000), mais assurément en matériel : 28 600 bouches à feu contre 10 000, 4 000 blindés contre 800, 5 300 avions contre 900 [3].

L'opération « Bagration » sera menée par quatre fronts : celui de la Baltique et les trois de Biélorussie [4], les deux compères Joukov et Vassilievsky [5] assurant la coordination. Le maréchal Busch leur oppose la IIIe AB, les IVe et IXe armées et la XIe armée sur le Pripet. Les réserves lui manquent. Sa IIIe AB n'a de blindée que le nom. On sait que l'essentiel de ses PD est parti en Galicie.

Le 10 juin, l'armée Rouge est prête. Staline n'attend plus que son heure. Il finit de s'assurer de la solidité d'« Overlord » et entend marquer les esprits de son peuple. Hitler a lancé « Barbarossa », l'invasion de la terre soviétique, un certain 22 juin 1941. Il lui rendra la pareille un autre 22 juin. Le déclenchement de l'offensive est irrémédiablement fixé pour ce jour anniversaire.

A cette date, l'opération a cependant déjà débuté. L'aviation

---

1. Ainsi baptisée du nom du général russe, mortellement blessé à la bataille de la Moskova en 1812.

2. Sous réserve d'une petite frange à la limite orientale des États baltes.

3. D'après les sources soviétiques. Tout donne à penser que les effectifs combattants et les moyens aériens allemands sont plus faibles.

4. Disposés du nord au sud comme suit : Premier Front de la Baltique (gal Bagramyan) ; Troisième Front de Biélorussie (gal Tcherniakowsky) ; Deuxième Front de Biélorussie (gal Zakharov) ; Premier Front de Biélorussie (gal Rokossovsky). Soit 20 armées articulées en 146 DI et 43 DB.

5. Vassilievsky au nord : Premier Front de la Baltique et Troisième Front de Biélorussie. Joukov au sud : Deuxième et Premier Fronts de Biélorussie. Avec le développement de l'offensive, il prendra par la suite la responsabilité du Premier Front d'Ukraine.

s'en prend aux objectifs repérés : PC, dépôts, cantonnements. Les partisans, le 20 juin, déclenchent une campagne de sabotages généralisés. En cette Biélorussie, terre de forêts et de marécages [1] où ils sont chez eux [2], ils font peser une menace perpétuelle sur les arrières allemands. Les chemins de fer, les lignes téléphoniques sont leurs premières cibles. Au matin du 22 juin et les jours suivants, les transports par rail seront paralysés, les liaisons fil coupées. Les déplacements et les transmissions de la Wehrmacht seront de la sorte considérablement entravés [3].

La Stavka s'est fixé deux axes d'effort essentiels sur les ailes, vers Vitebsk au nord, vers Bobrouisk au sud. Après destruction de l'adversaire sur ces deux extrémités, les brèches ouvertes autoriseront un large encerclement de Minsk, capitale de la Biélorussie. La prise de la ville conduira à la libération complète de la République. Parallèlement, des actions de flanquement contre d'éventuelles contre-attaques du GA/N libéreront une partie des États baltes.

Fidèle à son refus de céder une parcelle de terrain, Hitler a prescrit en cas d'attaque la stratégie des forteresses : se retrancher dans les principales cités et y contenir l'adversaire en y immobilisant le gros de ses forces. C'est omettre la simple possibilité de voir le flot ennemi s'écouler en laissant derrière lui des môles inutiles abandonnés en enfants perdus (ce qui se

---

1. Ce type de terrain conduit les Soviétiques à utiliser des unités mixtes, cavalerie plus véhicules motorisés. Il impose souvent de réaliser des pistes de fortune en rondins.

2. En 1944, le mouvement partisan a encore pris de l'ampleur. Des liaisons ont été établies, parfois par air, avec l'armée régulière qui lui fournit armes, munitions, appareils radio et assure certaines évacuations sanitaires. Joukov évalue les partisans de Biélorussie à 374 000, chiffre peut-être excessif mais qui rend bien compte de l'importance de cette guérilla qui tient de vastes régions. Les Allemands ont été contraints de déployer des effectifs importants pour essayer de la neutraliser. Ils engagent contre elle, en priorité, leurs alliés et auxiliaires. Ainsi la LVF passe-t-elle l'hiver et le printemps 1944 dans le triangle Orcha-Moghilev-Minsk contre des bandes estimées à plusieurs milliers d'hommes (elle participera par la suite à la retraite de la IVe armée sur la Bérézina).

Après la guerre, 127 000 partisans recevront la médaille du « Partisan de la Guerre nationale », et 190 le titre de « Héros de l'Union Soviétique ».

3. Les Allemands le reconnaîtront. Le chef des transports du GA/C écrit : « Une grande opération éclair des partisans a provoqué cette nuit dans certains endroits une paralysie totale des communications qui conduisaient aux secteurs de la rupture. »

produira). Hitler, refusant à ses généraux la liberté de mouvement, sous-estime tout autant l'armée Rouge de 1944. Il n'a pas pris conscience de l'expérience acquise par ses cadres et sa troupe, de sa puissance de feu [1], de sa motorisation accrue, de l'ardeur patriotique qui l'anime pour écraser l'envahisseur.

Les Soviétiques remportent immédiatement des succès vite amplifiés par la surprise créée, par la politique des forteresses et les ordres formels de résister sur place. Partout, des tenailles se referment sur les unités allemandes. La Wehrmacht connaît à son tour le sort qu'elle a infligé à autrui en 1941 : mourir sur place ou lever les bras. Ou, à l'encontre des directives supérieures, essayer de percer [2]. Mais dans quelles conditions ! Les blindés et les fantassins soviétiques contrôlent les axes. Les avions à étoile rouge surgissent de partout. Les partisans rôdent dans les bois, multiplient les embuscades et les coups de main. La bataille, en Biélorussie, sera une série d'anéantissements successifs des troupes du GA/C.

L'offensive débute par l'attaque des 1er Front de la Baltique et 3e Front de Biélorussie contre Vitebsk. La ville a valeur de symbole. Les Allemands, qui l'occupent depuis 1941, s'y sont accrochés lors de leur repli de 1943. Le redan de Vitebsk constitue toujours un saillant pointé vers le nord. Hitler y a fait maintenir une division pour défendre les lieux coûte que coûte.

Il en est de Vitebsk comme il en sera des autres forteresses. La cité, débordée, est encerclée au bout de trois jours. Elle tombe le surlendemain. La IIIe armée y laisse 20 000 morts et 10 000 prisonniers. Situation et conclusion identiques à Bobrouisk où les XXXVe CA et XVIe CB se retrouvent pris au piège. 30 000 hommes seulement (sur 100 000) parviennent à s'en échapper. La ville est occupée le 29 juin. Entre les deux villes, Moghilev, sur le Dniepr supérieur, a été enlevé le 28. « Les écluses lâchent ! »

Ce même 28 juin, Hitler réagit comme à l'accoutumée. Il relève Busch de son commandement et le remplace par Model. Le maréchal coiffe le GA/C en sus de son GA d'Ukraine du nord. Ce cumul lui permet d'actionner les PD de Galicie et de

1. Durant le premier semestre 1944, l'URSS a fabriqué 14 000 chars et canons automoteurs, 16 000 avions, 26 000 canons d'un calibre égal ou supérieur à 76,2 mm, indépendamment de l'aide alliée.

2. Dans le chaos général consécutif à la rupture de nombreuses liaisons, bien des chefs ordonneront de percer pour éviter le pire.

monter des contre-attaques. Mais comment endiguer le torrent qui déferle ? La Wehrmacht est dominée sur le terrain. L'aviation soviétique ne lui accorde pas de répit. Les partisans multiplient les harcèlements.

La Dvina, la Bérézina sont atteintes. La manœuvre contre Minsk peut se développer. Tandis qu'une gigantesque tenaille se dessine par les ailes, le 2e Front de Biélorussie fixe la IVe armée tout en la forçant à reculer. A plus d'un siècle d'intervalle, les rives de la Bérézina, jadis fatales à la Grande Armée, le sont encore à l'armée allemande. Les chars, les véhicules s'embourbent dans les marais. Les fantassins, qui s'efforcent de franchir la rivière à la nage, faute de ponts, sont décimés par le feu ennemi. Sous les coups de l'aviation et de l'artillerie, des incendies s'allument de tous côtés. Les approches de la Bérézina se jonchent de blindés, de voitures, de canons détruits ou abandonnés et de milliers de cadavres.

Le 3 juillet, l'étau se referme sur les restes de trois CA et deux CB, enserrant plus de 100 000 hommes des IVe et IXe armées. Les débordements latéraux ont convergé pour verrouiller la trappe à l'ouest de la capitale de la Biélorussie, non loin de l'ancienne frontière soviéto-polonaise. Dans le même temps, l'avance se développe vers Vilnius au nord et Brest-Litovsk au sud.

Les Russes pénètrent dans Minsk [1], cité en ruine que les Allemands ont pillée et dévastée. La Wehrmacht perd dans la bataille 70 000 tués et 35 000 prisonniers [2]. L'effondrement du GA/C tourne au désastre. Une brèche gigantesque s'est ouverte sur plus de 300 km de large, avec la quasi-disparition de la IVe armée. Et tout s'est déroulé très vite, sans possibilités immédiates de réaction. PD trop éloignées, front de Normandie excluant l'envoi de renforts et exigeant le maximum de la Luftwaffe. Quant à l'armée Rouge, elle a parfaitement réussi ses opérations de débordement et d'enveloppement, ce qui prouve la maturité des cadres et de la troupe.

Pourtant, Model, qui n'est pas de tempérament à renoncer, se bat. Avec ses PD de Galicie, il tente, non de colmater les brèches – elles sont trop larges –, mais de contrer les progressions de blindés. Il pratique, autant que faire se peut, la fameuse

1. Les combats à l'est de Minsk se prolongent jusqu'au 11 juillet dans une zone où les unités allemandes, dispersées, se heurtent de surcroît aux partisans.

2. Dont 12 généraux. Le 17 juillet, les Soviétiques feront défiler 57 000 prisonniers allemands dans les rues de Moscou.

« défense élastique », c'est-à-dire qu'il retraite de positions de repli en positions de repli, et s'efforce d'établir une ligne d'arrêt à l'ouest de Minsk.

Mais la poussée adverse est trop forte. Sans marquer de temps d'arrêt, Vassilievsky et Joukov, sur l'intégralité du front, pressent leurs troupes contre Dvinsk, Vilnius, Bialystock, Brest-Litovsk. La capitale de la Lituanie est occupée le 13 juillet ; les communistes s'emparent aussitôt du pouvoir. Ici comme ailleurs, Staline joint l'action politique à l'action militaire. D'ailleurs, à ses yeux, les États baltes sont propriété soviétique. Ne les a-t-il pas fait occuper puis annexer le 21 juillet 1940, à la belle époque de son pacte d'amitié avec Hitler [1] ?

La prise de Vilnius ayant libéré le flanc droit, Bagramyan progresse résolument vers le nord. A la fin du mois de juillet, le 1er Front de la Baltique débouche sur le golfe de Riga, isolant le GA/N toujours ancré sur le lac Peipous. Peut-être a-t-il trop présumé de ses forces ? Une contre-attaque de Model, qui le rejette du rivage, rétablit la liaison terrestre avec le GA/N. Ce relatif échec n'a pas empêché le 3e Front de Biélorussie d'atteindre le Niémen et d'enlever Kaunas. Bientôt, les poteaux-frontière de la Prusse-Orientale seront en vue. L'heure de la grande revanche, celle de l'entrée en territoire ennemi, approche.

A l'ouest de Minsk, d'autres poteaux-frontière, ceux de l'ancienne limite de 1920 entre Pologne et URSS, sont vite dépassés. Baranovitchi, très important carrefour routier et ferroviaire, est occupé le 18 juillet (avant même que les combats ne soient terminés aux abords de Minsk).

Au sud, le 1er Front d'Ukraine de Koniev entre en action [2] le 13 juillet pour épauler Rokossovsky. La IIe armée, les Ire et IVe AB sont malmenées. Le Boug est franchi. L'armée Rouge entre dans la partie de la Pologne que Staline admet polonaise. Lublin est occupée le 23, Brest-Litovsk le 28. Les chars soviétiques bordent la Vistule en maints endroits. Des têtes de pont sont jetées sur sa rive occidentale dans la région de Baranov. Varsovie est à moins de 20 km...

*
* *

1. Voir *La Grande Histoire de la Seconde Guerre mondiale, Juin 1940-Juin 1941*, chap. 6.

2. Action particulièrement réussie au détriment de la Ire AB : 8 divisions, encerclées à l'ouest de Brody, perdent 38 000 tués et 17 000 prisonniers. Ce succès permet d'enlever Lvov (Lemberg) le 27 juillet.

La libération de Lublin s'accompagne de celle du camp de Maidanek, à 2 km à l'ouest de la ville. Elle révèle au grand jour l'atrocité de l'univers concentrationnaire et des méthodes impitoyables d'extermination [1] des nazis dont les SS, dans leur fuite précipitée, n'ont pu éliminer toutes les traces [2]. Dans six mois, c'est Auschwitz qu'on découvrira.

*
* *

Staline sait ce qu'il fait. En ordonnant à Joukov et Rokossovsky d'occuper Lublin le 26 juillet au plus tard, il précise :

> « La situation politique et les intérêts de la Pologne démocratique indépendante l'exigent. »

A la fin du mois d'avril 1943, l'URSS a rompu ses relations diplomatiques avec le gouvernement polonais de Londres en prenant prétexte des accusations portées par celui-ci dans les massacres de Katyn. Elle appuie les communistes polonais et constitue la division « Kosciuszko » que commande le général Berling, transfuge de l'armée Anders.

L'incorporation de tous les Polonais de 18 à 50 ans étoffe cette division qui devient la Ire armée polonaise, toujours sous les ordres de Berling. Conjointement s'élabore la future Pologne sous obédience soviétique : un Comité polonais de libération nationale, dirigé par Bodeslas Bierut, et un Conseil national voient officiellement le jour le 21 juillet 1944. Le premier s'installe à Lublin, s'appropriant les prérogatives d'un gouvernement provisoire (ce qu'il deviendra en décembre), et publie aussitôt un manifeste appelant tous les Polonais à combattre aux côtés de l'armée Rouge. Il annonce également un programme radical de réformes sociales et politiques.

---

1. On estimera, après la guerre, que plusieurs centaines de milliers de prisonniers (dont 50 000 Juifs minimum) ont été exterminés à Maidanek. Voir Raul Hilberg, *La Destruction des Juifs d'Europe*, Fayard, 1988.

2. En de nombreux endroits les camps d'extermination sont démontés assez tôt. Ainsi Treblinka, Sobibor, Belzec ont-ils été évacués à l'automne 1943 et des travaux entrepris pour tout effacer. Un seul camp, Auschwitz, continuera son œuvre de mort jusqu'à la fin de 1944. De camp d'extermination, il deviendra alors camp de concentration (tout en restant un camp de travail au profit de l'IG Farben).

Lituanie, Pologne... Le glacis communiste s'érige en Europe orientale.

En cinq semaines, l'armée Rouge a réalisé une avance spectaculaire de 500 km. La Biélorussie, une partie de la Lituanie ont été libérées, Lvov, Lublin, Brest-Litovsk, Minsk, Vilnius, Dvinsk occupées. Le Front central coupe en deux la Lituanie, borde la frontière de la Prusse-Orientale, la Vistule, le Dniestr. L'opération « Bagration » se clôt par un succès total que renforcent les actions latérales [1]. Celles-ci vont se poursuivre au nord comme au sud.

Parlant de cette offensive, Guderian écrira : « Le résultat de ce coup de boutoir fut l'anéantissement du GA/C. Nous subîmes la perte totale d'environ 25 divisions. »

Alors ? 29 juillet 1944, Eisenhower perce le front de Normandie, l'armée Rouge est aux portes de Varsovie. La fin serait-elle proche ?

Les optimistes l'envisagent déjà avec l'achèvement de l'année 1944. N'est-ce pas trop espérer ? La Wehrmacht aligne toujours 295 divisions, soit plus de 7 millions d'hommes sous les armes, et Hitler n'est pas mort le 20 juillet.

---

1. Si, en juin-juillet, l'offensive de printemps en Ukraine ne se prolonge essentiellement que par l'avance de Koniev sur Lvov et Lublin, le Front s'active au nord. Dès le 9 juin en Finlande. A partir de la mi-juillet en Estonie-Lettonie. Dans ces deux États baltes, l'offensive déclenchée par les 2e et 3e Fronts de la Baltique et le Front de Leningrad conduit à la prise de Narva le 26 juillet, de Daugavpils (Dvinsk) le 27. A court terme, le GA/N se verra complètement refoulé dans la péninsule de Courlande. Mais l'essentiel se déroule en Finlande, précipitant le désengagement d'un autre allié de l'Allemagne. Le front était calme depuis deux ans, et les Finlandais espéraient qu'il le resterait jusqu'à la conclusion de la solution politique qu'ils recherchaient. L'offensive déclenchée le 10 juin les surprend. Elle force la ligne VT barrant l'isthme de Carélie et amène la prise de Viipuri (Vyborg) dix jours plus tard. Le 21 juin, le Front de Carélie passe à son tour à l'attaque sur le Svir. Petrozavodsk tombe le 28. Les Finlandais se défendent héroïquement et parviennent, non sans peine, à contenir leur adversaire sur les lignes U (au nord du Ladoga) et VKT (dans l'isthme de Carélie), mais leur décision est prise. Le 28 juin, le président Tyti annonce au maréchal Mannerheim son intention de démissionner et le prie de le remplacer. Il appartiendra au vieux soldat, suivant son expression, « de piloter le pays hors de la guerre ».

Chapitre XX

DE BIAK A GUAM

Batailles aussi dans le Pacifique. MacArthur termine la conquête de la Nouvelle-Guinée et s'empare de Biak. Nimitz l'emporte dans les Mariannes et débarque à Guam. Le Japon, comme l'Allemagne, va de revers en revers et voit se rapprocher l'heure de la défaite.

La conquête surprise des îles de l'Amirauté a créé, incontestablement, un fait nouveau. Les chefs d'état-major, qui ont convoqué Nimitz et MacArthur [1] à Washington, sont obligés de trouver un compromis entre les conceptions des protagonistes. MacArthur ne se gêne pas pour clamer que les assauts type Tarawa sont « tragiques et inutilement coûteux en vies humaines ». Nimitz rappelle que les Mariannes représentent l'objectif stratégique par excellence. De Guam, les B/29 pourraient aller vider leurs soutes sur le Japon.

Washington se décide donc à trancher et chacun, a priori, y trouve son compte.

Nimitz poussera dans le Pacifique central sur les Mariannes puis atteindra les îles Palaos à la mi-septembre.

---

1. MacArthur, prétextant qu'il lui était impossible d'abandonner son commandement, s'est fait représenter par le général Sutherland, son chef d'état-major.

MacArthur, par la Nouvelle-Guinée, progressera sur Mindanao, la plus méridionale des Philippines, d'ici la mi-novembre.

La bataille du Pacifique sud étant terminée, les unités de Halsey éclatent. MacArthur récupère le gros des forces terrestres et Nimitz celui des forces navales. Et on prie les deux commandants en chef de coopérer. N'y a-t-il pas suffisamment de lauriers à glaner pour savoir se les partager ?...

*
* *

La côte septentrionale de la Nouvelle-Guinée est jalonnée de ports : Wewack, Aitape, Hollandia – actuelle Djapura –, que tiennent les Japonais. Le général Adachi, responsable du secteur, est persuadé que, vu sa proximité, les Américains attaqueront Wewack et l'a solidement renforcé [1]. Hollandia, à plus de 800 km de la presqu'île de Huon [2], est jugée trop éloignée pour être menacée (Wewack n'est qu'à mi-distance). Des 11 000 hommes qui la gardent, à peine 500 sont-ils des combattants entraînés.

Grâce aux écoutes et décryptements, MacArthur connaît les dispositions de son adversaire. Il fait tout pour le conforter dans ce sens. Bombardements, parachutages fictifs, fuites voulues laissent supposer qu'il attaquera effectivement Wewack.

La surprise est donc totale lorsque, le 22 avril, les 24ᵉ et 41ᵉ divisions, appuyées par les 5ᵉ et 7ᵉ flottes, se présentent devant Aitape et Hollandia. Les défenseurs s'enfuient en désordre. Les casemates sont trouvées inachevées et abandonnées. 3 000 Japonais sont tués, 600 faits prisonniers. Les autres s'égaillent dans la jungle où la mort les attend. Trois aéroports sont aux mains de MacArthur.

La conquête de Hollandia et de ses terrains serait précieuse si elle permettait d'accueillir des bombardiers lourds. Mais le sol, trop meuble, l'interdit, à moins d'importants travaux.

MacArthur n'hésite pas. A la mi-mai, il fait investir l'île de Wake, 200 km au nord-ouest. En deux jours, l'opération est menée à bien. La garnison (800 hommes) est anéantie. MacArthur possède enfin une piste capable de recevoir les B/24.

Conforté par ce succès, il pense enlever aisément une autre

1. Avec notamment les rescapés de la presqu'île de Huon. Il y dispose ainsi d'environ 20 000 hommes.

2. Hollandia, presque en bordure de frontière, est en Nouvelle-Guinée hollandaise.

île, celle de Biak, dans l'archipel des Shouten, davantage encore au nord-ouest, qu'il suppose faiblement défendue. Débarquée le 27 mai près de Bosnek, la 41e division tombe sur 11 000 Japonais résolus. Truffées de galeries, les collines leur tiennent lieu de ligne Maginot naturelle. Leurs chars légers épaulent leurs contre-attaques. Les assaillants doivent, d'urgence, débarquer des Sherman. Leurs canons de 75 ont raison des petits 9 tonnes dont les obus de 37 mm ricochent sur les blindages américains.

Il y a plus grave que la résistance acharnée sur l'île. Le haut commandement nippon [1] a conscience du danger que représenterait l'occupation de Biak : les îles Palaos, les Philippines seraient à la merci d'une invasion et de bombardements répétés. Aussi décide-t-il d'y envoyer d'urgence des renforts dans le style des « Tokyo Express » des Salomon. L'amiral Ozawa, responsable de l'opération, détache même pour les appuyer les deux cuirassés géants *Yamato* et *Musashi* et une escorte de croiseurs et de destroyers. Le 16 juin, cette redoutable escadre, rassemblée dans les Moluques sous les ordres de l'amiral Ugaki, se prépare à faire mouvement sur Biak lorsque parvient l'annonce d'une opération américaine dans les Mariannes. Celles-ci deviennent prioritaires. L'opération prévue en faveur de Biak est décommandée à leur profit. Indirectement, Nimitz a rendu là un bien grand service à MacArthur. La conquête de Biak peut se poursuivre. Elle exigera encore deux mois de très durs combats, les Japonais luttant jusqu'à la mort dans les falaises [2].

La résistance de Biak se prolongeant, MacArthur s'impatiente et fait sauter le 503e régiment aéroporté sur l'île de Noemfoor, 100 km à l'ouest (2 juillet). Si le bombardement naval a bien « assoupli » les DZ et leurs abords, le sol rocheux provoque néanmoins des accidents. En dépit de 10 % de pertes à l'arrivée, les parachutistes parviennent à éliminer les défenses. Fin juillet, les pistes de Noemfoor sont opérationnelles. Dès lors, les Philippines sont à portée des B/24.

*
* *

---

1. Victime en mars d'un accident d'avion dû au mauvais temps, Koga a été remplacé par l'amiral Soemu Toyoda.

2. Du côté américain, 474 morts, 2 000 blessés, et plusieurs milliers de malades.

Tenir Hollandia et sa région ne signifie nullement que les Japonais de la côte centrale de la Nouvelle-Guinée, ceux de Wewack principalement, cessent le combat. Prise à revers, la XVIIIe armée d'Adachi (20 000 hommes dont 8 000 combattants aguerris) marche vers l'ouest pour se tirer de la souricière. Avec 15 bataillons, le général Hall s'organise pour lui barrer la route.

Adachi déclenche son attaque le 10 juillet au soir et parvient à percer le dispositif de Hall qui se rétablit quelques kilomètres en deçà. S'infiltrant à travers la jungle et les contreforts escarpés des monts Torricelli, les Japonais s'efforcent de tourner les lignes américaines par le sud. Une telle manœuvre ne facilite pas les liaisons et communications. Au bout de trois semaines de combat, les troupes d'Adachi se retrouvent exsangues. Plus de ravitaillement. L'artillerie a été abandonnée. Les régiments ne comptent plus qu'une centaine d'hommes. Presque tous les officiers ainsi que 9 000 hommes sont morts ou blessés. La XVIIIe armée ne représente plus une menace.

*
* *

Ses arrières assurés, MacArthur peut achever sa progression en Nouvelle-Guinée. Le 30 juillet, il débarque au cap Sansapor, à la pointe occidentale de l'île. Le 15 septembre, la 31e division s'emparera de l'île de Moratai, dans les Moluques. Pour l'évadé de Corregidor, les Philippines et Mindanao ne sont plus qu'à 500 km. Le regard tourné vers ces îles qu'il a quittées 30 mois plus tôt, il murmure : « Ils m'attendent, là-bas. Depuis bien longtemps ! »

Le colonel Fertig, le patron de la guérilla à Mindanao, ne saurait dire autre chose : lui et les siens – près de 40 000, à la fin – attendent. Ils attendent depuis plus de deux ans une libération que les « sauts de grenouille » successifs de MacArthur leur laissent enfin entrevoir.

*
* *

Les Gilbert, les Marshall n'étaient que des atolls coralliens parfois ombragés de cocotiers. Les Mariannes, surtout les trois principales : Guam [1], Saipan, Tinian, sont de véritables îles avec

1. Guam : 534 km^{2}.

montagnes, falaises, jungle et zones cultivées. Si la première, occupée en décembre 1941 [1], était terre américaine, les autres relevaient d'un mandat japonais.

A l'heure où, de l'autre côté de la planète, ce 6 juin 1944, d'autres Américains mettent pied en Normandie, c'est encore une force américaine considérable qui, depuis les Marshall, met le cap au nord-ouest. 127 000 hommes, dont deux tiers de Marines, partent à l'assaut des Mariannes, appuyés par la TF 58. Durant leur mouvement, l'aviation de l'armée de terre, basée aux Marshall ou en Nouvelle-Guinée, neutralise les Carolines.

La technique est maintenant bien au point. Les bombardements intensifs de l'aviation embarquée et des gros bâtiments de ligne précèdent l'assaut. Les vagues débarquées ne s'élancent vers le rivage que couvertes par le feu des destroyers et des bombardiers en piqué.

Aux premières heures du 15 juin, 8 000 Marines des 22ᵉ et 4ᵉ divisions débarquent au sud-est de Saipan, défendue par 32 000 hommes. L'affaire s'annonce obligatoirement sanglante. Sur les 20 000 hommes mis à terre ce jour-là, 10 % seront en effet hors de combat à la tombée de la nuit.

Soudain, des sous-marins américains donnent l'alarme : le *Seahorse* a repéré 2 cuirassés naviguant plein nord ; le *Flying Fish* signale le passage d'une flotte importante remontant également vers le nord. D'après leurs axes de marche, tous ces bâtiments convergent vers les Mariannes.

Spruance décide aussitôt de privilégier la protection des éléments déjà à terre. Il ajourne le débarquement prévu sur Guam et envoie la 27ᵉ DI à Saipan rejoindre les Marines. Ceux-ci, soutenus entre-temps par des chars et de l'artillerie, pivotent sur leur gauche et entament la conquête de l'île dans sa longueur [2].

Il y a effectivement une sérieuse menace aéronavale japonaise. Tokyo ne peut laisser les Américains occuper impunément les Mariannes. Ce serait trop grave. Le Japon serait à portée des bombardiers lourds. Le périmètre défensif fixé par Tojo serait forcé. Pour repousser l'invasion, Toyoda a prescrit un regroupement de ses forces : celles d'Ozawa, dites « flotte mobile », avec les porte-avions, celles d'Ugaki avec les cuirassés géants, celles-là même qui se destinaient à intervenir contre MacArthur à

1. Voir *La Grande Histoire de la Seconde Guerre mondiale, Juin 1941-Décembre 1941*, chap. 21.

2. Soit environ 23 km.

Biak. Débouchant des Moluques et des Philippines, les deux escadres se rejoignent au large de Leyte et marchent nord-est pour exécuter leur mission, « attaquer l'ennemi aux Mariannes pour repousser les forces d'invasion ».

Plus que jamais, les Japonais entendent engager et gagner la bataille décisive, exploit qu'ils n'ont pu réaliser à Midway.

Comment cette bataille ne serait-elle pas décisive ? Ozawa et Ugaki se présentent avec 2 cuirassés géants, les plus gros en service au monde, et 431 avions. Mais en face, pour leur barrer la route, quelle armada aussi [1] ! Spruance a dépêché la TF 58 de Mitscher qui, avec 5 Task Groups, aligne 891 avions. En sus du nombre, Spruance et Mitscher bénéficient de la qualité de leur matériel et de la valeur de leurs pilotes. Les Hellcat surclassent largement les Zéro, et leurs pilotes ont deux années d'entraînement à leur actif. Après la mer de Corail, Midway, les Salomon, la Nouvelle-Guinée, les Japonais ne peuvent plus compter que sur des jeunes dont le courage ne saurait compenser l'inexpérience.

Ozawa bénéficie toutefois d'un léger avantage. Avançant face au vent, il gagne du temps pour décoller et apponter. De plus, ses appareils ont un rayon d'action supérieur à celui des Américains, mieux protégés mais plus lourds. Il peut donc attaquer de plus loin. Il espère aussi que l'aviation basée à terre, à Guam en particulier, palliera en partie son infériorité numérique. Des renforts ont été envoyés d'urgence du Japon.

De Tokyo, Toyoda a mandé aux siens : « Le sort de l'Empire dépend de cette bataille. Chacun doit faire le maximum. »

Trente-neuf ans plus tôt, l'amiral Togo avait tenu le même langage avant la bataille de Tsushima. Le sort des armes, alors, lui avait été favorable.

*
* *

1. Tableau des forces en présence :

	Américains	Japonais
Porte-avions :	15	9
Cuirassés :	7	5
Croiseurs :	13	21
Destroyers :	23	69
Avions :	891	431

Les Américains détiennent une incontestable supériorité dans cette bataille qui verra essentiellement l'affrontement de l'aviation embarquée (non sans intervention heureuse des sous-marins américains).

La bataille de la mer des Philippines (19-20 juin 1944)

Ozawa, qui coiffe l'armada japonaise, a renoué avec une notion chère aux stratèges nippons. A 150 km en avant, les porte-avions légers de l'amiral Kurita servent d'appât.

Spruance, pour sa part, joue la prudence. Il pourrait s'avancer cap à l'ouest, dans la direction présumée de son adversaire, mais il le situe mal ; et il découvrirait Saipan et les navires de transport de Turner. Il préfère donc rôder au nord-ouest de Guam, laissant les Japonais venir à lui et se manifester. Cette stricte défensive ne plaît guère à ses adjoints qui préféreraient, et de loin, courir sus à l'ennemi.

Le 19 juin, à 4 h 45, Kurita catapulte ses hydravions de reconnaissance. Ceux-ci seront très vite interceptés par les chasseurs de la TF 58, mais l'un d'entre eux parvient toutefois à déterminer la position américaine. Ozawa peut lancer ses vagues d'attaque. Il y en aura quatre principales, toutes appelées à connaître à peu près le même sort.

Chez Spruance, les radars veillent. Les Hellcat sont en l'air. Certains tournent au-dessus de Guam pour neutraliser les terrains ou se tenir en embuscade. Le scénario va se dérouler toute la journée suivant le même rituel.

A l'approche des formations japonaises, les radars donnent l'alerte. En meute, les Hellcat se précipitent pour ce que certains baptiseront « le grand tir aux dindons des Mariannes » [1]. Les pilotes américains ont la maîtrise de leurs engins et leur puissance. Dominées à tous égards, les vagues nippones sont tour à tour décimées : la première perd 42 avions sur 69, la seconde plus de 100 sur 128, etc.

Les audacieux qui tentent de poursuivre se heurtent au mur de la DCA ; ceux qui s'efforcent de rallier Guam tombent sur d'autres Hellcat en embuscade. 30 autres sont ainsi abattus.

Rameutés sur zone, les sous-marins concourent au succès. A 9 heures, l'*Albacore* torpille le porte-avions *Taiho,* navire amiral le plus imposant de toute la flotte japonaise, qui s'embrase à 12 h 20 et ne tarde pas à disparaître avec la majorité de son équipage [2]. Simultanément, un autre porte-avions, le *Shokaku,* vétéran de Pearl Harbor, est atteint à son tour par le *Cavalla* et sombre en quelques minutes.

1. Ou encore « le grand tir aux pigeons », « le grand tir aux faisans ».
2. 500 marins, seulement, sur 2 150 sont sauvés.

A la tombée de la nuit, Ozawa n'a plus guère qu'une centaine d'avions. Quant aux 50 basés à terre, ils ont également presque tous disparu. Ces pertes sont irrémédiables. Les Japonais ne seront plus jamais capables de rééquiper en hommes leurs porte-avions. Les Américains, eux, ont perdu 23 appareils.

Mais, dans la nuit et la matinée du 20, ils ne parviennent pas à garder le contact. Ozawa, qui n'a pas encore mesuré l'ampleur du désastre, s'est esquivé vers le nord-ouest pour refaire ses pleins. Il croit que nombre de ses pilotes se sont posés à Guam et, sur la foi de rapports enthousiastes, pense avoir abattu des centaines d'adversaires. Confiant, il envisage de reprendre le combat.

Le 20, vers 16 heures, enfin, un Avenger [1] du porte-avions *Enterprise* le repère à environ 350 km à l'ouest-nord-ouest de la TF 58.

L'heure est tardive. En cas d'attaque, le retour se ferait de nuit. Mitscher hésite. Peut-il prendre le risque de lancer ses appareils ? Ne tient-il pas l'occasion de porter l'ultime estocade ? Soldat donnant la priorité à sa mission, l'amiral prescrit les décollages.

A 16 h 30, la première pontée est en l'air. 77 bombardiers en piqué, 54 avions torpilleurs, escortés par 85 chasseurs.

Le combat est plus rapide que le vol. Le mince écran des Zéro est balayé par les Hellcat. En 20 minutes, les bombardiers coulent le porte-avions *Hiyo*, en incendient deux autres, endommagent un cuirassé et un croiseur.

Il faut rentrer. Dans l'obscurité. Avec des réservoirs aux trois quarts vides. Avec la perspective d'un poser de nuit. Une première pour de nombreux pilotes.

Mitscher prend sa seconde décision difficile de la journée. Par souci humanitaire. Par nécessité. Il a besoin de récupérer ses équipages. Sinon, il est désarmé. Passant outre aux risques des sous-marins, il ordonne : « Allumez les feux ! »

Aussitôt, les projecteurs pointent vers le ciel de gigantesques pinceaux lumineux. Les destroyers lancent des fusées. Les ponts s'éclairent. Guidés par ce gigantesque balisage, bombardiers et chasseurs rallient les porte-avions pour la phase la plus délicate : l'appontage.

Avec leurs battes fluorescentes, les *batmen* dirigent les arrivants. Les premiers se posent bien ; derrière, c'est la bouscu-

---

1. Grumann YBF 1 Avenger, avion torpilleur de l'aéronavale, produit à 9 836 exemplaires. Vitesse 436 km/h, armement 3 mitrailleuses, 725 kg de bombes, équipage 3 hommes, autonomie 1 950 km.

lade. Certains doivent remettre les gaz. D'autres, à court de carburant, s'écrasent en mer. Des accidents projettent des appareils par-dessus bord. Il est des chanceux. Un chasseur et un bombardier appontent simultanément et terminent indemnes leur course.

En tout, 80 avions s'abîment sur les ponts ou en mer. Cependant, grâce à l'efficacité des secours, seuls 16 pilotes et 33 aviateurs sont à la fin de l'opération portés manquants.

Le 21, des Avenger retrouvent la flotte d'Ozawa à 500 km, filant cap au nord-ouest. La décision, cette fois, incombe à Spruance : lancer la TF 58 à la poursuite des Japonais ou continuer la mission, c'est-à-dire veiller à la sécurité des têtes de pont créées et occuper les Mariannes ? Spruance opte pour les Mariannes. Ses subordonnés lui reprocheront d'avoir laissé échapper la victoire totale. Ses supérieurs approuveront son souci de respecter le cadre de sa mission.

Certes, la victoire n'est pas totale, puisque les porte-avions d'Ozawa ont, en majorité, pu s'éloigner et se replier sur Okinawa. Mais ils sont désormais des corps sans vie. La quasi-totalité de leurs pilotes a disparu. Le ciel du Pacifique central est pratiquement libre devant les Américains.

*
* *

Saipan

Le danger aéronaval écarté, l'offensive dans les Mariannes peut reprendre avec toute sa vigueur. Porte-avions et navires de guerre se massent pour soutenir l'action entamée sur Saipan et préparer celles sur Tinian et Guam.

A Saipan, 3 divisions sont à pied d'œuvre. 2 de Marines et la 27ᵉ DI intercalée. Celle-ci, faute d'expérience (à tous les niveaux), traîne le pas. Elle creuse une poche en retrait de ses deux voisines. « Smith le hurleur » aime mener les choses rondement. Furieux, il relève le divisionnaire commandant la 27ᵉ DI. Qu'a-t-il osé faire là ! Les états-majors crient au scandale : un général de Marines a touché à un général de l'armée de terre ! Cet éclat, selon certains, fait plus de bruit que la bataille elle-même.

Pourtant, les combats pour Saipan se prolongent, farouches et coûteux. Les Japonais résistent pied à pied. Ils s'accrochent aux falaises ou se faufilent dans la jungle. Peu à peu, cependant, ils se voient refoulés dans la partie septentrionale de l'île.

A l'aube du 7 juillet, leur chef, le général Saito, leur lance un ultime message :

> « Que nous attaquions ou que nous demeurions sur place, la mort est là. Cependant, dans la mort, il y a la vie. Nous devons utiliser cette occasion pour exalter le véritable sens de la civilisation japonaise. J'avancerai avec ceux qui restent pour porter encore un coup aux démons américains [1]. »

A 4 h 45, 3 000 soldats fanatisés se précipitent à l'assaut du régiment de gauche de la 27e DI. Des compagnies sont submergées sous le choc. L'intervention des obusiers de 105 des Marines, tirant presque à bout portant, sera nécessaire pour briser cette charge suicidaire. Le lendemain, les bulldozers creuseront, à la hâte, un immense fossé pour ensevelir plus de 2 000 cadavres nippons.

La tragédie atteint son paroxysme à Marki Point, à l'extrémité de l'île, où se sont réfugiés 12 000 civils. Insensibles aux appels lancés par haut-parleurs en japonais, près de deux tiers de ces malheureux se précipitent avec leurs familles du haut des falaises pour ne pas tomber entre les mains des Américains. Des irréductibles tirent sur les hésitants... [2]

Enfin, le 9 juillet, à 16 h 15, l'amiral Turner déclare Saipan « sûre ». Cela n'empêchera pas des indomptables de continuer à se terrer dans les grottes et dans la jungle durant des mois.

A Saipan, Nimitz tient une piste que les « Abeilles de mer » se mettent aussitôt à préparer pour recevoir les B/29. Cette conquête a coûté 2 521 tués, 708 disparus et 8 921 blessés. La garnison japonaise a été à peu près anéantie dans son intégralité.

*
* *

Tinian

Tinian, au sud de Saipan, constitue le second objectif. L'île compte environ 9 000 défenseurs, mais elle présente l'avantage,

---

1. Il se suicidera peu après, fidèle à sa détermination.
2. Autre victime notoire : l'amiral Nagumo, l'homme de Pearl Harbor, qui, devenu commandant du Pacifique central, a installé son PC à Saipan. Comme Saito, il procède au sacrifice rituel.

pour les assaillants, d'être relativement plate. Couverte de champs de canne à sucre, elle n'offre guère d'obstacles naturels, hormis quelques hauteurs de-ci de-là.

Le 24 juillet, la 4e division de Marines effectue un débarquement que Spruance regardera comme « l'opération amphibie la mieux conçue et la mieux exécutée de la Seconde Guerre mondiale ». 15 000 hommes sont mis à terre très rapidement, au prix de 15 tués et 225 blessés. Le lendemain, la 2e division de Marines, après une attaque de diversion, débarque à son tour.

Progressant avec méthode, du nord au sud, les Marines avancent comme en 14-18, précédés par d'imposantes concentrations d'artillerie. Le napalm [1], largué par les P/47 [2], fait pour la première fois son apparition et la démonstration de sa redoutable efficacité. Le 1er août, la pointe Carolinas, à l'extrémité méridionale de Tinian, est atteinte [3].

*
* *

Guam

Reconquérir Guam pour les Américains, c'est avant tout une question de fierté. L'île leur a appartenu durant quarante ans avant qu'en décembre 1941 les Japonais ne jettent à terre la bannière étoilée. Elle possède, en outre, avec un excellent port naturel et des sites favorables à des pistes de B/29, les caractéristiques d'une excellente base stratégique.

Les plans initiaux prévoyaient un débarquement le 18 juin. Les retards se sont accumulés. Résistance rencontrée sur Saipan. Bataille de la mer des Philippines. Souci de relever la 27e DI, éprouvée, par la 77e DI stationnée à Hawaii. Ces délais du moins permettent de prolonger les bombardements préliminaires et les pilonnages des positions nippones.

Le 21 juillet, à 8 h 30, les Marines, toujours en pointe dans ce genre d'opérations, prennent pied sur les plages d'Asan

---

1. Mélange incendiaire liquide, il s'étale en arrivant au sol. Il est particulièrement efficace en terrain rocheux ou couvert d'épaisse végétation.

2. P/47 Thunderbolt, chasseur monomoteur entré en service au début de 1943. Vitesse 689 km, armement 8 mitrailleuses et 907 kg de bombes, équipage 1 homme.

3. La garnison a été anéantie. Les Américains ont eu 394 tués et 1 961 blessés.

(3e division) et Agat (1re division puis 77e DI) dans les parties occidentale et centrale de Guam.

Le soir même, ils tiennent de bonnes têtes de pont.

Comme ceux de Saipan, les Japonais de Guam utilisent au mieux le terrain et multiplient les assauts désespérés. Dans la nuit du 25 au 26 juillet, le général Takashima monte une violente contre-attaque avec 7 de ses meilleurs bataillons. Des combattants se précipitent en hurlant : « Réveillez-vous, Américains, et mourez ! »

La situation de la tête de pont de la 3e division connaît des heures critiques. La mêlée est générale. Les blessés, sommairement pansés, se relèvent pour se défendre.

A midi, l'offensive est brisée. La puissance de feu américaine a fini par en avoir raison. 3 500 cadavres japonais – dont 95 % des officiers – gisent dans le périmètre de la 3e division qui a eu 166 tués, 34 disparus et 645 blessés.

Plus au sud, la 1re division a connu des charges similaires. Utilisant toutes les armes disponibles, les unités isolées dans la petite péninsule d'Ozote ont essayé de se dégager. Là encore, des centaines de cadavres jonchent les lignes américaines.

Cette nuit sanglante a brisé l'essentiel des forces vives des Japonais. Ils ne sont plus capables d'entreprendre des actions organisées ; cela ne les empêche pas de résister. Trois semaines seront nécessaires aux Marines et aux fantassins de la 77e DI pour mener à bien la conquête conduite avec méthode, chars, artillerie, appuyant l'avance, avec soutien de l'aviation et de la marine.

Guam comptait 19 500 soldats japonais. Au soir du 10 août, 1 250 sont prisonniers ; les autres sont morts. Des irréductibles refuseront de se rendre, qui hanteront la jungle des mois, voire des années [1].

Les Américains sont à nouveau chez eux à Guam, mais leurs pertes ont été sévères : 1 744 tués, 5 970 blessés. Curieuse satisfaction pour les rescapés, ils découvrent dans l'île d'énormes quantités d'alcool de toute sorte : whisky écossais, américain ou japonais, saké, bière... La guerre réserve souvent d'étranges surprises !

Grâce à la conquête des Mariannes, Nimitz dispose désormais d'une position stratégique exceptionnelle. La route aérienne

---

1. Deux d'entre eux y survivront jusqu'en 1960. Minagawa Bunzo avait alors 40 ans, Ito Masashi, 39. Le sergent Yokoi (57 ans) ne sera capturé qu'en 1972.

des Carolines est coupée. Les sous-marins peuvent intensifier leurs attaques en mers de Chine et des Philippines. Surtout, les B/29 se trouvent à distance d'intervention contre le sanctuaire nippon. Ils ne tarderont pas à en prendre le chemin.

*
* *

Tojo paie ces défaites. Le 8 juillet, il présente sa démission à l'empereur qui l'accepte. Le général Kuniaki Koiso, regardé comme modéré, lui succède. Hiro-Hito, conscient du gouffre dans lequel s'enfonce son pays, ne cache pas sa pensée à son nouveau Premier ministre :

> « Cherchez à créer les conditions susceptibles de mettre fin à la guerre en Asie, et évitez toute friction avec les Russes. »

Mais les généraux nippons sont loin de partager un tel sentiment. Et du côté américain se dresse toujours le préalable d'Anfa : « reddition sans condition ».

*
* *

Fin juillet-début août 1944, quelle analogie entre les deux grands théâtres d'opérations ! En Europe, Eisenhower perce le front de Normandie et s'ouvre la route de Paris et de l'Allemagne. Dans le Pacifique, MacArthur et Nimitz forcent des brèches dans les lignes de défense Nouvelle-Guinée et Mariannes, s'offrant ainsi des accès vers les Philippines et le Japon. La victoire s'annonce inéluctable, même si sur le continent asiatique la situation demeure confuse.

30 juillet 1944

Sept semaines plus tôt, les Alliés débarquaient en Normandie. Les Allemands n'ont été capables ni de les repousser d'abord, ni de les rejeter à la mer ensuite. Progressivement la tête de pont du premier jour s'est élargie et renforcée. Bayeux, Cherbourg, Caen, Saint-Lô ont été libérés, un port artificiel mis en place.

Au terme d'âpres combats dans le bocage et d'intenses préparatifs, l'offensive américaine du 25 juillet a percé les défenses ennemies. Maintenant les blindés de Patton s'engouffrent dans la brèche ouverte. En quelques jours, ses DB investiront la Bretagne, déborderont Le Mans. Le 25 août, Paris sera atteint et libéré. Début septembre, les forces débarquées en Normandie feront la jonction avec les forces débarquées en Provence le 15 août.

La preuve est faite. Le débarquement du 6 juin 1944 en Normandie a pleinement réussi. L'entreprise militaire la plus importante de tous les temps a remporté un plein succès.

Les Alliés, maintenant, manifestent toute leur puissance. Ils tiennent le ciel, ils dominent sur terre. Leur adversaire paraît mettre un genou à terre. La guerre à l'ouest ne serait-elle pas sur le point de s'achever ?

Non ! Le chemin reste long et ingrat. Il y aura encore Arnhem aux Pays-Bas et son échec, les Vosges et la bataille hivernale et principalement la contre-offensive imposée par Hitler dans les Ardennes. L'élan imprimé le 6 juin mourra-t-il quelque part du côté de Bastogne ?

Là encore, les Alliés vaincront, mais l'alerte sera chaude et la mêlée sanglante. Oui, la route sera rude pour franchir le Rhin, bousculer les derniers carrés de la Wehrmacht et pénétrer jusqu'au cœur de l'Allemagne. Mais cette route de la victoire finale n'a été rendue possible que parce que des hommes, par milliers, le 6 juin, sont descendus du ciel ou ont pris pied sur les plages normandes pour affronter la Forteresse Europe. « Overlord », la grande croisade de la liberté, s'achèvera victorieusement parce qu'un certain matin pluvieux en France avait eu lieu le jour J.

Volume suivant : Juillet 1944-décembre 1944. De la reconquête des Philippines à la bataille des Ardennes.

ANNEXES

Chronologie

1943

Octobre	1	Entrée des Alliés à Naples
	4	Libération totale de la Corse
	13	L'Italie déclare la guerre à l'Allemagne
Novembre	1	Débarquement américain à Bougainville
	6	Libération de Kiev
	12	Débarquement allemand à Leros
	20	Débarquement américain à Tarawa
	23	Début de la conférence du Caire
	25	Arrivée du général Juin en Italie
	28	Début de la conférence de Téhéran
Décembre	6	Prise de Monte Camino
	26	Débarquement américain en Nouvelle-Irlande

1944

Janvier	8	Offensive de la Ve armée US contre Cassino
	21	Débarquement allié à Anzio-Nettuno
	25	Assaut français contre le Belvédère
	27	Fin du blocus de Leningrad
Février	1er	Débarquement américain à Kwajalein, dans les Marshall
	15	Bombardement du Mont Cassin
Mars	8	Offensive japonaise en Birmanie
	24	Mort de Wingate
Avril	10	Prise d'Odessa par l'armée Rouge
	13	Occupation de Budapest par la Wehrmarcht
	20	Dégagement de Kohima
	22	Débarquement américain à Hollandia

Mai	11	Début de l'offensive alliée en Italie
	12	Chute de Sébastopol Libération de la Crimée
	17	Occupation du terrain d'aviation de Myitkyina
	27	Débarquement américain à Biak
Juin	5	Prise de Rome La nuit du 5 au 6 largage au-dessus de la Bretagne des premiers sticks de parachutistes français
	6	Débarquement allié en Normandie
	10	Massacre d'Oradour-sur-Glane
	14	De Gaulle à Bayeux
	19-20	Bataille de la mer des Mariannes
	22	Offensive soviétique en Biélorussie Dégagement d'Imphal
Juillet	13	Les Français à Sienne Prise de Vilnius par l'armée Rouge
	17	Rommel blessé en Normandie
	18	Début de l'opération « Goodwood » Libération de Saint-Lô
	20	Attentat contre Hitler
	21	Débarquement américain à Guam Attaque allemande contre le Vercors
	23	Libération de Lublin
	25	Offensive américaine dans le Cotentin
	30	Entrée des Américains dans Avranches

Notes

CORPS EXPÉDITIONNAIRE FRANÇAIS

État-Major

3e Bureau

MÉMOIRE
en date du 4 avril 1944, sur les futures opérations du C.E.F. dans les Monts Aurunci

Première Partie

I. LA MISSION. – Après regroupement des forces des « Armées Alliées en Italie », la Ve Armée U.S. se trouvera engagée, C.E.F. au nord et 2e C.A. US au sud, dans un secteur limité, d'une façon générale, au nord par le Liri, au sud par la mer.

Sa mission sera vraisemblablement d'atteindre au plus tôt la grande rocade d'Arce (route Formia-Itri-Pico-Arce-Sora) et, tout en maintenant sa pression en direction de Rome pour tendre la main au Corps d'Anzio, de se rabattre en force au nord en direction de Frosinone pour asphyxier la défense ennemie dans la vallée du Liri et faciliter ainsi l'offensive de la VIIIe Armée sur l'Axe général marqué par la route n° 6.

Il paraît nécessaire en conséquence de fixer comme premier objectif d'armée, la rocade d'Arce entre Itri et la région nord de Pico, de façon à s'assurer la libre disposition de cette rocade et mordre dès le premier temps sur la position Adolf Hitler.

Mais il convient de remarquer que l'exécution de cette mission ne donnera tous ses fruits qu'en tant qu'elle se situera dans le cadre d'une manœuvre de Groupe d'armées comportant à la fois un double débordement de la vallée du Liri par le sud et par le nord (manœuvre d'Atina infiniment plus payante et peut-être plus facile à exécuter maintenant que celle de Terelle-Roccasecca).

Faute de ce débordement par le nord, l'action de force développée dans la vallée du Liri par la VIIIe Armée se trouvera considérablement gênée par les feux et les contre-attaques de l'ennemi en mesure d'intervenir de part et d'autre du Cairo sur son flanc nord.

Il importe par ailleurs que le Corps d'Anzio fasse sentir son action et ce ne peut être qu'au moment où la Ve Armée abordera la ligne Adolf Hitler. Une opération offensive prématurée débouchant de la tête de pont d'Anzio soulagerait certainement la Ve Armée, mais risquerait de conduire à un grave échec. Il faut autant que possible que le coup de boutoir d'Anzio surprenne l'ennemi quand celui-ci aura déjà fait roquer ses réserves de la région d'Anzio vers celle de Pico.

II. Le Terrain. – Le secteur des monts Aurunci est très montagneux (1 533 m au mont Petrella). Il est caractérisé par la faiblesse de son réseau routier et, en particulier, par le manque total de pénétrante intérieure dans toute la zone qui va du Garigliano à la rocade d'Arce.

Pour atteindre cette rocade, il faut en effet contourner les monts Aurunci par le nord ou par le sud, et passer soit par la petite route Ausonia-Esperia-Pontecorvo-Pico, soit par la grande route n° 7.

La première, dont nous ne possédons pas encore la tête, est en grande partie en pleine vue des observatoires de la plaine et des monts du nord du Liri. Elle est très fortement défendue, en particulier à hauteur de la Bastia-Castelnuovo, puis du mont d'Oro.

Elle ne pourra donc être utilisée qu'après forcement de ses défenses et en fonction de l'avance de la VIIIe Armée dans la vallée du Liri.

La seconde, qui longe la mer, serait barrée par d'importantes positions ennemies.

De ce fait, après rupture du front du Garigliano, la manœuvre de la Ve Armée ne saurait se développer avec la rapidité nécessaire par les axes routiers. Elle sera obligatoirement rejetée en montagne : vouloir uniquement forcer le passage soit sur Esperia, soit sur Formia, serait donner en plein dans le dur et faire le jeu de l'ennemi, quels que soient les moyens mis en œuvre.

Il s'agira, bien au contraire, de foncer à toute vitesse à travers la montagne – là où l'ennemi ne peut se tenir en force – pour atteindre au plus tôt les arrières de l'adversaire, couper les routes qui alimentent sa défense et ouvrir le chemin aux actions frontales.

C'est la seule manœuvre à tenter, faute de quoi la Ve Armée risque grandement de s'empêtrer dans des actions de force successives où elle s'usera bien avant de toucher au but : la désorganisation des forces de l'adversaire. La présence au C.E.F. d'un petit corps de montagne (4e D.M.M. et Tabors) permet une telle manœuvre.

III. La Manœuvre. – Dans ces conditions, la manœuvre de l'Armée pourrait être :

– *dans une première phase :*

Rompre la position ennemie et couper la rocade d'Ausonia (objectif intermédiaire) à ses deux extrémités, de façon à « asphyxier » la défense ennemie dans la région Ausonia-Castelforte-San Maria Infante-Spigno.

Nettoyer cette région et la boucle du Garigliano pour s'ouvrir les chemins d'accès et les zones de déploiement nécessaires pour l'exécution de la deuxième phase.

– *dans une deuxième phase* : (à déclencher sans attendre la fin des opérations de nettoyage) s'introduire par surprise dans le massif montagneux dominé par le Petrella, en saisir les points essentiels (mont Revole en particulier) et, de là, développer des actions de débordement en vue d'ouvrir la porte aux actions frontales menées concurremment pour s'assurer la possession de la route n° 7 et de la route d'Esperia (conquête du mont d'Oro) jusqu'à la rocade d'Arce incluse.

Le but étant de porter une masse de manœuvre importante sur la rocade d'Arce en vue de déboucher en force sur les arrières de l'ennemi et en direction de Rome.

Deuxième partie

I. Compte tenu de ces considérations, l'action du C.E.F. se placerait dans le cadre suivant :

Mission : Agissant sur l'axe général mont Juga-Pica et en liaison au sud avec le 2e C.A. US :

1) s'emparer du mont Majo et couper la rocade d'Ausonia, au nord de cette localité, puis élargir la tête de pont jusqu'à la rocade d'Ausonia ;

2) atteindre au plus tôt la rocade d'Arce et établir le centre de gravité de ses forces dans la région de Pico, de façon à permettre un débouché ultérieur, soit sur les arrières, soit sur Frosinone.

Concurremment, s'ouvrir la route d'Esperia-Pico (conquête du mont d'Oro) et aider la progression du 2e C.A. US en intervenant sur les arrières d'Itri.

Limites : nord : le Liri ;
sud : à fixer par accord avec le 2e C.A. US.

Moyens : Les trois divisions, les Tabors, tous les éléments de Corps et peut-être une quatrième Division (1re D.M.I.), si celle-ci peut être acheminée à pied d'œuvre au commencement des opérations.

II. Manœuvre du C.E.F. – Cette manœuvre doit être conçue en tenant compte des difficultés d'un débouché de la VIIIe Armée et d'un ralentissement possible de sa progression dans la vallée du Liri.

1. – s'emparer de l'ensemble du mont Faïto - mont Majo - colle Agrifoglio puis exploiter rapidement en direction du nord-ouest :

a) sur l'axe mont Majo-colle-Castellone (occupation de cette crête face à l'ouest et au nord) ;

b) sur l'axe colle Agrifoglio-mont Paolino (occupation de ce mont face au nord et à l'est).

Exploitation suivie du nettoyage de la boucle du Garigliano.

L'ensemble de ces opérations serait confié à une division motorisée (renforcée d'unités muletières) qui resterait ensuite en place.

Simultanément ou immédiatement après la prise du mont Majo, conquête de la crête mont Majo-colle-Reale (1 kilomètre nord-ouest de Castelforte), débouché en direction du colle Torrerisi et nettoyage de la région entre Ausonia et Coreno au nord, et colle di Teto au sud.

Actions menées par un corps de montagne (4e D.M.M., plus Tabors), en liaison étroite avec le 2e C.A. US.

2. – Sans attendre la fin des opérations de nettoyage, et simultanément :

– Introduction dans le massif au nord du Petrella du corps de montagne qui poussera vers l'ouest, en principe jusqu'à hauteur du mont Revole, et se mettra en mesure de développer des actions de flanc sur les arrières d'Esperia et le mont d'Oro et en direction du sud-ouest en vue de couper la route n° 7 vers Itri :

– Engagement d'une troisième division face à Ausonia et mise en place du dispositif d'attaque de la zone des défenses ennemies d'Ausonia - la Bastia - Castelnuovo.

3. Attaque en direction générale Ausonia - Esperia - mont d'Oro combinée avec le déclenchement de l'action de flanc de la 4e D.M.M., en direction du mont d'Oro.

Action sur les arrières d'Itri combinée avec une action est-ouest du 2e C.A. US, le long de la route n° 7.

Ces deux affaires étant indépendantes dans le temps et devant être déclenchées toutes les deux le plus rapidement possible.

4. – Le déverrouillage de la région d'Esperia étant obtenu, poussée simultanée de la 4e D.M.M. et de la 3e Division sur la région de Pico.

III. Il y aurait le plus grand intérêt à ce que le 2e C.A. US :

1) aide le corps de montagne à prendre pied sur le rebord du massif Petralla-Chiavica, en élargissant d'abord la tête de pont actuelle jusqu'à la rocade d'Ausonia et la région de Spigno ;

2) pousse en force le long de la côte pour s'assurer au plus tôt la possession de la route n° 7 jusqu'à Itri.

Il serait aidé par l'action de la 4e D.M.M. sur les arrières d'Itri.

Il apparaît difficile, à première vue, d'envisager que le 2e C.A. US pourrait être, après la première phase, dirigé sur les arrières du C.E.F. pour le dépasser et poursuivre seul l'action en direction de Frosinone : le dépassement d'un corps entier par un autre dans une région pauvre en communications est une opération très ardue qui entraînerait un enchevêtrement inextricable et des pertes de temps.

Si le C.E.F. dispose d'une quatrième Division et s'il est soulagé sur son flanc nord par l'avance de la VIIIe Armée, il aura toute facilité pour alimenter sa bataille au plus loin.

On ne peut concevoir, au surplus, qu'aucun effort ne soit fait pour s'ouvrir la route n° 7 ainsi que les ports de Formia et Gaète. Cette voie de ravitaillement est indispensable pour la suite des opérations.

On verrait volontiers le 2e C.A. US tout en couvrant au sud l'action du C.E.F., tendre la main aux forces d'Anzio en intervenant au nord des marais Pontins.

Le général d'Armée Juin
Commandant le C.E.F.

signé : JUIN

Bibliographie

Ouvrages d'intérêt général

CAVE BROWN Anthony, *La Guerre secrète* (deux tomes), Pygmalion, 1981.
CHURCHILL Winston, *Mémoires de la Seconde Guerre mondiale* (dix tomes), Éditions de la Palatine, 1950.
COSTELLO John, *La Guerre du Pacifique* (deux tomes), Pygmalion, 1982.
DE GAULLE Charles, *Mémoires de guerre* (trois tomes), Plon, 1959.
EISENHOWER, Général, *Crusade in Europe,* Doubleday et C°, 1952.
JOUKOV, Maréchal, *Mémoires,* Fayard, 1970.
LEAHY, Amiral, *J'étais là,* Plon, 1950.
LIDDELL HART, *Histoire de la Seconde Guerre mondiale,* Fayard, 1970.
SHIRER William, *Le IIIe Reich* (deux tomes), Stock, 1959.
TOLAND John, *Adolf Hitler* (deux tomes), Pygmalion, 1978.
WERTH Alexander, *La Russie en guerre* (deux tomes), Stock, 1964.
YBERT Benoît, *Dictionnaire des ministres,* Perrin, 1990.
Le Front de l'Est 1941-1945, Éditions du Progrès, Moscou, 1974.

Chapitre III. Double offensive dans le Pacifique

NIMITZ, Amiral, et POTTER E.B., *La Guerre sur mer,* Payot, 1962.
STILWELL J. W., Général, *L'Aventure chinoise,* Oreste Zeluck Éditeur, 1949.

Chapitre V. La fin d'un siège

HARRISON E. Salisbury, *Les 900 jours,* Albin Michel, 1970.
PELTIER, Amiral, *La Finlande dans la tourmente,* France-Empire, 1966.

Chapitre VI. Avance soviétique en Ukraine

CARELL Paul, *Les Russes déferlent,* Laffont, 1968.
MANSTEIN, Maréchal von, *Victoires perdues,* Plon, 1958.
MOREAU Henri, *La Neige et le Sang,* La Pensée moderne, 1972.

Chapitre VII. Hiver dans les Abruzzes

BEAUFRE, Général, *Mémoires,* Presses de la Cité, 1965.
BOHMLER Rudolf, *Monte Cassino,* Plon, 1956.
CHAMBE, Général, *Le Bataillon du Belvédère,* Flammarion, 1953.
CLARK, Général, *Calculated Risk,* Harper et Brothers, 1950.
JUIN, Maréchal, *Mémoires,* Fayard, 1959.
KESSELRING, Maréchal, *Soldat jusqu'au bout,* Charles-Lavauzelle, 1956.
MONTGOMERY, Maréchal, *Avec la VIIe armée,* Amiot-Dumont, 1948.
ROBICHON Jacques, *Le CEF en Italie,* Presse de la Cité, 1981.
ROY Édouard, *Les chemins d'Italie,* France-Empire, 1970.
La Victoire sous le signe des trois croissants, Pierre Vrillon éditeur, 1946.

Chapitre VIII. La furia francese

ANDERS, Général, *Mémoires,* La Jeune Parque, 1948.
AUGARDE J., *Tabor,* France-Empire, 1952.
DARCOURT Pierre, *Armée d'Afrique,* La Table ronde, 1972.
GUILLAUME, Général, *Homme de guerre,* France-Empire, 1977.
LATTRE DE TASSIGNY Jean (DE), Général, *Histoire de la 1re Armée française,* Plon, 1949.

Chapitres : IX. La genèse politique d'« Overlord » ; X. La forteresse Europe et le Mur de l'Atlantique ; XI. Les plans Neptune et Overlord ; XII. L'invincible Armada ; XIII. Avant les 3 coups !... ; XIV. Nuit J ; XV. Le débarquement. Le jour J ; XVI. six semaines d'attente.

BÉTHOUART, Général, *Cinq années d'espérance,* Plon, 1968.
BOUSSEL Patrice et FLORENTIN Eddy, *Le Guide des plages du débarquement,* Presse de la Cité, 1984.
CARELL Paul, *Ils arrivent,* Robert Laffont, 1962.
CHEMMING'S Marie, *J'ai choisi la tempête,* France-Empire, 1965.
HASTINGS Max, *La division Das Reich et la Résistance,* Pygmalion, 1983.
ROMMEL, Maréchal, *La Guerre sans haine,* Amiot-Dumont, 1955.
RUGE, Amiral, *Rommel face au débarquement,* Presse de la Cité.
RYAN Cornelius, *Le Jour le plus long,* Robert Laffont, 1960.
SANDERS Hilary St George, *The red beret,* Michael Joseph, 1950.
SOUSTELLE Jacques, *D'Alger à Paris,* Robert Laffont, 1950.
SPEIDEL, Général, *Invasion 1944,* Berger-Levrault, 1964.
TURNER John Gray, *Histoire du débarquement,* Arthaud, 1960.

Chapitre XVII. Le 20 juillet 1944

BERBEN Paul, *L'Attentat contre Hitler,* Robert Laffont, 1962.
GISEVIUS H.B., *Jusqu'à la lie,* tome 2, Calmann-Lévy.
SKORZENY Otto, *La Guerre inconnue,* Albin Michel, 1975.

Chapitre XIX. Désastre allemand en Biélorussie

GUDERIAN, Général, *Souvenirs d'un soldat,* Plon, 1955.
HILBERG Raul, *La Destruction des Juifs d'Europe,* Fayard, 1988.

Chapitre XX. De Biak à Guam

POTTEZ J.-M., *Les Vainqueurs de la défaite,* Presses de la Cité, 1975.
SPECTOR H. Ronald, *La Guerre du Pacifique,* Albin Michel, 1987.

Index sélectif

TABLE

CHEZ LE MÊME ÉDITEUR

Collection rouge et blanche

MINISTRE DE LA JUSTICE
Vichy 1941-1943
par Joseph-Barthélemy
Mémoires
Le meilleur témoignage existant sur l'Occupation et les Sections spéciales

•

SKORZENY
CHEF DES COMMANDOS DE HITLER
par Glenn B. Infield
mai 1943-juillet 1975
Trente-deux années de stratégie secrète nazie

•

LA DIVISION DAS REICH ET LA RÉSISTANCE
par Max Hastings
Un éclairage nouveau sur l'une des plus terribles pages de la guerre secrète

•

LA GUERRE DU PACIFIQUE
1941-1945
par John Costello
(2 volumes)
Nouvelle histoire à partir d'archives restées jusqu'ici inédites

•

LA GUERRE SECRÈTE
1938-1945
par Anthony Cave Brown
(2 volumes)
Une totale remise en cause de la Seconde Guerre mondiale

•

LES GUERRES D'INDOCHINE
par Philippe Franchini
(2 volumes)
La première histoire exhaustive des guerres française et américaine

•

DÖNITZ
ET LA GUERRE DES U-BOOTE
1891-1980
par Peter Padfield
L'unique ouvrage de référence sur le successeur
de Hitler et la guerre sous-marine.

•

ADOLF HITLER
1889-1945
(2 volumes)
par John Toland
La plus monumentale et objective biographie
du dictateur nazi

•

LE RÉSEAU SORGE
par Gordon W. Prange
Fruit de vingt années de recherches, l'extraordinaire histoire de Richard Sorge,
l'espion du siècle, et de son réseau démasqué durant la Seconde Guerre mondiale

•

LA TRAHISON DE PEARL HARBOR
par J. Rusbridger et E. Nave
Comment Churchill entraîna Roosevelt dans la guerre.

Hors collection

DE GAULLE SECRET
par François Broche
Le visage méconnu du plus illustre des Français.

•

LE SURVIVANT DU DOGGERBANK
par Hans Herlin
Par l'auteur des « Damnés de l'Atlantique », l'authentique odyssée de l'unique survivant d'un croiseur auxiliaire ayant à son bord 365 hommes, torpillé le 3 mars 1943 au large des Açores par un sous-marin allemand, le U-43. Une hallucinante tragédie maritime de la Seconde Guerre mondiale.

•

LE COMPLOT WINDSOR
par Michael Bloch
Dans quel but et par quel moyen Hitler voulut-il faire enlever le duc de Windsor au mois de juillet 1940 ? Un épisode étrange et méconnu de la guerre souterraine.

•

LA FOUDRE ET LE CANCER
par le Général Jean Delaunay
ancien chef d'état-major de l'armée de terre démissionnaire en mars 1983
La guerre psychologique et la subversion menacent davantage le monde libre que la guerre nucléaire. Moscou s'est élevé à plusieurs reprises contre la publication de ce livre. C'est dire l'importance du péril évoqué.

•

L'AGENT AMÉRICAIN KLAUS BARBIE
par Ehrard Dabringhaus
Les révélations de l'officier du contre-espionnage américain chargé de contrôler les activités du criminel nazi au lendemain de la Seconde Guerre mondiale.

•

LES DERNIERS JOURS DE DARLAN
par l'amiral Jacques Moreau
S'étayant sur des textes officiels souvent occultes, la relation d'un témoin de premier plan du débarquement anglo-américain en A.F.N. le 8 novembre 1942 jusqu'à l'assassinat de l'amiral Darlan le 24 décembre 1942.

•

HUIT ANS OTAGE CHEZ LES VIETS
par René Moreau
(Prix Vauban 1982)
Ministre plénipotentiaire, fils de l'amiral Jacques Moreau, l'auteur a vécu l'enfer de 1946 à 1954. Un livre de courage, de dignité et d'héroïsme.

•

MÉDECINS AU COMBAT
par Marc Flament
L'épopée des médecins en uniforme sur les champs de bataille de France, d'Indochine, de Corée, d'Algérie, du Tchad racontée par « le photographe des paras ».

•

COMMANDO VANDENBERGHE
le pirate du Delta
par Erwan Bergot
Cité en exemple par le général de Lattre, le destin exceptionnel du commando « Tigre Noir » et de son chef valeureux, héros légendaire de la Guerre d'Indochine, qui infligèrent à l'ennemi plus de pertes qu'une division d'infanterie.

Achevé d'imprimer en avril 1994
sur presse CAMERON
dans les ateliers de la S.E.P.C.
à Saint-Amand-Montrond (Cher)

— N° d'édit. : 445. — N° d'imp. : 1191. —
Dépôt légal : avril 1994.
Imprimé en France